나는 오직
글 쓰고 책 읽는 동안만
행복했다

원재훈 지음

작가의 말

고통의 꽃, 문학

다리를 건너는 기분이었다. 이 시대를 살아가는 시인과 소설가들을 만나고 이야기하고 밥 먹고, 또 돌아와서 그들의 이야기를 쓰는 것이 꼭 먼 다리를 건너는 기분이다. 어떤 다리는 징검다리, 어떤 다리는 돌다리, 어떤 다리는 섶다리였다. 간혹 그 다리 위에서 서성거리고 있기도 했다.

사람이 사람에 대해서 이야기할 때 문학은 탄생했다. 세상의 어떤 사람의 이야기도 결국은 쓰는 이의 이야기가 되고 만다. 타인을 쓰려고 했는데 자신을 쓰고 있는 모습을 발견한다. 내가 만난 시인과 소설가들의 이야기를 쓰면서 나는 그런 경험을 하곤 했다. 어, 이거 내 이야긴데?

이 책을 읽는 독자들도 간혹 그러한 경험을 할 것이다. 그건 매우 두려우면서도 즐거운 일이다. 내가 아직 보지 못하고, 짐작도 못한 이야기가 시나 소설이 되어 녹아 있을 때, 꽃이 되어 활짝 피어 있을 때, 두렵고도 즐거운 것이다. 작가들은 각양각색으로 고통을 품고 있었다. 나는 안다. 그 고통이 독자들에게 즐거움을 준다는 것을.
  스물일곱 살의 슈베르트는 이렇게 일기를 쓴다.

"나는 매일 밤, 잠자리에 들 때 또다시 눈이 떠지지 않기를 원했습니다. 아침이 되면 전날의 슬픔만이 나에게 엄습해 옵니다. 이렇게 환희도 친근감도 없이 나날을 지나갑니다."

"또 나의 작품은 음악에의 나의 이해와 슬픔을 표현한 겁니다. 슬픔에 의해 만들어진 작품이 세계를 가장 즐겁게 하리라고 생각됩니다. 슬픔은 이해를 돋게 하고 정신을 강하게 합니다."

  작가는 작품을 통해서만 모습을 드러내는 숨겨진 존재이다. 그 뿌리와 같은 이들의 일상을 통해 어떻게 자양분을 빨아들이고, 줄기로 끌어올리고, 꽃으로 피워내는지, 조심스럽게 듣고, 짐작했다. 그 자양분의 성분을 분석해 보면 슬픔이 있다. 기쁨과 환희 쾌락은 눈에 보이지도 않는다. 결국 작가는 이 세상, 혹은 자신의 슬픔을 토대로 자라는 나무인 것이다.
  우리는 그 뿌리를 볼 필요는 없다. 하지만 잎이나 꽃을 보면, 나무의 크기를 보면 저절로 뿌리의 깊이와 넓이는 드러나게 마련이다. 보이지 않는 것은 보이는 것에 의해 나타난다. 아름답고 숭고하다.

나는 뿌리를 보고자 했다. 하지만 뿌리는커녕 잎사귀 하나도 잘 보지 못하곤 했다. 그래서 나는 독자들의 소중함을 잘 안다. 독자들은 작가의 뿌리를 가장 사랑하는 사람들이다. 독자와 책의 만남은 어둠 속에 나무와 달, 나무와 해의 만남이다. 독자가 없다면 작품은 보이지 않는다. 물론 존재할 수는 있다. 작가들 중에서 더 환하게 드러난 사람이 있고, 조금 어둑한 분들도 있다.

19세기에 스타우퍼라는 사람이 아르페지오네 라는 악기를 만들었다. 기타 첼로라고도 하는데 잠시 연주되었고, 지금은 사용되지 않는다. 이 악기를 위한 소나타는 19세기 위대한 작곡가들 중에서 오로지 슈베르트만이 이 악기를 위한 작곡을 했다. 아르페지오네와 피아노를 위한 소나타 A단조 작품821번이다. 지금은 첼로로 이 곡을 연주한다. 작품은 그들의 아르페지오네이다. 오로지 하나밖에 없는, 거기에 너 라는 읽는 이가 있다. 나는 너의 자리에서 그들의 작품을 읽는다. 그것은 매우 축복받은 일이었다. 나의 고통을 연주하는 이들의 이름은 아름답고, 찬란하다.

2009년 4월, 일산에서 쓰다
원재훈

차례

작가의 말 **고통의 꽃, 문학** 003

詩 완벽주의자 정현종
시인은 자기 삶 견디며 남의 삶 견디게 하는 존재 010

살청의 작가 성석제
시 쓰던 시절 행복했죠, 소설 쓰는 지금? 재미있죠 040

강하고 아름다운 '배우' 은희경
칼이 아닌 척하는 칼, '은희경 장르'의 미학 066

'오늘'의 '삶'을 쓰는 소설가 윤대녕
나는 오직 글 쓰고 책 읽는 동안만 행복했다 090

상처의 거울, 고통의 예방주사 공지영
눈빛 없는 눈빛을 갖고 싶어요, 모든 걸 받아들이고 내는… 114

소통을 꿈꾸는 작가 김연수
벽돌 같은 문장으로 빚어낸 떡켜 같은 소설 144

사람의 고통과 슬픔을 쓰는 소설가 신경숙
깊은 슬픔의 강 지나야 그 물결 위에 기쁨이 새겨져요 172

떠도는 영혼을 지닌 작가 윤후명
문학은 패자에게 피어나는 연꽃, 난 죽어도 써요 196

수성의 시인 조정권
벼랑 끝에서 내려와 삶의 비린내를 품다 224

인간의 그늘 속으로 들어간 시인 정호승
외로움은 상대적이지만, 고독은 절대적이죠 250

공감으로 타인에 다가가는 작가 김형경
무당은 춤을 배우지 않아요, 몸 깊은 곳에서 우러나니까⋯ 278

섬진강 시인 김용택
난 한가롭게 문학 하지 않아, 고통 없이 뭔 시가 나오겄어 302

흙 씻어주는 '시 배달부' 도종환
숲 속 산방에서 꽃뱀과 동거 중입니다 328

장수하늘소를 닮은 시인 문태준
시는 가죽나무 같아요, 비릿하고 어두운 울음을 우는⋯ 352

글밭 일구는 호미, 소설가 박상우
글 구속 벗어나니 창작 리듬이 배어나오더군요 376

그림자 씻고 열정에서 포용으로⋯소설가 전경린
이 세상을 내 뱃속으로 지나가게 할 수 있을 것 같아요 402

음예공간에서 펄떡이는 물고기, 조경란
슬픔이 슬픔을 만나면 온기가, 아픔이 아픔을 만나면 에너지가 돼요 430

이른 봄, 얼음 밑을 흐르는 물, 구효서
헛폼과 무거움에 지쳤어요, 그래서 자유로워졌죠 458

별 헤는 문학선비, 소설가 이순원
소설은 글로 짓는 집⋯같은 집 또 지을 수야 없죠 486

촉촉하게 젖은 꽃잎 닮은 시인 김선우
詩心 차올라 온몸 간질거리는 거, 꾹 참는 즐거움을 아세요? 514

멀리 날아가는 새처럼 자유로운 소설가 김인숙
통속성과 진정성의 줄타기 끝에 '제국의 뒷길'에서 마주친 문학 542

우리의 삶을 견디게 하기 위해 예술이 존재한다

'詩 완벽주의자' 정현종

내면의 은신처에서 절제된 편안함을 즐기는 시인 정현종. 형형한 눈동자와 백발의 노시인은 하얀 호랑이, 정신 깊은 사찰 초입에 서 있는 사천왕상을 닮았다. 그가 일군 이력은 바위 덩어리처럼 묵직하지만 시 한 편 한 편은 날개를 달고 있어 가볍게 우리에게 날아온다.

시인은
자기 삶 견디며
남의 삶 견디게 하는 존재

나에겐 수십 년을 형제처럼 지내온 친구가 있다. 참 소중한 인연이다. 간혹 만나 별말을 나누지 않아도 어떤 경우엔 영감을 얻어오기도 하고, 사소한 일상을 이야기해도 별을 보고 오는 기분이 드는 그런 친구다. 그 친구 역시 수십 년을 형제처럼 지내온 선배가 있었다. 내 친구와 그 선배와의 인연은 단순하지가 않다.

 그는 내 친구 인생의 멘토였고, 직장 상사였으며, 어려운 시절 한 1년 정도는 자신의 집에서 머물게 해준 선배였으니, 그 친구에게는 그 선배가 가족과 같았다. 그 선배 역시 내 친구를 그렇게 대했을 것이다. 바로 그 선배가 암 투병을 하고 있을 때, 친구는 매주 토요일 오후가 되면 선배를 찾았다. 내 기억에 한 번도 거르지 않았다. 어느 토요일 오후 나는 친구와 좀 놀고 싶어 나와 있자고 했다. 그런데 친구는 고개를 가로저으면서 선배에게 가야 한다고 했다. 나는 그때 친구에게 물었다. 가끔 안 갈 수도 있지 그렇게 정성을 들이는 이유가 뭐야? 친구는 말했다.

"내가 오갈 데 없을 때 1년 넘도록 매일 저녁밥을 집에서 먹여준 선배다."

'춥고 헐벗은 시절에 선배의 식구들과 저녁밥을 같이 먹었다' 라는 말은 시다. 그 말의 울림에서 나는 잠시 벗어나지 못했다. 선배와 그의 아름다운 부인 그리고 자식들까지 세상이 아름다운 이유는 이러한 이유 때문이기도 하다.

그 후로도 친구는 어김없이 토요일 오후가 되면 선배를 찾아갔다. 가서 그동안 있었던 직장에서의 일들과, 세상 이야기를 전해주었고, 간혹 산책도 하였다.

사랑할 시간이 많지 않다

그런데, 며칠 전에 친구의 그 선배가 작고했다. 친구는 사흘 내내 상가를 지키느라 몸은 지쳤고, 마음은 거칠어져 있었다. 나는 낙담한 친구를 위해 명동 지하상가 레코드 가게에서 같이 음악을 듣고 남대문 시장에 가서 뜨거운 칼국수를 같이 먹었다. 그리고 소공동 지하상가에서 시청을 거쳐 덕수궁 돌담길을 걸어 그 친구는 직장으로 나는 내 갈 길로 갔다.

그리고 정현종(鄭玄宗 · 71) 선생을 만났다. 선생은 당신이 대학 퇴임 후 연구실로 쓰시는 동부이촌동의 아파트로 오라고 하셨다. 그냥 편하게 몇 마디 나누면 되리라. 동부이촌동은 조금 아는 터라 가는 길이 편했다. 가는 도중에 왜 나는 선배를 잃어버린 친구의 모습을 떠올렸고, 선생의 시 〈사랑할 시간이 많지 않다〉를 중얼거렸을까? 모를 일이다. 무슨 상관이 있다고.

사랑할 시간이 많지 않다.
아이가 플라스틱 악기를 부-부-불고 있다.
아주머니 보따리 속에 들어 있는 파가 보따리 속에서
쑥쑥 자라고 있다.
할아버지가 버스를 타려고 뛰어 오신다.
무슨 일인지 처녀 둘이
장미를 두 송이 세 송이 들고 움직인다.
시들지 않는 꽃들이여.

아주머니 밤 보따리, 비닐
보따리에서 밤꽃이 또 막무가내로 핀다.

— 시 〈사랑할 시간이 많지 않다〉 전문

아마도, 나는 그 친구와 선배의 아슬아슬한 관계의 거미줄에서 헤어나지 못하고 있나 보다. 누군가 세상을 떠났을 때, 그리고 누군가가 미워질 때 나는 사랑할 시간이 많지 않다는 말을 중얼거리곤 한다. 그래서 친구와 칼국수를 훌훌 먹을 때 그 시간이 얼마나 소중한 것인지 안다. 친구의 외투에서 자라고 있는 오리와 거위의 털을 나는 보았다. 그 따뜻함은 오리와 거위의 죽음에서 비롯된다. 친구의 선배는 이제 그 오리털처럼 친구 마음의 외투에 자리 잡았다. 겨울 외투에 숨어 있는 오리와 거위의 털은 한겨울에 그냥 있지 않는다. '막무가내'로 막 자란다.

하얀 호랑이

선생은 연구실 거실에서 나를 맞아주었다. 거실 창문으로 들어오는 역광을 받고 서 계신 모습이 마치 정신 깊은 사찰의 초입에 서 있는 사천왕상의 모습과 흡사하다. 간혹 술자리의 말석에서 선생의 빈 술잔을 채우던 내가 정현종 선생과 독대를 한다니 우선 기분이 좋았다.

    선생과의 이야기를 꺼내기 전에 2005년에 정년퇴임한 선생의 이력을 간단하게 살펴보자. 의외로 많이 알려진 분들의 이력을 모르는 사람이 많다. 나 역시 마찬가지이다. 선생의 시에 함몰되어 정년퇴임한 것까지 잊곤 한다. 아직도 연세대학교 교정에 가면 선생이 걸어가실 것 같은 기분이니까.

    선생은 1939년 12월 17일 아버지 정재도 씨와 어머니 방은련 씨의 3남 1녀 중에 셋째로 서울에서 태어났다. 어린 시절 아버지의 근무지를 따라 경기도 화전(경기도 고양군 신도면)으로 이사 가서 청소년기를 보냈으며, 이 시절에 당연히 시인으로서 몸과 마음이 다듬어졌을 것이다. 그리고 선생은 부모님에 대한 이야기를 하지 않으셨다. 이젠 너무 아득한 것일까?

선생은 개인적으로 필자가 다녔던 대광고등학교 대선배이다. 선생의 산문과 기사에 자주 등장하는 레퍼토리이기도 한, 중·고교시절의 문학과 음악, 철학, 발레에 대한 심취는 유명한 이야기다. 인간의 정신과 춤이라는 육체에 대한 발견은 소년을 예술가로 성장시켰다.

그리고 1959년 연세대학교 철학과에 입학했다. 대학 시절 『연세춘추』에 발표한 시가 박두진 시인의 맘에 들어 1964년 『현대문학』 추천으로 등단했다. 이후 황동규, 박이도, 김화영, 김주연, 김현 등과 함께 동인지 『사계』를 만들어 시인으로의 절차탁마의 시기를 거친다. 『사계』 동인은 우리 문학의 별자리이기도 하다. 이 별자리를 헤아리기란 나의 내공으로 역부족이다. 같이 활동한 이분들은 이름만으로도 울림이 깊고 넓다.

대학을 졸업하고 신태양사, 동서춘추, 서울신문사 문화부, 중앙일보 월간부에서 기자생활을 하였고, 지난 1974년 미국 아이오와 대학 국제 창작 프로그램에 참가했다. 이때의 기억이 지금도 선연하신 모양이다. 이 여행을 기점으로 거의 세계 여러 나라를 여행했는데 모두 시와 시인들과의 공식적인 만남의 자리였다. 그날 여행 이야기를 하시며 미국 아이오와 이야기를 많이 하셨다. "그 경험이 참 좋았다"라는 말씀을 여러 번 하셨다.

서울예술대학 문예창작과 교수를 거쳐 1982년부터 연세대학교 국문과 교수로 있으면서 수많은 시인과 문화계의 걸물들을 길러냈다. 고故 기형도, 성석제, 원재길을 비롯한 우리 문단의 중진들 중에 상당수가 선생의 제자들이다.

1990년 〈사람으로 붐비는 얇은 슬픔이니〉 외 6편으로 3회 연암문학상을, 1992년 〈한 꽃송이〉로 제 4회 이산문학상을, 1995년 〈내 어깨 위의 호랑이〉로 40회 현대문학상을, 1996년 〈세상의 나무들〉로 4회 대산문학상을, 2001년 〈견딜 수 없네〉로 초대 미당문학상을, 이외에도 한국문학작가상, 네루다상, 경암학술상 예술 부문을 수상했다.

시인의 눈빛

이런 이력사항은 빙산의 일각이면서 나무의 씨앗일 것이다. 모든 것이 이 안에 다 들어 있지만, 이러한 정리정돈은 결국 단단한 씨앗 같은 것이라 꽃도 줄기도 뿌리도 없다. 시도 아니다, 그저 훈민정음의 자음과 모음일 것이다. 그러니 얼마나 중요하고도 무거운가. 이러한 이력을 종이에 쓴다면 무거워 들기 힘들다. 단, 선생의 시 한 편은 날개를 달고 있다. 그래서 가볍게 우리에게 날아오는 것이다. 선생의 가볍고 환한 시는 이러한 육중한 바위 덩어리와 같은 이력을 통해 나오는 샘물이고 어둠 속의 별이다.

정년퇴임을 한 후 선생은 당신의 집 바로 맞은편에 있는 이 공간에서 주로 책읽기를 하면서 보낸다.

"퇴임을 하고 나니, 내 시간이 많아져서 좋아요. 사람들에겐 자기 시간이 중요하지요. 남들과 어울리는 시간도 중요하지만, 자기 시간이 없으면 안돼요."

그리고 일주일에 한 번씩 모이는 '문지(문학과 지성)' 모임에 간혹 나가고, 간혹 찾아오는 후배들과 제자들을 만난다고 했다. 이것이 선생이 남하고 어울리는 시간이다. 그간 어울려 마신 술자리에 속은 헐었고, 자기 시간은 비좁았다. 그러한 비좁음은 정년퇴임과 더불어 환하게 넓어졌으니, 삶의 여유를 즐기는 듯, 편안한 모습이었다. 책 읽고, 음악 듣고, 그리고 걷고 있다고 했다. 쓴다는 말씀은 굳이 안했다. 그러나 그 편안함은 절제된 편안함이다.

오히려 그간 남과 어울리느라 읽지 못했던 책을 읽어 얼굴의 날은 더욱 섰으며, 눈빛은 더욱 형형하다. 저 눈빛, 시인이라는 존재감을 확인시켜주는 별과 같은 눈이었다. 선생은 여전히 '별 아저씨'다. 선생의 그 눈을 바라보고 있자니, 아득히 멀리 선생이 있는 것 같다. 선생의 얼굴에는 글 안 쓰는 자의 편안함이 새털만큼도 묻어 있지 않았다. 그 긴장감은 아마도 집필과 더불어 치열한 책읽기에서 연유하는 듯하다. 요즘은 어떤 책을 읽고 계시나 궁금했다.

"허허, 이제 늙어가다 보니 관심이 그리로 가요. 왜 있잖아, 늙음에 대한 고전들. 키케로의 《노년에 대해서》, 세네카의 《인생은 왜 짧은가》와 같은 책들을 흥미롭게 읽고 있어요."

내부의 은신처

잠시 젊은 시절의 독서와 늙어서의 독서에 대한 이야기를 했다.
"나의 경우 젊어서는 책 읽는 시간보다 책을 찾아서 책방 헤매는 시간이 더 많았어요."

출판 볼륨이 얼마 안 되던 시절, 고교시절에는 청계천의 헌책방이나, 북아현동의 헌책방을 들개처럼 찾아다녔고, 외국어에 눈을 뜬 대학시절에는 수입서적 서점인 범한서적이나 동아일보사 앞에 있었던 동아서점을 주로 다녔다고 하신다. 하지만 요즘은 책방 다니는 시간보다는 당연히 책 읽는 시간이 많아졌다. 엄청난 정보의 바다 속에서 선생은 고전을 다시 읽고 있었다. 그중에서도 로마의 황제이자 철학자인 마르쿠스 아우렐리우스의 《명상록》을 예로 들었다. 선생의 말씀을 받아 적으면서 나는 《명상록》의 한 구절을 떠올렸다.

사람들은 시골이나 바닷가, 또는 산속에서 은거할 곳을 찾는다. 당신도 그러한 은신처를 갈망할 것이다. 그러나 그러한 꿈은 철학자에겐 전혀 무가치한 것이다. 왜냐하면 당신은 당신 자신의 내부에서 은신처를 발견할 수 있기 때문이다. 자기 자신의 영혼보다 더 조용하고 안락한 은신처는 아무데도 없는 것이다.(…) 자, 이제 당신 내부에 있는 작은 장소에 은거하라. 우선 마음의 갈등과 긴장에서 벗어나, 당신 자신의 주인이 되라, 그리하여 한 남자로서, 한 인간으로서, 한 시민으로서, 하나의 유한한 생명체로서 삶을 바라보라. 많은 진리들 중에서도 당신이 가장 자주 상기해야 할 진리가 두 가지 있다. 첫째, 외부의 사물들은 당신의 영혼에 아무런 영향도 주지 않고 외부에 조용히 존재하고 있으며, 따라서 혼란을 야기시키는 것은 오직 당신 내부의 생각뿐이라는 사실이다. 둘째, 당신의 눈에 보이는 모든 사물들은 순식간에 변하고 사라져버려 더 이상 존재하지 않게 된다는 사실이다. 당신 자신도 그 변화의 일부로서 끊임없이 변하고 있다는 것을 항상 명심하라. 우주는 곧 변화이며, 인생은 그것에 대해 이해하는 자의 것이다.

《명상록》은 선생이 젊어서 읽었던 책인데 다시 읽으니 새롭게 다가온다고 했다. 선생은 《명상록》을 이야기하면서, '명상'이라는 말의 함정에 빠지지 말 것을 당부했다. 물론 타고난 명상적 인간도 있지만, 젊어서는 명상을 할 시간이 없다. 젊음은 호기심, 욕망, 의욕이 팽팽하게 타오르는 시기이기 때문이다. 그 타오르는 에너지가 응집되어 한 편의 시가 되기도 하고, 간혹은 목숨을 걸고 명분을 위한 투쟁을 하기도 하고, 우리들의 생명과도 같은 자유를 지키기도 한다. 젊어서는 명상보다는 움직여야 하고, 그 움직임 가운데서 자기 자신만의 자리를, 은신처를 찾으라는 말씀으로 나는 들었다.

말하는 방식

선생은 철인 황제라는 아우렐리우스를 다시 읽어보니, 우선 되풀이되는 내용이 많아 뒤로 갈수록 재미가 없다면서 웃었다. 하긴 나도 이 책을 제대로 읽었는지 의심스럽다. 선생의 나이쯤 되어 다시 읽어

보기로 마음먹었다.

그리고 선생은 어려운 책의 경우 하고자 하는 말이 관념적으로 치우쳐 책 읽는 재미를 놓치기 쉬운데, 고대 철학자들의 책을 읽으면서 중요한 것을 배울 수 있다고 말에 방점을 찍었다.

"키케로, 세네카, 아우렐리우스 같은 고대 철학자들에게 배울 게 있어요. 그건 바로 '말하는 방식'입니다. 고대 철학자들은 이른바 수사학의 대가들이고, 전인적인 인격체들입니다. 우리가 뻔히 알고 있는 사실에 대해서도 그들 나름의 방식으로 이야기합니다. 이게 중요해요. 같은 내용이라도 오는 게 다르지요. 그래요. 우주, 조화, 이성, 자연과 같은 키워드는 예나 지금이나 영원한 주제예요. 그런데 이들이 이야기하는 걸 들어보면 뭔가 다르게 생각하게 하지요. 이런 걸 확인하는 게 아주 즐거운 일이에요."

말을 할 때나 글을 쓸 때 상투적인 짓을 하지 말라는 말씀이다. 어떤 시인은 아주 자잘한 그저 그런 이야기를 가지고 무척 다른 이야기를 한다. 어떤 시인은 아주 그럴듯한 이야기를 하는 것 같은데 상투적이다. 뭐가 좋은가? 선생은 말씀 도중에 잠시 쉼표를 찍고 나서 '하여간'이라고 하시곤 했다. '이러저러해서 저런데, 하여간' 이런 식으로 말에 리듬을 살렸다. 가만히 듣고 있으면 음악소리 같다. 하여간.

"문학도 그래요. 소재는 다 같은 거예요. 인생이지요. 영원한 주제입니다. 하지만 거기에서 거기인 것 같은 인생을 가지고 어떻게 그걸 말하느냐에 따라 너무 달라요. 하여간."

대가와 소인배의 차이이기도 하다.

천하 명시

선생은 중국 시에 대한 말을 꺼냈다. 《도연명 전집》《소동파 시선》과 같은 중국의 시인들의 작품을 읽고 나니 시에 대한 생각, 시와 번역에 대한 생각을 다시 한번 하게 되었다고 했다. 예를 들어 '시선詩仙'이라 일컫는 이백의 시를 한글로 번역해 놓은 걸 보면 뭐 이런 작품이 천하 명작이라는 소리를 듣나 싶을 때가 있다. 중국 시를 읽은 사람이라면 한번쯤 이런 생각을 했을 것이다. 전당시 4만 8천 9백여 수 중에서 단연 최고인 시선 이백의 7언 절구 한 편을 보자.

> 향로봉에 햇빛 비치니 보랏빛 안개가 일고
> 저 멀리 보이는 폭포 긴 시내처럼 걸려 있다.
> 나는 듯 곤추 떨어지는 물줄기는 삼천 자
> 은하수가 저 하늘에서 쏟아져 내려오는 듯하다.

– 시 〈망여산폭포(여산의 폭포를 바라보며)〉 전문

이게 명시인 이유가 뭘까? 천하 절경인 여산의 산봉우리에 햇빛 비치고, 폭포 떨어지는 풍경이다. '나도 이 정도는 쓰겠다' 라는 오만함을 가지게 하기도 한다. 그래서 선생은 중국 시 번역하는 이에게 물었다고 한다. 도대체 번역을 해놓은 시를 보면 천하 명시라고 느낄 수가 없는데, 이백을 비롯한 중국 명시는 왜 명시인가?

그때 그이가 말하길, 바로 '소리' 때문이라고 답했다고 한다. 운율

법이 엄격한 중국 시는 소리 내어 읽으면 도저히 번역해낼 수 없는 아름다움이 배어 있다는 것이다. 그렇다. 이러한 답변은 내 가슴을 '사뿐히 즈려 밟고' 가는 것이다. 김소월이나 백석을 어찌 한자나 영어로 번역할 수 있을 것인가, 하여간.

"비단 중국 시뿐만이 아니에요. 모든 나라의 시들도 번역을 하면 소리가 없어지죠. 시가 번역 불가한 이유지요. 그러한 한계에도 불구하고, 번역한 시의 경우에도 드물게 좋은 게 있긴 하지요. 그런 사람들의 시가 좋은 이유는 대체로 품격이 있고, 매인 데 없는 특징이 있지 않나 싶습니다."

나 역시 이백의 〈산중문답〉을 '소리'가 없어도 좋아한다. 품격이 있고, 매인 데가 없기 때문일까?

> 그대는 어찌하여 이 푸른 산속에서 사는가라고 물으니
> 웃으며 대답하지 아니하는 내 마음은 한가롭기만 하네
> 도화꽃 떨어져도 아득히 흘러가는 이곳은
> 별천지일 뿐, 인간이 사는 곳은 아니다.

–시 〈산중문답〉 전문

선생은 중국 시 이야기를 길게 하셨다. 그리고 말했다.

"하여간, 시 예술을 이야기할 때, 소리는 매우 중요한 것 중에 하나이지요. 그리고 이백과 소동파 같은 시인들이 술 마시고 노는 모습

은 좋아요."

잠시 이야기를 쉬는 사이, 어쩌다가 선생은 이제 당신께선 할 일이 없어지면 점집을 차려야 되겠다는 유머를 던졌다. 선생이 동양 철학이나, 주역에 통달해서가 아니라, 인생을 이만큼 살아보니 그런 것 없이도 사람의 운명 같은 걸 짐작할 수 있다는 말씀이다. 무슨 말씀일까?

"어떤 사람과 몇 마디를 나누어보고, 표정을 보면 대충 보여요. 심지어 걸음걸이를 봐도 그게 보이기도 한답니다. 점집을 차려 놓고 몇 마디 이야기를 나누고 슬며시 운명 이야기를 해주면 되지 않을까? 허허, 하여간."

선생은 매우 민감한 시인이다. 그래서인지 진짜냐 아니냐에 대한 민감함이 있다. '진실되냐, 참되냐' 이건 시를 떠나서 인간의 문제이기도 하다. 그래서 시류에 휩쓸리는 류의 사람을 멀리하고, 부화뇌동하지 않는 진솔한 사람을 가까이 하는 편이다. 시끄러운 것에 휩쓸리기 싫고, 대중적인 유행도 탐탁지 않다. 상상, 철학도 유행과는 잠시 거리를 뒀다가 조용히 만나는 것이다.

어쩌다 이야기가 나왔는지는 모르겠지만, 5년 전에 나온 김훈의 《칼의 노래》를 작년에 읽었다고 했다. 그 이유는 당시 언론이 지나치게 김훈을 집중조명해서 부화뇌동하기 싫어서가 아닐까 싶다. 어쨌든 당신은 소설을 잘 읽지 않는 편인데, 김훈의 소설은 아주 좋았다고 말했다. 어떤 면이 어떻게 좋은 것일까?

'연민과 슬픔을 가져야 되는 그런 운명을 지닌 너무나도 처절한 인간과 그 공감을 소설화한 작품'이라고 선명하게 소감을 말씀하셨다. 그리고 언제 김훈을 한번 만나 술 한잔 사주고 싶다는 말씀도 하셨다.

침묵의 깊이와 넓이

이것 역시 선생의 특징이다. 선생은 작품만을 본다. 시인의 몸은 바로 시이고, 시인이 몸의 꿈틀거림은 시의 꿈틀거림이다. 선생이 고교 시절 발레를 보고 법열을 느꼈던 그 느낌 그대로 작품에 투영된다. 좋은 시를 보고 좋아하는 선생의 모습이 시인의 진짜 모습이 아닐까? 마치 호랑이가 호랑이를 알아보듯이 말이다.

"작품이 좋으면 난 꼼짝 못해요. 너무 좋으면 꼼짝 못하는 거지. 그냥 좋은 거지요."

그리고 선생은 소설과 같은 장르보다는 대담, 정담, 좌담과 같은 글이 좋다고 하셨다. 이른바 소크라테스의 대화 방식이다. 내가 모르고 있다는 걸 대화를 통해 알려주는 소크라테스는 자신을 산파라고 했다. 그런 의미에서 이 인터뷰도 뛰어난 시인이 했더라면 더 좋은 글이 나왔을 것이다. 그러나 나는 가만히 앉아 아무런 질문도 하지 못하고 선생이 하는 말씀을 받아 적기만 했다. 시간이 흐를수록 나는 선생의 강의를 듣는 학생의 모습이 되어가고 있었다. 어떤 완벽주의자 작가는 말로 하는 인터뷰는 절대 하지 않고, 서면 인터뷰만을 한다고 했다. 그런 류의 인간은 빈틈을 보여주지 않는 사람이다. 하지만 선생은 빈틈이 있는 게 좋은 거라고 일러주셨다.

"완벽하게 한다고 해도 그것 역시 빈틈이지. 그러나 그러한 완벽한 태도는 좋은 것이다. 하지만 이러한 대화는 빈틈이 많아요. 그게 우리 생각과 말의 운명이지요."

시에 대해서 선생은 완벽주의자다. '시인이란 무엇인가' 라는 이야기를 하시면서 한때 유명했던 승려시인 두 분이 선생이 서울예술전문학교에 재직할 때 시를 들고 찾아 온 적이 있다고 했다.

"하여간, 봐달라고 해서 봤는데…, 우리나라 선시집에 나오는 시처럼 예외가 있을 수는 있겠지만 근본적으로 문학 언어는 세속적인 언어입니다. 세속적인 삶을 살면서 거기서 나오는 살아 있는 언어로 작품을 써야 하는데, 모든 것에 초연하고 초탈하면 글쎄…, 물론 좋은 작품이 있긴 하지만, 적어도 불교의 가르침을 운문으로 바꾼다고 해서 시가 되는 건 아니지요."

하지만 그러한 불교적인 세계관에서 시인들은 '언어 침묵의 깊이와 넓이'를 배워야 한다고, 울림이 많은 시가 좋은 시라고 하셨다. 불가의 가르침은 불립문자의 세상이자 세상의 모든 언어를 속으로 들이고 녹이고 갈고 닦아서 금강석과 같은 가르침의 한마디다.

즉 해탈의 경지로 가는 것이다. 불립문자는 말을 하지 않은 것이 아니라, 모든 말들을 다 집어삼킨 최고의 경지를 가리킨다. 하지만 시인은 때론 무서운 언어로, 때론 허망한 언어로 그 깊이와 넓이를 가지고 세상을 향해 울리는 범종과 같은 존재일 수도 있을 것이다. 범종에 새겨져 있는 연꽃 문양을 향해 승려들은 타종을 한다. 그 연꽃 문양에서 울려 나오는 소리는 찌들고 병들고 죽어가는 세속의 모든 사람에게 스민다. 시인의 언어는 그러한 경지로 올라가야 하는 것인가?

당의정을 입힌 시

선생은 중학교 때 처음으로 시집을 읽었다고 했다. 당시 열악한 출판 환경으로 인해 지금과 같은 양질의 책이 아니었다. 누런 재생지로 된 번역 시집, 바이런, 하이네와 같은 외국 시인들의 시집들을 읽었다. 기억나는 건, 송영택 선생의 릴케 번역 시집이 있었다.

그리고 교지 편집을 하면서 우리 현대 문학의 시들을 접하게 되었다. 그러나 중·고교시절은 온통 회색빛의 기억들이다. 선생은 모교의 이미지를 대학에 두고 있었다. 어둡고 좁고 암울하던 회색 콘크리트 벽을 뚫고 나와 신록과 녹음이 우거진 대학 교정은 선생에게는 따뜻한 양수가 가득한 자궁이고 모성이었다.

"가난에 찌든 중·고교시절을 보내고, 문학적이고 예술을 사랑하는 소년이었으니, 사춘기 시절에 겪어야 하는 터무니없는 심각함의 터널을 지나고 나서, 첫발을 디딘 깊고 푸른 숲이 있는 대학은 정말 좋았어요. 하루 종일 교정의 숲 속에 머물기도 했었지요."

그리고 선생은 이런저런 직장을 거쳐, 모교인 연세대학교에서 시와 제자들과 그리고 좋은 친구들과 어울리면서 정년을 맞이하셨으니 행복하신 분이다. 선생의 그 형형한 눈빛은 모교의 깊은 숲 속의 정기가 어려서일까? 이러한 선생의 심경을 산문 〈날자, 우울한 영혼이여〉에서 이렇게 묘사하신 것 같기도 하다.

　　인간의 역사를 낳으시고, 이 이상하게 찬란한 발전을 있게 하신 위대한 모태 중의 하나인 우리들의 권태- 조직화되고 집단적이며 머리도 심장도 없이 쇳덩어리처럼 강력한 그 권태로부터 도망치기 위해 나는 어느 날 신었던 구두를 벗어 놓고 맨발로 흙을 밟았다.
　　걸어가면서도 풀을 밟았다. 나는 느꼈다. 흙과 풀은 제 살을 베어먹이듯 나를 맞이했고, 은밀히 나를 껴안았고, 나를 높은 데로 탕탕 밀어 올렸다(영원히 여성성이 우리를 높은 데로!) 상상할 수 있겠는가, 나는 떠올랐다.
　　가벼운 에테르처럼 날아올라 바람처럼 높이 솟으면서, 그리고 흙과 풀이 나를 바라보고 있는 동안 나는 춤추듯 하나씩 옷을 벗었다. 손에 들고 있던 책 《짜라투스트라》도 《파리의 우울》도 모두 날개를 허용하는 저 깊은 천공의 푸른 공기의 흔들리는 선반 위에 내려놓았다. 나는 인제 벌거숭이의 투명함이 내뿜는 빛에 싸여, 상승과 비상의 이미지인 육체인 듯 영원히 움직이지 않을 것처럼 움직이고 있었다.

　　선생은 말했다.
　　"니체는 우리의 삶을 견디게 하기 위해 예술이 존재한다고 했지요. 이런 식으로 자기 삶을 견디면서 남의 삶을 견디게 하면 좋습니다. 하여간, 아주 사적인 체험과 감정, 생각이 동기가 되어 개인적인 것이 보편적인 공감을 얻을 수 있으면 좋은 시이고 반대의 경우는 나쁜 거라고나 할까, 이건 재능의 차이겠지요. 그래요. 김소월, 한용운과 같은 좋은 시는 많지 않습니다."

그리고 선생은 나쁜 시에 대해서 이렇게 말했다. 제일 나쁜 시는 조미료를 친 시다. 쓴 약을 아이에게 먹이기 위해 당의정을 입힌 것처럼 말이다. 그것이 대중의 입맛에 맞아 잠시 인기가 있을 수는 있다. 즉 많이 팔릴 수는 있을 것이다. 하지만 한국 시를 위해서는 이러한 현상을 경계하는 비평가들의 날카로운 안목이 필요하다.

비판 정신이 있어야 한다. 이러한 당의정의 시들은 우리 아름다운 유행가의 가사보다 훨씬 못하다. 예를 들어 〈봄날은 간다〉와 같은 노래의 가사는 얼마나 절절한가? 이 정도 수준에 오르지도 못하는 조미료의 시들은 구역질을 나게 한다.

날카로운 메스로 환부를 잘라내는, 가슴에서 피가 흐르면서 아리고 저리는 노시인의 욕심 없는 무서운 지적이다. 그런 의미에서 카프카와 같은 작가는 순수한 예술가의 전형이 아닐까 싶다. 선생은 카프카 이야기를 하시면서 카프카는 '성자'이지 '소설가'가 아니라고 했다. 정말 좋은 책을 보면 꼼짝 못하는 선생의 마음이 보였다.

"《카프카와의 대화》라는 책이 있어요. 작년 겨울에 출판사에 들렀다가 번역되어 나온 걸 봤는데 무척 기쁘더군요. 그 책은 내가 지난 1974년 미국 아이오와에 갔을 때 서점에서 사서 읽은 책이었는데 읽는 동안 밑줄을 많이 그었지요. 성자 카프카를 알아본 구스타프 야누흐 역시 대단하고 집요한 사람이지요."

무無의 상태

《카프카와의 대화》는 저자 구스타프 야누흐가 1920년 열일곱 살에 아버지와 함께 당시 프라하 노동자 재해보험공사 법률관으로 근무하던 서른일곱의 카프카를 만나, 1924년 카프카가 자신의 모든 원고를 불태워버리라는 유언을 남기고 세상을 떠날 때까지 4년여 동안 그와 나눈 대화와 정신적 교류를 회상하고 기록한 책이다. 선생은 이 책에 카프카라는 사람의 됨됨이가 보인다고 했다.

"이 비상하고 참된 인간은 자기 자신을 '무無'의 상태로 비워두었어요. 텅 빈 상태에서 모든 걸 보고 말하는 거지요. 자기가 없다는 거, 그 어떤 편견도 없이 자기가 좋은 것에 대해서는 너무나 참되게 몰입하고 이야기하고 있어요. 아무런 심리적인 계산이 없어요. 이게 우리들에게 필요한 게 아닐까요?"

그렇다. 선생은 카프카를 빌어 당신의 이야기를 하고 있었다.

그동안 선생의 텅 빈 몸과 마음에 이렇게 견딜 수 없는 것들이 지나갔다.

    갈수록, 일월日月이여

    내 마음 더 여리어져

    가는 8월을 견딜 수 없네

    9월도 시월도

    견딜 수 없네

    흘러가는 것들을

견딜 수 없네

사람의 일들

변화와 아픔들을

견딜 수 없네

있다가 없는 것

보이다 안 보이는 것

견딜 수 없네

시간을 견딜 수 없네

시간의 모든 흔적들

그림자들

견딜 수 없네

모든 흔적은 상흔(傷痕)이니

흐르고 변하는 것들이여

아프고 아픈 것들이여.

- 시 〈견딜 수 없네〉 전문

　오로지 관심이 자기탐욕에만 머물고 있는 사람들에게 이 시를 보내고 싶다. 조금이라도 그 마음을 덜어내고 비우고 '흐르고 변하는 것'과 '아프고 아픈 것'들을 자기 몸으로 느끼기를 기원한다.

마음속 타자들

더불어 선생은 랭보의 편지 이야기를 했다. 이미 열아홉 살에 시인으로서 무의 경지에 올라선 랭보는 스승인 이잠바르에게 이렇게 편지를 보냈다.

그리고 난 내 자신이 시인으로 태어났다는 것을 알았다. 그것은 또한 조금도 내 탓은 아니다. 난 생각한다, 라고 말하는 것은 틀린 것이다. 사람들이 날 생각한다, 라고 말해야 옳을 것이다. 나는 타인이다.

랭보의 '나는 한 사람의 타자'라는 편지의 한 구절이 선생의 말을 극명하게 정리한다. 비단 시인의 마음뿐 아니라, 어떤 일을 하든 내 마음속에 '아집'과 '아상'이 꽉 차 있으면 뭐가 들어올 수 있고, 나갈 수 있을까? 선생은 한 인간의 마음속이 타자들로 꽉 차 있어 우글거린다면 큰 글쟁이라고 했다. 이러한 시인이 한국에 몇 명이나 있을까? 사람들은 이러한 것을 궁금해 하기도 한다. 그래서 언론에서는 한국 시 100주년 기념으로 1백 편의 시인과 시를 뽑기도 하고, 10명의 최고 시인을 간추리기도 한다. 그러나 이런 이벤트에는 독자들을 위해 이러한 주석을 붙여야 한다고 선생은 말한다.

'예술작품은 순위를 매길 수 없다는 것, 투표에서 많은 표를 얻은 것이 반드시 좋은 것이 아니라는 것, 소수 독자만 있어도 좋은 시는 좋다는 것.'

좋은 시를 이야기하면서 예술가가 유명해진다는 것은 '장애'라는 말씀도 하셨다. 그것은 마치 과일 속 벌레 같다는 것이다. 그래서인지 그 벌레에 정작 몸을 다 갉아먹혀버려, 유명해진 다음에 글을 못 쓰는 사람도 있다.

내가 누구인가

선생에겐 많은 친구와 선후배, 제자들이 있다. 그 중에서도 우리는 작고하신 불문학자이자 한국문학에 따뜻한 입김을 불어넣었던 문학평론가 김현 선생을 떠올리지 않을 수 없다. 두 분의 막역한 우정은 문단에서 유명하다. 한번은 어떤 젊은 평론가가 정현종 선생을 뵙고 나서 나에게 "왜 김현 선생이 정현종 시인을 좋아하시는지 알 것 같기도 하다"라는 말을 한 적이 있다. 비록 한나절이었지만 나 역시 정현종 선생을 가까이에서 모시고 이야기를 나누다 보니, 왜 사람들이 정현종 시인을 좋아하는지 알 것 같기도 하다. 그러나 왜냐고 묻지는 마라. 대답하기 곤란하다.

선생은 잠깐 김현 선생님을 생각하시다가, 가끔 그에게서 무척 놀라운 말을 듣기도 하셨다고 했다. 한번은 김현 선생이 신문에 난 당신의 사진을 보고 이런 말을 하신 적이 있다고 했다.

"이게 나인가? 이게 김현이라는 자기인가? 우습지 않나?"

'나', '자기'에 대한 이러한 촌철살인의 말은 바로 문장이 된다. 선생은 이런 김현 선생의 이야기를 하면서, 보통 사람들은 신문에 난 자기가 자기인 줄 안다고 했다. 내가 나를 바라본다는 건 무얼 의미하는 것일까? 신문에 난 사진이 내가 아니고, 거울에 비친 내가 내가 아니라면 나는 무엇이고, 어디에 있는 것인가? 마치 하늘 높이 떠오른 독수리가 지면에 비친 자신의 그림자를 내려다보듯, 중국의 대표적인 유학자 주희의 '월인천강月印千江'의 비유를 떠올리게 한다.

하늘에 떠 있는 달이 지상에 있는 호수에 달그림자를 비추고 있다. 호수에 비친 달은 분명 달을 따라다니는 그림자이지만, 달을 닮아서 밝은 빛을 내고 있다. 그런데 하늘 위에 비친 이 달이 과연 호수 위에만 비치고 있는 것일까? 어쩌면 시궁창에도 흙 위에도 아파트 담장 위로도 그림자가 맺혀 있을 것이다. 그런데 그건 왜 빛나지 않는 것인가? 주희의 월인천강은 천 개의 강에 천 개의 달 그림자가 비친다고 본다. 그렇다면 나나 너는 이 그림자를 품고 있는 것인가? 어떻게 해야 호수가 되어 달 그림자를 받아 맑고 밝게 빛날 수 있을까? 그리고 그 달 자체가 될 수 있을까? 선생과 김현 선생의 짧은 에피소드는 이제 시간이 무척 흘러서인지 달 그림자 비치는 호수조차도 되지 못한 나에게 많은 생각을 하게 했다. 간혹 신문에 났다고 좋아하는 바보 같은 나에게 내가 묻는다. 그게 너냐? 나냐?

생이 흔들리는 소리

선생은 이제 익명성 속으로 사라지고 싶다고 했다. 이름을 버리고 바람처럼 구름처럼 비처럼, 천둥처럼 그렇게 우리 곁에서 머물고 싶은 그런 마음인가 싶었다. 어쩌면 좋은 시인이란 이름의 경계선을 넘어

우리에게 노래로 존재하는 소월이나 지용과 같은 단계는 아닐지 모르겠다. 사람들은 그 노래가 누구의 노래인지 모르고 부르는 경우가 있다. 이것이 이상적인 것이 아니겠냐고 선생은 나에게 반문했다.

"내가 모르게 되는 '나' 혹은 '자기'가 그래도 제일 최대한의 자기인 것이다."

그리고 어려운 길이긴 하지만, 진지하게 생각하는 사람이 되어야 한다고 강조했다. 기왕이면 이 세상에 진짜가 되라는 말씀을 마음속에 깊이 새겼다. 진짜가 된다는 건, 화가 장욱진, 박수근, 이중섭처럼 삶과 그림이 같이 가는 것이다. 그 족적이 정확해야 된다는 것, 말과 작품이 같아야 된다.

선생의 시에 대한 평론과 단상은 너무나 많다. 눈 멀고 아둔한 내가 거기에 하나 더 보태는 건 무의미하다. 그러나 40년 전 예술가 윤후명 선생이 대학에 입학했을 때, 졸업을 해버린 선배 정현종 선생에 대한 글이 있다. 최근에 시 잡지의 청탁을 받고 쓴 이 글을 윤후명 선생께서 보내주신 글이다. 일부를 인용한다.

사실 정현종 시인의 시 어느 한 편을 굳이 꼽아 앞세운다는 건 나로서는 불가능하다. 그리하여 1972년 민음사에서 나온 첫 시집인 《사물의 꿈》을 펼친다.

그 잎 위에 흘러내리는 햇빛과 입맞추며
나무는 그의 힘을 꿈꾸고

그 위에 내리는 비와 뺨 비비며 나무는
소리 내어 그의 피를 꿈꾸고
가지에 부는 바람의 푸른 힘으로 나무는
자기의 생이 흔들리는 소리를 듣는다.

　제목 〈사물의 꿈 1〉에 '나무의 꿈'이라는 부제가 달려 있다. 그러자 이 시를 처음 읽었을 때 '사물'이라는 말이 얼마나 새롭게 다가왔는지 기억이 새로웠다. 그것은 내게는 시어가 아니라 관념어이자 철학어였는데, 어느덧 나무라는 생명을 타고 햇빛, 비, 바람들과 함께 꿈꾸며 '생이 흔들리는 소리'를 내게 들려주고 있었다. 말과 뜻이 어우러져 동심원을 이루며 온통 살아 있는 사물로 화하는 세계. 나는 그것이 내 제목이었으면 얼마나 좋을까 '힘'과 '피'를 꿈꾸었다.

　식물을 좋아하며 가까이한다고 자처하는 내게 그의 '사물=나무'는 삶의 원류를 일깨워준다. 나도 그 합치를 위해 나무에게로 가고 싶다. 연세대 뒤 숲 속을 거닐던 그는 한 그루 나무 같은 모습으로 지금도 내 앞에 선다. 아름다운 풍경에 찬사를 보내는 그의 허심탄회한 감탄사만큼이나 가식 없는 소리, 나무의 소리.

　이 시와 맞닿아 있는 시 〈세상의 나무들〉(1995년 作)에 나오는 '하늘에도 땅에도 우리들 가슴에도/들리지 나무들아 날이면 날마다/첫사랑 두근두근 팽창하는 기운을!'이라는 구절을 읽으며, 촉루가 되어서도 첫사랑 같은 시를 꿈꿀 수 있기를, '사물=나무'의 새봄을 기다리는 밤이다.

오랜 시간 일방적으로 선생의 말씀만 들었다. 음악소리처럼 흘러나오는 선생의 말에 취해 잠시 정신을 차리니 점심시간이 되었다. 선생은 댁 근처의 작은 일식집으로 가자고 하셨지만, 왠지 나는 선생에게 따뜻한 밥 한 그릇을 대접하고 싶었다.

선생에게는 잘 지은 밥 한 그릇 대접하고 싶은 마음, 그 순간 내 진짜 마음이었다. 선생에게 나가서 밥을 드시는 게 어떠냐고 여쭈었다. 선생은 잠시 망설이시다가 그럼 아는 식당이 있으니, 인사동으로 가자고 하셨다. 거기에 밥이 맛있는 집이 있다고 했다.

번뇌가 있어야 예쁘다

인사동 밥집에서 나물정식을 시키고 기다리는 동안 선생은 우리 건너편에 앉은 비구니를 잠시 보더니 웃으면서 말했다.

"저 비구니 말이야. 털모자를 쓰고 들어올 때는 참 이뻤는데, 모자를 벗으니 안 이쁘네."

그땐 그냥 흘려들었는데, 지금 곰곰이 생각하니 불가에선 머리카락은 번뇌를 상징하는 하는 것이니, 인간은 그리고 여자는 번뇌가 있어야 예쁘다는 말씀인가 싶었다. 마치 북극여우가 한겨울이 되면 지난여름 몸을 덮고 있는 누런 털을 벗어버리고 새하얀 털로 빛나듯이 말이다.

선생의 말대로 밥을 맛있게 하는 집이었다. 조금 과식하고 인사동 거리를 걸었다. 그리고 찻집 '인사동 사람'에 가서 생강차를 마셨다.

내 주특기인 썰렁한 질문을 던질 차례가 되었다. 선생의 이야기를 받아 적느라 우문을 던질 수 없었는데, 차를 마시는 동안 잠시 밖을 보시는 선생을 향해 이렇게 물었다.

"선생님 독자들을 위해 사랑에 대해서 한마디 해주시죠."

나는 연필을 꽉 쥐고 받아 적을 태세로 돌입했다. 선생은 아닌 밤중에 홍두깨식의 질문에 잠시 생각하시다가 《스탕달의 연애론》이야기를 꺼내시는가 싶더니 이내 접으시고 허허 웃으면서 이렇게만 말씀하셨다.

"사랑이라…, 아, 이 사람아. 사랑해야지. 사랑해야지. 허허."

살청의 작가 성석제

짧은 글이든 긴 글이든 성석제의 소설은 지루하지 않고 경쾌하다. 또한 푸른 기운을 잘 뽑아낸 찻잎처럼 떫지 않으면서도 푸르고 싱싱하다. 무엇보다 성석제는 세상을 '재미있게?' 본다. 여기에 그의 문학적 매력이 있다.

시 쓰던 시절 행복했죠. 소설 쓰는 지금? 재미있죠

'살청殺靑'이라는 말이 있다. 죽일 '살'자에 푸를 '청'자. 푸른 것을 죽인다는 뜻인데, 대나무를 불에 쬐어 대나무의 푸른빛을 빼는 일을 살청이라고 한다. 두 번째 의미로는 사서나 기록, 또 서적을 이렇게도 부른다고 '이희승 국어사전'에서는 설명한다.

이 단어는 의미가 무척 풍부하다. 다인茶人들은 찻잎을 덖어서 잎의 푸른 기운을 뽑아내는 작업을 일컬을 때 쓰기도 한다. 푸른빛을 빼내는 것이 어찌 이뿐이겠는가. 젊은이들도 방자한 그 푸른빛을 뽑아내야 어른이 되고, 청바지도 색이 좀 바래야 더 멋이 난다. 우리 일상에도 살청은 군데군데 숨어 있다. 여름의 녹엽도 언젠가는 태양빛에 살청되어 아름다운 탈색의 과정을 밟는다. 그때 찬란한 단풍빛이 드러나는 것이다. 이렇게 살청은 예사로운 말이 아닌 것 같다.

뭔가를 써서 기록하는 것도 살청이다. 종이에 글을 쓰기 이전에 대나무를 잘라 거기에 글을 남겼는데, 그때 대나무의 푸른 기운을 죽이는 것도 살청이다. 시나 소설을 쓰는 것도 일종의 살청 같다. 그런데 이 푸른 기운이 유독 남아도는 작가가 있으니 바로 성석제(成碩濟·50)다. 그의 글이 덖지 않은 찻잎처럼 떫다는 게 아니다. 아주 잘 덖어 좋은 차를 우려내는데도, 사람만은 푸르고 싱싱하다는 이야기다. 살아서 꿈틀거려 분명 깊은 살청의 세계를 거쳤을 그의 글들은 푸르게 빛나고 있다.

"매이는 걸 체질적으로 싫어해요"

이야기를 나누기 위해 마주앉은 자리에서 어린 시절의 성석제를 상상했다. 그는 무척 개구쟁이였을 것이다. 똑똑했을 것이다. 그리고 잘 웃었을 것이다.

그는 커피를 주문하고, 휴대전화로 뭔가를 똑딱거리면서 "야 세상 참 좋아졌네"라는 말을 한다. 신기한 세상, 놀라운 세상이라는 말을 하면서 오늘 처음 휴대전화로 송금을 했다고 했다. 2007년 6월26일 오후 4시경, 그는 휴대전화로 처음 송금했다는 것이다. 모바일폰 뒤에 칩을 두고 하는 것이 아니라, 다운로드해서 하는 것이라는 설명을 듣다가 문득 "왜 작가생활을 하느냐"고 물었다. 뭐든 하나만 물어보면 이야기가 술술 나올 것 같았다. 그는 모바일폰과 노트북의 뚜껑을 닫고서는 말했다. 예상대로 나는 줄곧 듣기만 했고, 그는 재미나게 이야기했다.

"체질적으로 매이는 걸 싫어해요. 속박당하는 것을 싫어하는데, 우리들은 보통 성장기에 꽁꽁 묶여 있잖아요. 그걸 벗어나고 싶어 방황도 하고요. 그런데 저는 다 자라서도 그 속박에서 벗어나기 위해 작가가 된 것 같기도 합니다. 일단은 자유로우니까."

그는 소위 안정된 직장에서 안정되는 게 두려워 직장을 나온 사람이다. 얼른 이해가 되지 않는다. 안정이 그에게는 속박이었다고 해석할 수밖에 없다. 그것이 두렵다니, 그것은 편안한 게 아닌가 싶다. 그는 탐험가처럼 세상이라는 거친 산정을 향해 암벽 등반을 하는 것 같기도 하다.

그가 직장을 관두는 데도 에피소드가 있다. 처음 사표를 내자 동료들이 한번 다시 생각하라면서 술을 사주는 것이었다. 재미있게 술을 마시고 다시 근무하다 또 사표를 내니까 또 술을 샀다고 했다. 그리고 조금 근무하다 또 사표를 내니까 그때는 모두들 그만두라고 했다. 아주 오래 전에 그가 해준 이야기다.

굳이 작가가 되려고 사표를 쓴 것은 아니라고 했다. 일단 퇴직금으로 1년은 버틸 수 있을 것 같았고, 그 다음 문제는 그때 생각하자는 식이었다. 그래도 지금까지 아내와 약속한 월급 수준의 돈은 매달 통장에 입금했다. 아니, 직급이 올라가듯이 그 액수도 조금씩 많아졌으니 금상첨화다. 생활이 곤궁하게 되어 누추해졌다면 아마 다른 일을 재미있게 했을 것이다.

성석제는 1986년 『문학사상』에 시 〈유리 닦는 사람〉이 당선되면서 시인으로 등단했다. 그리고 《그곳에는 어처구니가 산다》라는 책을 시작으로 소설을 쓰기 시작해, 한국일보문학상, 동서문학상, 이효석문학상, 동인문학상, 현대문학상을 수상했다. 2007년 현재까지 그는 소설집 《내 인생의 마지막 4.5초》《홀림》《황만근은 이렇게 말했다》《어머님이 들려주시는 노래》, 장편소설 《아름다운 날들》《순정》《인간의 힘》, 산문집 《소풍》 등 다수의 책으로 확실한 고정 독자를 확보한 전업작가다. 그가 최근에 낸 책은 《성석제의 이야기 박물지》라는 산문집이다. 이 책을 편집한 편집자는 소설가로서 성석제가 가장 빛나는 순간은 역시 짧은 글을 통해 터져 나오는 것이 아니겠느냐고 말한다. 짧은 글이든 긴 글이든 성석제 소설의 흐름은 지루하지 않다. 우선 자신이 재미없는 것은 참지 못하는 성격이다. 그의 장편소설 역시 자잘한 이야기들이 모여 거대한 줄기를 이루는 식이다. 굳이 비교하자면 홍명희의 《임꺽정》 식이랄까, 처음부터 거대한 흐름의 지도를 그리는 대작과는 거리가 먼 작법이다. 톨스토이의 소설이랄지, 염상섭의 《삼대》처럼 오래 묵어 깊은 작품이 주는 어떤 의미의 '지루함'을 그에게서는 찾아볼 수 없다.

무섭고 어려웠던 형

그는 1960년 경북 상주에서 태어났다. 농사를 짓는 집안이었는데, 성석제의 증조부가 '이재에 밝은 분'이어서 상당한 재산을 후손에게 물려준다. 시골의 대농으로 20~30마지기의 논과 10마지기 정도의 밭을 소유한다. 그의 부친은 시골에서는 드물게 대학을 나온 분이었다. 충남대 50학번으로 농학과를 졸업하고 공무원 생활을 하신 분이다. 그러다가 할아버지가 혼자서는 그 넓은 논밭을 관리하기 힘들어 장남을 불러내린 것이다.

성석제는 노모가 불편해 하실까봐 그의 큰형 이야기는 잘 하지 않는다. 하지만 그의 문학에서 큰형의 위치는 상당하다. 성석제와는 아홉 살 차이가 나는 큰형은 고등학교 시절에 동네에서 어른 대접을 받았다. 부모님께 효도하고, 마을 사람들에게 공손한 학생이었다. 또 동생들에게는 모범을 보이는 의젓한 형이어서 말 그대로 집안에서는 보물 같은 존재였다. 이 무섭고 어려운 형에게 성석제는 글을 배운다.

성석제는 바둑, 당구와 같은 잡기에 능하지만 지금도 낚시만은 하지 않는다. 어린 그가 보기에 무서웠던 형이 가장 즐기는 것이 낚시였다. 지금 생각하면 고등학생이 어찌 그럴까 싶을 정도로 형은 낚시에 몰두했다고 한다. 마치 칠순의 강태공처럼 어떤 날은 하루 종일 마을 저수지에 낚싯대를 던져놓고 낚시찌만 바라보고 있었다. 밥을 날라다주면 미동도 없이 찌만 바라보는 형의 모습이 그의 머리에 각인돼 있다. 그런 엄한 형과 성석제에게 어떤 강박관념이 있었다.

그가 일곱 살 무렵, 김천에서 고등학교를 다니던 형이 방학이 되어 집으로 내려왔을 때 작은 사건이 터진다. 당시 시골에서는 빨랫비누를 만들어 쓰곤 했다. 양잿물을 섞어 만든 비누를 덩어리지어 마당에 널어놓았는데, 어린 석제의 눈에는 마치 소똥처럼 보였다.

그 모양이 우스워서 덩어리진 것을 다 뭉쳐놓았다. 그걸 본 어머니가 화가 나서 석제를 잡아 혼을 내려고 했지만, 다람쥐 같은 아이는 도대체 잡히질 않고 마당을 빙글빙글 돌았다. 지금도 동안童顔인 성석제의 어린 얼굴을 짐작하기는 어렵지 않다.

마침 대문을 열고 들어오던 형이 그 광경을 보았다. 형은 일단 가방을 차분하게 내려놓고, 학생모를 벗어 기둥에 걸고는 지겟작대기를 들었다. 그러곤 "거기 서!"라는 명령과 함께 어린 동생에게 달려오는 형. 그때 성석제는 공포를 느꼈다고 한다. 부지깽이도 아니고 지겟작대기라니, 잡히면 죽는다는 생각에 더욱더 빠른 속도로 도망을 친다.

'이리 와라.' '내가 왜 가냐'는 식으로 마당을 몇 바퀴 돌다가, 뒷마당에 닭들이 드나드는 작은 개구멍 속으로 쏙 기어들어가서는 뒷산으로 올라가 다른 동네로 도망을 쳤다고 한다. 그렇게 딴 동네를 돌아다니다가, 컴컴해져서 집으로 들어가니 형이 보이질 않았다. 누나들과 고모들이 모여서는 수군대다가 어린 석제에게 어서 형에게 가서 잘못했다고 사죄하라고 했다. 동생의 버릇을 바로잡지 못한 형이 집에 걸어놓았던 소주 대병을 마시고 취해서 골방에 누워 있다는 것이다. 어린 석제는 할 수 없이 골방 문 앞에 무릎을 꿇고 앉았다. 그때 형이 일어나 앉으면서 네가 뭘 잘못했는지 아느냐고 물었다. 어린아이가 "비누를 그렇게 해서…"라고 하자 형이 말한다.

"그게 아니다. 첫째로 너는 어머니가 오라고 하는데도 오지 않고 도망을 쳤다. 어머니가 오라고 하면 와야지. 둘째는 형이 오라고 했는데도 안 온 것이다. 그 잘못을 알겠느냐."

그가 알았다고 하자, 형이 "잘못을 알았으면 됐다"고 하면서 자신의 손을 잡는데 확 뜨거운 것이 느껴졌다고 했다. 마치 교회에서 성령을 받는 사람의 느낌처럼 형의 손은 뜨거웠다.

무협지 편력

형은 연세대학교에 입학한다. 하지만 병이 생겨 휴학하고 시골집에서 요양을 해야 했다. 형은 손재주가 뛰어난 사람이었다. 책을 좋아하는 형은 누워서도 책을 볼 수 있는 특수 독서대를 제작해 책을 읽었다.

그런 형을 위해 중학교에 다니는 누나가 도서관에서 《혈무문》이라는 무협지를 가져왔는데, 형은 몇 장을 보더니 흥미 없어하는 것이 아닌가. 대신 손가락이 길어 손재주가 많은 형은 뜨개질을 해서 벙어리장갑이 아닌 손가락장갑을 떠서 동생들에게 나누어주었다고 한다. 자상한 성품이다.

당시 성석제는 할아버지에게 한자를 익혀 신문 정도는 읽을 수 있는 수준이었다. 그래서 《혈무문》을 읽어보았는데, 별천지였다. 무협지는 단숨에 그를 매료시켰다. 형을 위해 빌려온 무협지들은 열 살 성석제의 독차지가 됐고, 이때부터 무협지 편력은 시작된다.

마치 마르지 않는 샘 같은 무협지의 황당하고도 광활한 세계에 빠져들었다. 뜻이 있는 곳에 길이 있다고, 마침 부친의 친구 분이 서점을 겸한 도서대여점을 하고 있었다. 참고서와 교양도서는 서가의 한 줄 정도였고, 나머지는 모두 무협지로 채워진 보물창고였다. 그걸 다

읽는 데 2년이 걸렸다고 한다. 이때부터 빠른 독법이 저절로 몸에 익은 것 같다. 자신은 책을 빨리 읽는 편이라고 했다.

그리고 형에게서 바둑을 처음 배운다. 그가 동네에서 아이들과 장기 두는 모습을 보던 형이 "유치하게 무슨 장기냐" 면서 바둑판을 펼친다. 처음에 25점을 깔고 두었다. 처음 두니 자기 집에 자기 돌을 두어 잡아먹히는 수준이다. 형은 그런 동생의 바둑에 대해서 일언반구도 없이 묵묵히 완전박살을 내버린다.

어린아이는 눈물이 날 정도로 억울해서 다음 방학 때 형이 내려오면 박살을 낼 것이라고 다짐했지만, 결국 형과는 단 한 판만을 두게 된다. 당시 형의 실력은 9급 정도였는데, 다음 방학 때 동생이 두는 것을 보니 13급 정도라는 판정을 내려준다. 그래서 자신은 초등학교를 졸업할 때 9급 정도의 실력이었다고 한다. 하지만 바둑에서 5급 이하는 별 의미 없다는 부연설명을 한다.

그러던 어느 날, 집안에 청천벽력과 같은 일이 벌어진다. 성석제가 초등학교를 졸업하던 무렵인 1973년에 형이 병으로 요절한 것이다. 형은 보통 아들이 아니었다. 그 슬픔을 겪은 부모의 심경을 헤아릴 수는 없을 것이다. 아직도 노모에게 형에 대한 아픔을 되살리고 싶지 않은 마음이다.

바둑 맞수 담임선생님

그 일을 겪은 후 가족은 자식들의 공부를 위해 서울로 이사를 한다.

그런데 다른 형제들이 먼저 가고 성석제는 1년을 그 큰 집에서 할아버지, 할머니와 지낸다. 처음에는 서러웠는데, 살아보니 몹시 좋았다고 한다. 집이 넓어서 집안에 들어온 고등학교 자취생과 어울려 놀면서 잘 지낸다. 읍내 만화가게의 모든 만화를 독파하던 시절이었다. 그러다 서울로 전학을 온다.

서울에 와서 기원을 찾는다. 거기에서 또래가 7급 정도 둔다고 해 돌을 잡았는데 무참히 깨졌고, 그 아이를 따라잡기 위해 부단히 노력했지만 자신이 성장한 만큼 그 아이도 성장해서 결국 한 번도 못 이겼다고 고백한다. 성석제는 자신의 중학교 시절을 떠올려보면 '바둑 50%, 만화 25%의 생'이었다고 한다. 약은 약사에게 주문하듯이 공부는 학교에서만 하는 것이다.

그리고 경신고등학교에서 바둑을 좋아하는 국어선생을 담임으로 만난다. 그가 문학과 인연을 맺은 것은 고교시절 때부터다. 고등학교에 들어가 신입생들의 학력을 테스트하기 위해 보는 시험에서 국어를 75점 받아 반에서 1등을 했다. 평균이 15점 정도였으니 담임선생의 눈에는 그가 보석처럼 보였을 것이다. 아이들은 이전까지 객관식 문제에 익숙했다. 처음으로 모든 문제가 주관식으로 나와 그런 사태가 벌어진 것이다. 무협지와 만화로 단련된 성석제의 '논술' 실력은 대단한 것이었다.

담임선생은 그를 곧바로 문예반에 넣어서 창립 90주년 교지를 만드는 일을 시킨다. 편집일은 그가 특별히 좋아했다기보다 구속받기 싫어하는 그의 성품에 어울리는 일이었다. 교지 편집을 핑계로 수업도 빼먹고, 교지를 만들면서 편집도 배운다. 하지만 그때까지도 자신이 문예에 소질이 있다고 생각하지는 않았다고 한다. 교지 일이 끝나자 문예반을 나오고 싶었지만, 깡패 기질이 있는 선배들이 문예반을 나가려거든 '빠따'를 맞아야 한다며 몽둥이를 드는 바람에 그대로 줄행랑을 놓았다.

국어선생님은 그의 인생에 많은 영향을 끼쳤다. 수업시간에 종이에 연필로 바둑판을 그려 몰래 바둑을 두는데, 선생에게 걸렸다. 선생이 너 몇 급이냐고 물었고, 1급이라고 대답한다. 선생은 아마도 '요 녀석 봐라' 하는 마음이 들었을 것이고, 선생과 제자는 숙직실에서 한판 승부를 벌이게 된다.

선생과 성석제는 실력이 비슷했다. 취미가 비슷한 사람들은 금방 친해지게 마련이다. 게다가 스승의 눈에 바둑 잘 두고 국어 잘하는 성석제가 얼마나 귀여웠을 것인가. 여기서 그의 바둑에 대한 이야기를 좀 해야 한다. 그는 현재 아마 5단으로 문단 고수 중 하나다. 김성동, 송영 같은 고수들이 있지만, 아마도 그를 가볍게 여길 사람이 없을 것이다.

선생은 자신의 집으로 제자를 데려가곤 했다. 사모님이 선생님과 한참 나이차가 나는 미인이었다고 한다. 그분의 말씀이 몇 년에 한 번씩 제자를 집으로 데리고 온다는 것이다. 선생의 집에서는 주로 바둑을 뒀는데, 그 사실을 간파한 친구들이 성석제에게 자신들이 빼앗긴 '보물'들을 찾아달라고 부탁을 한다.

선생 집에는 아이들이 보다가 빼앗긴 무협지와 '빨간책(포르노 잡지)'들이 쌓여 있었다. 바둑을 두고 나서 그 압수품들을 좀 가져가도 되는 것은 인지상정이다. 그렇게 아이들에게 물건을 돌려주고 빵 얻어먹으며 재미나게 살았다. 여기까지 이야기를 들으면서 성석제의 특이한 점을 하나 발견했다. 그는 세상을 재미나게 '보는' 사람이다.

기형도와 신대철

최근에 낸 그의 산문집을 보면 그러한 면이 잘 드러난다.

> 나는 잘 웃는다. 대학 시절 어떤 자리에서 크게 소리 내어 웃다가 스승으로부터 '별일 아닌 것 가지고 뭐가 좋다고 그렇게 혼자 웃느냐'고 지엄한 질타를 받은 적도 있다. 그래서 울상을 지으며 일어나서 밖으로 나와서는 실컷 웃고 다시 들어갔다. 그러고도 웃을 일이 자꾸 생겨서 귓구멍이 아프도록 후비며 웃음을 참으려고 했던 기억도 있다. 자주 웃고, 웃을 만한 기미에 민감해지다 보니 흥미로운 것, 재미있는 것에는 쉽게 빠진다.
>
> — 산문집 《성석제의 이야기 박물지》 중에서

그래서인지 그는 소설가이면서 짧고 재미난 산문을 맛깔스럽게 써내는 능력이 탁월하다. 경신고등학교는 미션 스쿨이어서 수시로 보는 예배 때문에 상당한 속박을 느낀 것 같다. 그리고 교복의 속박감에서 벗어나 대학에 들어간 성석제는 드디어 자유를 만끽한다.

대학에 들어가서 1학년 1학기 동안 미팅을 평균 일주일에 3번 정도 했다고 한다. 그렇게 55회의 미팅을 하고 나서는 하지 않았다고 했다. 그는 연세대 법학과 출신이다. 당시 정외과에 다니던 친구들도 거기에서 만난다. 그중에 고故 기형도 시인이 있다.

그를 처음 본 것은 당시 대학생들이 의무적으로 학점을 따기 위해 군에 일정 기간 입소했던 문무대에서였다. 기형도는 노래를 잘했다. 훈련을 마치고 휴식시간에 노래를 하면 노래하는 동안 휴식시간을 연장해주겠다는 말을 듣고 기형도가 나와 노래를 불렀다고 한다. 그렇게 기형도는 노래를 4절까지 불러서 훈련받던 학우들을 푹 쉬게 했다. 필자도 시운동 동인들과 어울려 술을 마시던 시절에 기형도의 노래를 여러 번 들은 적이 있다. 그의 노래는 성악 창법으로 유창하게 좌중을 압도한다. 성석제는 2학기 때 복도에서 기형도와 마주쳐 이야기를 나눴다.

기형도는 그에게 연세대 문학동아리 가입을 권했다. 마침 1학기 때 미팅으로 바쁜 나날을 보내다가 그 통과의례를 마치고, 뭐 좀 재미있는 것 없나 하던 참이라 친구를 따라 문과대 수위실 맞은편에 있는 문학동아리를 찾았다.

동아리 방은 6·25전쟁 때 감옥으로 쓴 적이 있는 컴컴한 공간이었는데, 가운데 긴 탁자가 있었다. 마침 그 탁자에 마주앉아 바둑을 두고 있는 두 사람이 눈에 띄었다. 성석제는 그래, 이제부터 여기에서 내기바둑을 둬서 점심을 해결하자는 생각에 가입했다고 한다. 문학동아리는 그에게 낙원과 같은 곳이었다. 서로 쓴 시를 발표하고, 깨부수고, 끝나면 저녁 때 선배들이 술 사주고, 여기에서 그는 기형도, 권진희 등과 어울리면서 잘 놀았다고 한다.

그리고 드디어 그의 앞에 한 시인이 찬란하게 나타난다. 무인도에 있다가 사람을 만난 격이었다. 교양국어 시간에 만난 신대철 선생이다. 신대철 선생은 강의를 무척 재미있게 했다고 한다. 재미난 이야기 덕분에 그가 좋아졌고, 선생의 시집 《무인도를 위하여》를 읽고 시에 관심을 가지게 된다.

릴케, 하이네의 시에서는 전혀 매력을 느끼지 못했는데 신대철 선생의 시에는 뭔가 다른 게 있었다. 눈이 확 뜨인 것이다. '그래 이런 것이 시라면 나도 한번' 하는 마음이 들었다. 그가 돈을 주고 산 첫 번째 시집이 바로 신대철 선생의 시집이라고 했다. 그분에 대해서 더 이야기해달라고 하니 '대단히 치열하고 힘들게 사신 분'이라고 간단하게 말하고 만다. 필자 역시 그 시대의 시집 두 권을 꼽으라면 신대철의 《무인도를 위하여》와 이성복의 《뒹구는 돌은 언제 잠을 깨는가?》를 들겠다.

스승이자 인생 친구인 정현종

1979년에 대학에 입학했으니 이듬해가 바로 1980년이다. 3월에 학교는 휴교를 한다. 시위와 전두환이라는 단어로 상징되는 우울한 시기였다. 하지만 그는 이 시기에도 역시 치열하게 놀았다. 시골에 내려가 모내기도 하고 여행도 하면서. 하지만 가까이 들려오는 울음소리는 어찌할 수 없었을 것이다. 거기에 대해서는 함구무언이다.

그는 판·검사가 되기 위해 법학과에 간 것이 아니었다. 법학과에 가면 사법고시를 준비하는 사람은 수업에 들어오지 않아도 된다는 매력적인 조건이 있었기 때문이다. 그래서 그는 친구들과 같이 신문방송학과에 가자고 한 약속을 어기고 법학과에 입학했는데, 생각했던 것처럼 재미가 없어 3학년 초에 군에 입대한다.

군대에 다녀오니 기형도가 교내 문학계를 평정하고 졸업을 한다. 이에 자극을 받아 쓴 시로 교내문학상에서 가작상을 받았다. 당시 당선작은 심종철의 작품. 이때 심사위원이 정현종 시인이다.

성석제는 스승 정현종 시인을 각별하게 생각한다. 그분을 이야기하자면 우선은 술을 많이 사주시는 어른이었다고 한다. 스승은 만나면 만날수록 '바닥이 없는 사람 같다'는 생각이 들었다고 한다. 바닥이 없어, 솟아나는 샘처럼 항상 새로운 분이라는 것이다. 즉 반복이 없어 지겹지 않다고 했다. 그러면서 한마디를 던진다.

"선생은 애인으로는 최상급일 겁니다. 그런데 연세가 많으셔서 문제지요, 히히."

제자는 지금도 스승을 한 달에 한두 번 찾아뵙는다. 20년 이상을 만났는데도 여전하신 그런 모습에 놀란다고 한다. 선생은 '총명하다'라는 표현을 잘 쓰는데, 정작 선생이 총명한 분 같다고도 했다. 성석제에게 정현종 시인은 대학 스승이면서 인생의 친구 같은 분이다.

"그동안 제가 쓴 시나 소설에 대한 이야기는 전혀 나누지 않습니다. 술을 마시면서 일상적인 이야기 몇 마디 하고, 주로 산에 많이 가는데 여름날이면 '산도 덥구나' 라든지, 같은 장소에 여러 번 찾아가서는 '지난번에 왔을 때와는 다르네' 라는 식의 이야기를 한두 마디 나누는 겁니다. 그리고 산속의 나무를 지나치면서 나무 이야기를 들려주십니다. 상수리나무, 동백나무, 피나무, 소나무 등을 가리키면서 이 나무는 이러이러한 나무라는 식이지요."

성석제는 스승의 인품을 선생이 오랫동안 신고 있는 등산화에 비유했다.

"선생님 신발 좀 바꾸세요, 라고 말씀드리곤 하죠. 10년 정도 된 듯한 선생의 등산화는 모서리가 떨어져나가 남루해 보였거든요. 그럼 '나도 바꿀 생각이 있는데…' 하시면서 말꼬리를 흐리고 맙니다. 산을 내려와서 등산화 가게에 여러 번 모시고 가도, 한번 둘러보고는 마음에 드시는 것이 없는지, 늘 다음에 사지 뭐…, 하시지요. 아마도 마음에 드는 물건이 나올 때까지 기다리는 것 같아요, 아직도. 그런 면이 존경스럽습니다."

그분과는 이런 인연으로 맺어져 지금까지 지극하게 모시는 선생님이 되었다. 그리고 졸업하던 해에 『문학사상』을 통해 등단한다. 시인이 되기까지의 이야기만 해도 장광설이다. 그는 이야기가 많았다. 그 이야기들이 성석제라는 인간을 구성하는 원자와 같다는 생각이 들었다. 나는 질문할 수 없었다. 그냥 듣기만 하는 것도 벅찼다.

1979년에 입학해서 86년에 졸업한 대학시절. 그는 이 시절 집에서 잔 날이 절반도 되지 않았다고 한다. 그중에서도 절반은 친구들과 함

나는 잘 웃는다. 대학 시절 어떤 자리에서 크게 소리 내어 웃다가 스승으로부터
'별일 아닌 것 가지고 뭐가 좋다고 그렇게 혼자 웃느냐'고 지엄한 질타를 받은 적도 있다.
그래서 울상을 지으며 일어나서 밖으로 나와서는 실컷 웃고 다시 들어갔다.
그러고도 웃을 일이 자꾸 생겨서 귓구멍이 아프도록 후비며
웃음을 참으려고 했던 기억도 있다.
자주 웃고, 웃을 만한 기미에 민감해지다 보니 흥미로운 것,
재미있는 것에는 쉽게 빠진다.
- 산문집 《성석제의 이야기 박물지》 중에서

께 잤다고 한다. 그리고 1991년에 첫 시집을 낸다. 그의 책 표지에 실린 이력을 보면 시인으로서의 경력은 어디론가 사라지고 없다. 하지만 그는 두 권의 개성 있는 시집을 발간한 시인이다. 시를 굳이 문학의 모성으로 비유하지 않더라도 우리 문단에는 시인으로 출발한 소설가가 적지 않다. 친구인 원재길을 비롯해 윤후명, 이제하, 마광수 등 알게 모르게 많은 이가 시인으로 출발한 소설가들이다.

탁월한 이야기꾼

그들의 이력이 소설가로 굳어지는 것은 어느 순간부터 시를 쓰지 않았기 때문이다. 하지만 성석제는 태어나면서부터 소설가가 아니었을까 하는 생각이 들 정도다. 그의 이야기는 끊임없이 이어진다. 큰 배가 침몰하면 소용돌이치면서 주위의 모든 것을 빨아들인다. 그는 단순히 잡학에 흥미가 많은 정도가 아니다. 주위의 모든 것을 빨아들이고, 녹이고, 다지고, 결국 한 편의 빛나는 황금빛 잔을 만들어내는 장인과 같은 모습이다.

1992년에 아버지와 할아버지가 하루 사이로 세상을 뜨신다. 그러자 그는 갑자기 호적상 가장이 되어버렸다. 묶이기 싫어하는 그의 성품에 짐이 많아진 것이다. 《서유기》에 저팔계가 남긴 '먼 길에 가벼운 짐 없다'는 명언이 있다. 그도 무거운 짐을 지게 된 것이다.

가족과 일, 그리고 재미나는 직장. 졸업하고 이어진 회사생활도 재미있었다고 한다. 평범한 것을 비범한 것으로 만들어버리는 예술가 기질로 그는 일상적인 업무에서도 나름의 방식을 만들어냈을 것이다. 평사원이면서도 갖은 이유로 '이사급 출장'을 많이 다닌 시절이었다. 그러다 1993년에 사표를 낸다. 1994년 중반엔 신림동 하숙촌에서 한여름을 보낸다. 무척 더운 해였다. 한여름에도 찬바람이 불어 이불을 덮고 자야 된다는 소문을 듣고 찾은 곳이었지만, 웬걸 그해의 무더위는 그곳을 비껴가지 않았다.

그곳에서 두 번째 시집 원고를 정리했다. 시집 정리가 의외로 일찍 끝나는 바람에, 나머지 시간에 그동안 쓴 짧은 글들을 정리하기 시작했다. 그동안 시를 쓰면서 자신을 잡아당겼던 것들, 이렇게 저렇게 귀동냥으로 들은 이야기를 메모해놓았던 것들, 즉 시인으로 쓴 글이 아닌 비시적非詩的인 원고를 나름의 스타일로 정리한 것이다. 아침에 샤워 한 번 하고 한 편 쓰고, 동네 어귀 슈퍼마켓에서 맥주 한잔 마시고 다시 샤워하고 또 한 편 쓰고 하는 식으로 정리한 원고들, 그야말로 스스로도 이것의 정체가 무엇인지 궁금한 원고들은 어처구니없이 태어난다.

그 원고를 당시 민음사 주간이던 이영준 씨에게 넘긴다. 이영준 씨는 출판해달라는 의도로 보내온 원고인 줄 알고(사실은 그것이 아니었는데) 다른 편집위원에게 검토를 부탁했고, 원고를 본 편집위원이 책으로 출판하자고 해서 세상의 빛을 보게 됐다. 첫 소설집 《그곳에는 어처구니들이 산다》가 그에게는 소설가의 길을 걷게 하는 계기가 됐다.

이 책이 출판되자 독자와 문단의 반응은 호의적이었다. 그의 이야기 실력을 믿고 발 빠르게 계간지 『문학동네』에서 첫 소설 청탁이 들어왔다. 첫 단편은 〈내 인생의 마지막 4.5초〉. 이 소설로 그는 탄탄한 소설가의 길로 들어선다. 이상문학상 후보에 선정돼 문단의 인정을 받았고, 영화사에서는 흥미로운 이야기에 끌려 판권 계약을 한다. 그 뒤로 계속 청탁이 들어온다.

그의 탁월한 이야기 실력의 근원은 사람들이다. 그의 주위에는 그보다 더 재미나는 사람들이 득실거리는 것 같은 느낌이다. 필자 역시 10여 년 전에 성석제의 책을 만든 경험이 있는데, 그때 성석제에게서 정말 재미난 사람들의 이야기를 들었다. 그는 말한다.

"그것이 저에게는 행운인 것 같은데, 내 주위에 재미있는 사람이 많이 있어요. 그런데 그 사람들의 이야기에 영감을 얻어서 이야기가 떠오르고, 그 이야기가 활자화되고 나면 의외로 그 오리지널 이야기들은 내 마음에서 힘을 잃어요."

성석제는 소설가이기 이전에 재미있는 사람이다. 그와 이야기를 나누고 나면 참 많은 나라를 다녀온 것 같은 느낌이 든다. 여러 어처구니를 본 것 같기도 하다. 어처구니는 상상 밖으로 큰 물건이나 사람을 이르는 말이다. 그리고 그는 경쾌하다. 그 경쾌함이 주위에 있는 사람들로 하여금 즐거움을 느끼게 하는 것이다.

똥장군의 테두리

"단편이나 장편이나 소설은 장르에 관계없이 쓰는 사람이나 읽는 사람을 끌어당기는 힘이 있어야 되지 않을까요? 내부에서 웅성거리는 에너지가 느껴져야 된다고 믿습니다. 에너지가 중요합니다. 어떤 글을 읽다 보면 억지스럽게 썼다는 느낌이 드는데, 그것은 아마 에너지가 부족해서, 힘이 달려서 그런 것이 아닌가 싶어요."

맥주 같은 음료야말로 에너지가 웅성거리는 술이 아닐까? 성석제는 맥주를 좋아하는데, 땅콩은 먹지 않는다. 땅콩 알레르기가 있어서다. 차를 마시면서 시작된 이야기는 자연스럽게 술 이야기로 넘어간다. 맥주를 마시면서 요즘에는 맥주에 관심이 많다고 했다. 맥주에 대한 짧은 글을 준비한다고 했다. 발효시킨 보리음료인 맥주의 역사가 술 중에서는 아마도 제일 오래됐을 것이라고 한다. 기원전 6천 년경부터 있었는데, 그때는 맥주를 액체 빵으로 여겼다는 것이다.

아는 것이 많으면 먹고 싶은 것도 많다는 옛 어른들의 말이 떠올랐다. 그는 음식에 관한 글을 많이 쓰는 편이다. 《소풍》은 음식에 관한 에세이집이다. 필자 또한 과거 음식에 관한 산문 연재를 그에게 제의한 적이 있다. 그런데 그가 다른 일로 바빠, 필자가 음식에 관한 에세이를 한 권 먼저 써버린 적이 있다. 나중에 성석제의 책을 읽고 그 책 괜히 냈다는 생각을 하기도 했다. 그런저런 이야기를 나누는데 성석제는 작가와 소설의 관계에 대해 매우 중요한 이야기를 했다.

"작가는 자신이 읽고 좋아하고 보고 듣고 느낀 것을 그런 식으로 쓸 수밖에 없어요. 자신이 잘 읽은 소설가의 스타일을 닮을 수밖에 없는 거죠."

성석제는 자신이 읽고 좋았던 소설로 독일의 시인이자 극작가인

브레히트와 베케트, 프랑스의 이오네스코와 사르트르와 같은 작가들의 단편을 들었다. 이 작가들은 짧고 간결하지만 에너지가 넘쳐흐르는 '충혈된' 글을 쓰는 사람이라고 설명한다. 그 역시 그러하다. "그럼 당신이 생각하는 소설이란 무엇인가" 라고 질문했다. 처음에는 정색을 하고 이렇게 이야기했다.

"소설이란 표현의 방식이 아닐까 합니다. 사람과 생각과 느낌을 표현하는 것이죠. 즉 소설은 공감의 매체입니다. 글의 그릇입니다."

나는 고개를 끄덕였지만, 좀더 재미있는 말로 소설을 이야기해줄 것을 권했다. 아마 우리 둘 다 술에 취했을 것이다.

"우리가 농사를 짓기 위해 쓰는 물건 중에 똥장군이라는 것이 있습니다. 농사지을 때 전통적으로 쓰던 거름을 지고 나르는 물건인데, 인분을 져 나르기 때문에 이 통이 새면 낭패지요. 냄새가 얼마나 나겠어요. 그래서 나무통으로 만든 똥장군의 테두리는 잘 마른 대나무로 친친 감아놓습니다. 단단하게 밀착시키기 위해서지요. 내 어린 시절 활놀이할 때 쓰기에는 똥장군의 대나무 줄기만한 게 없었어요. 그래서 그 테두리 잘 마른 대나무를 골라서 벗겨내어 활을 만들어 한겨울 잘 놀았지요. 이듬해 집에서 머슴이 내가 테두리를 몰래 빼낸 것을 모르고 그 똥장군에 거름을 담아 나르려고 들어 올리다가 그만 와르르 거름을 쏟아버리고 맙니다. 그때 머슴이 원망이 가득한 눈으로 나를 쳐다보곤, 석제야 하고 내 이름을 불렀습니다. 그때 머슴이 왜 내 이름을 불렀을까? 소설이 뭐냐고요? 소설은 똥장군이고, 억울한 머슴이고, 똥장군 안에 담긴 똥오줌일 수도 있지요."

〈바람의 전설〉 주인공이 바로 나

한바탕 웃고 났지만, 뭔가 가슴에 남는 게 있는 이야기다. 점점 더 취기는 오르고, 성석제는 시인으로서의 생활도 이야기했다. 시인으로서 살 때는 세상 물정을 몰랐지만, 시를 쓰던 시절에는 행복했다고 한다. 그 행복이 무엇일까? 소설을 쓰는 지금은 재미있다고 한다. 그 차이를 성석제는 이렇게 설명한다.

"행복은 개인적인 것이죠. 남이 알아주든 말든 자신만의 것입니다. 하지만 재미있다는 것은 서로 이야기를 나눠야 하기 때문에 훨씬 복잡한 감정이지요. 혼자서는 할 수 없는 일입니다. 그것은 증폭되는 힘이 있어요. 그리고 소설이 예술인 적이 있었나 하는 생각이 들어요. 시는 예술이겠지만, 물론 언어미학이 뛰어난 소설도 있기는 하지만, 나의 경우에는 소설이란 대화의 한 방식 같다는 생각이 듭니다. 세상이 나에게 말을 걸어오는 방식. 언어를 가지고 예술을 하고 싶었다면 아마도 나는 시를 썼을 겁니다."

그의 경쾌함은 이런 면에서 빛을 발한다. 예술과 비예술의 경계선이 무엇인지는 모르겠지만, 혼신의 힘을 다한 작품을 예술이라고 할 수 있다면, 나는 성석제의 소설을 예술이라고 말하고 싶다. 내 소설이 예술이라고 말하는 사람의 작품이 의외로 그 함량이 떨어지는 경우가 있다. 성석제가 세상과 소통하는 방식으로서의 소설, 그것은 가히 예술이라 할 만하다. 그의 소설 《소설 쓰는 남자》를 원작으로 만든 영화 〈바람의 전설〉에는 한 예술가가 나온다. 무도 예술가다. 그는 그 소설과 영화의 주인공이 바로 자신이라고 했다.

무슨 말인가? 성석제가 무도 예술인이란 말인가? 아니, 그 반대의 경우였다. 그는 그 주인공들과 정반대의 경우로서 예술가라고 표현했다. 춤을 전혀 출 줄 모르는 예술가와 춤을 잘 추는 무도 예술가는 다르면서도 같다는 것이다. 그 소설의 모티브는 어느 날, 카바레에 다녀온 후배가 막연히 퇴폐적으로만 보이던 그곳의 놀라운 세계를 전해주면서부터였다. 그곳은 정말 예술가들의 세상이었다는 것이다. 즉 학력, 외모, 재산으로 사람을 결정하는 것이 아니라, 오로지 춤 하나로만 결정하는 진짜 선수들의 세계를 본 것이다.

영화 속에서 '당신 제비냐'고 비아냥대는 사람들을 향해 극중 주인공인 영화배우 이성재는 또박또박 말한다.

"나, 제비 아닙니다. 예술갑니다. 무도 예술가."

그런 식으로 성석제도 예술가다. 세상을 무대로 비유한다면 그는 연극배우이고 춤꾼이면서, 자연으로 비유하면 그는 지루한 겨울을 깨우기 위해 남쪽에서 날아온 제비이고, 눈앞에 확 나타나는 어처구니이면서, 결국은 예술가다.

WRITER'S FRAGRANCE

POEM·NOVEL

강하고 아름다운 '배우' 은희경

은희경을 알게 된 지 12년이 넘었다. 소설은 평단과 독자의 사랑을 받고 있고, 외모도 매력적이다. 그는 행복해서 도무지 시계를 보지 않을 것 같다. 그런데 긴 시간 그와 이야기하며 '나는 아직도 은희경을 제대로 모른다'는 생각이 들었다.

칼이 아닌 척하는 칼, '은희경 장르'의 미학

소설가 은희경(殷熙耕·51)을 처음 본 게 그가 등단한 직후니까 벌써 12년이 지났다. 소설이야 이미 평단이나 독자의 사랑을 듬뿍 받고 있고, 외모도 건강하고 매력적이다. 그는 행복해서 시계를 보지 않을 것 같다. 다운타운을 활기차게 걸어다니는 그 세련된 이미지도 크게 변하지 않은 것 같다.

작가를 만나기 전에 나는 궁금한 것들을 노트에 메모했다. 그는 어떻게 소설가 '은희경'이 됐을까. 작가의 이름은 그의 작품세계이기도 하다. 그래서 작가는 변신을 꾀하고 싶을 때 이름을 바꾸기도 한다. 에밀 아자르와 로맹 가리는 같은 사람이지만 독자와 평단은 아무도 짐작하지 못했다. 그러나 은희경은 그런 일을 벌일 것 같지 않다. 그는 자신의 이름 안에서 충분히 자유롭고 아름답다.

전화를 걸어 인터뷰를 하고 싶다고 하자 그는 뭘 새삼스럽게 인터뷰냐면서 농담을 던지듯이 말했다.

"그냥 쓰지 뭘 인터뷰는 해요. 다 알잖아요."

나는 속으로 반문했다.

'나는 정말 은희경을 모르겠어요.'

문학 언저리의 흔적

기억을 더듬어본다. 그래 아마 봄날이었을 것이다. 나는 평론하는 형의 소개로 은희경과 전경린을 동시에 만났다. 이제 막 등단한 신인작가와 만나는 자리였다. 점심을 먹고 차를 마셨다. 그때 평론가 형이 말했다.

"아마도 저 두 사람이 우리나라에서 가장 뛰어난 소설을 쓰는 작가가 될 거야. 《새의 선물》이 나오면 꼭 읽어봐라. 재미있어."

그리고 정말 그렇게 됐다. 지난 10여 년 동안의 우리 문학을 이야기할 때 은희경은 독보적인 존재로 거론된다. 보티첼리의 '비너스의 탄생'과 같은 찬란한 탄생이었고, 우리 문학에 내린 축복이었다.

은희경과 만나고 난 후 내가 쓰는 3층 작업실에서 창문을 열고 비가 내리는 거리를 본다. '비가 내리면 보고 싶은 사람이 있다'고 쓰려다 '비가 내릴 때만 조금 보고 싶은 사람이 있지'라고 고쳐 쓴다. 조금 전에 은희경을 만나고 왔기 때문이다.

일산의 한 커피숍에서 한 시간만 이야기하자고 했다가 두 시간, 세

시간 이야기가 이어졌다. 딱딱한 문학 이야기보다는 사는 이야기를 했다. 나는 편안했다. 나는 그의 문학을 이루었던 것들 언저리를 주로 물어보았고, 그는 즐겁게 대답해주었다. 이 글은 아마도 은희경의 문학 언저리에 묻어 있는 흔적을 더듬어가는 어설픈 산문이 될 것이다.

은희경과 저녁식사를 하러 가는 길에 잠시 횡단보도에 멈춰 서서 어떻게 소설을 쓰는지 물었다. 그가 말했다.

"저는 초고를 쓰고 많이 고치는 편이에요. 예를 들자면 '술이 취하면 그가 그립다' 그런데 이건 너무나 상투적이잖아요. 그래서 '술 취했을 때나 그가 그립다'고 고치면 조금 낫지요. 다른 소설가들도 마찬가지겠지만, 저는 초고는 절대 남에게 보여주지 않아요. 초고는 너무나 상투적이니까. 그걸 놓고 고치고 또 고치고 그래서 겨우 한 편 만들어내는 거죠."

소설 쓸 때 퇴고를 많이 하냐는 우문에 대한 그의 현명한 답변이다. 퇴고 과정에서 상투적인 틀을 깨버리는 것이다. 세상은 상투적이지만, 결코 상투적인 생각으로는 읽어낼 수 없는 비의가 숨어 있다. 그래서 살 만한 것이고, 죽을 만한 것이다.

일필휘지로 한달음에 소설을 써내는 스타일의 작가가 있고, 보고 또 보고 나서야 겨우 한 편을 만들어내는 작가가 있다. 그와 이야기를 나누기 전, 나는 그가 전자의 작가인 줄 알았다. 그런데 정반대였다.

이렇게 나는 그에 대해서 모른다. 아니 우리는 누구나 서로를 모른다. 그것이 친구든, 부부든, 연인이든 모두 자신의 틀 안에서 상대를 끌어들이는 상투적인 사람이다. 그래서 좋은 관계는 그런 진부함을 깨어버리고 진정한 상대를 발견할 때 온다. 부처의 깨달음같이 어려운 일이다.

그를 오랫동안 만나서 조금 안다고 생각했는데, 결국 내가 알고 있는 것은 극히 사소한 것들이었다. 진지하게 이야기를 나누지 않는다면 어떤 사람도 잘 알 수는 없다. 물론 서너 시간 이야기를 나누고 그를 안다는 것도 오만일 것이다.

작가는 감독인 동시에 배우

저녁을 먹으려고 가까운 해물탕집으로 갔다. 냄비 위로 낙지 한 마리가 스멀스멀 기어 다니다 뜨거운 국물에 빠져버린다. 식당 아주머니가 가위를 들고 와서는 마법을 부리듯이 산 것을 죽은 것으로 만들어 우리 앞에 내놓았다.

은희경에게는 스파게티나 와인이 어울리는데 내가 대접을 잘 못하는 것이 아닐까 하는 마음에 음식 취향을 물었다. 그는 "음식을 가리지 않는데, 맛있는 건 다 좋고 맛없는 건 싫다"고 했다. 누군가 "어떤 소설을 좋아해요?" 하고 물어본다면 이렇게 답변해도 되겠다. "좋은 소설이 좋아요. 맛있는 음식처럼."

"저도 이제 많이 변한 것 같아요. 전에는 단둘이서 밥 잘 못 먹었어요. 여럿이 어울려서 먹었지. 그런데 이제는 이렇게도 잘 먹네요."

그래, 그는 변하고 있다. 누구나 그러하듯이. 그런데 그는 변화하지 않는 그 무엇을 부여잡고 있었다. 소설에 대한 열정은 변하지 않았다. 아니 변하고 있는 것인가. 더 깊고 넓어지는 것인가.

    은희경은 자신에게 비루하게 다가오는 삶을 세련되게 재단해서 독자의 마음에 쏙 드는 사이즈로 만들어낸다. 위선이나 위악, 냉소가 그의 작품 결에 배어 있지만, 그것은 인생을 바라보는 그만의 태도다. 가끔 나는 그가 배우가 아닐까 하는 생각을 한다. 작가는 영화로 비유하자면 감독이기도 하지만 동시에 배우이기도 하다. 일인다역의 배우. 작품 속 분신은 결코 다른 사람이 연기해낼 수 없는 작가 고유의 것이다.

    그의 소설이 다루는 삶은 우리가 실용서나 자기계발서에서는 결코 배울 수 없는 삶의 다양한 모습을 보여준다. 뭔가 배우려고 소설을 읽는 사람이 많지는 않겠지만, 좋은 소설은 우리에게 삶을 가르쳐준다. 어쩌다가 요즘 유행하는 처세술과 자기경영 우화에 대한 이야기가 나왔다.

    "그건 직접정보인데, 그 한계가 너무나 분명해서, 이 복잡하고 미묘한 삶을 살아내려면 자기 자신을 강하게 만들어줄 수 있는 좋은 소설이 필요한 것이 아닌가 싶어요. 좋은 소설은 어쩌면 직접정보가 제공할 수 없는, 자기 자신 안에 있는 능력을 일깨워주기도 하니까요."

    나는 차를 타고 가다 횡단보도에 서 있는 그를 두어 번 보았고, 아는 술집을 지나가다 동료 작가들과 어울려 즐겁게 웃고 있는 그를 보기도 했다. 한번은 가족과 백화점에 갔다가 우연히 엘리베이터에서 마주친 적이 있다. 지금 살고 있는 일산으로 이사를 온 것은 신춘문예에 당선된 1995년이다.

세상을 향한 다이어트 북

그의 신간 《아름다움이 나를 멸시한다》를 받아들고 재미있게 읽었다. 그리고 오디오북으로 제작된 《날씨와 생활》도 들어보았다. 표제작인 《아름다움이 나를 멸시한다》를 읽고서 이건 완전히 다이어트 교범이구나 하는 생각이 먼저 들었다. 물론 소설은 다이어트에 대한 산문이 아니다. 하지만 비만으로 고생하는 이 세상을 향한 다이어트 북이긴 하다.

우리는 아름답게 보여지길 원한다. 이 소설은 아름답게 보이고 싶으나 결코 그럴 수 없었던 한 뚱뚱하고 고독한 남자의 내면 고백이다. 그리고 독자는 은희경이라는 소설가 자신의 다이어트 체험을 통해 많은 정보를 얻을 수 있다고 미리 일러주고, 잠시 그 소설의 세계로 들어가본다.

소설의 첫 페이지에 등장하는 보티첼리의 걸작, 비너스의 탄생은 축복받지 못한 출생을 한 소설 속의 주인공 '나'의 비만과 대비된다. 비만증 환자인 나는 어쩌면 현대인의 결핍을 상징하는 거대한 비곗덩어리인지도 모른다. 아름답다는 것은 무엇인가? 그것이 왜 인간을 고독하게 하는가? 그리고 아름다움이 왜 나를 멸시하는가?

소설 제목은 릴케의 시 〈두이노의 비가〉의 한 구절인 '우리가 그토록 아름다움을 숭배하는 것은 아름다움이 우리를 멸시하기 때문이다'에서 빌려온 것이다. 그는 이 구절에 대해서 '우리가 무엇인가를 숭배하는 한 그것 때문에 멸시당하게 돼 있다'는 뜻이 아닐까 싶다고 했다.

때가 돼야 뜨문뜨문 찾아왔던 아버지가 위독하다는 말을 듣고 주인공은 서른다섯 살에 다이어트를 시작한다. 그는 아름다워지고 싶다. 비너스의 탄생을 꿈꾸는 그의 다이어트는 드디어 성공한다. 탄수화물, 단것으로 대표되는 맛있는 음식을 거부한 결과이기도 하다. 그것은 아버지라는 상대를 향한 성공적인 공격이었다. 그러나 아버지는 죽는다.

아버지의 상가에 가서 주인공은 그동안 참았던 국밥을 허겁지겁 먹기 시작한다. 몸이 원하는 것을 거부하지 못한 그는 다른 친척들이 뚱뚱하지 않은 자신을 알아보고, 한술 더 떠 아버지를 닮았다는 말을 듣고 허겁지겁 자리에서 일어난다. 그리고 아버지의 영정 앞으로 걸어가 당신이 돌아가기 전까지 알았던 뚱뚱한 내가 아닌 날렵하고 '아름다운' 나를 보여주려 한다.

그러나 아버지는 뚱뚱한 아이만을 기억하는지 아무런 표정이 없다. 단지 죽은 자여서일까. 아니면 인간은 자신이 보고자 하는 것만을 보는 것일까. 아버지의 영정에 절을 하고 나서 갑작스럽게 밥알을 토하는 장면이 나오는데 이는 자신이 그토록 바라고 동경하던 아름다움이 자신을 멸시하고 있다고 느끼고 나서다.

모든 현대인은 비너스를 동경한다. 그것이 이 물질주의 세상에서 아름다움의 기준이다. 그러나 가만히 한번 생각해보자, 그 아름다움이 한번이라도 나를 격려하거나 축복한 적이 있나. 우리는 몸이 뚱뚱하든 빼빼 말랐든 모두 이 아름다움에게 멸시를 당하고 있는지 모른다. 이런 세상을 향한 은희경의 구토는 차라리 속 시원하다.

작품에 대한 느낌은 이야기하지 않고, 어떻게 다이어트에 대해 이렇게 많은 정보를 얻었냐고 물어보았다. 그는 미국에 있는 딸아이를 위해 온 가족이 다이어트한 경험을 이야기했다. 그런데 남편과 자신만 성공하고 딸아이는 실패했다면서 웃었다. 그 끝에 이 소설은 몸과 문명의 딜레마를 다룬 것이라고 짧게 끊어 말했다.

영리한 척하지만 어수룩한 소녀

나는 작가의 어린 시절을 반드시 물어보고 꼭 쓴다. 내가 작가의 어린 시절을 궁금해하는 것은, 그것이 바로 그들의 작품세계로 들어가는 열쇠이기도 하기 때문이다. 우리가 평론가의 안목으로 전문용어를 통해 그의 작품을 설명할 필요는 없다. 작품은 라디오를 켜면 그저 들려오는 음악처럼 독자에게 먼저 스며야 한다.

먼저 그의 어린 시절에 대한 이야기를 들었다. 우선 나는 그가 《새의 선물》에 나오는 아이와 같은 모습이 아니었을까, 너무 일찍 삶의 비의를 보아버린 그런 영악한 소녀가 아니었을까 생각하곤 했다. 그런데 그는 차라리 《아름다움이 나를 멸시한다》라는 작품집에 수록된 소설 〈날씨와 생활〉에 나오는 소녀처럼 영리한 척하지만 어수룩한 소녀였다고 했다. 그럼 평범했다는 이야기인데 글쎄?

그의 고향이 배경이 됐다고 믿어지는 소설 〈비밀과 거짓말〉을 보면 그는 비교적 자세하게 자신에 대해서 이야기했다.

지난가을 어느 비 오는 날 고향에 갔다. 중학교 때 떠나온 뒤로 서너 번밖에 가지 않았다가, 아버지가 선산에 묻히신 요즘 들어 가끔씩 들르는 곳이다. 여느 때처럼 읍내를 그냥 지나치려다 옛집 근처에 이르러 불현듯 차를 세우고 말았다. 전혀 알아볼 수 없게 달라진 동네의 어느 집 아래 비를 그으며 아무 생각 없이 문패를 보는데, 순간 거짓말처럼 옛 주소가 떠올랐다. 대낮인데도 아저씨가 환히 불을 밝혀놓고 김을 내뿜으며 다림질에 열중한 세탁소에 먼저 들어갔다. 그리고 철물점과 동장네 흑염소집을 거쳐, 옛집 주소지에 가보니 성인용품점이 나왔다. 빗줄기가 굵어졌다. 길을 건너 당산나무를 찾아보았는데 사방이 건물에 꽉 막혀서 가지를 오므리고 있었다. 이런 것은 소설에 쓰지 않았다.

그가 소설에 쓰지 않은 것들은 앞으로 씌어질 것들이 아닐까?

고향에 대해 그는 소설에서 '어느 지역에서 자랐는가가 아니라 어떤 신분으로 자랐는가가 그 사람을 결정한다'고 쓴 적이 있다. 자신도 모르게 향기처럼 새어나오는 것이 그의 소설일 수도 있다. 그가 태어나고 자란 1960년대의 고창읍이다. 시골에서 자란 소녀인데, 그에게는 그런 냄새가 배어 있지 않다. 우선 고창이라는 마을 자체가 여느 마을과는 조금 다른 분위기를 풍긴다. 시골 속의 도시랄까? 부모님도 당시로서는 상식적인 분들이 아니었다. 자식이 많은 것이 자랑이던 시절에 가족계획으로 1남2녀를 낳고 잘 돌보았다.

그는 경제적으로 풍족하게 자랐다. 그때는 아버지를 '아빠'라고 부르는 일이 흔하지 않았다. 그러한 호칭에서도 집안의 분위기를 짐작할 수 있을 것이다. 은희경의 '아빠'는 은희경에게 전폭적인 신뢰

와 사랑을 준 것 같았다.

아이들의 의견을 존중하는 민주적인 아빠, 멋쟁이 아빠, 그래서 가끔씩 어머니의 속을 썩이기도 하는 아빠다. 지금도 아빠가 오토바이를 타던 때를 떠올린다. 그리고 아이의 의견을 물어보는 민주적인 환경에서 세계 명작동화를 비롯한 많은 책을 읽어 문화적으로 풍부한 유년 시절을 보낸다. 어머니도 보통 어머니는 아니었다고 했다. 집안 분위기를 짐작할 수 있다.

슬픈 왕따의 기억

서울에서 사온 예쁜 구두와 원피스를 입고, 귀엽고 예쁜 아이는 자란다. 질투하는 동네 친구들은 흙을 던지고 구두를 밟기도 했단다. 일종의 '왕따'를 당한 것이다. 그러나 은희경의 낙천성이랄까, 아니면 영리함이랄까, 크게 상처받지는 않은 것 같다고 했다.

하지만 소설을 쓰다보면 자신도 모르게 따돌림당해 고통받는 주인공이 자주 등장해 '실은 그때 상처가 컸구나' 하는 생각을 한다고 했다. 상처는 감출 수 있을지는 몰라도 지울 수는 없는 것이다. 한번은 반 아이들과 일주일 동안 아무 이야기도 나누지 못한 일이 있었다며 그때의 심경을 이렇게 말했다.

"속상하다기보다는, 그냥 슬펐다."

예쁜 소녀 은희경은 다른 아이들과 잘 어울리지 못했다. 아이들이 놀아주지를 않았기 때문이다. 아이들이 잘 안 놀아준다고 부모님께 이야기해도, 그건 네가 너무 똑똑하고 예쁘니까 그런 것이라고 슬쩍 넘겨버린다. 결국 자신이 해결해야 했다.

여기에 그의 세계로 들어가는 열쇠가 있다. '네가 알아서 해'는 앞으로 살아가는 데 중요한 힘이 된다. 그는 무소의 뿔처럼 홀로 간다. 하지만 이 시절에 뭔가에 몰두한 적은 없다고 했다. 어떤 일이든 적당히 잘했다는 정도로 표현했다. 하지만 아이들과 어울리기 위해서는 타인에게 잘해야 했고, 그런 자신에게는 항상 불안했다. 은희경은 인간관계에 대해 두려워하고 서투른 아이였다.

이 이야기를 듣고 나자 그의 이미지가 선을 그으면서 형성된다. 굳이 해리포터 시리즈로 자신의 삶을 바꾼 조앤 롤링의 예를 들지 않더라도 작가에게 시련은, 아니 인간에게 잔혹한 운명의 시련은 이미 예정된 코스라고 해도 과언이 아닐 것이다. 그에게도 분명 어떤 시련기가 기다리고 있었을 것이다.

사춘기 때 아버지의 사업이 실패한다. 이것은 우리네 일일 드라마의 공식이기도 하다. 이런 평범함 속에서 그는 비범하게 자란다. 아버지는 건축사무소 사장에서 지방 공사 현장의 십장으로 삶의 굴곡을 겪는다.

이러한 삶을 표현하는 가장 문학적인 단어는 '야반도주'일 것이다. 필자의 경우에는 아버지가 당시 안정적인 직장이던 은행에서 나와 사업을 하다 실패하는 바람에 고등학교 때 야반도주를 한 적이 있다. 야반도주는 인간의 몸에 치명적인 상처를 남긴다. 일과를 끝내고 편안하게 쉬거나 잠을 자야 할 몸이, 가장 긴장된 스트레스와 불안감으로 떨면서 움직인다.

이때의 기억은 당시 긴장했던 근육의 결에 새겨진다. 정신은 이러한 근육의 결에 따라 움직인다. 수십 년이 지난 지금도 나는 당시의 정황을 정확하게 기억한다. 현관에 떨어진 신발 한 짝까지도, 문턱에 걸려 멍이 들었던 발가락의 아픔까지도. 하지만 은희경의 야반도주는 차라리 동화적이다.

"아마 중2 때였을 거예요. 식구들이 다 가야 되는데, 나는 못 가겠다고 했어요. 왜냐하면 다음날 성당에서 무용발표도 해야 하고, 적어도 친하게 지낸 친구에게 작별인사는 해야 했거든요. 아버지와 상의했더니 그러라고 했어요. 그래서 식구들은 먼저 떠나고 저는 그 다음 날 무용도 하고 친구와 작별인사하고 나서 버스를 타고 혼자 갔어요. 많이 울었던 것 같아요."

현실의 세계와 동화의 세계가 혼재된다. 빚쟁이, 낯익은 친척 어른들의 독촉, 그야말로 어린 소녀에게는 참혹한 상황이었을 것이다. 그러나 이러한 상황을 그는 유니크하게 받아들이고, 동화적인 소녀의 꿈을 잃지 않았다. 내가 그에게서 느낀 강하고 아름다운 여인의 이미지는 이러한 소녀 시절을 통과하고 나서 형성된 것임을 짐작할 수 있었다.

소설가는 자신의 몸속에 있는 것들을 꺼내놓는 사람들이다. 그가 비록 23세기의 세계를 그린다 하더라도 20세기를 살고 있다면 20세기의 몸속에 있는 피와 땀인 잉크를 찍어 쓴 것이다.

몇천 원 남은 통장

지금도 소설을 쓰다보면 이때의 경험이 손가락 끝에서 묻어나온다. 소설 〈날씨와 생활〉에서 소녀가 월부 책장수에게 보여준 불안감이 그것일까? 그러나 "당신은 참으로 강한 사람 같다"는 내 말에 그는 예쁘고 환한 웃음을 터뜨리면서 말했다.

"아니에요. 사소한 것에 상처받는 그런 여자이지요. 하지만 어떤 큰 문제가 닥치면 의외로 차분하게 그 상황을 주시하는 것 같기는 해요. 작은 일에는 속 좁고 예민하면서 큰일에는 오히려 대범해지는 거죠."

작가의 말 이외에는 자신에 대한 글이나 산문을 잘 쓰지 않는 그는 문예지의 한 특집에 자전적인 소설을 한 편 썼다. 바로 〈서정시대〉다. 이 소설은 1997년 현장 비평가가 뽑은 '올해의 좋은 소설'이었고, 그의 성장기를 엿볼 수 있는 자료이기도 하다. 그에게 '서정시대'는 결혼을 기점으로 끝난다. 그는 결혼이 자신을 진정으로 변화시킨 것이라고 말했다.

"내 인생에서 결혼 전까지가 서정시대였던 것 같아요. 여자, 아니 남자들도 그렇지 않을까 싶은데 결혼하면서부터 진정한 의미에서 독립인 것 같다는 생각이 들어요. 결혼과 출산 이 두 가지가 생의 전환점이 됐던 것 같습니다. 그런 것 있지요. '열심히, 성실히 하면 성공한다.' 하지만 살다보면 어디 그런가요. 그런 상식적인 것들이 깨어지고 나서야 비로소 세상을 보는 안목 같은 것들이 생기는 것 같아요. 상식의 틀을 깨는 것 말이죠."

10만 원과 1백만 원을 잘 구분하지 못했던 그는 결혼하고 나서 변화했다. 결혼하고 나서 3년 만에 애 둘을 낳고 마이 홈을 마련한 것이다. 서울 둔촌동에 전세를 얻으러 갔다가, 융자를 받아서 사는 것이 어떻겠냐는 부동산업자의 제의에 고생할 각오하고 많은 융자를 끼고 집을 샀다.

'이자를 낼 수 있을까' 하는 남편의 걱정은 그의 걱정이기도 했다. 하지만 그는 그 집을 사버렸다. 이런 자신감은 역설적으로 돈을 두려워하는 사람의 자신감이다. 돈이 두려워서 돈을 버는 것이다. 은희경은 신혼 때 부부가 월급의 반 이상을 저축하는 삶을 살았다.

결혼하고 나서도 어려움을 겪은 적이 있다. 경제적으로도 힘든 시절이 있었다. 그러나 소녀 시절부터 은희경 특유의 배짱이랄까, 동화적인 상상력 같은 행동이 그를 버티게 한다. 예를 들어 이런 식이다.

갑자기 시댁 식구들이 예고도 없이 집에 찾아온다. 마침 돈이 없다. 비는 내리고, 아이는 울고, 다른 여자 같았으면 비극적인 생각을 했을 일이다. 그러나 은희경은 달랐다. 아이를 조용히 재우고, 통장에 있는 몇천 원을 찾기 위해 우산을 쓰고 은행까지 걸어가 돈을 찾아서, 그 돈으로 가게에서 주스를 사 가지고 와서 대접해서 보낸다.

이 이야기는 내가 "은희경 씨는 정말 부자지요. 집도 여러 채 있고, 재테크도 잘하지요?" 라고 농담으로 던진 말에 즉각적으로 나온 말이었다. 어쩌면 많은 독자도 그렇게 생각할지 모른다. 문인들 중에서도 그런 사람이 있을 정도다. 그의 세련된 이미지 때문이다. 은희경은 명품을 들고 다닐 것 같은 그런 이미지다. 그의 모습에서는 어느 한구석 궁상이 자리 잡을 틈이 없어 보인다.

이미 이상문학상을 비롯한 여러 문학상 수상 경력과 베스트셀러를 꾸준히 냈으니 다들 그렇게 짐작하지만, 그 역시 가난한 작가의 반열에서 그리 멀리 벗어나 있지는 않다. 부부가 맞벌이를 해서 누릴 것은 조금 누리는 그런 것일 뿐이다.

"글쓰기가 무서워요"

그는 오랫동안 생각하고 집중적으로 글을 쓴다. 우리의 일상을 자세히 관찰하고 충분히 느끼고, 그 생각을 한참 자신만의 공간에 놓고 치대고, 밟고, 짓이기고, 어루만지다가 드디어 펜을 잡는 것이다. 이렇듯 지난한 과정은 독자로 하여금 그의 소설을 쉽게 읽을 수 있게 한다. 예술가의 고통은 감상자의 즐거움이다. 감상자는 어쩌면 예술가의 고통을 즐기는 잔혹한 사람들인지 모른다.

"학교 졸업하고 뭐 되는 일이 없었어요. 직장운도 없었고, 결혼생활도 예상과는 너무 달라 무척 외로웠죠. 하지만 저는 주어진 상황을 탓하기보다는 그것을 받아들이고, 내 방식대로 해석을 하지요. 그래, 걱정과 불안들아 한번 내게 와봐라. 내가 처리해주마. 내 손에는 펜이 있고, 그 펜으로 삶을 다룹니다. 소설가가 되고 나니까 모든 것이 더 좋아진 것 같아요."

돈에 시달리는 생활을 하다가 독자의 사랑으로 어느 정도 경제적인 여유가 생겼을 때, 가장 즐거웠던 것은 돈 걱정을 안 해도 되는 것이었다면서 활짝 웃었다. 돈 걱정 해본 사람은 그의 이러한 단순한 말에 얼마나 공감할 것인가. 나도 빨리 이런 경험 좀 해보고 싶다고 말했고, 우린 웃었다.

사랑이 없다면 작품도 없다. 이 말이 과언일까. 사랑에 대해서 물어보았다. 그가 생각하는 사랑이란 무엇일까.

"한때는 유일하고 영원한 사랑이 결혼으로 이뤄지는 것이라고 믿었는데, 결혼은 아마도 그것이 아니라는 것을 깨달아가는 과정 같기도 해요. 그렇다고 다시 할 수도 없지요. 결국 사람들은 순간을 살지요. 결혼이 됐건 재혼이 됐건 자기 자신의 내면이 단단하지 않으면 실패의 연속일 거예요. 제 소설에 이런 구절이 있어요. '사랑이 불가능한 줄 알지만 끊임없이 원하는 것이 인간의 일이다' 이 정도로 정리하죠."

그에게는 마흔이 넘었는데도 결혼을 안 하고 있는 동생이 있다. 동생이 너무 이상적인 남자를 찾는 것 같아 이런 농담을 했다고 했다.

"우선 결혼하고, 그 사람은 결혼한 다음에 찾아."

이 말은 우리가 사랑에 대한 환상을 지나치게 크게 갖고 있는 것이 아닌가 라는 뜻이라고 부연설명을 해주었다.

은희경은 의외로 소심하다. 겁이 많고 글을 두려워한다. 그것이 무서워 피하는 자세가 다른 사람들에게는 건방지게 보이기도 한다. 그러나 사람을 알면 누구나 이해하리라.

"저도 작가인데 글쓰기가 왜 이렇게 무서워요? 청탁이 오면 더럭 겁부터 나요. 무슨 작가가 이런지 몰라요. 그래서 그런 걸 감추려고 소설 속에서 능청을 부리는지도 모르지요."

《새의 선물》이라는 작품은 그야말로 그의 인생에 선물과도 같은 것이었다. 이 작품은 수상작을 발표할 때마다 독자의 관심의 대상이 되고, 수상자는 한국문학에 주요한 작가로 거듭나는 문학동네 소설상의 1회 수상작이고, 10년도 더 지난 지금까지 꾸준히 독자의 마음에 다가가는 스테디셀러다. 이 소설과 《아름다움이 나를 멸시한다》에는 어떤 변화가 있을까. 은희경은 이렇게 말했다.

"《새의 선물》에서 세상을 보이는 대로 보지 않는 태도로 소설을 썼다면, 《아름다움이 나를 멸시한다》에서는 삶에 대한 태도가 달라진 것 같아요. 있는 그대로 현실을 받아들이고 그 현실에 대해 있는 그대로 이야기한 것이 아닌가 합니다."

소설 쓰기가 직업이어서 그런지도 모르지만, 그는 낯선 경험을 많이 하려고 노력한다. '일단 경험하고 보자'가 그의 삶의 태도다. 요즘에는 육군 문화 자문위원도 하고 있다고 한다. 어떤 제의가 오면 거절하지 않고 받아들이려고 노력한다는 것이다. 이유는 자명하다. 그는 자신이 잘 모르는 세계에 자극을 받는다.

"누군가가 잘못했다고 했을 때 그 행위를 보고 내가 옳고 그 사람이 틀렸다고 생각하기보다 '그 사람에게는 그럴 수도 있는 일이다'라는 식으로 마음의 폭을 넓히는 겁니다."

은희경은 깨어 있는 사람이다. 어찌 보면 깍쟁이 같아 보이는 세련된 이미지에서 점점 생을 받아들이는 치마폭을 넓히는 것이다. 그것이 자신이 옳다고 여기는 편협한 세계에서 벗어나 삶의 전체적인 모습을 보려는 노력인 것이다.

사람을 대하는 태도 역시 변화하고 있다. 예전에는 누군가가 이야기해주기를 기다렸다면, 이제는 먼저 전화를 걸어서 말을 건네는 것이다. 이것은 숨겨왔던 자신의 모습을 보여주는 행위다.

신중해진 걸음걸이

그는 오로지 소설만을 쓴 작가다. 다른 직업에 비해 고독한 일이기도 하다. 그럴 때마다 그는 동료 작가들을 떠올리고, 자신보다 더 고독한 어떤 존재를 떠올린다고 했다.

"그래, 누군가도 나처럼 이렇게 살 거야. 아니면 더 지독하게."

그는 '작가는 세상에 속아줄 필요가 있다'고 말했다. 세상에 살짝 속아준다는 말은 경직된 엄숙주의에 대한 은희경식 표현이다. 일종의 유쾌한 반란이기도 하다.

어쩌면 그런 경력과 명성을 가지고 있는 작가 중에서 유일하게 산문집을 내지 않은 작가이기도 하다. 이유를 물어보니 단순하게 쓰기가 힘들어 그런다고 했다.

"전 소설가로 사는 게 좋아요. 이것만 잘하면 되니까 말이죠. 그런데 최근에는 산문을 쓰기로 했어요. 이제 좀 다른 장르의 글을 쓰는 법도 알아야겠다는 생각을 한 겁니다. 이제는 여러 가지 상황이 바뀐 것 같아요. 전 이제 문학소녀가 아니라, 일로 글을 쓰는 사람입니다. 여러 장르의 글을 소화해내는 것도 능력이죠."

그는 시사주간지에 '은희경의 유쾌한 편견'이라는 타이틀로 산문을 연재하기도 했다. 1회 제목이 재미있다. '이순재는 되고, 신성일은 안되는 이유'다.

'야동순재'로 이순재는 야동을 보는데도 사람들은 좋아하고, 신성일은 왜 젊은 여자 이야기만 해도 난리를 부리는 것인가. 그것에 대해 그는 발랄한 산문을 쓴다. 그는 생각을 많이 하는 사람이다.

그의 집 앞에서 광화문으로 가는 버스가 있기에 약속을 주로 광화문으로 잡는다. 버스 안에서 책을 읽는 것보다는 지나가는 사람과 풍경을 보고 다른 사람들에게서 들려오는 이야기를 엿듣기도 한다. 일종의 잡념인데, 이것들이 은희경의 머리와 마음속에서 치고받다가 어떤 과정을 거쳐 정제되고 한 편의 소설이 나오는 것이다. 그는 자신이 거듭 상식적인 사람이라고 말했다. 그러나 그의 소설은 상식적인 것이 아니다. 그러니 얼마나 절차탁마하는지는 짐작이 되고도 남는다.

그는 요즘 감사하는 일이 많다고 했다. 후배들과 친구들이 열어준 재미난 출판기념회도 했다고 자랑했다. 홍대 근처에서 모여 풍선을 매달아놓고 작은 잔치를 즐겼다고 한다. 그리고 자신의 소설 《아름다움이 나를 멸시한다》로 퀴즈 쇼도 했는데, 익숙하지 않은 일이어서 조금 어색했지만 무척 재미있었다고 한다.

평론가 신형준 씨는 은희경의 이번 책을 읽고 나서 이렇게 썼다.

초기 은희경의 소설들은 면도칼 같아서 읽는 중에 여러 번 당신을 긋고 지나갔을 것이다. 그것은 기꺼이 즐길 만한 통증이었을 것이다. 그러나 이제 그녀의 소설은 칼이 아닌 척하는 칼이어서 당신은 베이고 있는 줄도 모르는 채로 깊이 베이게 될 것이다. 쉽게 알아보기 힘든 어떤 힘이 밀고 들어와, 조용히 빠져나가고, 마침내 피 흐를 때, 비로소 당신은 그것이 칼이었음을 알게 될 것이다. 이 독창적인 소설 미학에 어떤 이름을 붙여야 하나. 이 소설의 장르는 그래서 그냥 '은희경'이다.

그의 소설은 이 '은희경'을 보여준다. 나는 사실 그의 이번 소설이 칼 같다고 생각하지 못했다. 이 책을 읽으면서 나는 은희경의 걸음걸이를 떠올렸다. 어딘가를 향해 걸어가는 그의 걸음걸이는 이번 소설집에서 천천히 가면서 신중했다. 그 신중함에 나는 두려웠다. 빨리 달려가지 않아, 독자의 반응이 어쩔지 궁금했다.

이유는 간단하다. 한 번 더 삶에 대해 생각하는 그의 이야기를 독자가 금방 받아들일 수 있을지, 아니 은희경의 열광적인 팬이 아닌 그냥 독자가 쉽게 받아들일 수 있을지 그것에 대해서 생각했다.

은희경의 매력

해가 지고 있었다. 이상하게 이야기를 하고 나니 다른 때와는 달리 그와 헤어지기가 싫었다. 소년처럼 가슴이 콩닥거렸다. 그의 소녀 시절을 들으면서도 나는 은희경을 몰래 훔쳐보는 시골 아이 같은 느낌이 들기도 했다. 서울에서 사온 반짝거리는 구두를 신고, 나비 같은 원피스를 입은 은희경, 황순원 선생의 〈소나기〉에 나오는 소녀 같은 아이. '아, 이것이 은희경의 매력이구나' 하는 생각이 들었다. 그는 여성으로서의 매력이 강한 작가다. 이 매력이 독자에게도 그대로 전해질 것이다. 그러나 해는 지고 있다.

"해질녘이 되면 불안감이 엄습하곤 해요. 어릴 적에는 집에 돌아가야 할 시간이죠. 엄마 아빠가 보고 싶어지는 그런 시간이죠."

이제 은희경도 나도 각자의 집으로 돌아갈 시간이다. 그러나 보고 싶은 사람이 가장 강렬하게 불타는 석양 속에 타오르는 시간이기도 하다. 일산은 석양이 아름다운 도시. 그를 보내고 나는 자동차로 자유로를 달렸다. 일산의 저녁 해는 크고 붉다.

보이는 것, 냄새, 감촉, 맛, 듣는 것, 지성… 나는 내 연장들을 거둔다. 밤이 됐고, 하루의 일은 끝났다. 나는 두더지처럼 내 집으로 땅으로 돌아간다. 지쳤거나 일을 할 수가 없기 때문은 아니다. 나는 피곤하지 않다. 하지만 날이 저물었다.

그리스의 작가 니코스 카잔차키스는 이렇게 자서전의 문을 열었다. 자기 삶의 문을 닫는 그 순간에 자신의 삶을 이야기하는 책의 처음을 열었듯이, 은희경은 날이 저물어 집에 돌아가서 또 다른 신생의 날개를 펼칠 것이다. 그의 소설은 바로 그 자신이다. 우리는 그의 이번 작품집을 통해서 아름다운 '선물'을 받는다. 기쁘고 신나는 일이다.

'오늘'의 '삶'을 쓰는 소설가 윤대녕

〈은어낚시통신〉〈사슴벌레 여자〉 등 시적 감수성이 뚝뚝 묻어나는 소설로 문단의 주목을 받아온 윤대녕. 문학청년 시절, 광주민주화운동의 부채감에 시달리던 그는 '신화'라는 거대한 우주에 빠짐으로써 비로소 숨을 쉴 수 있었다고 고백한다.

나는 오직 글 쓰고 책 읽는 동안만 행복했다

우리는 낡고 허름한 바에서 아날로그 방식으로 흐르는 음악을 들으며 체코산 고급 맥주와 값싼 양주를 번갈아가면서 마셨다. 조금 전까지 윤대녕(尹大寧·48)과 이야기를 나누었고, 목이 말랐다. 몇 시간 전, 나는 그의 책 《제비를 기르다》를 읽다가 연필로 밑줄을 그었다. 책을 읽다 어느 순간부터 손으로 마음이 전해져 연필심이 촉촉해졌다.

작품집의 표제작이기도 한 〈제비를 기르다〉는 해마다 첫눈이 오면 집을 나가서는 몇 주를 떠돌다 다시 집으로 돌아오는 어머니를 둔 아들과 아버지의 이야기다. 아니 그 두 남자를 둔 어머니와 문희라는 여자의 이야기이기도 하다.

소설에서 어머니는 아들에게 말한다. 여자는 다 예쁜 거라고, 그러나 여자는 영원의 나라를 왕래하는 철새와 같은 존재라고……. 참으로 무섭고도 무서운 말이다. 집 나가는 아내에게 지친 아버지가 잠시 마음을 둔 여인이 문희다. 술집여자인데 어린 시절 주인공에겐 마음속 화인火印처럼 남은 여인이다. 세월이 흘러 사십대가 된 사내는 강화도의 '문희'라는 술집에 있는 문희를 찾아간다. 할머니가 된 문희를 만나고 사내는 무너진다.

> 뒤미처 참고 참았던 눈물이 마구 쏟아져 내렸다. 급기야 나는 늙은 문희의 품에 쓰러져 소리내 울고 있었다. 희번덕 놀란 눈으로 나를 내려다보던 늙은 문희가 이윽고 가슴에 나를 끌어안고 등을 쓰다듬고 머리를 어루만져주었다. 그러다 함께 통곡이라도 하듯 이렇게 내뱉었다.
> "아이고, 내 새끼! 그동안 가슴에 뭔 일이 있었던 게구나. 틀림없이 그렇구나. 불쌍한 내 새끼, 이걸 어떡하나."
>
> — 소설 〈제비를 기르다〉 중에서

읽고 나니, 인간은 영원의 나라를 왕래하는 철새와 같은 존재라는 생각이 들었다. 소설을 읽다가 오랜만에 같이 울었다. 내가 울어서 내가 기뻤다.

작품과 상품의 경계선

소설가 윤대녕은 그동안 자주 만나던 사이라, 정색을 하고 인터뷰를 한다는 게 어색했다. 그래도 일은 일이다 싶어, 마주 앉아서는 "자 이제 시작합니다"라고 말했지만 그도 나도 픽 웃음이 나왔다. 뭘 물어보지? 그는 나의 비밀 하나둘 정도는 알고 있고, 나 역시 남에게는 말하기 싫은 윤대녕의 에피소드 하나둘 정도는 갖고 있는 사이다.

그의 소설에서 나는 무엇을 느끼고 무엇을 보았을까. 문득 반짝거리면서 떠오르는 것이 은어다. 〈은어〉와 〈은어낚시통신〉은 비록 초기 작품이지만 윤대녕이라는 작가의 가운데 있다. 그는 여기에서 벗어나 있으면서 또한 벗어나 있지 않다. 벗어난 것은 작가인데, 독자는 아직도 윤대녕의 '은어'를 가까이 하기 때문이다.

〈인연〉의 작가 고故 피천득 선생은 생전에 어떤 이가 선생의 글을 받고 싶어 백지수표를 들고 찾아갔을 때 이렇게 말했다고 한다.

"작가는 세 가지 이유 때문에 글을 씁니다. 첫째는 돈을 벌기 위해, 둘째는 명예를 얻기 위해, 셋째는 전작보다 조금이라도 좋은 것을 쓰기 위해. 저는 이제 이 세 가지가 다 필요 없어서 글을 쓰지 않습니다."

물론 선생의 초기작인 〈인연〉보다 다음 작품들이 더 좋은지에 대해서는 독자마다 생각이 다를 것이다. 그러나 작가의 마음은 작품의 평가에 의해서 좌지우지되는 것이 아니다. 작가는 지금 쓰는 작품이 항상 전작보다는 더 좋은 작품이라고 마음에 품고 가는 존재다. 마치 계단을 밟고 올라가는 것처럼.

작가는 속 깊은 나무다. 나이테는 겉으로 드러나지 않기에 수십 년의 세월이 지나 몸통이 커져야 사람은 그 나무의 나이를 짐작한다. 세상에서 속으로 숨어 있는 것들의 속성이 그러하다. 작가의 변화도 그와 같다. 그러던 어느 날 거대한 나무는 우뚝 선다. 예술작품은 이러한 것이 아닐까.

독자는 늘 새로운 것을 요구한다. 여기에서 작품과 상품의 경계선이 선명해진다. 예술가는 근본적으로 상품을 생산하지 못하는 자들이다. 그건 다른 전문가들의 몫이다. 윤대녕의 소설세계는 작품이고, 그것은 예술작품으로서 존재한다. 그는 예술가다. 〈제비를 기르다〉에서 나는 한 작가의 지고지순한 세계를 보았다. 그것은 바로 인간이었다. 인간의 변하지 않는 사랑이었다.

고흐는 평생 한두 편의 작품을 싼값에 팔았다. 슈베르트는 한겨울에 난로에 땔 연료가 없어 덜덜 떨면서 오선지에 엎드려 있었다. 물론 괴테나 바그너는 살아서도 죽어서도 영광을 누린 작가들이다. 하지만 우리는 작가의 생몰生沒이나 부귀영화보다 그 작품만을 사랑하고 또 기억한다.

고독한 아이

이제 윤대녕은 오십대에 다가가고 있다. 나이테가 많이 늘어나 삶과 문학도 넓고 깊어졌다. 그는 잠시 뭔가를 생각하다가 "지금은 작가 생활의 한가운데쯤에 있는 것 같다"고 했다. 쉰, 예순이라는 나이가 보이는 나이다. 인간으로서도 인생의 후반이 보이는 지점에 자신이 서 있다는 것이다.

사십 중반은 참 많은 생각이 들면서도 단순해지는 나이이기도 하다. 열정은 모든 것을 복잡하게 만든다. 그러나 나이가 들면 침착하게 사물을 응시한다. 하고 싶은 것이 많은 젊은 시절, 윤대녕은 우리 역사의 전환점인 1980년이라는 이정표를 돌아서 참으로 멀리도 왔다.

우리는 어린 시절 이야기부터 나누기로 했다. 모든 존재는 자궁에서 시작한다. 그의 문학적 자궁은 어린 시절이다. 윤대녕의 유소년 시절은 그리 평범하지 않았다. 그것은 어쩌면 그를 이해하는 데 아주 중요한 열쇠인지도 모른다. 그는 집안 사정으로 부모가 모두 도회지로 가고, 조부와 삼촌들의 품에서 성장한다.

"조부는 제 문학의 아버지예요. 그 큰 집에 손자가 나 하나였어요. 늘 머리 쓰다듬고 품에 안아주시면서 제게 넌 크게 될 것이라고 암시해주었지요. 그리고 이런 말씀도 하셨어요. '세상은 아주 아주 넓단다. 네가 생각하는 것보다 훨씬 더 넓단다.' 기가 막힌 말씀이지요. 항상 말이 없었던 조부와 삼촌들의 내면세계를 들여다보고 싶었지요. 참으로 속 깊은 분들이었고, 내면에 대한 궁금증이 일종의 창작 동기라고 하면 과장일까요?"

할아버지의 품속에서 아주 어린 나이에 한글을 깨우치고, 네 살 때부터는 한자를 배운 고독한 소년이었다. 시골집에서 오직 책밖에 읽을 것이 없었다. 침묵과 독서, 조용한 공기의 흐름은 한참 뛰어놀아야 할 아이를 과묵하게 만들었다. 아이는 하늘을 보고, 물을 보고, 할아버지를 보고, 삼촌들을 보았다. 그 넓은 할아버지의 집과 마을에는 놀이동산도 없었고, 장난감도 없었다. 아이가 가지고 노는 것은 고독이었고, 침묵이었다.

"조용한 어른들과 사는 아이였죠. 그런데 그것이 어떤 심리적인 압박이 아니었나 하는 생각을 합니다. 제가 좀 내성적인 이유는 아마도 거기에 있는 것 같아요."

그리고 아홉 살이 되어서야 부모와 같이 살게 된다.

"부모님과 같이 살면서 대학에 가고 독립할 때까지 계속 힘겨운 나날이었어요. 아버지를 생각하면 슬프고, 고독이라는 말이 떠오릅니다. 제 마음의 고향은 늘 할아버지가 계시는 시골집이었으니까요."

습작품을 불태우다

그가 소설가가 된 이유는 의외로 선명했다. 책 읽고, 글 쓰는 일로 자신의 고독을 품었던 한 소년의 얼굴을 떠올리기는 그리 힘든 일이 아니다. 중학교 2학년 때는 학교에서 주는 독서상을 받았다. 학교도서관의 도서대출증에 기록된 한 해 동안 빌려 읽은 책이 3백 권을 넘어선 것이다. 읽으면 쓰고 싶은 것이다. 윤대녕은 중3 때 처음으로 원고지 50매 가량의 단편을 쓴다. 유치환의 시 〈깃발〉을 읽고 감동을 받아서 동명의 작은 소설을 쓴 것이다.

이런 아이는 항상 '따'를 당한다. 수업시간에 교과서 대신 '책'을 읽다가 선생님에게 얻어맞기도 하고, 시 쓰다가 '폼 잡지 말라'는 친구들의 비웃음을 사기도 했다. 그 시절의 선생님과 친구들은 지금의 윤대녕을 짐작하지 못했을 것이다.

고등학교를 졸업하기 전까지 그는 상당량의 작품을 쓴다. 작가의 어린 시절 작품은 어떠했을까? 혹시나 싶어 중·고교 시절에 쓴 작품을 찾아볼 수 있는지 물어보았다.

"고등학교 졸업할 무렵, 어머니가 보는 앞에서 라면 박스로 4개 정도 되는 원고를 불태워버렸습니다."

필자 역시 대학을 졸업할 때까지 쓴 소설들을 모조리 앞마당에 쌓아놓고 불을 질러버린 적이 있다. 직접적인 이유는 졸업 때 거의 모든 신문사의 신춘문예에 응모한 소설이 다 떨어져버린 것에 대한 앙갚음이었다. 소주를 마시면서 원고지를 불태우다가 나는 무서운 광경을 목격했다. 다 타버린 원고지는 타버리는 것이 아니었다.

만년필, 볼펜의 글씨 자국이 선명하게 살아 있었다. 그것은 바람이 불어 다 흩어져버릴 때까지 내 눈앞에서 별처럼 반짝였다. 그도 아마 불타버린 원고지의 펜 자국을 보았을 것이다. 이것을 윤대녕은 고등학교 때 했고, 나는 대학 때 했다. 시인이나 소설가에게 이런 과정은 통과의례 같은 것이리라.

작가의 성장과정에서 제일 중요한 시간들이었다. 이런 이야기를 하면서 그는 별처럼 한마디를 쏘았다. 몸과 마음이 따가웠다.

"오직 글 쓰고 책 읽는 동안만 행복했어요."

한줄기 빛 '신화'

윤대녕은 서로 다른 세 개의 세계를 품고 살아간다. 인간으로도 작가로서도 그 세계는 그의 우주이기도 하다. 삼각형의 꼭짓점처럼 이 세

개의 세계는 서로 연결되어 있다. 물과 나무처럼, 별과 어둠처럼, 혹은 여자와 남자처럼 말이다. 그것은 신화와 불교와 한문학 혹은 동양고전이다.

문학의 원형은 신화의 상징 속에 들어 있다. 소설은 이야기이고, 신화는 인간이 문명 이전에 자연에 대한 외경심으로 만들어낸, 결국 인간의 이야기들이다. 그래서 어떤 이는 '세계는 이야기로 만들어진 것'이라는 말도 남겼다.

윤대녕의 신화 상징성은 여러 비평가의 상찬과 혹평으로 어지럽다. 소위 운동권들의 윤대녕 비판은 그 어지러운 시절에 무슨 '은어'냐는 것이다. 그들에게 은어는 잡아먹는 고기일 뿐이다. 같이 배가 고파도 어떤 사람은 은어를 잡아먹고, 어떤 사람은 은어를 작품으로 남긴다. 이것은 시대의 분위기가 빚어낸 비극일 수도 있다. 그러나 민중시가 판을 치던 시기에도 시운동 동인들은 신화의 상징성이 가득한 개성적인 시를 썼다. 윤대녕에게도 1980년 광주민주화운동이 돌부리처럼 걸려 있다.

"재수하던 시절에 광주민주화운동이 일어났어요. 이것은 일종의 부채감이었어요. 동기들은 감옥 가고, 민주화 투쟁을 하면서 시대의 아픔을 나누고 있었는데 저는 멀리 떨어져 있었죠. 고의는 아니었지만 저는 친구들과 같은 버스를 타지 못하고 다음 차를 타는 후발주자로서 부채감이 있었어요."

이 부채감은 군에 갈 때까지 이어진다. 일방적으로 강요되는 운동권의 역사관 역시 그것에 동의하지 않는 사람에게는 폭력이다. 윤대녕은 괴로웠다. 그런 상태에서 그가 한 줄기 빛처럼 발견한 것이 바로 오래된 이야기, '신화'다.

인간의 역사나 종교는 모조리 신화로 채색되어 있다. 윤대녕 작품의 시원始原은 신화의 상징성이다. 그것은 태초가 침묵과 어둠으로 가득한 것과도 같은 맥락이다. 한 인간은 한 우주이기 때문이다.

"인간에 대한 원초적인 감성, 바다와 같은 넓고 유장한 세계에 빠져들었습니다. 그 거대한 우주에 빠짐으로써 비로소 저는 숨을 쉴 수 있었어요."

신화학자 김열규 선생의 책을 탐독하고 불문학을 전공했으니 롤랑 바르트나 바슐라르에게 매력을 느끼는 것은 그의 말을 듣지 않아도 짐작할 수 있었다. 바슐라르는 한때 내 문학의 신이기도 했다. 그리고 그의 미학적인 문장은 역시 조부와 삼촌들에게서 물려받아 피와 살처럼 생래적인 것이다.

나그네는 길에서도 쉬지 않는다

대학 강의실은 언제나 텅텅 비어 있었다. 학생들은 거리로만 나돌아 다녔다. 화염병과 최루탄 가스는 도서관의 책 냄새처럼 교정에 가득했다. 윤대녕은 강원도 화천에 있는 7사단에 입대한다. 군대에서도 밖에서 우편으로 부쳐온 시집을 성경처럼 읽었다고 한다. 그때 군복을 입고 읽은 1백 권의 시집은 어쩌면 지금의 그의 문장에 그림자 같은 것인지도 모른다.

제대 후엔 신춘문예에 응모한 작품이 탈락하고, 현실은 너무 비감했다. 복학하기 싫어 절로 들어간다. 여기에서 두 번째 윤대녕의 상징세계가 탄생한다. 바로 '불교'다. 절간 마루에서 굴러다니던 불교 잡지나 불경을 읽다가 어느 순간 그 세계에 '쏙' 빠져버렸다. 그리고 출가를 결심했다고 한다. 그것은 마치 인류의 위대한 스승인 육조 혜능慧能이, 스승인 오조 홍인弘忍선사가 설법하는 금강경의 이 구절을 듣고 깨우침을 얻었다는 일화를 떠올리게 했다.

"마땅히 어디에도 머무름이 없이 마음을 써야 한다應無所住 而生其心."
마음이라는 것이 어느 곳에 머무는 순간 인간의 고통이 시작된다는 뜻일까. 어디에도 집착이 없다면 고통도 없다. 우리가 고통스러운 것의 뿌리를 거슬러 올라가보면 거기에는 반드시 마땅히 어디에 머물러 있음을 알게 된다. 예를 들어 돈을 많이 벌어야 한다는 생각이 욕심을 불러일으킨다. 윤대녕은 이 머무름이 없는 마음을 찾아 헤맨 것은 아닐까. 절에서 절로 돌아다니다 출가하려고 청하자 스님이 이렇게 말하며 그의 마음을 거절했다.

"당신은 언젠가 세상으로 다시 내려갈 사람이다."

그때는 이 세상의 지독한 윤회가 거듭되지 않는 삶을 꿈꾸었다. 절에서 받아주지 않자 어린아이가 투정을 부리듯이 공주 시내에 내려가 술로 세월을 보낸다. 스님이 말한 '언젠가는 내려갈 사람'이라는 예언이 적중한 것일까. 공주의 한 찻집에서 그해 이상문학상 수상작인 이제하의 《나그네는 길에서도 쉬지 않는다》라는 책을 발견하고 그 자리에서 다 읽었다. 나그네는 길에서도 쉬지 않는데 왜 나는 절에서 머물려고 하는가. 제목을 보는 순간부터 확 끌리는 작품이었다. 알에서 깨어남이었다.

"왜 그렇게 그 소설이 좋았는지, 벼락이 치고 천둥이 울리는 것 같은 내면의 소리를 들었어요. 소름이 돋더군요. 그 길로 절에서 내려와 문학을 하게 됐습니다."

시적 상상력, 회화적 감수성

어린 시절, 그의 성격을 형성한 것은 침묵과 고독이었다. 청년시절 역시 고독한 공간인 절을 순례하게 된다. 이렇게 그를 둘러싼 것들은 차갑고 말이 없었다. 대학을 졸업하던 1988년에 그는 『대전일보』 신춘문예에 〈원(圓)〉이라는 소설로 등단한다.

그것이 작은 시작이었다. 그리고 공채를 통해 기업체에 신입사원으로 넥타이를 매고 출근한다. 낮에는 샐러리맨으로 일하고 밤에는 문학을 하던 시절이었다. 그러다가 전통적인 리얼리즘 기법으로 쓴 소설 〈어머니의 숲〉으로 『문학사상』 신인상을 받았다. 1990년의 일이다. 배다른 자식을 둔 어머니의 이야기로, 당시 편집장이던 소설가 구효서 씨에게서 당선 전화를 받았다. 그 인연으로 구효서 씨와 만났다.

1994년 단편집 《은어낚시통신》을 독자에게 선보이면서 전업작가의 지난한 길을 걷기 시작했다. 이후 오늘의 젊은 예술가상, 이상문학상, 현대문학상, 이효석문학상을 수상했다. 작가로서 한순간도 게을렀던 적이 없다. 장편소설 《미란》《옛날 영화를 보러 갔다》 외에 단편집《남쪽 계단을 보라》《많은 별들이 한 곳으로 흘러갔다》, 산문집 《어머니의 수저》 등을 낸다. 그는 부지런했고 열심이었다. 이렇게 살아온 그가 가끔 '넥타이 매고 출퇴근하는 생활이 그립기도 하다'고 말한다. 왜일까?

1989년은 사회주의가 붕괴되고 개인과 내면의 문학이 표면으로 떠올랐다. 윤대녕의 문학은 은어처럼 단순히 거슬러 올라가고 있었다. 인간 존재 자체로 돌아가는 것이다.

"막연하지만 저는 확신하고 있었습니다. 변혁기 우리 문학에서 아직 시도되지 않았던 것에 대한 자부심 같은 것이 있어요. 작가는 시대 속에서 태어난다고 생각합니다. 인간의 시원始原에 대한 이야기는 단순히 역사로부터의 도피가 아니라는 이야기입니다."

윤대녕에 대해 다소 비판적으로 평가하는 평론가 한 사람의 말이 떠오른다. 그는 학생들에게 1990년대 개인적인 삶의 모양은 윤대녕의 소설을 읽으면 된다고 했다. 소설을 어떻게 써야 되는지도 그의 작품, 즉《은어낚시통신》을 읽어보면 된다고 했다. 그런데 '윤대녕의 세계가 너무나 머물러 있는 것 같다'고 했던 그 평론가 역시 작품집《제비를 기르다》를 읽고서는 내 말에 동의했다. '내가 잠깐 잘못 본 것 같다'며 상찬을 아끼지 않았다. 문인들은 작품으로 대화하기도 한다.

그의 문학을 이야기하는 사람들은 이런 언어를 사용한다. '내성적 문체' '진지한 시선' '시적 상상력과 회화적인 감수성' '치밀한 이미지의 구성으로 우리 소설의 새로운 지평을 연 작가'……. 반대 이야기는 잘 기억나지 않는다. 별로 신경 쓰고 싶지 않다. 예술은 선택하고 옹호하는 것이니까.

 윤대녕에게 감동을 준 이들은 1970년대의 작가들이다. 지금까지도 이들의 문학은 거대한 산맥처럼 우리 문학의 등뼈가 되고 있다. 소설의 이제하, 황석영, 오정희, 최인호, 윤흥길, 조세희, 시의 이성복, 황지우, 김지하, 고은 등등 1970년대의 우리 문학은 황금시대가 아니었을까.

작가생활의 전환기

"그런 우리 문학이 저를 키웠을 겁니다. 우리 근현대 문학의 영향은 어느 작가에게나 뿌리처럼 닿아 있을 겁니다. 말하자면 영원한 자산이지요. 작품집 《제비를 기르다》를 통해 저는 어느 정도 전환기에 선 것 같아요. 한 작가로서 버려야 할 것이 있고, 버릴 수 없는 것들이 있어요. 일방적으로 변신하라는 주문은 일종의 폭력입니다. 작가란 게 기획사에서 기획하고 조정하는 가수도 아니고, 어떻게 하루아침에 작품세계를 바꿉니까? 내 문학의 뿌리를 깊게 내리면서 소처럼 한 걸음 한 걸음 뚜벅뚜벅 걸어갈 겁니다."

 그는 한 사람이 죽을 때까지 가져가야 할 세계가 있다고 말했다. 위에 언급한 인물들은 우리 역사의 가장 암흑기에 활동한 작가들이다. 박정희 정권, 유신시대, 긴급조치, 산업화 정책, 전태일 분신······. 참으로 어둠 속에 별은 빛나는 것인가. 그러한 전통을 안고 윤대녕은 소설을 쓴다. 나는 그가 연애소설을 잘 쓰는 작가라고 믿는다. 세계적인 고전들에서 연애소설의 목록을 빼버린다면 겨울나무처럼 앙상할 것이다.

그는 정말 맘먹고 쓴 연애소설로 장편소설 《미란》을 들었다. 사람들의 평가가 어떻든 나는 그 소설을 우리 문학에 흔치 않은 소설로 기억한다. 그의 소설에는 여자가 중요하다. 그 이유는 간단했다. 1980년대 문학에서 여성이 부재했다. 그래서 그는 여성과 남성의 중요성을 같이 이야기하는 것이다. 시대의 폭력 앞에 우리는 참으로 많은 것을 상실했다. 그래서인지 우리 문단에 하루키의 《상실의 시대》가 바람처럼 불어와 스치고 지나갔다.

그에게 작가생활의 큰 전환기는 아마도 만 2년에 걸친 제주도 생활일 것이다. 그는 어느 날 문득 제주도로 떠났다. 아내와 아이는 비행기로 먼저 보내고 자신은 자동차를 타고 배를 타고 하면서 제주도로 갔다. 가서 보니 참으로 가관이었다고 한다. 마침 비가 내렸는데, 불친절한 이삿짐 직원들의 횡포로 짐이 비에 젖어 있고, 아내는 어찌할 바를 모르는 풍경에 그는 비감했다.

일주일에 걸쳐 짐을 정리하고 자리 잡은 제주도. 하지만 그는 행복했다. 문을 열고 나서자 마침 유채꽃이 만발했다. 노란 현기증이 하늘거렸다. 10분만 걸어나가면 바다가 있었다. 마침 북서풍에서 남동풍으로 바람이 기류를 바꾸던 때였다. 봄이 온다. 몸이 약했던 작가에게는 공기가 좋아 치유의 땅이기도 했다. 가족도 의외로 잘 적응했다. 아이는 제주도에서 말을 배우기 시작해 지금도 가끔 제주도 사투리를 쓴다고 웃었다. 윤대녕의 아들은 아빠를 닮아 부처 같다.

"제가 제주도로 내려간 것은 일종의 위기감에 대한 반응이었어요. 몸과 건강이 피폐했고, 문학적으로도 위기를 느끼고 있었어요. 일단 가족과 나를 구해야겠다는 생각을 한 겁니다. 이들이 없으면 나 역시 없다는 비장한 마음이 들었어요. 그래서 멀리 내려가 회복하고 싶었어요. 그 모든 걸 말이지요."

그리움과 기다림

서서히 제주도 생활에 적응했다. 적응은 단절을 의미하기도 한다. 그곳에서 2년 동안 장편 〈호랑이는 왜 바다로 갔나〉와 단편 〈찔레꽃 기념관〉 〈탱자〉 〈고래등〉을 썼다. 〈찔레꽃 기념관〉으로 오랜만에 문학상을 받았다. 1998년 현대문학상 수상 이후 5년 만인 2003년 이효석문학상을 수상했다. 그 자리에 참석했을 때 마침 시골 노인들이 마을을 나오셨는지 내 뒷자리에 앉아 있었다. 우연히 두 노인의 대화를 들었다. 옆에 소설가 김훈이 있었다. 한 노인이 말했다.

"상금이 얼마래?"

"천만 원이라던데."

"이런, 우리가 일 년 농사지은 것보다 많구만."

"그러게 말이야. 끄적끄적 글 쓴 것 가지고 뭐 그리 돈을 많이 주나."

김훈과 나는 그 이야기를 듣고 웃었다. 사실 '저 작가는 2년 농사지은 것'이라고 하려다 어른들께 결례인 것 같아 말았다. 하긴 그분들은 윤대녕의 소설을 모를 것이다. 소설가 김훈은 그 노인의 말이

맞다며 웃었다.

윤대녕은 제주도에서 문학은 뒷전이라고 했지만, 그에게 문학이 뒷전이었던 적은 한 번도 없었던 것 같다. 여행하고, 낚시하는 것 역시 문학의 연장선상에 있는 행위다. 비즈니스맨이 해외로 출장을 가는 게 일인 것처럼, 작가가 여행을 하는 것은 일하는 것이다. 비즈니스맨은 출장을 가면 회사에서 돈이 나오지만, 작가는 자기 주머니를 털어서 가야 한다.

이른바 한 권의 책을 쓰기 위한 순수 제작비는 만만치 않다. 글은 골방에 앉아 원고지와 연필만으로 쓰는 것이 아니다. 그것은 일종의 결과일 뿐이다. 그 과정은 그 어떤 사업보다도 파란만장하다. 그 시골 노인의 시각이 단순히 한 늙은 촌부의 시각일까 하는 생각을 했다. 돈을 벌어야 한다는 결과만 중시하는 지독한 자본주의에서 과연 인간과 문학이 가능한 것일까. 아마도 이건 간단한 문제가 아닐 것이다.

제주도에서 윤대녕은 건강을 회복했다.

"바다의 생명력이 저를 건강하게 한 것 같아요. 바다에 낚싯대를 드리우고 있으면 먼 우주에서 내게 시간을 가져다주는 것 같았어요. 가슴이 설레었어요. 오랜만에 연인을 만난 것처럼 두근거리는 거예요. 그게 살아 있는 것이 아니면 뭐라 할까요?"

최근에 그의 글에는 바다와 낚시가 많이 나온다. 산문집 《어머니의 수저》에도 제주도 생활은 잘 녹아 있다. 그리고 제주도에서 올라와서도 소설집 《제비를 기르다》에 수록된 작품을 집중적으로 썼다. 그는 바다에서 무엇인가를 배웠다.

"바다에서 저는 그리움과 기다림을 배웠습니다. 이중섭의 그림 중에 벌거벗은 아이들이 물고기를 가지고 노는 광경을 담배 은박지에 그린 그림이 있잖아요. 정말 아이가 내가 잡아온 물고기와 놀아요. 이중섭도 제주도 생활을 했는데, 그는 혼자였고 그 외로움을 그림으로 그린 것으로 알아요. 저는 다행스럽게도 가족이 있었어요. 행복한 시절이었죠."

사진작가 김영갑

제주도에서 사진작가 김영갑을 만났다. 그와의 만남은 각별한 것이었다. 김영갑은 몇 해 전에 지병으로 세상을 떠났다. 윤대녕은 김영갑을 만나면서 생과 사의 경계선에서 노래를 부르는 인간의 영혼을 본 것일까. 한 발만 디디면 생이요, 한 발만 디디면 저승인 그 경계선의 인간들이 살아가는 모습을 본 것일까.

"병으로 힘들어하는 김영갑 씨를 만나면서 저는 오히려 삶의 황홀, 삶의 고마움을 배웠습니다. 그는 그때부터 서서히 죽어가고 있었어요. 온몸에서 살이 내리는 모습을 보면서 가슴 아팠지만, 그의 영혼은 저에게 삶에 대한 소중한 성찰을 할 계기를 내줬습니다. 지금도 그리운 분입니다."

그가 제주도에서 올라오던 해 김영갑은 이승을 떠났다.

제주도에서 일산으로 올라오기 전에 윤대녕 부부는 경주에 들렀다. 신라시대 경주 남산에는 1천 개가 넘는 절이 있었다. 2005년 2월에 경주에서 일주일을 머물렀다. 살 집도 알아보았지만 생활하기가 힘들 것 같다는 결론을 내리고 다시 일산으로 올라왔다.

제주도에서 올라온 윤대녕은 확실히 변화했다. 문학의 영욕에서 자유로워졌다고 했다. 그는 생각한다. 문학에 무슨 영욕이 있을까. 어쩌면 이것은 이전 세계와의 결별일 수도 있다. 이 페이지에서 저 페이지로 넘어가는 것 같은 시기랄까. 새로운 소설을 쓸 수 있을 것 같은 기분이라고 했다.

"제주도는 조선시대 때 유배지였잖아요. 저는 어쩌면 자발적인 유배를 떠난 것이 아니었나 하는 생각이 들었어요. 제주도에서 추사秋史 선생을 다시 봤구요. 시간이 자연스럽게 가져다주는 변화를 겪은 것 같습니다."

그가 제주도에서 쓴 장편 〈눈의 여행자〉에는 주인공이 썩은 이를 뽑아서 눈 속에 던지는 장면이 나온다. 그것은 어쩌면 작가의 마음이 아니었을까. '이제까지의 슬픈 일들아, 이제는 안녕.' 다시 일산으로 올라와서는 한동안 몸이 아팠다. 그래, 제주도와 달리 공기가 탁해 힘들어하던 그의 모습이 생각난다.

그 시간이 지나고 나자 이제는 괜찮다고 했다. 2006년에 낸 산문집 《어머니의 수저》는 장편소설을 쓰듯이 공력을 들인 작품이다. 연재를 한 것도 아니고, 혼신을 다해 몇 개월간 집중적으로 집필한 책이다. 작가의 어머니에게 드리는 책이다. 책의 후기에 어머니와 만나는 풍경을 그린다. 한두 가지의 허름한 찬으로 초라한 식사를 하는 어머니, 나이 든 아들이 그 모습이 애처로워 '어찌 그리 식사를 하시냐고 한다. 어머니는 자신을 위해 뭘 차려서 먹겠냐고, 나이 든 여자의 식사란 이런 것이라고 보살 같은 말씀을 하신다. 그 책에 윤대녕은 어머니에게 보내는 마음을 적었다. 그리고 어머니에게 바치는 책이 된다.

예술의 원천

그 후 다섯 권의 중·단편을 써서 2007년 1월에 소설집 《제비를 기르다》를 냈다. 책을 낸 출판사 창비(창작과비평)와의 일이 즐거웠다고 했다. 편집자가 대단히 겸손하면서 뛰어난 사람들이라는 것이다. 그리고 문학에 대해, 사랑의 이야기에 대해 그는 이렇게 말했다.

"2006년은 정말 작가답게 산 것 같아요. 첫 작품집을 내고 나서 이듬해 열정적으로 쓴 것과 같은 분량을 써냈죠. 그건 아마 소설이 내게로 와준 것이 아닌가 해요. 물론 언제나 그런 것은 아닙니다. 가슴이 뛰어야 서사가 나오는 겁니다. 가슴 뜀은 에너지이고 모든 예술의 원천이죠. 연애감정이 대표적인데, 꼭 그것이 아니더라도 가슴 뛰는 그 무엇이 없다면 작가는 죽은 것과 마찬가지예요. 그 황홀함을 겪은 뒤에 작품이 나오는 것 같아요. 이제는 시선이 좀 객관화한 것 같아요. 전에는 불안했던 타인에 대한 시선도 조금은 안정적으로 변한 것 같습니다. 이런 말 어떨지 모르겠는데, 아마 다음 작품부터는 상당한 변화가 있지 않을까 싶어요. 마음속에 담아둔 이야기가 있어요."

한문학 혹은 동양고전이 그의 마지막 꼭짓점이다. 그는 조부의 영향으로 동양고전에 대한 교양이 풍부하다. 사서삼경의 하나인 《대학》에 '신독愼獨'과 '진퇴進退'란 말이 나온다.

신독. 선비는 홀로 있을 때도 삼가야 할 것이 많다. 혼자 있을 때 잘해야 사람에게 나아갈 수 있는 것이다. 진퇴. 나아갈 때와 물러날 때를 아는 것, 이것은 어쩌면 성리학자의 생활방식이기도 했다. 그래서 퇴계退溪도 정치에서 물러나 시골에서 학문을 하겠다는 자신의 의지를 나타내는 호다.

그는 다음 작품에서 '불교' '유학' '신화'를 아우르는 한 인물을 그리려는 것이 아닐까. 짐작은 짐작일 뿐이다. 이 세 가지 주제는 윤대녕 문학의 키워드이기도 하다. 다음 소설에 대한 구상을 묻자 웃으면서 아직 말할 단계가 아니라며 손사래를 쳤다. 대충 짐작은 가는데 얘기하지 않으니 알 수가 없다.

술집에서 우리는 왕가위의 영화 〈화양연화〉의 오리지널 사운드를 들으면서 남자의 고독에 대해서 이야기했다. 영화에서 배우 양조위가 국수를 먹는 장면이 나온다. 계단을 밟고 내려가는 골목길에 있는 어두운 국숫집에서 양조위가 목울대를 꿀꺽이면서 국수를 삼킨다. 간절하게 보고 싶은 여인을 그리워하면서 국수를 먹는 장면에서 왕가위의 앵글은 배우의 목울대를 클로즈업한다. 멋진 장면이다. 우리는 양주와 맥주를 번갈아 마시다가 자리에서 일어났다. 우리는 술집에서 더 많은 말을 했다. 그 말은 그냥 가슴에 담는다. 그러다 그가 술을 먹다 문득 한 말을 술집에 있던 메모지에 옮겨 적었다.

"세상의 모든 사람, 한 사람 한 사람을 자세히 보면 다 기막힌 서사가 있어요. 이야깃거리가 없다는 것은 거짓말이죠. 정말 애정을 가지고 가까이에 있는 사람을 자세히 보는 것이 얼마나 중요한지 몰라요. 그게 사랑인가도 싶고."

"모든 인간은 다 죽습니다. 죽음이야말로 인간의 가장 확실한 미래입니다. 그러나 우리는 늘 삶을 이야기하지요. 그것이 바로 오늘입니다. 나는 이 오늘을 씁니다."

상처의 거울, 고통의 예방주사 공지영

그의 베스트셀러들만큼이나 많은 화제를 모은 공지영은 얼굴 혈색이 부드럽고 투명하며 온몸에 에너지가 넘쳐 건강해 보였다. 그간 왜 그리 안달복달하며 살았는지 모르겠다고 했다. 상처는 치유를 통해 존재하는 법. 고통을 통해 사랑의 본질을 깨닫고 평화와 자유를 얻은 그녀의 아우라.

눈빛 없는
눈빛을 갖고 싶어요.
모든 걸 받아들이고 내는…

소설가 공지영(孔枝泳·47)을 만났다. 아주 오랜만이다. 우린 딱히 약속을 해서 만나는 사이가 아니어서, 이런저런 모임에서 어울리다가 잠시 합석을 해 이야기를 나누곤 했다. 수년 전, 누군가의 출판 기념회인가? 아님 문학상 시상식이 끝나고 뒤풀이 자리인가 싶다. 그때 최재봉, 조용호 기자를 비롯해서, 소설가 김훈, 권지예, 화가 남궁산 등등 많은 사람들이 혜화동의 한 밥집에서 어울렸다. 그녀는 오랜만의 외출이라고 했다. 그녀는 지쳐 보였고, 안색이 어두웠다.

그 자리에서 그녀는 우리들에게 말했다.

"난 다산작가가 될 거야. 많이 쓸 거야. 이제부터 많이 쓸 거야. 난 가장이야. 애들하고 같이 살아야 돼."

그녀는 많이 취했고, 이 말은 우리들 중 누구에게 한 말이 아니었다. 그 말들이 공중에 흩어져 빗방울처럼 떨어졌다.

밥집에서 이미 폭탄주가 날아다니면서, 여기저기에서 폭탄이 터지면서 만취해 그 흥에 겨워 사람들은 노래방으로 갔다. 나는 일산에 사는 선배 한 분과 함께 그 자리를 몰래 빠져나왔다. 피곤하고 힘겨웠다.

그 후로 그녀는 자신의 그 '말'대로 했다. 멀리 떨어져서 그녀가 내는 책을 사서 읽고, 이런저런 인터뷰 기사를 보았다. 그녀는 무섭고 뜨겁고 아름다웠다. 독자로서 그녀의 책을 읽다 보면 그녀의 인생 후반부가 아름다울 것이라고 짐작한다.

집필실 없는 주부작가

그녀는 그녀의 방식대로 나는 내 방식대로 살다보니, 둘 다 이제는 중년이고 나이를 먹었다. 홍대 앞의 '복집'에서 복지리를 먹었다. 나이든 밥집 여주인은 그녀를 사랑스러운 눈빛으로 바라보았다. 밥을 먹으면서 그녀는 환하게 웃으면서 말했다.

"젊어서 만난 친구들이 평생 가는 것 같아요."

가만히 생각하니 그렇다. 문단이라는 좁은 바닥에서 젊어서 만나 오랫동안 가난한 마음을 나누었던 사람들, 일 년에 한두 번 보는 사람들 역시 간혹 만나면 바로 어제 만난 것 같은 친근감이 든다. 우리들은 젊어서 만났기 때문이다.

그녀는 전업작가가 아니라 주부작가다. 세 아이를 키우는 주부작가. 그래서 따로 집필실이 없다.

작업량 때문에 한두 번 집필실을 마련해봤는데, 효용성이 없었고, 세 아이들 걱정 때문에 일이 손에 잡히지 않았다. 요즈음 그녀는 분당에서 아이들을 돌보며 글을 쓴다. 반 농담 삼아 일산으로 이사를 오라고 하니 토끼 눈을 뜨고 고개를 흔든다. 워낙 문인들이 많고 술자리가 많은 동네다. 일산으로 오면 공지영은 고달플 것이다. 고래 같은 술꾼들이 바다 같은 공지영에게 풍덩풍덩 뛰어들 것이다. 그래서 말을 바꾸어 그녀에게 한국문학을 위해 절대 일산으로 오지 말 것을 당부했다.

얼굴은 몸의 거울

출간된 지 한 달 만에 13만 부를 발행했다는 산문집 《네가 어떤 삶을 살든 나는 너를 응원할 것이다》 이야기를 했다. 자신도 이렇게 독자들의 반응이 크리라곤 '정말' 생각하지 못했고, 자신이 베스트셀러 작가라고 하지만 이런 반응은 처음이라고 했다. 이 산문집과 연장선상에 있는 장편소설 《즐거운 나의 집》 역시 독자들이 많이 찾았다. 자타가 공인하는 많은 독자를 가진 이 작가가 의외의 말을 했다.

"〈즐거운 나의 집〉을 쓰면서 작가로서의 길을 가야겠다는 생각을 다시금 하게 되었지요. 그래서 숨지 않고 적극적으로 홍보했어요. 예전에는 잘 안했어요. 출판사 생각해서 한두 번 정도 홍보하는 정도. 하지만 내 몸이 바쁘고 고달프더라도 홍보가 소설 쓰기의 마지막 과정이라고 생각하고 적극적으로 움직이지요."

작가가 책을 내면 아프다. 그래서 출간을 산고의 고통에 비유하기도 한다. 아무리 작은 책이라도, 설령 그 책이 이전에 써놓았던 원고여서 고스란히 내기만 해도 책을 내고 나면 우울증에 걸리거나 외롭고 두려운 생각이 든다.

그래서 책을 내고 나면 어디론가 도망가는 사람들이 있다. 혼자 있을 때가 휴식시간이다. 전화도 잘 받지 않는다. 하지만 공지영은 이제 그런 단계를 벗어난 모양이다. 책을 위해 독자와 만나는 시간도 글쓰기의 일부로 본다.

공지영을 미인이라고들 하는데, 사실 나는 그걸 잘 몰랐다. 그런데 "지금은 정말 미인"이라고 하자, "내가 힘들 때만 만났으니 그럴 거예요" 라며 웃는다. 하긴 사람의 얼굴이라는 거, 그건 거울이다. 마음의 거울이 아니라, 내 상황을 그대로 보여주는 내 몸의 거울. 내 일상의 고통과 슬픔을 고스란히 얼굴에 드러낸다. 거슬러 생각해 보니 그런 것 같다. 하지만 지금 공지영은 얼굴 혈색이 부드럽고 투명하며, 온몸에 에너지가 넘쳐 건강해 보였다. 아름답다는 건 좋은 거다.

"아름다움은 본능적인 욕구인 것 같아요. 마치 이야기에 대한 사람들의 욕구처럼 말이죠. 과학적으로는 어떤지 잘 모르지만, 우리들의 유전자 속에 그런 인자가 들어 있는 게 아닌가 싶어요."

그러면서 자신의 소설집 《우리들의 행복한 시간》의 주인공인 영화배우 강동원 이야기를 꺼냈다. 촬영을 위해 강동원을 비롯한 배우들과 구치소를 방문하고, 식사하고 술 마시고 하는 사이 어느 순간에 자신이 강동원에게 자꾸 눈길이 가서 신경이 쓰였단다.

그 친구 잘생겼다는 생각이 들긴 했지만 공지영의 눈길을 끌다니 살짝 질투가 난다. 남녀를 불문하고 미남미녀는 신과 자연의 혜택을 받은 존재다. 우리는 인간들 중에서 제일 아름다운 존재가 아이들이라는 이야기도 나누었다. 아이들에게는 미남미녀의 기준이 없다. 옹알이를 하는 아이들에게는 그냥 눈길이 간다. 아름다움의 본질은 아이들의 외모와 마음에 있는 것이 아닐까, 천의무봉, 순진무구, 절대 선의 모습이 옹알이를 하는 아이들일 수도 있다. 하지만 나이가 들면 그런 외모와는 조금 거리를 두게 되고 마음 자리를 살피게 된다.

정말 경지를 이룬 눈빛

"여대생들에게 강연을 할 때, 지금 우리들은 80세 정도를 살지만, 너희들의 세대는 아마도 백 살까지 살 것이다. 성형수술 잘 해봤자 예순이 넘어가면 안면근육의 자연 복원력으로 형태가 일그러지게 마련이다. 그래서 말했지요. 삶을 잘 살아야 된다. 진부하지만 내면을 잘 다루어야 예뻐진다."

아름다움은 분명 사람들을 매혹하지만, 잘생긴 사람들이 잘못 살아서 망가지면 더 추해진다. 하지만 그리 미남이라고 할 수 없는 고故 김수환 추기경이나 고승대덕들의 빛나는 얼굴이 진정 아름다운 얼굴이라는 데 뜻을 같이했다. 그들은 젊은 시절 미남이 아니었지만, 세월이 흐를수록 내면의 빛이 얼굴에서 스며나와 환하게 아름답다. 이런 분들까지 가지 않더라도 우리는 주위에 있는 사람들의 얼굴을 보면서 비슷한 경험을 하곤 한다.

"어떤 친구는 굉장히 잘생긴 사람이었는데 얼마 전에 보고 깜짝 놀랐어요. 그동안 사는 게 엉망진창이었던 거죠. 정말 처음엔 못 알아볼 정도였어요. 마치 짐승같이 말이죠. 그래서 아름다움이란 진정 내면에서 우러나오는 거라고 믿게 되었어요."

반대로 어떤 친구는 땅딸보에다가 외모가 별볼일 없었는데, 다시 만나 보니 너무 잘생겨져서 깜짝 놀랐다고 했다. 그동안 참 잘 산 거다. 얼굴은 그 사람의 이력서이고, 그 사람이 갈 길의 이정표다. 그녀는 요즘 너무 행복하다고 했다. 이렇게 자유로운 시간을 두고 그간 자신이 왜 그린 안달복달하면서 살았는지 모르겠다고.

"그래서 무서운 마음도 들어요. 거울을 보면서 내 얼굴을 잘 살펴보는 거죠. 책상 앞에 거울을 놓고 내 눈이 어떻게 변하는지 살펴봅니다. 눈빛이 반짝반짝 하는 거 좋은 것만은 아니에요. 정말 경지를 이룬 눈빛은 눈빛이 없대요. 그냥 모든 것을 받아들이고 내는 거죠. 나는 아직 반짝거리는데 언젠가 그런 눈빛을 가졌으면 해요."

그런 의미라면 그간 공지영은 참 잘 살았다고 볼 수 있다. 그녀에게 어떤 구설수가 있어도 그것의 진위는 바로 그 사람의 얼굴에 나타나기 때문이다. 얼굴 이야기를 하다가 장편소설 〈고등어〉를 쓸 무렵을 생각해 냈다.

공지영이 《고등어》를 낼 무렵 나는 그 출판사의 팀장으로 근무하고 있었다. 책 표지에 쓰기 위해 공지영의 사진을 찍은 사진부장이 말하길 사진 찍기 참 힘들었다고 했다. 그래서일까? 웅진출판사에서 나온 그 책의 사진을 보면 공지영이 차 안에서 밖을 내다보는 컷이 뒤표지에 실려 있다. 그 한 장의 사진은 공지영이 촬영을 마치고 차를 타고 가기 전에 한 컷 별 생각 없이 찍은 것이었다. 결국 그 사진을 표지 사진으로 골랐다. 그녀는 그 시절을 떠올리면서 다소곳이 말했다.

"그땐 사진 찍기가 싫었어요. 너무 속을 앓아서인지 내 얼굴이 내 얼굴이 아닌 거 있죠. 아직도 불뚝불뚝 그 시절 생각이 나면 화가 나요."

평범함과 비범함

상처는 지워지지 않는다. 피부에 난 상처는 의학적으로도 완전히 지울 수 없다. 그저 가릴 뿐이다. 그녀의 문학과 인생은 상처를 통해서 말할 수 있으리라. 완전한 이해는 불가능하지만, 그녀를 알기 위해선 우선 상처와 치유를 알아야 한다.

"가끔 저에게 묻지요. 너 누구니? 그리고 내가 대답하죠. 너 참 못 사는구나."

그래도 힘든 걸 잘 견딘 삶이다.

"오르막길을 오를 때 오름의 힘듦은 견딜 만한데 누가 앞에서 밀면 더 힘들잖아요. 그럴 때 가끔 그런 생각이 들곤 하죠."

이 문장에는 그녀의 생활을 이해하는 데 중요하다. 바위 덩어리를 밀어올리면서 산 정상을 향해 올라가는 것이 인생이라고는 하지만,

그 앞을 가로막거나 오히려 밀어버린다면, 신화 속의 천하장사도 감당하기 힘들 것이다. 우리는 《연금술사》의 작가 파울로 코엘료의 이야기를 나누었다. 한 신문 기자가 "당신은 평범하지 않은 청년기를 보냈다고 들었다"고 하자 코엘료는 이렇게 말했다.

"열일곱 살 때 나는 부모의 손에 이끌려 정신병원에 입원했다. 그때 난 체 게바라와 같은 급진적인 혁명가에 심취해 있었다. 엄격한 부모는 그런 나를 미쳤다고 판단했다. 퇴원한 뒤 내 마음은 황량했다. 부모조차 사랑해 주지 않은 자식이라면 누구에게도 사랑받을 수 없을 것이라고 생각했다. 마약에 손댔고, 자살을 시도했다. 네 번의 결혼과 세 번의 이혼을 경험했다. 이 정도면 평범한 것 아닌가(웃음)"

그 정도면 평범한 것인가? 허허, 그런가 싶기도 하다. 오히려 작가로서는 나 같은 범생이가 처참하게 비범한 것이 아닌가 싶다. 평범함과 비범함은 작가의 생활에서 나오는 것이 아니다. 소설가라면 소설로, 시인이라면 시로, 화가라면 그림으로 나오는 것이다. 모든 인간의 삶은 그저 평범한 것이다. 그 평범함을 비범함으로 바꾸는 것이 그 사람이 하는 일이다. 예술가에게는 더욱 그렇다. 소설가로서 공지영은 비범하지만, 사생활은 아주 평범한 여자다. 주위를 한번 객관적으로 돌아보라. 공지영의 사생활이 코엘료나 황석영 선생에 비해서 그리 비범한가? 그리고 헤르만 헤세, 브레이트, 릴케, 조르주 상드에 비해서 그리 비범한가? 이들의 평범한 삶은 우리들에게 사랑을 이야기한다.

엄마와 딸 사이, 금단의 영역

그녀가 서른일곱 살 무렵, 어느 날 성당에서 눈물로 기도를 하면서 신에게 물었다.

"하나님, 사랑이 뭔지 저에게 가르쳐주세요. 나는 아직까지 아무도 사랑한 적이 없습니다. 제발 저에게 사랑이 뭔지 가르쳐주세요."

신의 응답은 무엇이었을까? 아쉽게도 신은 기도하는 자의 눈앞에서 떠올라 '이것이 사랑이다' 라고 직답을 주지는 않는다. 간혹 그러한 직답을 받은 사람이 있다는 이야기를 들은 적이 있지만, 대부분 그렇지 못하다. 이유는 간단하다. 신은 이미 모든 대답을 '말씀'으로 해주었다. 인간이 그것을 읽어내지 못할 따름이다. 공지영은 그때의 일을 회상하면서 이렇게 말했다

"사랑의 본질은 타인에게 절대 강요하지 않고, 있는 그대로 놔두는 거, 그냥 그대로 두고 보는 게 아닌가 싶습니다. 세 아이를 키우면서 아이들이 이렇게 했으면 저렇게 했으면, 할 때가 있지요. 하지만 그거 사랑이 아닌 거 같아요. 자신의 마음일 뿐, 그냥 아이들 생긴 대로 두고 보는 거 그 녀석이 어떤 삶을 살든 응원해주는 거……."

아이들이나 사랑하는 어떤 대상이 너무 모자라고 설령 엉망진창일지라도 곁에서 두고 보고, 그리고 언제든지 내 품으로 달려오면 받아주고 갈 때는 가게 두고 보면서 지켜주는 것이다. 그냥 품고서 '냅둔다.' 세 아이를 사랑으로 키우면서 묵묵히 지켜보면서 이러한 것을 깨달았다고 한다. 그래서 그녀의 산문집의 제목이 탄생했다.

'네가 어떤 삶을 살든 나는 너를 응원할 것이다.'

이 제목은 울림이 컸다. 그녀는 사랑을 세 아이를 통해서 배웠다고 했다. 시쳇말로 남녀관계는 헤어지면 그만일 수도 있다. 하지만 아이들에게는 그게 통하지 않는다. 그녀가 첫째 딸을 오랜만에 다시 만났을 때, 딸은 그녀에게 엄마라기보다는 나이든 좋은 여자를 만난 것 같다고 했단다. 긴 세월에 서로가 성숙해진 것이다.

첫째 딸은 매사가 사려 깊어서 공지영이 많이 의지하고 있는 눈치였다. 엄마를 이해하고, 엄마의 진정한 친구 같은 존재. 남성으로서 아버지로서 딸과 엄마의 관계를 보면 질투가 나기도 한다. 아무리 좋은 아빠라도 절대 들어갈 수 없는 금단의 영역이 모녀관계에는 있다. 아웅다웅하는 것 같으면서 둘이 손잡고 걸어가는 걸 보면 모녀관계는 참으로 위대해 보이기도 했다.

딸 위녕은 그녀에게 이런 말을 했다.

"엄마는 뭐든 열렬하게 하는 사람이다. 엄마 옆에 가면 뜨겁다."

그녀는 아이가 고생을 많이 해서 노인네 같은 구석이 있다고 한다. 엄마와는 결이 다른 아픔을 통해 더 성숙하고 사려 깊어진 딸에게 이젠 자신의 고민을 털어 놓는다고 했다. 인간의 몸은 어느 순간부터, 우리가 젊음이라고 부르는 이십대를 고비로 천천히 늙고 병들어간다. 하지만, 인간의 영원은 향일성의 식물처럼 끊임없이 하늘을 향해 올라간다. 그것을 우리는 마음이라고 부른다. 이제는 이 모녀가 서로의 마음을 향한 별빛이나 햇볕이 되었다. 두 사람이 마주 보면서 빛을 던져주는 거, 그걸 사랑이라고 한다.

모든 행위엔 대가가 있다

모든 행위에는 대가가 있다. 그걸 즐겁게 치르느냐, 고통스럽게 치르느냐의 차이가 있을 뿐이다. 그녀는 그 고통 속으로 빨려들어가 마치 긴 터널을 빠져나온 다음에 보는 첫 빛. 그 빛나는 환희는 절대고독, 모든 것을 다 버린 자에게 찾아오는 '거시기'의 눈빛과 얼굴을 가지고 있었다. 그러한 상태를 만들어준 것은 그녀를 향한 독자들의 사랑도 있었을 것이다. 그녀를 주목하고 성원해주는 사람들이 그녀 곁에는 가득하다.

그녀의 모든 책 중에서 《나는 너를 응원할 것이다》가 독자의 반응이 가장 빨랐다. 자신도 깜짝 놀랄 정도였다. 많은 젊은 독자들이 책의 제목만 보고 그대로 집어 들었다는 이야기를 듣고 요즘 애들이 불쌍하다고 했다. 마치 엄마와 같은 심경이었다.

"어떤 독자는 책을 사들고 와서는 책 제목을 그대로 적어달라고 했어요."

자본주의 시장 경제 체제 안에서 성공하기 위해서는 정형화된 '어떤 삶'을 살아야 된다고 강요하는 시대에 그녀의 아픔은 독자들과 완전히 공감을 한 것이다. 그녀의 작품을 가만히 살펴보면 시대의 아픔과 독자의 아픔을 고스란히 같이 나눌 때가 많이 있다.

작가로서의 아픔이 바로 시대의 아픔이 되었다는 건 행운이라고 할 수까지는 없겠지만, 어떤 의미에서는 행운이다. 한 시대가 지나가고 나서도 공감되는 작품도 있고, 수세기가 흘러도 공감되는 작품이 있다. 이른바 클래식이 그러하다. 그리고 동시대와 수세기를 같이 감동시키는 모차르트나 베토벤, 고흐 같은 이들도 있다. 공지영은 아직 진행형이기에 아무도 그녀의 작품에 대한 평가를 완전히 내릴 수는 없다.

그녀의 작품들은 소설이건 산문이건 간에 독자와의 교감의 폭이 넓다. 딱히 책이 많이 나가서 하는 말이 아니다. 《즐거운 나의 집》을 냈을 때도 독자 사인회에서 스물일곱 살의 한 아가씨가 그 소설을 읽고 나서 "저희 엄마도 선생님 같았어요. 저는 엄마를 정말 미워했었지요. 그런데 이젠 안 그럴 거예요"라고 말했단다. 가슴이 울컥했다.

"내가 잘하는 게 없는 것 같은데, 내가 남에게 힘이 되기도 하는구나 라는 생각을 했지요. 그래서 죽을 것 같았던 내 생활이 없다면 나역시 타인을 색안경을 끼고 보았을 거다. 이젠 내가 겪었던 일들에게 무척 감사합니다. 옛날에는 고통에 겨워 왜 나에게 이런 시련을 주느냐고 하나님에게 삿대질을 했어요. 하지만 이젠 감사하는 마음을 드립니다. 내 경험을 통해 인간의 고통에 감정이입이 가능해진 거지요."

고통은 그녀의 인간의 폭을 넓게 했고, 많은 사람들을 이해할 수 있는 능력을 주었다. 고통은 잘 받아내면 거름이 된다. 고통이 위험한 것은 자칫 잘못하면 사람이 꼬이고 냉소적으로 변한다는 것이다. 이것을 그녀는 아이들과 더불어 신앙의 힘으로 극복했다.

"이젠 저에 관한 악플도 편안해요. 오히려 칭찬보다 나을 때도 있지요. 누가 나에게 뭐라고 해도 상처 안 받아요."

그녀에 대해서 좋게 이야기하지 않는 사람도 만났다. 그녀의 모든 일들이 가식이라고 욕하는 사람들도 있었다. 하지만, 그녀는 이제 그런 말에 상처를 받지 않는다고 한다. 나는 원한다. 사람들이 자신의 일에 더 충실해지기를, 욕하기보다는 위로하기를, 그러기 위해서는 우선 자기 자신에게 더 엄격해야 한다. 자신에게 엄격하다면 타인에게 너그러워진다. 왜냐고, 자기 자신이 얼마나 엉망진창인지 알 수 있기 때문이다. 세상에 진성성이 없는 '나'보다 더 나쁜 '타인'은 없다.

그녀와 이야기를 나누다 보니 확연하게 떠오르는 것이 있었다. 그녀는 완전히 몰두하는 사람, 그것이 고통이든, 일이든, 사랑이든, 완전히 몰두하는 사람만이 보여주는 후광이 있었다. 그것이 공지영을 빛나게 한다. 나는 공지영의 이야기를 들으면서 점점 더 그 아우라에 빠져들었다. 점점 더 그녀가 예뻐 보인다.

지옥의 풍경

나는 그녀의 책 중에서 《별들의 들판》을 사랑한다. 이 작품으로 나는 공지영에게 관심이 생겼다. 그 작품집의 탄생 배경을 듣고서야 나는 작가를 사랑하는 독자의 마음을 알게 되었다. 진정으로 자신의 모든 것을 다 던진 작품은 어떠한 경우에도 살아남는다. 마치 깨달음의 한 구절을 얻기 위해 석가모니가 절벽에서 몸을 던져 목숨을 바치는 것과도 같다(석가는 전생에 한마디의 법어를 위해 목숨을 버린 수도승의 삶을 살기도 했다).

얻고 싶다면 버려라. 모든 걸 다 얻고 싶다면 너의 모든 걸 버려라. 살고 싶다면 죽어라, 사랑하고 싶다면 진정으로 사랑하고 싶다면…….

"작가로서 7년 간의 공백기가 있었어요. 처음엔 너무 지쳐서 그저

조금 쉬려고 했을 뿐이었죠. 단 한 글자도 쓰지 말고 이젠 조금 쉬었다 쓰자, 그러다가 7년이 흘렀어요. 그 기간 동안에는 정말 글 쓰는 건 엄두도 내지 못했어요. 그저 숨쉬는 게 고마울 지경이었지요. 몸과 영혼이 산산조각 나버려서 살기가 힘겨웠어요. 그러던 어느 날 다시 책상에 앉아 펜을 들고 글을 쓰려고 하는데 어머, 어쩌면 한 자도 쓰질 못하겠는 거예요. 머릿속에는 묘사하고 싶은 장소와 주인공의 이야기가 맴도는데 손끝으로 흘러나오질 않았어요. 내가 소설가 공지영이 맞나 싶을 정도였지요."

겨우 몇 문장을 써도 문장과 문장이 부서진 유리조각처럼 이어지질 않았다. 그 과정에서 한 자 한 자 심혈을 쓴 소설들이 책으로 나온 것이 바로 《별들의 들판》이었다. 6개월 동안 끙끙대면서 겨우겨우 단편 한 편을 쓰고 나서야 감을 잡았다고 한다. 이 책은 공지영의 지금까지의 생에서 가장 힘겹게 쓴 소설이라고 해도 과언이 아니다.

"단순히 슬럼프라고 하기에는 그 기간이 너무나 무겁고 무서운 것이어서, 무의식적으로 그 기간을 지우려고 하나 봐요. 지금 생각하면 그때 뭘 했는지 잘 기억이 나지 않아요."

칠판에 쓴 글씨를 지우개로 지우듯, 기억하고 싶지 않은 것이다. 그때 상처를 치유하기 위해 유럽여행을 갔었지만, 그 아름다운 풍경은 겨우 흑백영화의 몇 컷 정도로만 남아 있었다.

이런 일도 있었다. 잘 모르는 출판사 사장이 계약서 한 장을 들고 분에 겨워 공지영을 찾았다. 공지영은 처음엔 웬 사기꾼인가 싶었다고 한다. 지명도가 있으니 간혹 그런 일도 있을 수 있다. 그런데 그

계약서를 보니, 위조한 것이 아니었다. 분명히 자신의 필적으로 계약서를 작성한 것이다. 바로 그 기간에 한 것이었다. 그런데 정말 한 조각도 기억이 나지 않았다. 그 기간은 그렇게 지우고 싶은 것이었다.

"얼마 전에 그때 보낸 이메일을 확인할 수 있었지요. '언니 요새 이렇게 지내고 있어'라는 단순한 문장들이었는데, 그때 얼마나 울었고, 얼마나 끔찍했는지가 떠올라 혼났어요. 정말 끔찍했지요. 지옥의 풍경이 그럴까 싶었어요."

아프고 즐거운 사춘기

거기에서 빠져나오자 그녀는 다시 사람들을 만났다. 그리고 술을 많이 마셨다. 아마도 내가 그 즈음 여러 사람들과 어울려 그녀를 보았던 것 같다. 폭음을 했고, 이야기를 많이 했다. 생각해 보니 그녀는 그때 막 퇴원을 한 환자였던 것이다. 그때 그녀에게서 느꼈던 불안감의 정체를 이제야 이해할 수 있었다. 한 사람에 대해서 안다는 것은 거의 불가능하다. 겨우겨우 눈치를 챌 따름이다. 그래서 사람에 대해서는 그 사람의 고통을 알기 전까지는 섣불리 이런저런 판단을 해서는 안 된다. 뭐라고 충고를 해서도 안 된다. 그녀 말대로 곁에서 지켜보는 것이 좋을 때가 있고, 그것이 사랑일 수도 있으리라.

그녀는 아이가 엄마인 자신을 속이고, 학원을 빼먹고 놀러가고, 요리조리 속을 썩였을 때 가까운 언니에게 고민을 털어놓았다. 그때 언니는 "지영아, 누구나 사춘기는 겪어. 멀리 보고 지금 네 마음을 좀 다스려"라는 충고를 해주었다고 한다. 가만히 생각하니 아이들이 자기를 닮아서 반항하고, 말을 잘 안 듣는 것 같다면서 웃었다. 그러면서 참으로 여자답게, 엄마다운 말을 했다

"요즘 엄마 생각이 자주 나요. '너도 자식 낳아봐라'라고 하시던 마음이 읽혀요. 그리고 '몸만 건강하면 된다'라고 위로해주던 말씀도 떠오르고."

사춘기, 누구나 사춘기는 겪는다. 그리고 인간이라면 마흔을 지나면서 대부분 또 사춘기를 겪는다. 뭔가 새로운 세상을 꿈꾸는 거, 지금의 생이 나의 것이 아니라는 자각, 여러 가지 모양과 방법으로 사춘기는 다가온다. 들판의 꽃들이 서로 다른 모양과 향기를 가지고 있듯이, 자신이 살아왔던 생에 따라 크고 작고, 아프고 즐거운 사춘기가 찾아오는 것이다.

공지영에게 그런 사춘기는 또 올 것이다. 누구에게나 그러하듯이.

죽기 전에 '딱 하나' 하고 싶은 것

어린 시절 그녀는 유독 글자를 좋아하는 아이였다. 인형이나 장난감보다 글씨를 가지고 놀았던 아이였다. 그래서 초등학교 3학년 때부터 백일장을 비롯한 각종 문예행사에 나가서 노는 아이가 되었다. 그것이 고등학교 3학년 때까지 이어졌다.

그 기간엔 되고 싶은 것이 많았다. 고아원 원장, 스튜어디스, 교수, 등등… 하지만 간절하게 뭐가 되고 싶다는 생각은 없었다. 그러다가

어렴풋이 문학을 하고 싶었고, 작가가 되고 싶었다. 아니 딱히 작가라기보다는 글을 쓰는 직업을 갖고 싶었다. 그래서 대학에 진학할 때 국문과를 지망하려고 했다. 그때 공지영의 부친께서 이런 말을 해주었다.

"문학에 관심이 있다면 영문과에 가라."

영문과에 가면 문학에 대한 이해의 폭이 더 넓어질 수 있다는 것이다. 세계 문학의 본령이기도 한 영문학의 세례를 받고 나서 문학을 한다면 더 좋지 않겠는가? 그녀는 아버지의 말씀이 옳다고 생각하고 연세대학교 영문과에 진학한다. 고교시절부터 방송반으로 활동을 하였기에 연대 방송반에 들어갔지만, 마치 취업준비반 같다는 생각이 들어 금세 눈길을 딴 곳으로 돌렸는데, '연세문학회'가 그녀의 발길을 잡았다.

연세문학회에서 그녀는 첫 남편인 위기철을 비롯해서 심산, 기형도, 성석제 등의 당시 대학문단의 스타들도 만났다. 하지만 공지영은 곁에 있는 친구들에 비해 그리 두각을 나타내는 스타는 아니었다. 자신은 교내 즉, 연세문학상을 받았을 뿐이라고 한다. 타 대학의 문학상은 다 떨어졌다. 그래서 간혹 지금도 작가지망생들 앞에서 강연을 할 때, "여러분 저도 엄청 떨어진 사람이에요"라고 말해서 사람들의 웃음을 산다. 그리고 이 시절에는 시를 썼다. 시인이 되고 싶었던 젊은 공지영은 노동운동 쪽으로 몸과 마음을 던졌다. 우리들의 인생에 결정적인 순간이 있다. 공지영은 이 시기에 작가로서 결정적인 한 순간을 맞게 된다.

"전두환 정권 밑에서 그에게 이로운 일은 하기 싫었어요. 그래서 노동운동 현장에 들어갔지요. 이른바 위장취업자가 되었습니다."

하지만 한 달 만에 들통이 나서, 그녀는 난생처음 유치장 신세를 지게 된다.

"하지만 그게 바로 작가로서는 행운의 순간이었어요."

같이 위장취업을 했던 많은 사람들이 용산경찰서에 잡혀왔는데, 정말 거짓말같이 공지영만 남겨두고 모조리 석방되었다. 그 무겁고 낯선 공간에서 혼자 남겨진 공지영은 그때 이런 생각을 했다고 한다.

"나는 분명히 여기에 또 잡혀들어올 거다. 그리고 어쩌면 죽을 수도 있겠지. 만약에 여기에서 풀려 나가면, 또 들어오기 전에 죽기 전에 딱 하나만 하고 싶은 거 하고 들어오자."

이러한 절박한 심경으로 쓴 작품이 바로 〈동트는 새벽〉이다. 1988년 『창작과 비평』 가을호에 작품을 발표하고 공지영이 탄생한다.

버리면 얻는다

이전에 그녀는 문학을 완전히 버린 적이 있었다. 1980년대에 신문에 연재 중이던 박경리 선생의 〈토지〉 5부를 몰래 숨어 읽곤 했었다.

"그땐 참으로 절박한 심경이었을 겁니다. 문학이라는 것을 용납할 수 없었던 선배들은 저에게 문학을 버릴 것을 종용했지요. 그래서 선배들 앞에서 '나 공지영은 영원히 문학을 버릴 것을 선서합니다' 라고 했어요. 그땐 그랬어요. 그건 진심이었지요. 그때 문학에게 내가 이렇게 말했어요. 문학아, 내가 시대를 잘못 타고나서 너를 만날 수 없구나. 지나고 나서 생각해 보니 좀 유아적이기도 하네요."

동서양의 선지식이 하는 말이 있다. 그것은 바로 '버리면 얻는다'이다. 공지영은 이 진리를 자연스럽게 몸으로 살아낸 사람 같다. 무엇이 되었건 그녀는 그 순간 최선을 다했고, 그 다음은 생각하지 않았다. 그리고 살아냈다.

"헤어지고 나서 정말로 얻게 되는 게 있어요. 그게 문학이건 인생이건 간에."

대학을 졸업하고 얼마 되지 않아 당시 민족문학작가회의 전신인 '자유실천문인협의회'에 취직을 한 적이 있었다. 그 공간에서 채광석 시인과 김정환 시인, 강태형 시인을 만났다. 특히 우리 후배들이 '불우한 천재'로 받들어 모시는 김정환 시인은 여러 가지로 의지가 되는 믿음직한 그녀의 '형'이었다.

"그땐 정말 행복했어요. 이름만 듣던 김지하 선생, 김성동 선생, 정말 하늘의 별 같아 보였던 문인들이 내 앞에 있는 거예요. 그분들이 담배 심부름이라도 시키면 눈물이 날 정도로 기뻐하면서 구멍가게로 달려갔어요."

그리고 첫딸 위녕을 낳았다. 아이를 보면서 글을 썼다. 타자기 소리가 울리지 않게 바닥에 수건을 여러 장 깔아 놓고 글을 쓰는 이 장면은 소설《즐거운 나의 집》에 고스란히 묘사되어 있다. 그래서 그녀의 첫 장편인《더 이상 아름다운 방황은 없다》가 세상에 나왔다. 그녀가 소설가로서 이른바 유명해진 것은 장편소설《무소의 뿔처럼 혼자서 가라》였다. 말 그대로 그 소설을 내고 어느 날 아침에 일어나 보니 유명해져 버렸다.

"그 즈음에 나를 억눌렀던 강박관념에서 벗어날 수 있었어요. 그걸 놓고 나니 몸이 너무나 가벼워졌어요."

《즐거운 나의 집》은 이러한 공지영이라는 여자의 삶의 경계선상에서 아슬아슬하게 써내려간 소설이다. 이른바 개인적인 체험이 많이 녹아 있는 사소설私小說인 셈이다. 사소설은 일본문학에서 뿌리가 깊다. 현재 콜롬비아 대학 동아시아 언어 문화학부 교수로 있는 스즈키 토미는 저서 《이야기가 된 자기》에서 일본의 사소설에 대해 이렇게 적었다.

> 1920년대 중반에 나타난 '사소설'이라는 개념은 '서양의 소설(아울러 서양 사회에서의 개인)'에 대비된 개념입니다. 즉 허구와 상상력과 자율성에 기초한다는 '서양의 소설'에 비해, 일본의 근대 소설은 허구를 가미하지 않고 작가의 실제 체험을 있는 그대로 표백하는 '사소설'로 대표됩니다. 그리고 거기에서 일본에서의 '자기(자아, 주체)의 본래 모습이 가장 확실하게 나타났습니다. 사소설이라는 개념은, 그것이 출현한 이래 오늘날에 이르기까지 긍정적으로나 부정적으로나 아주 폭넓게 사용되어 왔습니다.

우리들의 행복한 시간

사소설의 대표적인 우리 작품은 언뜻 떠오른 것은 김성동 선생의 《만다라》가 아닐까 싶다. 공지영의 《즐거운 나의 집》이 김성동의 《만다라》 계보로 들어갈 수 있을 것이다. 고통과 방황, 그리고 좌절로 점철된 무한지옥에 사는 인간의 길을 두 남녀는 서로 다른 모습으로 보여주었다. 모든 소설은 어떤 의미에서 구도의 길이다. 공지영의 산산조각 난 마음은 《즐거운 나의 집》에서 모이고 응축되어 한 송이 꽃으로 피었다. 그녀의 소설 대부분이 사소설의 영역에 있다. 그녀는 '자기'를 쓴다.

그래서 공지영은, 지금의 맑은 얼굴의 공지영은 행복한 것이다. 그러나 그 행복은 그녀가 어렵게 쟁취한 것이다. 그냥 굴러 들어오는 행복은 유아기를 지나면 더 이상 오지 않는다. 그래서 우리는 공짜로 행복을 얻었던 유아기를 그리워한다. 그리고 거기에 '지금의 나'라는 강물의 시원이 있다. 시원에서 흘러나온 물줄기가 바위에 부딪치고, 휘고, 거슬러간다. 그 과정을 고통이라고 가볍게 적지만, 그 언어의 무게를 감당하지 못하는 많은 사람이 종교를 받아들인다.

그리스도의 부활은 잠시 가사상태에서 이루어진 것이 아니다. 이른바 인간의 육체적인 죽음은 성경에 묘사된 대로 가장 잔혹하고 완벽하게 죽음에 이른다. 모든 것을 버리고 자신에게 그러한 죽음의 창을 들이대는 인간들을 향해 '주여 저들을 용서하소서'라고 한다. 그리고 '모든 것을 다 이루었다'라는 말을 남기고 인간으로서 완벽하게 죽는다. 그러고 나서 다시 산다. 이것이 부활이다.

공지영은 여기가 죽을 자리라고 생각하고 뛰어내렸는데 살아난 사람이었다. 살아나 보니 사람들이 자신에게 박수를 치고 있다고 했다. 그러한 절박한 심경이 《우리들의 행복한 시간》의 두 남녀를 만들어 냈다. 소설 속의 주인공들은 바로 자신의 분신이다.

외형적으로 화려하지만 유년 시절에 상처와 가족들에 대한 배신감으로 자살기도를 하면서 냉소적으로 세상을 바라보는 서른 살의 대학교수 문유정과 세상의 밑바닥을 떠돌다가 세 명의 여자를 살해한 죄로 사형선고를 받은 정윤수, 공지영 역시 그처럼 사형선고를 받은 기분이어서 구치소에 가서 사형수를 만났다. 그녀는 이 소설을 쓰고 나서 작가의 말에 이렇게 적었다.

이 소설을 쓰는 동안 나는 아주 행복한 시간을 보냈다. 진정으로 참회하고 새로 태어난 사람들, 삶과 상처를 딛고 차마, 아무도 하지 못하는 용서를 하려는 사람들… 그분들과 함께 나는 감히 '우리들의 행복한 시간'을 보냈다. 그들은 나를 많이도 울렸으며, 인간에게는 누구나 공통된 것이 하나 있는데 그것은 누구나 사랑받고 싶어하고 인정받고 싶어하며 실은, 다정한 사람과 사랑을 나누고 싶어한다는 것, 그 이외의 것은 모두가 분노로 뒤틀린 소음에 불과하다는 것, 그게 진짜라는 것을 가르쳐줬다.

"이젠 행복하게 살고 싶어요. 나는 내 인생을 망쳤다고 생각했는데, 그리스도로 인해 회생했어요. 신부님, 성자님들의 책을 보고 힘을 얻었고, 순결한 위안을 얻었지요. 피에르 신부, 토마스 머튼, 특히 안젤름 그륀 신부님의 저서에서 큰 영향을 받았어요."

독일 베네딕도 수도회의 수도자 안젤름 그륀은 나 자신을 진지하게 만날 것을 권한다. 그렇지 않다면 하나님을 만날 수 없다. 그는 인간의 상처에 대해 이렇게 말했다.

나 역시 상처를 가지고 살았다. 예전에 호숫가에서 나는 그 상처에 대한 고마움을 경험했다. 내가 온전함에 대한 동경, 치유에 대한 열망을 가지는 게 상처 때문임을 깨달았기 때문이다. 그래서 인간이 두려움이나 우울함을 느낀다는 사실을 놓고 우리는 영혼에 감사해야 한다. 상처는 치유를 통해 존재하기 때문이다.

상처의 존재 이유가 바로 치유에 있다는 이 말은 많은 사람들에게 화살처럼 날아간다. 그녀는 이렇게 말했다. 자신은 바람 같다. 묶여 있지는 않지만 머물기는 한다.

평화와 자유

공지영의 《수도원 기행》은 이러한 과정 속에서 나온 산문집이다. 그녀는 전 세계의 가톨릭 성지를 거의 다 돌아다녔다. 성지를 다녀오면 상처가 치유되거나, 자신이 변화하는 모습을 볼 수 있다고 했다. 성지에는 어떤 기운이 있다고, 그러한 기운이 의사의 손길처럼, 부모의 마음처럼 다가간 이의 손을 끌고 마음을 쓸어준다. 그래서 저절로 이러한 감사기도가 흘러나온다.

'저를 지어주셔서 감사합니다. 주님.'

그런 말을 하는 그녀의 모습은 행복해 보였다. 그리고 또, 아이들 이야기를 한다.

"아이들이 저에게 너무나 큰 힘이 됩니다. 개네들 없었으면 소설도 안 썼을 거예요. 아이들이 없으면 매일매일 집에 들어갈 필요도 없고… 아마도 지금의 나는 없을 겁니다. 아이들이 저에게 날개를 달아준 천사 같아요. 그리고 그 날갯짓을 할 에너지도 주었습니다. 아이들이 없었으면 저는 추락했을 겁니다."

그녀는 국내에 있는 남양성모성지를 추천해주었다. 이곳에서 기도를 하고, 산책로를 따라 조용히 발걸음을 옮겨 놓으면 좋은 경험을 하게 될 거라고 했다. 아주 평화로운 곳이라고 한번 가볼 것을 권했다. 힘들 때 그녀는 '평화'를 꿈꾸었다. 이젠 고통과 충격에 내성이 생겼다. 그래서 얼마 전부터는 '자유'를 생의 목표로 삼았다.

"하기 싫은 일을 거절할 때, 저는 할 수 없습니다. 저는 그렇지 않습니다. 라고 내 마음을 정직하게 보여주고 싶어요. 그게 바로 자유이기도 하지요. 하지만 저는 이런저런 이유로 잘 그러질 못해요."

평화와 자유를 결합하면 최고의 상태가 될 것이다. 그녀는 이제 자유롭게, 하지만 남에게 피해는 주지 않으면서 기존의 고정관념을 깨려고 노력하면서 살 것이다. 남에게 피해를 주지 않으려는 성격은 그녀의 아킬레스건이기도 하다. 그녀에게 뭔가 부탁하고 싶다면, 남에게 피해를 주기 싫어하는 그녀의 성격을 알면 반은 승낙을 받을 수 있다.

마음연습

맥주를 두어 병 마시고 이제 일어날 시간이 가까워지고 있었다. 그녀는 인터뷰 도중에도 계속 걸려오는 전화기의 전원을 꺼버리고 말했다.

"마음을 다스려야 합니다. 마음이 바로 몸으로 와서 내가 되니까요. 끊임없이, 놓고, 버리고, 비우는 연습을 해야지요. 이것을 마음연습이라고 할까요. 마치 운동선수들이 웨이트트레이닝을 할 때 끊임없이 반복된 동작으로 근육의 지구력과 파워를 높이듯 말입니다. 아령이나 역기를 들 듯, 마음 트레이닝도 그렇게 해야지요. 가만히 넋놓고 있다가는 어떤 문제가 생길 때 그것을 견디지 못하지요. 역도선수가 갑자기 무거운 역기를 들 수 없는 것과 마찬가지입니다. 매일매일 꾸준하게 마음연습을 하고 있습니다."

이 마음연습은 한순간 깨달았다고 해서 유지되는 게 아니다. 그것은 밥을 먹듯, 숨을 쉬듯 해야 하리라.

10년 전쯤에 그녀는 아프리카 여행을 하기 위해 그곳의 토종병인 황열병 예방주사를 맞았다. 독감 예방주사라도 맞고 나면 심하게 앓곤 한다. 특히 황열병은 발병이 되면 치사율이 높은 병이어서, 예방주사를 맞지 않으면 입국 자체가 되지 않는다. 예방접종을 하고 일주일이 지나자 갑자기 온몸에 힘이 빠져나가고 심하게 감기 몸살을 앓는 것처럼 아팠다. 왜 이런가 싶다가 예방주사 탓이라는 걸 알았다.

그녀는 웃으면서 이 이야기를 했다. 아주 가벼운 이야기이고 그냥 지나칠 수도 있었다. 나는 메모지에 '아프리카, 황열병, 일주일, 감기 몸살, 그리고 여행'이라고만 적었다. 그리고 그 단어들을 보면서 그래

어쩌면 이 단어들이 그녀의 현재의 모습일 수도 있다고 생각했다.

그녀가 겪어낸 삶의 질곡들은 먼 나라로 여행을 하기 위해 치른 예방접종일 수도 있다. 혹시 정말 죽을까봐, 신이 그녀의 엉덩이를 세게 치고 주사를 놓아 주었다. 보드라운 피부를 찌르는 따끔한 주삿바늘처럼 사람을 만났고, 심하게 앓았고, 그 힘으로 작가로서의 삶, 그녀의 표현대로 바람처럼 묶이지 않고 머물다 다시 떠나는 자유를 얻었다. 그렇다면 사랑은 뭔가?

"친구에게 물어보았어요. 사람이 사랑을 몇 번이나 할 수 있을까? 친구는 말했지요. 진짜 사랑은 살면서 딱 한 번만 오는 거야. 어쩌다 운이 좋으면 두 번까지 가능할지도 모르지만, 생에 딱 한 번 오는 거야. 그게 오면 저절로 알게 돼. 누가 가르쳐주지 못하는 거지."

가장 힘든 과제

나는 공지영에게 물어보았다. 그렇다면 당신에게 사랑이 뭐냐고? 그녀는 '우리가 살아 있는 이유이고, 궁극의 목표'라며 릴케를 인용했다.

고독하다는 것은 훌륭한 것입니다. 왜냐하면 고독은 어렵기 때문입니다. 무언가가 어렵다는 것, 그것이 바로 우리가 그 일을 하는 이유가 되어야 합니다. 사랑하는 것 역시 훌륭한 일입니다. 왜냐하면 사랑은 어려우니까요. 사람과 사람 사이의 사랑, 그것은 우리에게 부과된 과제 중에서 가장 힘든 과제인지도 모릅니다. 그것은 우리가 해야 할 최후의 과제이며 궁극적인 시험이자 시련입니다. 그리고 사랑은 기술입니다. 다른 모든 면에서 초심자인 젊은이들은 아직 제대로 사랑을 할 수 없습니다. 즉 그들은 사랑을 배워야만 합니다. 그들의 전 존재를 다하여, 그들의 고독하고 소심하면서도 높은 곳을 향해 박동질치는 심장의 근처로 모인 모든 힘을 쏟아 그들은 사랑하는 법을 배워야 합니다. 그러나 무언가를 배우는 기간은 언제나 기나긴 밀폐의 시간입니다. 그렇기 때문에 사랑은 오랫동안 인생 속으로 깊이 몰입하는 고독입니다. 무엇보다 사랑한다는 것은 전혀 융합이나, 헌신 그리고 상대방과 하나가 되는 것을 뜻하지 않습니다(아직 순화되지 않은 존재, 마무리되지 않는 존재, 아직 독립하지 못한 존재의 합일이 도대체 무엇이겠습니까?). 사랑은 개인이 성숙하기 위한, 자기 내면 속에서 무엇이 되기 위한, 하나의 세계가 되기 위한, 즉 상대방을 위해 자체로서 하나의 세계가 되기 위한 숭고한 동기입니다. 사랑은 개인에게 주어지는 위대하고도 가혹한 요구입니다. 즉 사랑은 한 개인을 지목하여 그에게 광대한 사명을 부여하는 그 무엇입니다.

소통을 꿈꾸는 작가 김연수

젊은 나이에 동인문학상, 동서문학상, 대산문학상, 황순원문학상을 잇따라 수상하며 우리 문단의 별로 떠오른 소설가 김연수는 확실한 자기 독자를 가진 몇 안 되는 작가다. 살아 꿈틀거리는 생명력이 느껴지는 그의 소설은 차곡차곡 쌓여 담이 되고 집이 되는 벽돌처럼 단단하고 견고하다.

벽돌 같은 문장으로 빚어낸 떡켜 같은 소설

나쁜 일들은 한꺼번에 몰아닥친다. 좋은 일은 몰라도 나쁜 일의 경우 이 법칙을 벗어나지 않는다. 김연수와 만나기로 한 날은 정말 개 같은 날이었다. 오래 전에 도착한 우편물인 '자동차 정기검사 통지서'를 그날 아침에야 확인했는데, 하필 검사 마지막 날이었다. 내일부터는 고액의 벌금이 부과된다. 불행 중 다행이다 싶어 아침 일찍 검사소에 가니, 불합격 판정이 나왔다. 자동차 출력이 수준 미달이었다. 어쩐지 요즘 차가 빌빌댄다 싶었다.

허겁지겁 정비소에 가서 불합격 통지서를 보여주니 부품을 교체해야 한다고 하는데, 그 가격이 예술이다. 정품은 1백10만 원, 중고는 45만 원이란다. 기가 막힌 표정을 하고 있는 내가 불쌍했는지 정비사가 현찰을 주면 40만 원까지 해줄 수 있다고 한다. 며칠 전에 50만 원을 들여 차를 정비했는데…….

어정쩡하게 서 있는데 휴대전화가 울렸다. 매일 원고를 보내는 곳에서 원고가 너무 딱딱하니 다시 쓰란다. 정비소엔 나중에 오겠다고 하고 허겁지겁 집필실로 돌아와 급하게 원고를 고쳐 다시 보냈다. 시계를 보니 오후 2시. 배가 고팠지만 아무것도 먹고 싶지 않아 공원 근처의 커피하우스에 가서 낙엽 지는 거리를 바라보며 잠시 쉬고 있는데, 다시 전화가 온다. 다시 보낸 원고 역시 딱딱하다는 말씀.

네가 누구든, 얼마나 외롭든

커피를 반쯤 마시다 다시 집필실로 돌아와 처녀 볼기짝 살처럼 무지하게 부드러운 원고를 썼지만, 컴퓨터에 저장을 잘못했는지 원고가 어디론가 사라져버렸다. 아, 정말 뭐 이런 날이 다 있나 싶었다. 원고가 낙엽 같으면 다시 줍기나 하지, 막막한 우주공간과 같은 컴퓨터 화면 안에서 적어도 내 실력으로는 영원히 찾을 수 없는 세계로 날아갔다.

그 와중에 고(故) 박정만 시인의 마지막 시 〈나는 사라진다. 저 막막한 우주의 공간으로〉가 떠올랐다. 방금 쓴 야들야들한 원고가 건방지게 한 고독한 시인 흉내를 낸다.

'제기랄' 하면서 주먹으로 책상을 내리쳤는데, 모서리에 부딪쳐 손가락을 삐었다. 겨우 마감 시간을 맞추어 다시 원고를 써서 보내니 오후 4시10분. 그런데 끝까지 속을 썩인다. 하필 때를 맞춰 집필실 인터넷이 고장 났다. 가까운 피시방으로 가 원고를 보냈다. 사용료 7

백 원을 내고 나오는데 기분이 참담했다. 아, 오늘 같으면 인생 못 살겠네 싶었다. 오전 9시부터 오후 4시10분까지 먹은 것이라고는 커피 반 잔. 배가 고픈데 화가 나서 먹을 수가 없었다.

'이러면 안 되지' 하고 집필실로 돌아와 석가모니 흉내를 내면서 책장 앞에서 가부좌를 틀고 앉아 잠시 명상에 들었다. '생은 고행이고, 나는 보리(깨달음)를 얻어야 된다'라고 되뇌자, 오늘 저녁 6시30분에 김연수(金衍洙·40)를 만나기로 한 생각이 떠오른다. 그리고 그가 펴낸 장편소설 《네가 누구든, 얼마나 외롭든》의 제목이 떠오른다.

작가 김연수는 알고 있었구나. 내가 누구든, 얼마나 외롭든, 인생은 기러기처럼 날아가야 된다는 걸. 그래서 세상 한가운데로 나아가야 된다는 걸. '그래 기러기처럼 날아가 김연수를 만나야 된다'를 되뇌며 그날의 후반생이 아름답기를 기도했다.

그리고 메리 올리버의 시 〈기러기〉를 읽는다. 김연수의 장편소설 첫 페이지에 인용된 시인데, 작가는 그 시의 한 구절 '네가 누구든, 얼마나 외롭든'에서 소설 제목을 땄다. 메리 올리버는 아직 국내에 작품이 번역되지 않은 시인이다. 김연수는 이 시인의 시와 산문을 무척 좋아한다고 했다(영문과 출신이고 영어를 잘한다는 소리다). 그래서 자신이 번역을 해서 읽는다.

김연수가 번역한 그 시를 한 단락 인용하면서 마음을 가라앉힌다.

　착해지지 않아도 돼

　무릎으로 기어 다니지 않아도 돼

사막 건너 백 마일, 후회 따윈 없어

몸속에 사는 부드러운 동물들,

사랑하는 것을 그냥 사랑하게 내버려두면 돼

절망을 말해보렴, 너의, 그럼 나의 절망을 말할 테니

그러면 세계는 굴러가는 거야.

그러면 태양과 비의 맑은 자갈들을

풍경을 가로질러 움직이는 거야

대초원들과 깊은 숲들

산들과 강들 너머까지

그러면 기러기들, 맑고 푸른 공기 드높이

다시 집으로 날아가는 거야

네가 누구든, 얼마나 외롭든

너는 상상하는 대로 세계를 볼 수 있어

기러기들, 너를 소리쳐 부르잖아, 꽥꽥거리는 달뜬 목소리로

네가 있어야 할 곳은 이 세상 모든 것들

그 한가운데라고

- 시 〈기러기〉 중에서

김연수는 미소년형이다. 불혹의 나이에 소년 같은 인상과 단정한 말투가 매력적이다. 날카로우면서 부드러움을 품은 좋은 인상이다. 우리는 커피하우스 '가자니아'에 마주 앉았다. 일산에서 서너 시간 집중

적으로 이야기하기 적당한 장소다. 이 집에는 바라보면 기분이 좋아지는 바리스타가 있다. 상당한 미인이다. 오랫동안 안 보여서 어쩐 일인가 싶었는데, 좀 쉬었단다. 미인을 보니 일단 기분이 좋아진다.

불혹의 미소년

인생은 새옹지마라더니, 그녀가 뽑아낸 커피를 마시니 기분이 풀리면서 피식 웃음이 나왔다. 김연수는 늦가을인데도 짧은 반팔 티셔츠를 입고 있다. 건강하게 야윈 몸매다. 역시 건강한 웃음을 짓는다. 김연수와는 그가 대학을 다니던 시절부터 꽤 오랫동안 알고 지내는 사이지만, 만난 횟수는 얼마 되지 않는다. 하지만 가끔 술자리에서 어울리거나 우연히 만나면 기분이 좋아지는 친구 같은 후배다.

요즘에 어떠냐고 근황을 물었다. 소설 말고 뭐 다른 일은 하는 것이 없는지 궁금했다. 그러자 그는 담백하게 대답한다.

"번역을 하고 있어요."

그레이엄 그린의 소설을 번역 중이란다. 소설과 번역 일을 같이 하는 줄은 알고 있었지만, 너무 열심히 일하는 것이 아닌가 염려되었다. 김연수는 우리 문단에서 중요하고 매우 뛰어난 작가다. 동인문학상, 동서문학상, 대산문학상, 황순원문학상을 비롯해 또 얼마 전 이상문학상을 탔으니 이제 누가 상 준다고 하면, 상금에 따라 달라지긴 하겠지만, 점잖게 거절할 수도 있으리라. 이런 작가는 잠시 쉬었다가 다시 작품에 매진해야 되는 게 아닌가 싶다. 그래도 번역하는 일이

어떠냐고 물었다.

"우선 재미있어요. 그리고 책을 꼼꼼하게 읽는 훈련도 됩니다. 게다가 돈도 받으니, 저에게는 꿩 먹고 알 먹고 식의 일이에요."

그는 번역을 오랫동안 했다. 농구잡지의 쪼가리 글을 번역하면서 시작된 번역 일은 어린이 그림책들을 비롯해 비소설과 소설에 이르기까지 다양하다. 번역 일은 그가 소설가로 살아가게 하는 생계의 징검다리가 되기도 한다.

전업작가 생활을 하기 전 『출판저널』 기자로 근무했고, 인터넷 서점인 리브로에서는 과장이라는 직함을 달고 근무했다. 『출판저널』 기자 시절과 리브로 과장 사이에도 잠시 공백 기간이 있었다. 역시 글만을 쓰고 싶어서였다. 모 백과사전 편집자가 매달 일정액의 원고료를 보장해주는 일을 의뢰해서 출판저널을 그만둔다.

그런데 그 일이 만만치 않았다고 했다. 필자가 오전에 마감 원고를 쓴 이야기를 하자, 씩 웃으면서 자신도 그 기분 잘 안다고 했다. 생활비를 벌기 위해 쓰는 글은 문학이 아니라 일이다. 일은 항상 그런 것이라는 말에 동감했다. 하지만 매달 일정액을 월급처럼 넣어주던 그 일도 어느 날 아내와 시장을 보고 있는데 걸려온 사무적인 전화 한마디, "오늘부터 원고 안 보내주셔도 됩니다"로 끝이 났다고 했다.

"황당하더군요. 한 달 전쯤에 미리 예고라도 해주었다면 무슨 대책을 세웠을 텐데. 당일 아침에 전화해서 오늘부터 원고 보내지 말라는 이야기를 들으니 앞이 캄캄하더군요. 그땐 그 수입으로 살고 있었으니까요."

 몇 달 버티다 다시 취직한 곳이 인터넷 서점인 리브로였다. 그런데 이곳에서는 도저히 글을 쓸 시간이 나지 않았다.『출판저널』에 있을 땐 기자였으니까 어느 정도 글 쓸 시간이 있었는데, 이곳은 과장으로 있다 보니 회의가 너무 많아 이러다가는 한 자도 못 쓰겠다는 생각이 들었다. 그래서 직장을 그만두는 대신 생활비를 벌충하는 수단으로 선택한 게 번역 일이었다. 번역 일은 다른 원고와 달리 스트레스가 덜 하고, 하면 할수록 쉬워지는 일이라고 부연한다.

문태준과 김연수

김연수는 전업작가로 안정적인 작품을 쓰고 있는 싱싱한 작가다. 그에게서는 살아 꿈틀거리는 생명력이 느껴진다. 필자가 보통 작가들의 유년시절이 고독하고 불우한 경우가 많은데, 내가 아는 작가들이 유독 그렇다고 했더니 "성석제 형도요?" 하고 물어본다. 그 사람은 예외라고 하니 씨익 웃으며 "저도 그래요" 한다.

 김연수는 경상도 김천 역전사거리에 있는 '뉴욕제과점'의 막내아들이다. 세련되고 유복한 집안의 아들이다. 김천 출신 작가들 중에 이동하 선생, 이승하 시인과 문태준 시인이 얼른 떠오른다. 좁은 동네여서인지 모두 이웃이다.

 언젠가 문태준 시인을 만나 김연수와 중·고등학교를 같이 다녔는데, 학교 다닐 때 친했냐고 물었더니, 그는 '나는 문과였고, 연수는 이과였기 때문에 가까이 지내지는 못했다'고 했다. 문태준 특유의 어눌한 말씨로 간단하게 답을 해서 그런가 보다 싶었는데, 거기에는 재미있는 사연이 있었다. 역시 김연수는 뛰어난 이야기꾼이었다.

우선 문태준은 자신과 같이 김천 역전 중앙에 있는 가겟집 아이들과는 달리 시골 출신이라는 것. 중앙 역전 아이들은 그때부터 텔레비전을 비롯한 수입품까지 문화적인 혜택을 받고 자랐는데, 주변의 '촌놈'들은 일단 외모부터 촌티가 나서 우리와 어울릴 수 없었고, 문태준은 그중에서도 유별난 '완전 촌놈'이었다고 한다. 더욱이 문태준은 중학교 시절 전교 1등을 한 번도 놓친 적이 없는 수재였다는 거다. 그래서 다른 아이들은 문태준과 잘 안 놀았다고 한다.

아이들 생각에 오죽 할 게 없으면 저렇게 우직하게 공부만 하나 싶어 우습게 보았다고 했다. 그래도 어린 나이에 질투심은 있었는지 김연수는 '너만 1등 하냐, 나도 1등 한다'는 마음으로 죽어라 공부했는데, '완전 촌놈' 문태준을 넘지 못하고 겨우 4등을 했다면서 웃었다.

"학교 선생님 중에 가죽점퍼에 오토바이를 타고 다니는 깡패 같은 분이 계셨는데, 전교생이 그 선생님에게 맞았다고 해도 과언이 아니에요. 그런데 태준이만 안 맞았어요. 깡패 선생님이 반 아이들을 모두 체벌한다는 이야기를 듣고 창문으로 교실 안을 봤는데, 태준이가 홀로 책상에 앉아 공부하고 있는 거예요. 그게 사람입니까? 전 아직도 태준이가 왜 시를 쓰는지 궁금해요. 문태준은 사법고시 봐서 판검사가 될 거라고 전교생이 믿어 의심치 않았어요."

하지만 사법고시형 인간인 문태준이 시를 쓴다는 사실을 알게 된

다. 김연수가 시인으로 등단하고 나자, 문태준이 시를 한 무더기 들고 자신이 살던 정릉 집에 찾아와 "시 좀 봐달라"고 했을 때였다. 그때 김연수는 문태준의 시를 보면서 이렇게 말했다.

"너는 사법고시를 봐야지, 왜 시를 쓰냐?"

그밖에도 늘 파리채를 들고 다니면서 문방구에 오는 아이들을 파리 쫓듯이 때리는 무서운 문방구 아저씨를 비롯해 역전 중심에서 펼쳐진 다정다감한 김천 이야기를 하면서 배꼽이 빠지게 웃었다. 그리고 커피 한 잔을 더 시켰다.

소설가 김연수는 시로 먼저 등단했다. 그가 시인이 된 이야기도 재미있다. 그는 고교시절 서울대 천문학과에 가고 싶었다고 한다. 그 시절의 꿈은 천문학과를 나와 소백산 천문대에 근무하는 것이었다. 한번 들어가면 6개월 이상 하늘의 별을 보면서 지낼 수 있는 직업이 세상에 어디 있을까 싶은 거였다. 그리고 천문학과 과학은 문학과 달리 우주 탄생을 숫자를 이용해서 풀어낸다. '태초에 빛이 있었다'와 같은 말이 아니라 수학적으로 증명해내는 데 매력을 느낀 것이다.

천문학자를 꿈꾸다

고교시절에는 문과를 가볍게 여기고 심지어는 우습게 봤다며 웃었다. 그런데 어떻게 영문과에 다니게 됐을까. 그리고 문인이 되어 지금처럼 살고 있는 것인가.

"그러게요. 그런데 지금도 말보다는 숫자가 더 확실하다고 믿어요."

그러나 이것은 일종의 환유가 아닌가 싶다. 그의 소설은 숫자와 같은 매력이 있다. '난 글이 좋아요'라는 말 대신에 자신은 이과 체질이고 숫자를 더 좋아한다는 것은 일종의 위악처럼 보이기도 한다.

김연수에게 소설을 쓰게 하려는 '문학의 신'의 의도였는지, 고교시절 꿈에 그리던 천문학과에 낙방하고 나서 심하게 좌절을 했다. 목표점을 잃어버렸으니 날아갈 곳을 잃어버린 철새처럼 이젠 뭘 하나 하는 생각에 하루 종일 방에 처박혀 있었다고 한다. 낮에는 자고, 밤엔 빈둥거리는 생활을 보다 못한 부친이 외삼촌을 불러 혼을 내주라고 하셨다.

어느 날 외삼촌이 낮잠을 자고 있는 자신을 발로 차서 깨워, 홧김에 후기 대학이라도 들어가야겠다는 생각으로 집을 나섰다고 한다. 마침 성균관대 원서가 보여 그걸 들고 학교에 갔다.

희망학과로 영문과를 적어놓은 것을 보고, 담임선생이 '넌 꼭 의대에 가야 된다'고 강권했다. '해부가 하기 싫어 도저히 안 된다'고 대답하니, 그럼 산에 가서 약초만 캐는 심경으로 한의대라도 가라고 했다. 김연수는 무조건 의대는 싫다고 했고, 그때 옆에 있던 한 선생이 이 광경을 지켜보다가 성균관대 영문과 원서에 도장을 대신 찍어 주었다.

전형적인 이과 체질이 문과의 본령이기도 한 영문과에 들어갔으니 오죽했을까 싶다. 덜컥 합격을 해서 1학년 때는 학과 공부보다는 도서관에 '처박혀' 책을 읽으면서 보냈다고 한다. 도서관에서 갑자기 시를 써야 되겠다는 생각을 했다고 한다.

"황지우의 시를 읽고 그런 생각을 한 거죠. 다른 분들 시는 어려워 보였는데 황지우의 시는 자료를 따다 붙이기도 해서, 쉬워 보였다고 나 할까. 뭐 그런 기분이 들어 나도 한번 써볼까 하는 다분히 장난스럽기도 한 가벼운 마음이었어요."

시로 쓸 수 없는 풍경

시작은 장난스러웠지만, 시를 쓰는 과정은 엄정했다. 거의 매일 한두 편씩 시를 써서 시집 분량이 되면 옥석을 가려 대학노트에 정서해 한 권의 시집을 만들었다. 앞 페이지에 서문도 쓴, 제법 시집 모양을 갖춘 필사본 시집을 다섯 권 만들었을 때 시인으로 등단할 생각을 한다.

"그때 시집을 만들면서 느낀 건데, 한 권을 만들고 나서 다음 권으로 넘어갈 때 시가 점점 좋아지는 것 같더라고요. 제가 보기에 비약적인 발전을 한 것 같기도 했어요."

하지만 부실한 학업태도로 학사경고를 여러 번 받았다. 더는 안 되겠다 싶어 군에 입대한다. 현역이 아닌 방위로 근무해 시간이 많았다고 한다. 시간이 남아돌던 군 시절에는 소설을 썼다. 시와 소설을 번갈아 쓰는 이 시기는, 김연수 문학이 시냐 소설이냐 행로를 정하기 위한 일종의 사전 탐색기간이었다. 그러던 어느 날, 지금도 가끔 연락을 하는 동년배인 군대 고참이 그가 쓴 소설을 보더니 이런 말을 했다.

"야. 이거 소설 같다."

"정말 소설 같습니까?"라고 되묻자 고참은 흥분된 목소리로 "소설 같아, 진짜…"라고 대답해주어, 그 소설을 장편으로 만들었다. 원고지 1천5백 매 가량의 소설이다. 이 소설을 쓴 후, 어느 날 한동네에 살던 시인이 이문재 시인을 만나러 같이 가자며 '대남문'으로 향했다.

대남문이 근처 어디쯤에 있는 문인 줄 알고 동네 놀러 나가듯이 나섰다가, 서너 시간 걸어 북한산의 대남문에 올라가자 이문재 시인 가족이 먼저 산에 올라와 신문지를 깔고 김밥과 사이다를 먹고 있었다. 산을 올라오느라 허기가 져, 남은 김밥을 다 먹고 나자『국민일보』'제1회 1억원 고료 장편소설 모집' 공고기사가 눈에 띄었다. 김밥을 올려놓은 그 신문을 주위 사람 모르게 살짝 찢어 주머니에 넣고 내려와선 군 시절에 쓰기 시작한 장편을 국민일보사에 응모했다.

그러곤 잊고 지냈는데, 우연히 교보문고를 나오다가『국민일보』를 보고 자신의 작품이 최종심에 올라가 심사평까지 나온 걸 보고 깜짝 놀랐다고 한다. '아니 내가 당선될 뻔했잖아'라는 경이로움. 그때 당선자는 소설가 김형경이다. 그래서 그 작품을 버리지 않고 한 번 더 퇴고해서 다음해『작가세계』에 응모해 당선, 소설가로 등단한다. 이미 1년 전에『작가세계』에 〈강화에 대하여〉 외 4편으로 당선, 시인이 된 후였다.

복학하고 나서 시인이 되었을 때는 기분이 몹시 좋아 학교 식당에서 소리 내어 웃으며 "난 시인이다"라고 외친 적도 있다고 한다. 그런데 소설가가 되었을 때는 덜컥 겁이 났다고 한다.

"소설을 어떻게 써야 되나 하는 두려움이 들더군요. 그래서 작가상을 받아야 하나 고민하다가 결국 받았고 여기까지 오게 된 것 같습니다."

소설은 세상과 사람을 향한 소통

시와 소설을 병행하다 어느 순간부터 시를 손에서 놓아버렸다. 한때 '나는 시인이다'를 외치면서 즐거워한 그는 어떤 이유로 시를 쓰지 않게 되었을까.

"어느 해 여름이었어요. 출근길에 방금 내린 비로 광화문 가로수 나뭇잎에 빗방울이 반짝반짝 빛나는 모습이 황홀하더군요. 그 풍경을 보는 순간, 저 풍경을 시로 쓸 수 없을 것 같다는 생각이 들더군요. 그날부터 시에 대한 생각은 접었습니다."

그는 소설을 세상과 사람을 향한 '소통'이라고 생각했다. 작가들은 저마다 자신이 좋아하는 소설이 있다. 김연수에게 즐겨 읽는 소설이 뭐냐고 묻자 가와바타 야스나리의 《설국》이라고 했다. 그 소설을 여러 번 읽었다고 한다. 고교시절에 집 안 책장에 꽂혀 있는 전집판 《설국》에서부터 대학 시절, 서른 넘기고 나서, 시간만 나면 계속 읽는다는 것이다.

"문장이 너무 좋아요. 그리고 서른을 넘기고 나서 읽으니 그동안 내가 보지 못했던 게 보이더군요. 행간의 의미랄까. 그게 소설의 매력이고, 좋은 소설이란 그런 게 아닌가 싶어요. 한 문장에 그가 쓰지 않은 의미들이 현란하게 떠다닙니다. 말을 하지 않음으로 더 많을 걸

이야기하는 식이랄까요. 이 소설은 마흔 살을 넘기고 읽으면 더 많은 걸 볼 수 있을 것 같은 생각이 듭니다. 유럽 소설로는 《보바리 부인》이 그렇습니다."

'자기 독자' 확실한 작가

《보바리 부인》과 《설국》이 김연수의 '내 인생의 책 한 권'인 셈이다. 이 소설들은 평생 같이 갈 친구 같은 책이기도 하다. 김연수의 소설도 어떤 독자에게는 그런 의미로 다가갈 것이다.

소설에 대한 이야기를 천천히 하기 시작했다.

"소설은 어른들이 해야 할 일인 것 같아요. 많이 살아서 경험이 풍부해질수록 그 문장엔 보이지 않는 무게가 실립니다. 세상에는 보이는 삶과 보이지 않는 삶이 있는 것 같아요. 이제 마흔이 가까워져서인지 인생 경험이 중요하다는 사실을 느끼곤 합니다. 그렇잖아요. '나 슬프다, 나 무지하게 슬퍼 죽겠다'라고 하기보다는 그것을 짐작하게 하는 한 문장의 힘이 사람을 더 움직입니다. 그런 연륜 있는 소설 문장이 소통의 문장이 되지 않을까 합니다. 어릴 때는 많은 말을 해서 서로 이해시키려고 하지만, 나이가 들면 보기만 해도 알 수 있는 일들이 있듯이 보이지 않는 삶을 한 문장으로 쓰기 위해서는 경험이 풍부해야 될 겁니다."

소설에 실린 '작가의 글'을 보면 소통으로서의 소설의 의미가 확연히 들어온다. 그가 갑자기 하는 말이 아니다. 그는 이런 글을 남겼다.

모두에게는 각자 저마다의 이야기가 있다. 그 이야기는 역시 운명과 배신과 복수와 좌절과 슬픔과 기쁨에 대한 이야기일 것이다. 멀리, 아주 멀리 가면 풍경은 달라지지만, 역시 이야기가 말하는 바는 비슷하다.

작가로서 진심으로 바라는 일은 이 소설 속의 등장인물들이 정말 많은 얘기를 들려주기를, 그리고 그 이야기를 읽은 사람들이 다시 내게 자신들의 이야기를 해주기를.

그 소통이 잘 되어서일까. 작가 김연수의 겉모습에는 좌절감이나 패배자의 이미지가 없다. 이쯤에서 작가로서의 이력을 잠시 살펴본다.

1993년 『작가세계』에 시를 발표하고, 1994년 장편소설 〈가면을 가리키며 걷기〉로 제3회 작가세계문학상을 수상하며 본격적인 작품 활동 시작, 장편소설 〈꾿빠이, 이상〉으로 2001년 동서문학상, 〈내가 아직 아이였을 때〉로 2003년 동인문학상, 〈나는 유령작가입니다〉로 2005년 대산문학상, 〈달로 간 코미디언〉으로 2007년 황순원문학상, 〈산책하는 이들의 다섯가지 즐거움〉으로 2009년 이상문학상 수상. 이력을 보면 21세기가 문을 여는 순간 김연수는 문단의 별로 떠올랐다. 하지만 순조로운 행로만은 아니다. 여기까지 오기에 남의 눈에는 보이지 않는 많은 좌절과 고통이 있었다.

"출판저널을 다닐 때 작가로서 심한 좌절감을 느꼈어요. 등단은 했지만 청탁 오는 데도 없고, 그나마 가끔 오는 곳은… 좀 그랬어요. 그래서 문단 눈치 보지 말고, 내가 쓰고 싶은 대로 소설을 쓰자는 생각도 했지요. 문학전문 출판사가 아닌 보통 출판사에서 세 권 정도 소설을 내고 말자는 생각도 했어요. 그래서 직장생활을 계속 하려고 했는데, 그것도 뜻대로 안되더군요. 하긴 세상에 쉬운 일이 어디 있 겠습니까."

그의 소설은 우리 문단의 중요한 작품이다. 그리고 자기 독자가 확실한 흔치 않은 작가다. 그의 소설 중에 비록 대형 베스트셀러는 없지만 스테디셀러로 조용히 독자의 손과 마음을 움직인다.

어떤 노시인은 '독자가 없기 때문에 나는 시를 쓴다'는 잠언을 남겼다. 그 노시인의 무궁무진한 세계를 쉽게 이해하기는 힘들다. 다만 너무 상업적인 판단에 의존해 작품을 쓰지 말라는 뜻으로 읽어도 될 것 같다. 우리 독자들은 정보가 넘쳐흐르는 현란한 이미지들, 즉 유령과 귀신 같은 이미지의 세상에 살고 있다.

시든 소설이든 문학적인 의미가 깊은 작품은 읽기가 쉽지 않다. 그래서 순수문학은 소수 독자의 몫이다. 건강을 위해 차린 밥상처럼, 조미료가 들어가지 않은 음식 같은 순수문학은 대중의 평균 입맛을 잡아내지 못한다.

건강을 특별히 챙기는 사람이 생식이나 맛없는 음식도 꼭꼭 씹어 영양분을 보충하듯이 문학도 마찬가지다. 그런 사람이 이 사회의 대중일 수는 없다. 패스트푸드와 달콤한 음식에 입맛이 당기는 것처럼 소설 역시 그런 요소가 많을 때 잘나가기도 한다. 그런 점에서 갑자기 너무 잘나가는 작품은 순수문학으로서는 특이한 일이 되기도 한다.

어떤 의미에서 베스트셀러는 순수할 수가 없다. 마케팅을 비롯한 여러 요소가 복합적으로 들어가야 가능한 일이다. 이러한 세상에는 오히려 작가들이 작품의 순수성을 확보하기 더 좋을 수도 있다. 나는 김연수를 순수작가로 본다. 그는 작품에 비해 과대평가되는 대중작가가 아니다.

"요즘 젊은 독자는 잘 만들어진 소설에 대한 욕구가 있는 것 같아요. 문학하는 사람들이 좋아하는 치열한 자의식이나 내면 고백이 아닌, 왜 있잖아요, 소설 같은 소설. 세상이 바뀌는 것처럼 소설에 대한 독자의 요구도 변화무쌍하게 바뀌는 것 같아요. 거기에 맞추겠다는 게 아니라, 잘 만들어져 독자가 좋아하는 소설도 쓰고 싶어요."

소설가 김연수는 그런 작품을 쓰고도 남을 역량을 가졌다고 믿어 의심치 않는다. 그의 빛나는 눈과 건강한 어깨, 그리고 울림이 깊은 목소리가 그걸 말해주고 있다. 무엇보다 소년 같은 그의 마음결은 엄청난 삶의 이야기를 담아낼 준비가 되어 있으면서도, 이제 막 신춘문예에 등단한 신인 같은 초심으로 유연하면서도 단단해 보인다. 작은 명성에 취해 그 허명에 쉬 늙어버리는 인간형들에 비한다면 그는 푸른 바다와 같은 사람이다. 깊이를 알 수 없는 한없이 투명한 물방울 같은 친구다.

어머니의 빵집

늦가을이 되어 모든 사물이 쓸쓸하게만 보이는 계절 탓인지, 마음이 외로워서인지, 요즘 음악을 많이 듣는다. 소설에 대한 이야기를 하던 와중에 음악 이야기가 나왔다. 필자가 클래식 이야기를 꺼내니 머리를 긁적이면서 자신은 팝송과 기타를 좋아한다고 했다.

"기타리스트가 되고 싶었어요."

천문학자가 되어 하늘의 별을 보며 기타를 치고 싶은 사람이 좁은 집필실에서 원고지와 대면하는 삶을 살고 있다. 아니다. 이러한 삶에 대한 싱싱함이 그를 소설가로 만들었는지 모르겠다. 우리의 삶은 정해진 길을 걸어가는 게 아니다. 누군가 이끄는 보이지 않는 손을 붙잡고 조심스럽게 걸어가는 낭떠러지의 좁은 길이 인생이리라.

그런 생각을 하는데, 그는 일본의 기타리스트 고타르 오시오의 이야기를 들려주었다. 전자 기타가 아닌 통기타를 연주하는 젊은 뮤지션인데 천재적인 역량을 지녔다고 했다. 그의 연주를 들으면서 질투가 날 정도라고 칭찬한다. 한국의 팬들은 그에게 '꽃다로'라는 한국식 이름을 지어주었다고 한다. 나를 잠시 폐인으로 만들었던 외국 드라마 〈프리즌 브레이크〉의 석호필이 생각난다. 마니아들 사이에는 꽃다로가 석호필 같은 존재일까.

그의 음반을 구해 음악을 듣고 싶은 마음이 들었다. 작품은 이런 식으로 입에서 입으로 전해져 읽히기도 한다.

긴 시간 이야기를 하다 잠시 화장실에 다녀와 자리에 앉으면서 장난스럽게 이런 질문을 했다.

"엄마가 좋아요, 아빠가 좋아요?"

그러자 웃으면서 "물론 엄마지요" 한다. 김연수는 막내다. 아니라고 해도 그렇게 보인다. 김연수는 어린 시절 혼자 놀았다고 한다. 집에서 자신의 그림자를 보면서 혼잣말을 하며 놀고, 인형을 가지고 놀았다. 어머니가 빵집을 운영하셨기 때문이다. 혼자 놀다 지치면 가게에 가는데, 당시 빵집이 호황이어서인지 어머니는 가게에 있는 빵에는 손을 대지 못하게 했다.

"빵집 아들이 빵도 제대로 못 먹었어요. 겨우 먹은 빵은 왜 '기레빠시'라고 하는 카스테라나 식빵의 끝을 잘라낸 조각난 것들, 그리고 빵 거죽에 곰팡이가 피면 팔지 못하니까, 그 곰팡이를 뜯어내고 먹었어요. 그래도 맛있었어요."

호황을 누리던 뉴욕제과점은 대형 빵집 즉, 파리바게트나 크라운베이커리와 같은 환상적인 빵집의 등장으로 몰락의 길을 걷게 된다. 서울서 대학을 다니다가 고향에 내려와 보니 하루에 손님이 두세 명 정도. 팔리지 않은 빵은 버릴 수밖에 없었을 것이다. 어머니는 유통기한이 지난 빵들을 식구들 몰래 검은 봉투에 넣어 거리에 버렸는데, 어느 날 아침에 김연수는 참담한 광경을 목격한다.

"밤새 고양이들이 찢어발겨놓은 검은 비닐 봉투 안에 빵과 뉴욕제과점 빵봉지들이 바람에 휘날리는데 참 정말… 어머니가 아들한테도 잘 안 주던 빵인데 그 광경을 보니 가슴이 미어지더군요."

잔망스럽게, 우리 소설이 김천 뉴욕제과점의 빵처럼 되어버리면 어쩌나 하는 생각이 들었다. 과민한 반응이겠지만, 사람을 감동시키고 재미를 주는 것이 워낙 많아져 해본 생각이다. 아니 소설은 빵일 수도 있지만, 쌀일 수도 있으리라.

어머니의 빵집은 그가 소설가로 등단한 다음해인 1995년 즈음 문을 닫았다. 그러나 김연수의 어머님은 알고 계시리라. 이젠 아들이 당신의 뒤를 이어 소설이라는 맛있는 빵을 구워 독자에게 팔고 있다는 것을. 지금 김연수 빵집은 호황을 누리고 있다는 것을. 그 빵이 너무나 훌륭하다는 것을.

아버지의 고향

김천에서 평생을 살고 계시는 김연수의 부모 출생지는 모두 일본이다. 아버지는 나고야, 어머니는 치마현이다. 김천에 사시던 아버지는 평생 일본을 그리워하신 분이라고 한다. 나고야에서 자라나 광복이 되어 귀국하셨다. 그때 부산항에 처음 도착해 본 풍경, 게딱지처럼 지저분한 하꼬방(판자 단칸방)이 다닥다닥 붙어 있는 '더러운' 고국의 풍경을 보고 심한 좌절을 느끼신 모양이다.

어린 시절, 김연수는 아버지의 그런 모습을 보고 자랐다. 사춘기 시절에는 아버지더러 일본 음악 좀 제발 그만 들으라고 투정도 부린 모양이다. 하지만 일본에 대한 아버지의 그리움은 어쩔 수 없는 모양이었다. 그래서 김연수는 아버지의 고향이 도대체 어떤 곳인지 궁금했다고 한다.

"한일작가 모임이 있을 때, 일본측에서 일본에서 가보고 싶은 곳이 있으면 말하라고 해서, 아버지 고향에 가고 싶다고 했지요. 정말 궁금했거든요. 아버지의 그 대단한 고향 말입니다."

나고야에서 1시간 더 들어간 '가사하라'라는 마을을 거쳐 거기서 더 들어간 다지미라는 곳이었다. 거기에 있는 동롱중학교가 아버지가 다닌 학교였다. 마침 아버지의 동창이 마중을 나와주었다.

아버지의 꿈의 고향, 그곳은 조선인 노동자가 많이 이주한 탄광촌과 도자기 마을이었다. 부친의 친구와 같이 아버지가 살던 흔적을 더듬었다. 이제는 다 헐리고 없는 빈터. 노인은 개천 옆을 가리키며 아마 저쯤이 자네 부친이 어린 시절에 살던 곳이라고 일러주었다고 한다.

그 흔적을 보면서 아버지의 마음이 읽히기도 했다. 현해탄에서 한국으로 돌아가기 싫다고 뛰어내리려던 분이었는데, 그렇게 고국에 돌아오셔서 몇 년 지나선 6·25전쟁이 터진다. 그때 아버지는 군대에 가야 했고, 전투 중에 인민군이 쏜 총알에 관통상을 입으셨다고 한다. 영원히 지워지지 않는 그 상처처럼 당신의 삶도 아쉬움이 많은 생이었다. 그래서 아버지는 '일본에 있었다면 더 좋았을 텐데' 하는 아쉬움이 영원히 응어리로 남은 게 아닐까 라는 생각을 했다고 한다.

아버지의 나고야, 아니 나고야에서 한참 들어가야 하는 '다지미'는 아들 김연수의 눈에는 꿈의 장소가 아니었다. 어린 시절 아버지가 그토록 찾아 헤매던 곳을 방문하고 나서 김연수는 허탈했다.

"이곳이 그토록 그리웠단 말인가요. 아버지."

김연수는 아버님의 심경을 이제는 좀 헤아릴 수 있는 것 같다면서 말했다.

"어릴 때, 김천에 2층짜리 백화점이 들어섰어요. 그 백화점에 가면 에스컬레이터와 수입품 코너가 있습니다. 에스컬레이터를 타고 수입품 코너에 가까이 가면 그 냄새를 비롯해서 지금도 기억에서 지워지지 않는 외국산 물건들이 있었지요. 아버지가 일본을 동경한 건 어린 시절에 제가 그 수입품 코너에서 본 환상이 아니었나 하는 생각이 들어요."

김연수가 이제는 초등학교 1학년 딸을 둔 아버지가 되었다. 나 역시 사춘기의 딸을 두고 있다. 김연수는 딸 이야기가 나오자 잠시 아버지 이야기를 하면서 무거워진 마음을 금세 날려버렸다.

"여자 중에서 내 딸이 제일 좋아요."

그러면서 인터뷰하는 내내 한 번도 취하지 않은 제스처를 취한다. 딸을 안아줄 때 이렇게 한다면서 두 팔을 벌려 아이를 안는 흉내를 내며 말한다.

"꽉 안아요."

그러면 옆에 있던 아내가 자기는 왜 그렇게 안 안아주냐고 한다며 웃었다. 아이가 너무 귀여워 집에 일찍 들어가고 싶단다. 그 마음 잘 안다. 그리고 우리는 아사다 지로의 소설 〈철도원〉 이야기에 공감했다. 이 소설은 한평생 철도원으로 지내는 주인공인 아버지에게 어려서 죽은 딸의 혼령이 나타나 자신이 일찍 죽어 보지 못한 딸의 모습을 환영으로 보여주는 내용이다. 물론 소설은 딸이 혼령인 것을 나중에 밝힌다. 딸로 태어난 자신이 너무 일찍 죽었으니, 아버지가 보지 못한 자신의 유년시절, 소녀시절을 다 보여준다. 어느 순간 눈치를 챈 아버지가 딸에게 묻는다. 왜 진작 내 딸이라고 말하지 않았느냐고. 딸이 혼령인 자신을 무서워할까봐 그랬다고 하자 아버지는 말한다.

"자기 딸을 무서워하는 아버지가 어디 있니?"

우리는 딸을 둔 아버지로서 이런 문장에 공감한다.

벽돌과 떨켜

요즘 읽은 소설가의 책을 권해달라고 하자, 편혜영의 《사육장 쪽으로》를 말해주었다. 기이한 느낌의 소설이라고 한다. 그리고 동년배 작가인 한강의 소설에 대해서도 이야기를 나누었다.

서너 시간 걸린 이야기를 끝내고, 홀가분한 마음으로 바로 옆에 있는 단골 맥줏집으로 가서 맥주 서너 잔 마셨다. 말을 많이 한 김연수는 좀 쉬게 하고 내가 주절주절 떠들어댔다. 나중엔 누가 누구를 인터뷰하는지 헷갈릴 지경이었다.

그러다가 문득 올려다보니, 맥줏집의 내부 장식인 벽돌이 눈에 들어온다. 차곡차곡 쌓여 담이 되고 집이 되는 벽돌. 김연수의 소설이 저 벽돌 같다는 생각이 들었다. 단단하고 견고한 벽돌은 김연수의 지적이고 유려한 문장을 닮았다. 그리고 눈을 돌려 창밖을 보니 우수수 낙엽이 진다. 폭풍우가 몰아쳐도 한여름에는 그토록 싱싱하던 푸른 기운이 다 떨어져 내린다. 가을비 내릴 때 나무 아래를 걸으면 빗방울보다 떨어지는 나뭇잎에 온몸이 젖는다.

김연수의 소설은 나무가 나뭇잎을 떨굴 때 만들어지는 '떨켜'가 아닐까 하는 생각도 한다. 겨울이 되면 물기 머금은 나뭇잎은 얼어버리기 때문에 가을 즈음에 떨켜가 나뭇가지와 나뭇잎의 사이를 막아 서서히 나뭇잎은 물든다. 그 순간 나뭇잎은 아름답게 불탄다. 생에 가장 화려한 모습으로 나뭇잎은 불타다가 떨어져 내린다. 예술과 소설도 그런 것이리라. 신록과 녹음의 계절이 지나고, 일상과 상상의 모든 공간, 고통과 치욕의 삶을 살아내다가 순간 떨켜가 생기면서 서서히 그 빛을 드러내는 화려한 종말.

　자정까지 술을 마시고 돌아가는 길에 낙엽 몇 장이 발에 걸린다. 이제 겨울이 멀지 않다. 올겨울에는 영화배우 장진영이 사서 읽고 있다는 김연수의 장편소설 《네가 누구든, 얼마나 외롭든》을 읽으면서 마음을 달래야 할 것 같다.

사람의 고통과 슬픔을 쓰는 소설가 신경숙

〈깊은 슬픔〉의 작가 신경숙은 지금도 문득 주인공 은서의 죽음이 마음에 걸린다고 했다. 또한 자신의 소설 속 주인공들이 어떻게 지내는지 궁금해질 때가 있다고 한다. 이처럼 그는 소설에 사람의 체취와 따뜻한 생명의 체온을 불어넣는 감성을 가졌다.

깊은 슬픔의 강 지나야
그 물결 위에 기쁨이
새겨져요

그는 이런 사람이 되기를 원한다.

"내가 누군가가 잘못되기를 바라는 사람이 되지 않기를, 그가 잘되기를 바라는 사람이 되기를."

그는 말한다.

인간은 자기 자신에 대해 많이 안다고 생각하지만,

사실은 자기 자신에 대해 모른다.

급하게 자기 규정하지 말고, 많은 것을 만나고 사랑하기를.

'오늘이…, 신경숙(申京淑·47)을 만나는 날이지'라고 되뇌면서 창문을 여니 폭설이 내리고 있었다. 쏟아지는 눈과 그것을 바라보는 나의 눈이 만나는 지점에서 이야기들이 잠시 멈추었다 떨어진다. 꽤 오랜 시간 그를 알고 지냈는데, 뭘 물어보나 하는 생각이 머릿속에 하얇게 쌓인다. 지금 오고 있다는 전화를 받고, 하얀 노트를 펼쳤다. 그동안 그의 소설 《푸른 눈물》을 읽으면서 문득문득 소설 속에서 나를 바라보는 잠언들을 적어두곤 했다.

'모든 이름 속에는 그 이름을 가진 존재의 성품이 숨어 살고 있다.'
'세상의 물이 모두 바다로 밀려들어온다 해도 바다는 넘치는 법이 없다.'
'다른 사람과 비슷하지 않다는 것은 흠이 아니라 매력이다.'
'인생이든 상황이든 견딜 수 없게 되었을 때 오히려 변화가 찾아온다.'
'사랑 때문에 슬픔에 빠져도 사랑을 하지 않는 것보다는 낫다.'
'차마 말할 수 없는 이별은 눈으로 전해진다.'
'오래 같이 지내고 싶은 사람이라면 그 사람을 나에 맞게 변화시키려 해선 안 된다.'
'이름은 그 존재의 숨결이다.'

이 글귀에서 눈길이 멈춘다. 노트는 흰 눈 위에 찍혀 있는 발자국 같은 글씨들로 어지러웠다. 노트를 덮었다. 창을 바라보면서 되도록 멀리 있는 것들을 보았다. 이런 시간에 생각나는 사람들이 있다. 그 이름들을 속으로 되뇌었다. 이름이 그 존재의 숨결이라니.

이름은 그 존재의 숨결

신경숙은 그동안 어쩌면 나를 비롯한 많은 사람의 숨결이었는지도 모른다. 그 숨결의 들고남에 울고 웃고 외롭고 괴로웠다. 평창동 가나아트센터에서 만나 한 시간 정도 머물다가, 그 옆 건물의 카페로 자리를 옮겼다. 그쪽에서 보는 풍경이 더 좋기 때문이다. 눈이 내려 평창동 산비탈의 위태로운 집들은 나를 향해 걸어오다 멈춘 사람처럼 가까이 다가왔다. 눈이 그치니, 집들이 좀더 가까이 있으려고 서로에게 다가가는 것 같았다.

둘이 마주 앉아 차를 주문했다. 오랜만이었지만 거리감이 없다. 그는 소설처럼 가깝게 있다. 우선 근황이 궁금했다. 이제 신년이니 자연스럽게 지난해 일로 말 보따리를 풀었다. 그는 지난해(이 글은 2007년 2월에 쓰여졌다)에 두 편의 연재 글을 썼다. 신문 연재소설과 문예 월간지의 연재였다. 『현대문학』 연재는 한국과 일본에 동시에 발표되는 편지글이다. 일본 작가와 한국 작가가 서로 편지를 써서 이야기를 꾸려 나가는 소담한 글이었다.

사연은 이렇다. 신경숙의 장편소설 《외딴방》이 일본에서 나왔을 때, 일본을 방문한 자리에서 그 나라의 기자가 물었다. 일본에 오셨는데 여기에서 뭘 하고 싶으냐고. 그는 지금 당장은 그렇고 나중에 일본 작가와 편지를 주고받고 싶다고 지나가듯 말했다. 이런 사연으로 일본 문학의 독보적인 작가인 쓰시마 유코씨와 편지를 주고받는 연재를 하게 됐다. 편지는 양국의 작가가 문학, 여성, 삶과 같은 주제를 아우르는 내용이다. 두 사람의 편지글엔 서로 다른 처지의 여자로서 작가로서 그리고 한 인간으로서의 체취가 묻어 있을 것이다.

쓰시마 유코씨는 일본 문단의 박완서 선생 정도 되는 분이다. 그와 신경숙이 주고받는 편지글은 『현대문학』과 일본의 『쓰바루』지에 동시 연재되었다. 지난해는 이 편지글과 〈푸른 눈물〉을 쓰면서 지냈다.

글을 쓰는 동안에는 일절 딴일을 못하는 성격이라 그는 아주 오랜만에 인터뷰를 하는 것이다. 눈은 계속 내린다.

조선 궁녀와 프랑스대사의 사랑

우리는 자연스럽게 연재소설 얘기를 한다. 벌써 167회를 넘어서고 있다. 이제 원고지 200매 정도만 쓰면 연재가 끝날 것이다. '벌써'라고 그가 말문을 열었다.

"시작할 때만 해도 아득했는데, 벌써 결말을 향해 치닫고 있어요. 시간은 참으로 모든 것을 품고 사라지는 것 같아요… 소설이라는 것이 온전히 작가의 것일까 하는 생각을 해요. 처음에는 작가가 인물을 만들어내고 이야기를 쓰는 것 같은데, 쓰면 쓸수록 작가가 주인공의 인생에 더 이상 개입할 수 없는 지점이 있어요. 소설 속의 인물에 생명이 있어요. 어느 순간부터는 제가 리진이 사는 것을 지켜보면서 그것을 그저 쓰는 것 같아요."

그렇다면 그는 작가가 아니라 기자가 되어 있는 것일까. 리진은 이미 소설 속 공간에서 걸어나왔다. 리진은 필자와도 이런저런 이야기를 나누고 갔다. 연재소설을 읽는 동안 그런 경험을 했다. 그래서 이미 많은 독자의 마음속에 〈푸른 눈물〉의 리진이 살고 있는 것이다. 이야기를 듣다가 문득 '출간돼서 베스트셀러가 되면 좋겠다'고 말했다. 솔직히 그랬으면 좋겠다. 그는 웃으면서 말했다.

"고마워요. 그런데 억지로 되는 건 없어요. 소설은, 아니 모든 작품에는 그것만의 운명이 있는 것 같아요. 작품을 쓸 당시의 상황에도 영향을 받고, 출간되고 나서의 여러 가지 사회적 기류랄까 뭐 그런 영향도 있고요. 베스트셀러… 베스트셀러는 독자가 원하는 것을 써야 한다고들 하는데, 전 독자가 뭘 원하는지 정확하게 알 수 없어요. 혹시나 안다고 해도 거기에 맞추는 것이 가능한지 모르겠어요. 제가 할 수 있는 건, 지금 제가 진실로 쓰고 싶은 것을, 쓰는 동안 정성을 다하는 거예요."

그는 〈푸른 눈물〉을 연재하는 동안 자신이 복 받은 사람임을 느꼈다고 했다. 재미도 있었고, 담당기자도 작가를 자유롭게 해줬다. 그리고 화가 김동성의 아름다운 삽화도 고마웠다고 한다. 이제 마무리만 잘하면 될 것 같다고 했다. 어떻게 이 소설이 탄생하게 됐을까.

2003년 무렵, 평소 알고 지내는 출판사에서 재미있는 이야기가 있다면서 짧은 번역 원고를 보여줬다. 조선의 궁녀 리진과 콜랭의 이야기였다. 조선 근대 개화기의 한 여성이 프랑스대사와 사랑하는 독특한 소재였다.

"처음 리진의 이야기를 읽고 들었을 때, 왠지 작가로서 그녀를 쓰고 싶다는 강한 욕구가 치밀었어요. 조선시대, 개화기에 대한 호기심도 생기고, 춤추는 여인의 매혹적인 모습이 너울거리면서 눈앞에 어른거렸죠. 그 시대에 살았던 한 여성을 황홀하게 복원하고 싶었어요."

황홀하게 복원하고 싶다. 리진의 이야기를 듣는 순간 이미 그녀는 신경숙의 마음속에 살기 시작했다. 각종 자료를 찾고 콜랭이 살았던 프랑스의 여기저기를 다니면서 현지 취재를 했다. 그러는 동안 이 여인의 얼굴이 그려졌다. 그러나 기록이 너무 빈약했다. 달랑 단행본 한 쪽 정도의 기록이 다였다. 그것도 연인이던 콜랭의 손에 의한 것이 아니다. 리진의 이야기는 콜랭의 후임자인 2대 프랑스대사 프랑랭의 기록밖에는 없다.

사진 빼낸 흔적

콜랭은 그녀에 대해 한 줄의 글도, 한 장의 사진도 남기지 않았다. 콜랭의 고향인 투앗에 자신의 유품을 기증한 박물관에서도 그녀의 자취를 찾을 수 없었다. 자료를 찾으려고 시간을 보내면 보낼수록, 그는 실망을 넘어 절망에 가까운 기분이 들었다고 한다.

콜랭은 많은 것을 남긴 사람이다. 사진에 취미가 있어 사진자료도 많았다. 그러나 그 사진첩에 사랑했다는 여인 리진의 사진은 한 장도 없었다. 그런데 간간이 사진을 빼낸 빈 자리가 남아 있었다. 그 빈 자리를 응시했다. 빈 자리에 있던 것은 누구의 사진이었을까.

"그 빈 자리를 보면서 누군가 빼내었을 사진의 주인공을 혼자 생각했어요. 어쨌든 콜랭은 대단한 수집가였어요. 중국, 일본, 한국, 그가 머무는 곳마다 그 나라의 문화유산을 컬렉션했죠. 많은 물품을 모

앉았는데, 어쩌면 그는 리진을 조선에서 '수집'한 것이 아닌가 하는 생각이 들기도 했죠."

컬렉터로서 콜랭의 모습을 그리는 것은 그리 어려운 일이 아니었던 모양이다. 조선의 궁중에 있는 아름다운 한 여인, 서양인의 눈으로 보기에 도자기와 같은 작품처럼 느낀 것일까. 콜랭은 리진과 헤어진 후 프랑스 여인과 결혼한다. 그는 현실적인 정치인이었다. 격동하는 근대기의 조선에서 자국의 이익을 대변하는 외교관으로, 정치인으로 활동하는 그의 행보를 짐작하기 어렵지 않다. 그는 여인보다는 한 나라의 외교관으로서의 삶에 더 충실했는지도 모를 일이다. 그가 조선에 머문 기간은 1896년부터 10년간이다.

기록이 없다는 것은, 소설가로서는 어쩌면 상상력의 공간을 더 확보할 수도 있는 일이다. 작품을 구상하면서, 그리고 소설을 써내려가면서 그는 이런 생각을 하고야 만다.

'리진, 이 여자가 정말로 존재했던 여자일까?'

명성황후도 리진과 같이 살아나고 있었다. 연재를 하던 지난해에는 명성황후에 대한 뉴스가 유독 많았다. 황후에 대한 생각도 많아지고, 그녀가 작가의 마음에 점점 더 살아났다. 리진이 명성황후의 딸처럼 여겨지는 것이다. 황후를 생각하면 '비감' '슬픔' 이런 감정들이 스며든다고 한다.

"사람 죽이기 싫어요"

이 소설은 역사소설인가.

"글쎄요. 이전에 제가 쓴 소설과는 좀 다르죠. 내 식으로 쓰면서도

나같이 안 쓰려고 한 작품이었다고나 할까. 역사소설은 아니에요. 단지 그 시대를 살던 한 여인의 이야기를 하려다보니 우리 근대 역사의 배경에 등을 기대고 있을 뿐이죠."

그래서 결말도 사료史料에 의존하지 않을 수 있다고 귀띔했다. 기록에 따르면 리진은 콜랭과 프랑스로 건너갔다가 버림받고 조선에 돌아와 결국 자결한다.

표정이 잠시 어두워지면서, 신경숙은 '소설에서 사람 죽이기 싫다'고 했다. 소설이 사실과 같아야 할 필요가 있나? 그 고민의 근본에는 사람에 대한, 사람의 죽음에 대한 그의 결 고운 마음이 있다.

"아직도 《깊은 슬픔》에서 은서의 죽음이 마음에 걸려요. 그땐 그럴 수밖에 없다고 생각했는데 자꾸 그녀가 생각나서… 그래서 리진이 안 죽었으면 좋겠어요."

무슨 말인가. 그는 은서의 죽음을 안타까워하고 있다. 이야기를 듣는 동안 잠시 은서가 소설의 주인공이 아니라, 우리와 함께 지내던 사람이라는 생각이 들었다. 그가 쓰고 있는 소설이 아닌가. 그녀가 안 죽었으면 좋겠다니, 자신이 쓰고 있는 소설이 아니란 말인가. 이게 무슨 말인가.

카페 실외 테라스의 탁자와 의자에는 눈이 앉아 있었다. 세상에 빈 곳은 없는 것이다. 마음을 가지고 바라보면 돌덩이에도 따듯한 온기가 느껴진다. 하물며 한 인간의 영혼이 녹아 있는 소설, 신경숙에게는 그것이 바로 삶이면서 사람이다. 생명이다. 그는 자신의 원고지 위에서 태어난 '사람'들의 안부를 궁금해 한다.

어머니의 손바닥

"내 소설의 주인공들이 지금은 어떻게들 지내고 있는지 궁금할 때가 있어요. 마치 그들이 세상 속으로 들어가 지금 이 시간에도 어딘가에서 움직이고 있는 것 같은 생각이 드는 거죠. 상상이 아니라, 진짜 그런 생각을 하는 시간이 있어요. 오늘도 그런 생각이 들어요. 눈이 많이 와서인지. 지금 그 '사람'들 잘 지내고 있을까요? 어디서 미끄러지지는 않았을까? 춥게 지내지는 않을까? 밥은 먹었을까?"

필자도 그런 생각을 한 적이 있다. 《닥터 지바고》를 읽는 동안에는 방문을 열면, 눈 오는 밤에 그가 어딘가로 걸어가는 것 같았다. 《장길산》을 읽으면서도 그러했다. 완구점 앞을 지나갈 때는 쇼윈도 안에 오정희 선생의 소설 속에 나오는 '완구점 여인'이 있는 것 같기도 했다. 지금도 거리에는 조세희 선생의 《난장이가 쏘아올린 작은 공》 주인공이 얼마나 많은가. 일본의 한 만화 주인공이 작품 속에서 죽자 독자들이 장례식을 성대하게 치러줬다. 삶과 죽음은 인간의 마음속에 있다. 사랑한다면 죽지 않는다. 잊히는 것이 죽는 것이다.

신경숙의 눈빛 속에는 고향이 들어 있다. 나만 그럴까? 그와 한참 이야기를 하다 그의 눈을 보면 거기에는 오두막과 같은 집 몇 채와, 그 집 굴뚝에서 밥 짓는 연기가 피어오르고, 강아지가 마당에서 뒹구는 그런 마을이 숨어 있다.

마침 창으로 폭설이 내려 평창동의 산동네 집들은 감출 게 많은 사람들처럼 숨어 있다. 문득 그의 산문집 생각이 났다. 신경숙의 사적인 기록이 풍부한 그 책에 수록된 글 중에 어머니가 육남매를 목욕

시킬 때 볼기짝을 철썩 때리면서 한 놈 한 놈 씻겨주는 장면이 있었다. 그 이야기를 하자 그가 환하게 웃는다.

"정말, 그래요. 가끔씩 어머니가 손바닥으로 철썩 때려줬으면 할 때가 있어요. 얼마나 아픈지 수도승들의 수마睡魔를 쫓아내는 큰스님의 죽비 같아요. 그래도 그 두툼한 손바닥이 그리운 건 뭔지. 등짝이라도 한번 맞으면 정신이 번쩍 들 것 같아요."

어머니의 손바닥으로 등짝을 맞듯이 그는 등단했다. 1985년 중편 〈겨울우화〉로 『문예중앙』 신인상을 받으면서 소설가의 길로 들어섰다. 등단한 지 5년 만에 그녀는 첫 소설집 《겨울우화》를 냈다. 이 책은 내게도 추억이다. 광화문의 한 찻집에서 책의 맨 위 귀퉁이에 조심스럽게 서명한 그의 책을 받았다. 그의 글씨가 아직도 선명하다. 참으로 조용하고 단아한 사람이었다. 그게 17년 전이다.

아버지의 회갑 선물

열여섯 살 이후로 그는 한 번도 돈을 벌지 않은 적이 없다. 일하고 글 쓰고 하는 나날들. 출판사, 방송작가 생활을 하면서 여동생에게 용돈도 줬다.

그렇게 서른 살이 되었다. 《겨울우화》는 그가 이십대에 일하면서 쓴 소설이다. 고려원 소설 시리즈의 한 권으로, 이미 이 책으로 그는 소설가로서의 가능성을 독자에게 보여줬다. 이 책은 잠시 절판됐다가 《강물이 될 때까지》라는 제목으로 복간됐다. '신경숙이라는 작가가 소설미학의 정도를 찾아가는 예술가의 정열이 뜨겁게 지나가는 책'이라는 설명글이 적절했다.

신경숙은 약사인 여동생의 도움으로 서른 살이 되던 해의 1년을 오로지 소설만을 쓰고 살 수 있었다. 그 1년간 쓴 것이 바로 오늘날의 그를 있게 한 책《풍금이 있던 자리》에 수록된 작품들이다.

서른 살은 그에게 무엇이었나?

"여자 나이 서른이 된다는 건, 뭐랄까 많은 생각을 하게 하는 그런 나이에요. 거울을 보면 늙은 것 같기도 하고, 이제 뭔가 하고 싶은 일을 하지 않으면 안 될 것 같은, 그러다가는 분열증이라도 걸릴 것 같아서."

동생에게 1년 동안 글만 쓸 테니 용돈을 달라고 했고, 동생은 한술 더 떠서 유학을 가면 어떻겠냐며 힘을 실어주었다. 29세 겨울, 방송국 클래식 프로그램의 원고를 쓰다가 직장을 그만두었다.

"그땐 정말 행복한 나날들이었어요. 동생이 출근하면, 행촌동 독신자 아파트에서 소설을 썼어요. 아침 햇살이 쏟아지는 책상에서 쓰고 싶은 대로 썼지요. 내 맘대로 쓰자. 첫 작품집은 아무래도 소설기법에 충실하게 마련이니까 말이죠. 쓰고 나서 이게 소설일까 하는 생각을 하곤 했어요. 그래서 어떤 날 밤에는 그날 쓴 것을 허수경 시인에게 전화를 해서 읽어주기도 했지요."

그리고 허 시인에게 물었다.

"이거 소설 맞아?"

"아주 좋은 소설이다. 경숙아."

첫 창작집인 《겨울우화》는 소설 작법에 충실한 소설이었다. 그래서 답답하기도 했다고 한다. 그러나 지금 보면 그 소설이 예쁘고 예쁘다. 착한 학생같이. 거기에서 벗어나고 싶어 눈치보지 않고 신경숙의 소설을 쓴다. 자신을 가두고 있는 것을 뜯어내고 벗어나고 싶은 충동은 원고지 위에서 소설로 태어났다. 말 그대로 온종일 소설만을 쓰던 시절이었다. 그때는 다시는 그런 기회가 오지 않을 것 같았다.

"그 책의 소설들은 거의 외울 정도로 퇴고를 거듭한 것들이죠."

마침내 1년이 지났다. 그간 쓴 소설을 묶어, 문학과지성사 편집장이던 임우기(현 솔 출판사 대표)에게 원고를 넘기고, 아버지 회갑연에 맞추어 책을 내줄 것을 부탁했다. 다른 형제들은 가족을 이루어 회갑에 참석했지만, 독신이던 그가 아버지에게 드릴 선물은 분신과도 같은 그 책 《풍금이 있던 자리》였다. 뜻대로 책을 아버지의 생일상에 올릴 수 있었다. 그리고 그는 다시 직장을 알아보기 시작했다. 행복한 1년이 지났으니 이제 다시 돈벌이 전선에 복귀해야 했다. 그런데 이상한 일이 벌어졌다.

지금도 그러하지만, 단편집의 판매부수는 한정적이다. 문학 독자의 손에서 머물러 있다. 그런데 이런 상식이 깨졌다. 직장을 알아보려고 하는데, 출판사에서 2천 부를 더 찍는다고 했다. 1주일 만에 또 2천 부를 더 찍는다고 하다가 금세 1만 부를 더 찍었다. 베스트셀러가 된 것이다.

"그래서 소설만 쓰면서 지금까지 온 거죠."

수업시간에 소설 베껴쓰기

전업작가생활을 하면서 가장 먼저 산 것은 책상이었다. 책상은 그에게 특별한 존재였다. 어린 시절, 좋은 책상을 꼭 갖고 싶었다고 한다. 오빠들에게 치여서 책상에서 책을 보다 오빠가 비키라면 비켜야 하는 동생의 처지. 그는 늘 밥상에서 책을 보고 그림 그리고 글을 썼다.

전업으로 소설만을 쓰면서 그는 그동안《외딴방》《깊은 슬픔》등의 장편을 비롯해 많은 작품으로 독자의 사랑을 받았다. 이상문학상(2001년)을 비롯한 문학상을 여러 차례 받았다. 그 사랑으로 작가의 길을 걸어가니 신경숙의 독자 사랑 역시 각별하다. 여러 권의 베스트셀러를 낸 스타라고 빼길 만도 한데 전연 그런 기미가 없다.

그는 습작시절에 필사를 많이 했다는 소문이 있다. 도스토예프스키 소설《죄와 벌》을 다 필사했다는 이야기도 어디선가 들었다. 그 이야기를 들었을 때 나중에 물어봐야지 했는데, 지금에서야 물어보았다. 그는 웃으면서 말했다.

"그건 아니고, 한국 소설을 필사했어요. 그것도 좀 사연이 있어요. 하고 싶어서 했다기보다는 그냥 그것밖에 할 일이 없어서 말이지요."

무슨 말인가?

"저의 고교시절이 평범하진 않았잖아요. 저는 낮엔 일하고 밤에 공부하는 상업고등학교에 다녔지요. 그런데 저는 전공과목인 부기나 주산 같은 것이 싫었어요. 그래서 학교에 가기 싫었고. 어느 날 선생님이 가정방문을 오셨어요. 혼자 있는 나를 보고, 왜 학교에 나오지 않느냐고 해서 이런저런 말씀을 드렸더니 더 이상 학교에 나오지 않으면 제적이 된다면서 학교에서 뭘 해도 좋으니 나오기만 하라고 하셨어요. 학교에 나갔더니 정말 뭘 해도 아무 말 하지 않는 거예요. 아마 선생님이 다른 과목 선생님들에게 뭔가 언질을 주신 것 같았어요. 그래서 정말 교실에서 소설을 베껴 썼어요. 그때 필사한 건 조세희 선생님의 《난장이가 쏘아올린 작은 공》이었어요. 처음엔 잘 이해되지 않아 한 줄 한 줄 적다가 결국 한 권을 다 쓴 거죠."

그리고 시골집에 가서도 무료한 시간을 달래기 위해 노트에 소설을 옮겨 적었다. 그 노트들은 지금 어디에 있을까. 한 작가의 가장 예민한 시절의 필적이 담겨 있는 그 노트에는 분명 소녀 신경숙의 영혼이 스며들어 있을 것이다. 그 노트들은 전부 친구들에게 선물로 주었다고 한다.

"꼭 소설을 쓰기 위한 습작이라기보다는 그냥 지루하고, 춥고, 덥던 시절을 견디기 위한 행위였다고 하는 게 옳아요. 그래요, 그게 맞을 거예요."

'생명의 체온' 같은 소설

신경숙은 시를 사랑하는 사람이다. 이미 자신이 사랑하는 시인들의 시를 엮어 단상을 적은 책도 한 권 출판했다. 글이 잘 안 풀릴 때 시집을 찾아 읽기 좋아한다.

"내 마음을 흔들리게 하는 시가 좋아요. 성장기에는 셋째오빠가 시를 좋아했어요. 황동규 시인의 《삼남에 내리는 눈》, 정현종 시인의

《고통의 축제》 같은 시집들은 오빠를 통해서 알게 되었죠. 그래서 큰 시인들을 어린 나이에 접할 수 있었어요. 오빠는 시집을 그냥 읽는 것이 아니라, 시집에 자신만의 느낌을 깨알같이 적어놓는 버릇이 있었어요. 아마도 그 시에 대한 단상들이겠죠. 그때부터 시를 읽었고, 지금도 즐겨 읽어요. 아마, 시가, 시심詩心이 문학의 정점이 아닐까 하는 생각을 해요. 김훈 선생도 좋은 시를 보면 어떻게 그렇게 좋은 걸 썼을까, 당신은 도저히 따라갈 수 없다는 이야기를 하신 적이 있죠. 공감해요. 간혹 문학 지망생들에게 이런 이야기를 하죠. '너희들이 좋아하는 시 50편 정도는 가지고 있어라. 잘 간직하고 있는 것이 좋을 것이다. 그걸 외우고 있으면, 대화할 때 좋다. 말이 막힌다거나 적절한 순간에 시인의 숨결이 느껴지는 인용을 하면 품위와 교양이 있어 보이니 얼마나 좋니?' 이번 연재소설이 끝나면 시를 더 정성껏 읽고 싶네요. 사실 지난 1, 2년 시 읽기에 게을렀어요."

우리가 음악이나 미술, 그리고 문학을 사랑하는 이유는 우리의 존재가 영혼을 품고 있기 때문이다. 그것은 물이나 공기 그리고 밥처럼 우리의 곁에 존재한다. 어느 것이 더 우월한 게 아니라 같이 살아가는 것이다. 남자와 여자처럼. 어떤 시대에는 밥이 우세하고 예술이 열등하다. 어느 시절에는 예술이 우세하고 밥이 열등하다. 그러나 이 둘은 항상 같이 간다. 그림자와 몸통처럼, 태양과 달처럼.

시뿐 아니라 미술이나 음악과의 교감도 그에게는 큰 세상이다. 단편 〈감자를 먹는 사람들〉을 쓸 때에는 같은 제목의 고흐 그림을 옆에 끼고 살았다. 장르는 서로 다르지만 예술은 서로 교감하는 그 무엇이 있다는 것이다. 예술은 그것을 보고 느끼는 순간에 자기 정서가 높은 곳으로 올라가는 것 같은 느낌, 마치 천국으로 이어지는 계단을 밟고 가는 것 같은 느낌을 주는 것이다. 신경숙은 그렇게 생각했다.

그리고 '소설은 다른 장르의 예술보다 오히려 더 직접적인 경험이 아닌가'라고 했다. 음악을 듣는 것, 그림을 보는 것보다 소설은 더 큰 참여를 원한다. 책 속으로 몰입하기까지, 몰입하고 나서 자신이 직접 이해하고 넘어가야 하기 때문이다. 꼼꼼한 독서는 일종의 예술 행위이기도 하다. 긴 소설을 한 편 읽는 데는 그만큼의 정성과 시간과 열정이 필요하다. 어쩌면 보수적인 장르가 아닐까 하는 생각이다. 신경숙에게 소설은 무엇인가.

한국문학의 위기

"제 소설이 생명의 체온이었으면 좋겠어요. 그저 따뜻한 손난로 같은 것이 아닌, 인간과 자연의 체온 말이죠. 체취 같은 것. 그 사람을 좋아하면 알게 되는 그 사람만의 체취와 체온이 묻어 있는 그런 소설이었으면 합니다. 그래요. 제 소설을 읽을 때는 마치 사랑하는 사람의 손을 잡고 있는 듯한 그런 느낌이었으면 좋겠어요. 강아지를 좋아한다면 강아지를 품고 있는 것 같은 그런 느낌."

소설은 생명의 손을 잡는 것이다. 손에 대한 그의 생각은 각별하다. 필기구들의 디자인은 손의 형태를 닮았다. 손이 쓴다. 마음으로 쓴다거나 머리로 쓴다는 건 관념이다. 작가는 손으로 쓴다(미술평론가 손철주는 글은 엉덩이로 쓰는 것이라고 했다. 체력이 바탕이 되어야 잘 쓸 수 있다는 말도 들었다. 글 쓰는 사람들은 글을 무엇으로 쓰느냐는 농담을 진지하게 한다).

손의 연장선인 글 쓰는 도구는 붓에서부터 연필, 만년필, 타자기, 전동타자기, 컴퓨터로 진화했다. 그것이 글 쓰는 사람에게는 어떤 영향을 줄까. 혹자는 작가들이 컴퓨터로 글을 쓰면서부터 글의 질이 떨어졌다고 우려한다. 하지만 신경숙은 그렇게 생각하지 않는다. 조심스러운 표정으로 자신의 손을 만지면서 이야기했다.

"손은 적응력이 대단해요. 도구에 금세 익숙해지면서 적응지요. 컴퓨터 글쓰기가 정말 문제인가 싶어요. 그래서 제 작품으로 실험을 한 적이 있어요. 〈바이올렛〉을 쓸 때 처음에 모니터에 쓴 것을, 손으로 옮겨 쓴 적이 있어요. 그렇게 탈고를 했는데 큰 차이를 못 느꼈어요. 컴퓨터 때문에 글이 좋고 나쁘고의 문제가 아닌 것 같다는 생각을 해요. 하지만 손으로 옮겨 적을 때는 뭔가 특별한 것이 있어요. 일종의 쾌감 같은 건데 눈으로 보는 것 하고, 손으로 적는 것은 달라요."

외국 소설의 국내시장 점유율이 높다. 특히 일본 소설이 그렇다. 누구는 우리 문학시장에 '일류日流'가 침투했다고 한다. 그래서 한국문학의 위기 운운하는 글들이 있다. 그는 이 생각에 동조하지 않는다. 지엽적인 현상이고 문학 작품을 베스트셀러 위주로 평가하기 때문에 생기는 폐단이다. 문학의 위기, 죽음 따위의 소리는 안개처럼 소문만 무성할 뿐이다. 우리의 작품은 축적된 것이 많다.

"한국문학의 위기라고 하는데 무슨 말인지 잘 모르겠어요. 우리네 젊은 작가들의 작품을 죽 따라 읽다보면 굉장한 것을 느낄 거예요."

일본 소설을 좋아하는 필자는 할 말이 없었다. 내가 정성이 부족한 것이 아닌가 하는 생각을 했다. 어쩌면 문화 사대주의일 수도 있다. 우리가 필리핀이나 베트남, 몽골의 작품을 알지도 못하면서 무시하는 그런 것일 수도 있지 않을까.

"우리나라는 문학에 대한 열기가 가득 차 있는 나라예요. 시집 출판을 비롯해서 문학을 이렇게 사랑하는 나라는 많지 않을 거예요. 이렇게 좋은 시장에서 좋은 정보를 자꾸 교환하면 판매도 자연히 늘어나지 않을까 생각해요. 그리고 말이 나온 김에, 외국의 작품들과 경쟁할 때는 아무래도 서사가 있는 장편이 유리하지 않을까, 라는 생각을 해요."

첫 작품집을 낸 신인의 경우 다음 작품을 쓸 때, 그 열정을 장편으로 몰아붙이는 것이 어떨까, 라고 후배작가에 대한 따뜻한 배려를 잊지 않는다. 성공한 선배의 경험에서 우러나온 진솔한 이야기니 후배들은 새길 만하다.

그가 좋아하는 소설이 궁금하지 않을 수 없다. 그는 도스토예프스키의 《악령》과 알베르 카뮈의 《이방인》을 들었다. 《악령》은 자신이 괴로울 때, 이 시간이 제발 지나가기를 바라는 그런 시간에 읽는 소설이라고 했다. 그리고 《이방인》은 몇 번을 읽었는지 모를 그런 소설이다. 처음 읽었을 때의 강렬한 인상이 지금까지 유지되고 있는 그런 소설, 그는 그 소설의 완벽한 구도에 매력을 느낀다. 아마도 독특한 사람을 만났을 때와 같은 그런 느낌인 것 같았다.

슬픔을 다루는 예술가

독자에게도 여러 번 읽고 싶은 소설을 가지라고 권했다. 다섯 권 정도의 목록이 있다면 행복할 것이다. 그 목록에 신경숙의 소설 한 권이 들어가기를 원한다. 여러 번 읽으면 그전에 읽어내지 못했던 것들이 드러난다. 태양이 떠오른다고 세상의 모든 것을 볼 수는 없는 일. 소설도 그렇고 영화도 그렇다. 두 번 보고 세 번 보면 책은 다른 것을 보여준다. 신경숙은 그러한 경험을 독자와 같이 나누고 싶은 것인지도 모른다.

눈이 녹으면 눈물처럼 흐른다. 그의 소설을 읽으면서 슬픈 적이 많았다. 그 슬픔이 나에게는 거름이 되었다. 그런 경험을 공유하는 독자에게 나는 그가 슬픔을 다루는 예술가가 아닐까 하는 생각을 한다고 했다. 밖의 풍경이 어두워지면서 눈이 더 밝게 빛난다. 그 위에는 가로등이 있다. 그녀는 말한다.

"인간은 근본적으로 슬픔과 친해져야 할 것 같아요. 깊은 슬픔의 강을 지나야 그 물결 위에 기쁨, 행복, 유머 같은 것이 새겨지면서 더 고마운 마음이 들지요. 그래요. 인간의 힘으로는 어쩔 수 없는 것들이 있어요. 생에 죽음 말고 확실한 것이 무엇인가 싶어요. 그 길을 향해 걸어가는데, 슬픔과 괴로움이 친한 동무가 되면 생의 다른 것들과도 친해지고 폭 넓은 인생이 되지 않을까? 사소한 것에 감사하고, 걷다가 뭔가에 걸려 넘어지더라도 일어나 다시 걸어가는 그런 것 말이죠."

신경숙은 아름다운 사람이다. 그러나 어쩌면 신경숙은 불행한 사람이다. 환자의 환부를 다루는 의사처럼 그는 인간의 고통과 슬픔을 쓰는 데 익숙하기 때문이다.

왜 소설을 읽어야 하는가. 그것은 절대 의무사항이 아니다. 그러나 이렇게 눈이 많이 내려 어쩌다 시간의 벌판에 서게 되면 누구라도 한 번쯤은 뒤를 돌아본다. 그때 아무도 없다면 어떻게 살아갈까. 신경숙의 소설을 비롯해 많은 예술작품은 그러한 빈 들판에서 웃어주는 사람이거나, 아니면 나무이거나, 그 하늘에 떠있는 구름이다. 그의 소설 《깊은 슬픔》의 마지막 문장을 인용한다.

> 나, 그들을 만나 불행했다.
> 그리고 그 불행으로 그 시절을 견뎠다.

아무래도 마무리는 신경숙의 글을 표절해야겠다.

> 나, 신경숙을 만나 행복했다.
> 그리고 그 행복으로 이 시절을 견딘다.

결혼의 행복

인터뷰를 마치고 시인인 그의 남편과 같이 우동을 먹었다. 이야기를 나누다가 시인은 자신의 이야기를 쓰지 말라고 했고, 소설가는 더 크게 쓰라고 하면서 웃었다. 아내가 "왜 쓰지 말라는 거냐"고 하자 "그래야 당신이 더 돋보이지"라면서 웃는다. 시인이 오기 전에 신경숙에게 물었다. 결혼하니까 뭐가 좋으냐고.

"새벽까지 글을 쓰고 잠자리에 들 때, 결혼 전에는 찬 자리였는데 그이의 체취로 데워진 자리에 눕는다는 것, 그리고 어둠 속에서 진우 씨 하고 이름을 부르면 그 사람, 잠결에 대답을 해요. 신호가 오는 거죠. 그때 느낌 같은 것, 결혼하고 나서 달라진 것 참 많아요. 아침에 물어보면 남편은 자신이 대답한 것을 몰라요. 그 사람 차갑다고들 하는데 안 그래요. 다정하고, 소탈하고, 따뜻한 사람이에요. 그리고 글을 쓰는 사람이어서인지, 내가 글을 쓸 때는 전혀 관여하지 않는 것. 글을 쓴다면 뭐든지 다 오케이. 이젠 적당히 빈틈이 있어 닦달하지 않고 여유로워요. 삶을 수용하는 자세가 좀 넓어진 것 같아."

중요한 건, 상대에게 왜 그러냐고 다그치지 않는 것, 묻지 않는 것이다. 그것이 이 부부가 행복하게 사는 비결일까.

떠도는 영혼을 지닌 작가 윤후명

삶 자체가 현대사의 질곡과 고스란히 맞닿아 있는 소설가 윤후명. 그의 소설은 외따로 떨어진 곳에서 피어난 꽃처럼 향기롭고 고독하다.

문학은 패자에게 피어나는 연꽃, 난 죽어도 써요

토요일 오후에 만나기로 한 약속을 확인하기 위해 윤후명(尹厚明·64) 선생과 통화를 했다. 오랜만에 선생의 마음이 고여 있는 소설집을 기쁘게 받아들고 목마른 이가 샘물을 마시듯 읽어 나가던 중이었다. 소설 속에서 선생은 여러 나라를 오가며 분주했지만, 그것은 무척 여유롭고 한가해 보였다. 오랜 세월 고인 자신의 마음을 퍼내는 자의 엄정함이다.

조금만 인기가 있으면 온갖 현란한 과대선전에 시달리는 시대에 선생의 소설은 외따로 떨어진 곳에서 조용히 피어난 꽃처럼 향기롭고, 고독하다. 몇 번의 신호음이 울리고 통화가 되었다. 선생은 전날에 술을 많이 드셨다. 몇 달 만의 과음이라고 하셔서, 그럼 어떻게 하나 우물쭈물하는데 선생이 말씀하셨다.

"옛날에 고故 박정만 시인과 보름 동안 내리 술을 마신 적이 있지요. 박 시인은 통뼈였고 나는 왜소하지만 한번 마시면 둘이 끝까지 가다가 무너졌지. 그렇게 무너지는 거야. 오랜만에 무너진 것 같아. 인터뷰고 뭐고 술이나 한잔합시다."

인사동에 있는 주점 '시인'에서 오후 2시에 만나기로 했다. 그날은 내 생일이었다. 친구에게 윤후명 선생을 만나기로 했는데 취하신 것 같다고 했더니 선생의 건강을 걱정했다. 우리 문단을 위해서라도 선생은 건강하셔야 하는데, 또 술에 발동이 걸렸으니 며칠은 가지 않을까 염려했다. 필자 역시 문단 생활 20년 동안 가장 기억에 남는 것이 문인들의 취중 모습이다. 그건 모두 가슴에 담아두어야 할 아픔이고 상처이기도 하다.

소설 쓰는 시인

오랜만에 인사동을 찾았다. 최근에는 일산에서 거의 모든 만남이 이루어져 시내 외출은 정말 오랜만이었다. 인사동 사거리에 들어서니 마침 토요일이어선지 인파가 쏟아졌다. 파도에 밀려 떠내려가듯 길을 헤맸지만 '시인'을 찾지 못했다.

위치를 정확하게 알아오지 못한 나를 원망하면서 부끄럽지만 다시 선생에게 전화를 걸었다. 약속시간이 조금 지나 미안한 마음이었는데, 선생 역시 오는 길이라고 했다. 이제 거의 다 왔다고 한다. 길이 막혀 조금 늦는다며 자세한 위치를 알려주어 골목길 깊숙이 들어가 있는 주점에 먼저 가서 앉았다. 어딜 가나 낯선 곳에서 길을 찾는 것은 곤혹스러운 일이다. 수많은 인파 속에서 헤매는 것도 오랜만이다.

문득 청년시절의 내 모습이 떠올랐다. 그땐 부딪히고, 깨지고, 넘어지고, 자빠졌다. 그렇게 비틀거리면서 사십대 중반에 다다랐다. 나는 요즘 자전거를 타고 다닌다. 두 바퀴를 안전하게 굴려 목적지에 도착하듯이, 내 삶도 어느 정도는 단정하다. 인사동 거리에서 길 찾기를 하느라 나는 잠시 헤맸고, 그 헤맴 속에서 문득 내가 잃어버린 시간의 어디쯤에 와 있는 것 같았다. 한때 인사동에서 얼마나 술을 마셔댔던가. 같은 시절을 보낸 친구들은 지금 어디에서 무얼 하고 있을까. 어떤 이는 죽고, 어떤 이는 병들었고, 어떤 이는 출세해서 잘산다. 그렇게 어울려 산다.

그간 이런저런 문단 모임에서 선생에게 몇 번 술을 친 적은 있지만, 따로 만나는 사이가 아니어서 약간 어색하기도 하다. 오늘 선생의 말에 빗대어 선생의 삶을 살짝 엿보고 싶은 마음이다. 그런 마음을 먹자 선생이 들어왔다. 그리 취하신 것 같지는 않아 일단 안심했다.

이제부터 새의 말을 듣는 것인가? 선생이 최근에 낸 소설집 제목이 《새의 말을 듣다》이다. 제목에서부터 울려오는 어떤 소리가 있다. 선생은 항상 시인이었던 이력이 떠오르는 소설가다. 시를 쓰다가 소설가로 변신한 작가는 의외로 많다. 성석제, 장정일을 비롯해서 원재길과 김형경에 이르기까지. 그런데 그들에겐 소설가 라는 이름이 참으로 어울린다.

윤후명 선생을 대하면 왠지 '소설을 쓰는 시인' 같다는 선입관이 든다. 궁금한 것을 책갈피에 넣어두고 근황을 여쭸다. 국민대에서 겸

임교수로 강의를 하고 있으며 선생이 직접 운영하는 '소설학당'을 여전히 꾸리고 계셨다.

보이지 않는 것들의 그림자

윤후명 선생은 요즘 틈틈이 그림을 그린다. 헤르만 헤세는 뛰어난 화가이기도 했다. 황지우 시인의 조각 솜씨는 대단히 뛰어나다. 문인이 문학의 주변 예술에 관심을 가지는 것은 당연한 일이지만 그래도 직접 붓을 든다는 것은 아무래도 예사롭지 않다. 육순을 넘긴 선생의 마음자리에 원고지 말고도 큰 캔버스가 펼쳐졌다. 그것은 이제 서서히 예술의 폭이 넓어지고 깊어지고 있다는 전조로 보였다.

선생의 그림 중에 한 점이 소설집 《새의 말을 듣다》의 표지화로 장식되어 있다. 두 산봉우리 사이로 새가 날고 있는 모습인데, 새는 섬새이고, 산봉우리처럼 보이는 것은 동도와 서도, 두 개의 섬으로 된 독도를 의미한다. '새의 말을 듣다'라는 제목과 잘 어울리는 그림이란 생각이 들었다.

처음엔 책의 표지에 씌어진 '그림 윤후명'을 보고, 동명이인의 화가가 있나 싶어 여쭸더니, 그림도 그린다면서 "나 요즘 이렇게 살고 있소" 한다. 선생의 그림은 그간 쓴 소설에 그 뿌리가 있다. 글로 써내기만 해서 마음속에 잔영으로 남은 이미지를 화폭으로 옮기는 것이다.

어떻게 그림을 그리게 되었는지, 그리고 어떤 훈련을 했는지 궁금하지 않을 수 없다. 그림은 수년 전부터 관심이 있어 어떤 화가에게 사사했는데, 그분이 남을 전혀 가르쳐본 적이 없어 '그냥 그리고 싶은 대로 그리라'는 참으로 어려운 말을 해서, 문화센터 같은 곳에서 꼼꼼하게 선 하나 긋는 것부터 시작했다고 한다. 이렇게 기초를 다지고 다시 그 화가에게 그림을 배웠다. 그림을 시작한 지 이미 수년이 지났다.

"그림도 그렇고 문학도 그렇고 아마추어 때는 쉽고 재미있지만, 점점 그것을 알아가다 보면 생각이 많아지고, 고뇌도 생기게 마련이라 만만치가 않아요. 하지만 그림에는 특별한 욕심이 없어서 그냥 나 좋은 대로 내가 표현할 수 있는 세계가 있겠다 싶지요. 특히 문학과 미술은 비슷한 것 같기도 해요. 문학은 글로 쓰고, 그림은 그려서 보여주는 것이잖아요."

음악은 보이지 않는 세계를 통해, 즉 음(音)을 통해 뭔가를 보여준다면 그림과 문학은 보이는 것들을 통해 보이지 않는 것들의 그림자를 내리는 것이지 싶었다. 선생은 요즘 그림을 많이 그린다.

진짜 술꾼

이런저런 한담을 나누다가, 마흔두 살에 요절한 박정만 시인 얘기가 나왔다. 선생은 자신과 박정만을 술꾼이라고 한다. 진짜 술꾼이 사라진 요즘 선생의 술 이야기에 일단 구미가 당겼다.

"지금은 몸 때문에 맥주를 먹지만, 한때는 맥주를 술로 보지도 않았지요. 그런 내가 대적한 진짜 술꾼은 박정만이에요. 그 사람, 아마

술 때문에 저 세상으로 간 걸 거야. 정만이는 25일 연속으로 마신 적이 있고, 나는 보름이 최고 기록입니다. 그러고는 소설가 이문열 정도가 술꾼이지."

어리석은 질문을 했다.

"그때 술만 그렇게 드셨나요?"

선생은 빙그레 웃으면서 답했다.

"곡기는 다 넘어와. 다른 음식은 다 토하고, 술을 그 자리에다 넣는 거지. 매일 소주 7병을 먹었지. 소주(알코올 도수)가 30도 혹은 25도 하던 시절이야. 요즘 소주는 20도 안 되지. 그거 술 아니야."

이야기가 술로 시작된다. 보통 처음에는 차를 마시고 다음에 술로 넘어가는데, 어쩌다 이렇게 되어버렸지 하고 생각하며 맥주잔을 들었다.

이 글이 더 취하기 전에 일단 선생의 이력부터 더듬어본다. 선생은 1946년 강원도 강릉에서 태어났다. 1969년 연세대 철학과를 졸업했는데, 대학 다니던 1967년에 『경향신문』에 시가 당선됐고, 1979년엔 『한국일보』 신춘문예에 소설이 당선됐다. 시집으로 1977년에 낸 《명궁》과 1992년에 낸 《홀로 등불을 상처 위에 켜다》 등이 있고, 소설집 《둔황의 사랑》 이외에 다수, 장편소설 《별까지 우리가》, 산문집 《꽃》, 장편동화 《너도밤나무 나도밤나무》 등이 있다. 녹원문학상, 이수문학상, 현대문학상, 이상문학상 등 여러 문학상을 수상했다.

선생은 강원도 강릉에서 태어나 여덟 살 때까지 살았다. 강릉 임당동에서 어머니는 담배장사를 하셨다고 했다. 담배장사라, 언뜻 이해가 되지 않았다. 전쟁 중이었고, 선생의 고향은 바다가 가까운 마을이 아니어서 농업이나 어업 같은 생활수단도 성하지 않았다고 한다. 바닷가까지 걸어가려면 어린 걸음으로 너무 오랜 시간이 걸려 몇 번 가보지 못했다는 것이다. 그저 고즈넉한 시골 마을이었다.

고향을 떠난 지 오래되어 언젠가 다시 고향 집터를 찾아 나선 적이 있었는데, 임당동 성당만 그대로이고, 새로 난 신작로가 집을 깨끗하게 지워버렸다. 다행히 그때까지 남아 있던 살구나무 한 그루를 보고 옛 집터 자리에서 서성댈 수 있었다고 했다. 꽃을 사랑하는 선생의 마음이 살구나무를 거기에 머물게 한 것일까 싶었다.

당시 선생이 살던 마을 가까운 곳에 공군부대가 주둔했는데, 항공정비 위주의 시설이어서 진짜 조종사는 몇 안 되고 나머지는 다 공군정비병들이었다. 그런데 이들이 전투기 조종사의 '빨간 마후라'를 하고 그 좁은 동네를 돌아다니면서 동네 처녀들의 흠모를 받은 모양이었다. 마을 처녀들에겐 그들이 자신을 비행기에 태우고 멋진 곳으로 데리고 갈 존재로 보였다고 한다. 마을의 분위기와 냄새가 맡아진다.

이미 선생이 어떤 글에서 밝힌 적이 있듯이 선생에겐 아버지가 두 분이다. 지금도 제사 때 두 분의 영혼을 모신다. 선생의 이력은 6·25 전쟁을 비롯한 우리 역사의 흐름과 같이한다. 선생에게도 전쟁의 상흔이 잔혹하게 남아 있다. 선생의 친부는 경찰이었는데 전쟁 발발 즈음 38선 근처에서 벌어진 국지전에서 돌아가셨다. 전쟁 전부터 자잘한 분쟁이 경계선을 사이에 두고 벌어지던 시절이었다.

두 아버지

분단의 희생양이기도 한 친부親父는 그렇게 선생이 걸음마를 떼던 시절에 세상을 떠나 선생은 친부의 얼굴도 기억할 수 없고, 체취도 느낄 수 없었다. 19세에 선생을 낳고, 얼마 있지 않아 어린 나이에 과부가 되어버린 어머니는 전쟁이 일어나자 남쪽으로 내려가려 했지만 아이가 홍역을 앓는 바람에 그냥 마을에 남아 담배장사를 하면서 생계를 이어갔다. 그때 선생을 길러주신 아버지와의 만남이 이뤄졌다.

마을에 군부대가 있었고, 군인이던 아버지가 전투가 없는 한적한 마을에 가끔 담배를 사러 들르다가 어머니를 만났다. 선생이 직접 하신 말씀이 아니라면, 6·25전쟁을 배경으로 한 소설 같은 이야기가 바로 윤후명 선생의 아버지 이야기다. 나는 처음 듣는 얘기인데, 소설 쓰는 친구가 선생이 글로 쓴 가계家系 이야기를 본 적이 있다고 했다. 선생의 소설도 그러하지만, 결국 작가는 자신의 이야기를 쓰게 마련이다.

"아버지는 군 법무관이셨는데, 사실 전쟁 중엔 전투가 있을 뿐 법은 필요 없지요. 그러나 그것이 군 질서의 상징이기 때문에 꼭 필요하기도 하고. 전쟁통의 괴괴한 마을에서 두 분은 그렇게 만났지요."

그렇게 만난 부친은 서울대 법대 4회 졸업생이다. 그때는 사법시험을 고등고시라고 했는데, 전국에서 6명만 뽑았다. 그 후 군인 아버지를 따라 대전, 대구, 춘천으로 옮겨 다니며 살았다. 초등학교 6학년 때 아버지는 부산에서 복무했다.

작가의 유년시절엔 대부분 고독한 공간이 있다. 빈 쌀독처럼 공허

한 시절. 그것이 작가로서의 운명을 결정하는 어떤 요인이 아닌가 싶기도 하다. 허기질 때 먹는 밥이 맛있듯이, 작가의 외로운 유년시절은 삶의 허기를 느끼게 하는 과정인지도 모른다. 윤후명 선생은 이 도시 저 도시를 옮겨 다니면서 성장했다. 아버지는 당시 부산에 있던 군수기지사령부에 근무했고, 계급은 중령이었다. 그 부대의 사령관이 바로 박정희 장군이었다. 어린 시절 박정희 장군이 집에 찾아온 기억도 있다고 했다. 그러다가 결정적인 한 순간이 다가온다.

훗날 혁명을 준비하던 박 장군은 이동 중인 헬기 안에서 선생의 부친인 윤 대령에게 거사를 같이하자고 했지만, 아버지는 "저는 그냥 군인으로 남아 있겠습니다"라고 했고, 이것이 나중에 큰 화를 자초했다. 선생이 중학교 3학년이 되던 해에 5·16 군사정변이 일어났다. 그때 아버지가 권총을 차고 귀가하던 기억이 선명하다. 그 후 서울로 올라왔다. 아버지는 서울 6관구 사령부 법무참모를 지냈는데, 어느 날 육군 제3 범죄수사대에서 아버지를 잡아갔다. '반혁명세력'으로 분류됐다고 했다. 헬기 안에서 박 장군의 제의를 거절한 대가가 비수가 되어 날아든 것이다.

"인생이란 것이 말이죠"

혁명위원회는 군인으로 남고 싶어한 아버지를 수도육군병원에 감금시켰다. 군사정변이 성공한 후 공과功過를 정리하던 과정에서 아버지가 희생을 당하신 것이다. 아버지는 군법회의에서 이등병으로 강등

됐고, 10년 자격 정지라는 가혹한 처벌을 받고 거리로 내몰렸다. 새의 날개를 부러뜨리고 허공으로 내던진 격이었다. 부친은 사회생활에 적응하기 힘들어했고, 이때부터 지독한 가난이 찾아왔다.

용산고 3학년 시절에는 버스표 한 장만 들고 학교를 다녔다. 점심과 용돈은 물론이고, 심지어 연필이 없어 필기를 하지 못한 적도 있다고 했다. 이번 작품에도 선생이 대학시절에 겪었을 이야기가 들어 있다. 〈소행성의 분노의 강〉에 나오는 이 구절은 아마도 당시의 체험이 녹아든 것이리라.

> 내 눈에 길음시장의 망령이 와락 달려들었다. 길음시장 밥집의 망령, 한 그릇 밥이 고마워 흘렸던 눈물의 망령, 누울 곳이 없어 밤늦게 헤매던 발길의 망령, 어설프게 보낸 청춘의 망령이었다.

추억하면 망령이지만, 그때는 처절한 고통이었을 것이다. 가난과 배고픔은 눈에 보이지 않는 가장 잔인한 짐승이다. 그 짐승은 인간의 영혼을 뜯어먹는다. 배고픔은 사람의 육체를 뜯어먹는다. 가난은 부끄러움이라는 의복을 모두 벗겨버려 인간을 발가숭이로 만들어버린다. 인생은 체험하지 않는다면 뜯지 않은 통조림 깡통일 뿐이다. 깡통을 보고 인생을 이야기할 수는 없다. 그런 의미에서 선생이 살아온 삶이 그대로 시와 소설이 됐다.

그렇게 가난한 생활을 견디게 한 것이 문학이었다. 『연세춘추』 기자를 하면서 받은 2천5백 원의 월급으로 생활했고, 연세문학상 상금과 대학교 2학년 때 신춘문예에 당선되어 받은 2만5천 원의 상금으로 당시 1만3천 원 하던 등록금을 내면서 겨우 대학을 졸업할 수 있었다.

그리고 하늘이 무너지는 슬픔의 시간이 온다. 옛 영광이 지금 삶의 올가미가 되어 울분의 세월을 보내던 아버지는 환갑을 이태 남겨 둔 58세에 세상을 떠나고 만다.

"인생이라는 것이 말이죠……."

선생은 가끔 눈시울을 붉혔다. '인생이라는 것이 말이죠' 다음에 말을 잇지 못하는 심경은 단지 짐작만 할 뿐이다. 하지만 그 인생이라는 것, 소설가 윤후명은 문학을 통해 그것을 시작했다고 해도 과언이 아니다. 환갑을 넘긴 지금껏 한결같이 변하지 않은 것이 문학에 대한 열정이었다.

이미 고등학교 1학년 때 문학에 목숨 바치기로 마음먹었다. 5·16 이후 서울에 올라온 윤후명은 중학교 3학년 2학기 동안 학교에 가지 못하고 그냥 보내게 된다. 다음해에 용산고등학교에 입학한다. 청소년 문예지 『학원』에 일기를 행갈이해서 응모했다. 시가 일기인가 싶던 시절이었다.

법은 승자의 것, 문학은 패자의 것

고교시절에는 청록파 시인들의 시를 좋아했고, 원예반 활동도 같이 했다. 선생은 꽃을 무척 사랑한다. 아마 지금도 식물학자를 꿈꾸고 있는지 모른다. 선생 자체가 점점 꽃이 되어가는 것 같기도 하다. 사람들은 선생을 꽃을 찾아다니는 벌과 나비같이 생각하기도 하지만, 그날 본 선생의 모습은 향기 은은한 늙은 꽃이었다.

법에 의해 그렇게 가혹한 처벌을 받은 아버지는 돌아가실 때까지 법만 생각한 분이었다고 했다. 공부를 제법 잘하던 아들이 법대가 아닌 국문과에 가겠다고 하자 집에서는 난리가 났다. 아버지의 친구가 전부 사법고시 출제위원인데, 법대에만 들어가면 그 영리한 머리로 사법고시에 합격해서 잘살 수 있는데 갑자기 문학이라니, 씨알도 먹히지 않는 소리였다. 연세대 철학과에 입학한 것도, 아들의 고집을 꺾기 위해 '그럼 잠시 철학과에 들어가서 인생에 대해 진지하게 생각한 뒤 법대로 옮기라'는 아버지의 암묵적인 명령 때문이었다.

"법은 승자의 것이고, 문학은 패자의 것이다. 왜 너는 패자의 길을 걸으려고 하느냐? 너의 생부가 살아계셨어도 법을 원하셨을 것이다."

아버지의 말씀은 과연 바른 말씀이었다. 선생은 문학은 패자의 것으로 여긴다고 했다. 문학은 인생의 패자, 삶의 쓸쓸함, 시궁창, 그러나 거기에서, 그 마음과 장소에서 피어나는 연꽃 같은 것이 아니던가. 윤후명은 이런 말을 함으로써 아버지를 놀라게 했다.

"법은 인간을 구속하지만, 문학은 인간을 자유롭게 합니다."

이 이야기를 들으면서 황석영 선생이 독일에서 겪은 에피소드가 떠올랐다. 한 독일 기자가 황석영에게 이런 질문을 했다.

"당신은 분단된 나라에 살고 있는 작가다. 그리고 북한을 다녀와 옥고를 치른 매우 독특한 경험이 있다. 그래서 이런 질문을 하고 싶다. 당신은 작가로서 어느 편인가? 남한인가, 북한인가?"

황 선생은 좀 불편해 직답을 피하다가, 계속 답변을 요구받자 천천히 그러나 또렷하게 말했다고 한다.

"나는 작가로서 남한도 북한도 아닌 패배한 자, 쓰러진 자의 편이다."

문학이 뭐길래, 시가 뭐길래 아들이 이렇게 변했을까? 아버지는 기가 막힌 표정으로 세상이 얼마나 무섭고 살기 어려운데 그렇게 엉뚱한 생각을 하느냐면서 혼을 냈지만, 이미 자신의 길을 걷고 있는 장성한 아들을 어찌 하지 못하셨다.

시인으로 등단해 문단의 주목을 받으면서 문학과지성사의 초기 시집 멤버로 참여한 선생은 34세 때 소설가로 다시 문단에 등단한다. 당시 셋방에 살고 있었는데, 아버지는 신춘문예 시상식 다음날 운명했다. 그때 상금으로 묏자리를 봐드릴 수 있었다고 한다.

아버지의 장례식은 쓸쓸했다. 화려한 과거 인맥은 아무도 찾아오지 않았고, 황량한 겨울바람만 묘지를 감돌았다. 선생은 그때 인생의 또 다른 면을 보았다. 인생은 끊임없이 돌고 도는 것이다. 그래, 삶 앞에서 잘난 척하지 말아야겠다. 그래서 그렇게 살았다. 문학과 더불어 가난과 더불어 술과 더불어. 그러다가 알코올 중독의 경지에까지 이른 것이다. 선생의 이러한 삶은 시인에 더 가까운 것이 아닐까. 왜 소설가로 방향을 틀었을까.

"첫 시집 《명궁》을 내고 나서 든 생각인데, 시는 내가 하고 싶은 이야기를 다 표현하지 못하는 것 같았어요. 늘 뭔가 찌꺼기 같은 것이 남았던 거죠. 시라는 것이 언어를 극도로 절제하고 정화해서 표현하기에 그런 것이죠. 하지만 소설은 정화된 것이 아니에요. 인간이 정화된 존재가 아닌 것처럼 말입니다. 인간 본연의 모습을 보여주는 것, 그게 진짜 아닐까요?"

평론가 오생근은 이런 글로 선생의 변신을 말했다.

> 아마도 그는 철학과 출신의 작가로서 리얼리즘 소설이 아니라 형이상학적인 소설을 쓰고 싶었을지도 모른다. 그는 본래 '이야기꾼'으로서의 소설가를 경원하고, '시인이 되지 못하면 나는 살지 않을 것이다'고 외칠 만큼 시인으로서 한평생을 살아가기를 꿈꾸었던 사람이다. 그러던 그가 극도로 '삶이 철저하게 고립되고 망가져' 있는 절망감과 참담한 정신적 방황 끝에 새롭게 다시 태어나려는 의지에서 소설을 쓰게 되었다면, 이것은 시인에서 소설가로의 변신을 설명하는 한 이유가 되긴 하겠지만…….

선생이 그토록 술에 의지하며 시절을 보낸 것은 술에 취해 마치 무의식 상태에서 저절로 흘러넘치는 그런 상태로 써내려가는 것들이 진실이라고 믿었기 때문이었다. 인사불성 상태로 보일지 모르지만, 그 상태에서 정말 진짜가 나오는 것이라 믿었다. 선생은 한마디 덧붙였다.

"나는 명료한 것이 싫어요. 판에 박힌 금언과 아름다운 문장도 싫습니다. 소설은 일상이기에 일상적인 언어로 이야기하면서 언어예술의 경지로 스스로 올라가는 것이지요. 문장도 너무 아름다운 것들만 배열되어 있으면 왠지 징그럽지 않아요?"

"살고 싶다면 저 여자와 결혼하라"

선생의 인생을 술과 장미의 나날이라고 정의하면 어떨까 싶다. 술과 꽃은 선생의 문학세계를 이루는 음양의 원리처럼 작용한다. 보름쯤 내리 술 마시는 나날이 이어지면 어떤 현상이 올까. 죽거나 죽어가거나가 아닐까.

"마흔여섯 살 때였나 싶은데, 사경을 헤매는 것 같았어요. 환청이 들려오고 환상이 보이는 거야. 10층 건물에 올라 내려다봐도 마치 1층에 서 있는 것 같은 그런 느낌이지. 그냥 뛰어내려도 고양이처럼 사뿐히 내려앉을 것 같았어. 그런데 죽을 팔자는 아니었는지 누가 나타나더군요."

부인을 만난 것이 그 시절이다. 선생의 소설 세계를 사랑한 독자이기도 했던 그녀가 구세주처럼 나타난 것이다. '글 쓰다가 술 먹고 죽겠다'는 선생의 손을 잡고 일으켜 세운 것이다. 문단에서는 이미 알 만한 사람은 다 아는 이야기지만, 선생의 육성으로 들으니 입체감이 살아난다. 이 일은 윤후명의 문학세계에서 큰 전환점일 것이다. 불경스러운 생각일지 모르지만 아마 그때 부인을 만나지 못했더라면, 우리 문단에 크게 슬픈 일이 일어났을 것이다. 선생도 아마 그랬을 거라고 말한다. 술 마시다 죽었을 거라고.

두 분의 결혼식 풍경은 차라리 취중에 쓴 한 편의 시와 같다. 어느 날, 민족문학작가회의 주선으로 충무 통영에 있는 섬에서 열린 문학 모임 자리에서였다. 그 자리에 부인이 선생을 쫓아왔다. 독자로서 참석한 자리였지만, 이미 선생에게 애틋한 마음이 있어서였을 것이다.

2박3일 일정이었는데 첫 날부터 소설가 이문열 선생과 바둑을 두고 술을 마시다 취중에 이문열 선생에게서 "살고 싶다면 저 여자와 결혼하라"는 말을 듣고 그렇게 하겠다고 했다. 살고 싶은 마음이야말로 죽는 순간까지 인간을 끌어올리는 밧줄과 같은 것이다.

그리고 다음날 아침, 술에 취해 쓰러져 있는데 누가 깨우면서 결혼식을 하러 가자고 해서 치러진 결혼식이다. 연장자인 이호철 선생이 주례를, 이근배 시인이 사회를, 송영 선생이 축가를 불러주었다. 민족문학 창간기념 자리에서 즉석으로 진행된 결혼식. 이 결혼식은 마침 취재거리를 찾던 KBS 지국에서 취재해 〈전국은 지금〉 프로그램에 전국으로 생중계됐다.

그런데 정작 결혼을 주선한 이문열 선생은 결혼식장 한구석에서 이불을 돌돌 말아 얼굴을 가린 채 자고 있었다고 했다. 그때 김주영 선생은 윤후명의 결혼식 광경을 보고 건물 기둥을 붙잡고 눈물을 흘렸다. 윤후명의 파란만장한 삶이 여기에서 제발 안정을 찾기를 바라는 기도의 눈물이었을까. 아무런 준비가 없었지만, 마침 동행한 기자가 아침에 통영으로 나가 금반지를 사와서 부인의 손가락을 울지 않게 했다. 1991년 여름이었다.

정신병원에 갇히다

사람의 만남이란 우연이 아니다. 유행가 가사이지만, 일상의 진리다. 오늘 만난 그 어떤 이라도 우연히 만나지 않는다. 거기에는 지독한 필연의 고리가 엮여 있다. 살아 있음은 그러한 지독한 인연의 연속이다. 그 시절 선생은 가정이 해체된 자리에서 홀로 남아 술만 먹고 죽어가고 있었다. 일을 안 하니 당연히 돈이 없었지만, 그것이 불편하지 않았다. 그래서 안산의 작은 방에서 라면만 먹고 살았다. 정확하게는, 라면만 먹은 것이 아니라 그 라면에 들에서 뜯어온 풀을 넣어 먹고 살았다. 그리고 백조 담배, 일주일에 서너 번 라면에 넣어 먹던 달걀로 그 시절을 표현할 수 있다.

"생활에 대한 두려움이 없었어요. 들에 나가면 먹을 게 많아. 그걸 먹으면 되는 거지요. 라면에 들풀을 뜯어 넣고 끓여 먹던 시절이야. 그때 시 쓰는 최승자 씨가 양파를 같이 먹으면 오래 살 거라고 하더군. 오래 살고 싶지 않아 양파는 안 넣었지만 풀은 넣어 먹었어. 들이 가르쳐준 거지. 그리고 술병이 늘 곁에 있었지요."

이미 중독 상태인 선생을 부인은 서울대 정신병원으로 데리고 갔다. 소주병을 든 채 그녀를 따라가서 의사를 만났는데, 담당 의사가 학계의 권위자인 이부영 선생이었다. 그런 상태로는 진료를 받을 수 없다고 해서 아래층에 있는 식당으로 내려가 있다 다시 올라갔다. 그리고 검진을 한다고 해서 따라갔는데, 등 뒤로 '철커덕' 문 닫히는 소리가 들렸다. 직감적으로 이상한 생각이 들었는데 정신병동에 입원한 것이었다. 이 시절 이야기는 장편소설 〈별까지 우리가〉에 그렸다. 그리고 이 작품으로 현대문학상을 받았다.

"우리나라 정신병동 시스템은 어느 정도 문제가 있다고 봐요. 잘못하면 악용할 수 있는 거지. 한번 입원한 사람은 입원을 시킨 사람의 동의가 있어야 퇴원할 수 있는 거야. 고의적으로 누군가를 입원시 킨다면 큰일날 일이지요."

그 시절에 받은 정신과 치료는 한마디로 '순응'을 배우는 것이었다. 일 더하기 일이 뭐냐고 물어보면 '그냥'이라고 대답을 해야지, 만일 뭔가 좀 불편한 행동을 하면 의사는 아무 말 하지 않고 그냥 일어나 나간다. 정신이 멀쩡한 선생은 금방 병원치료 시스템을 알게 되었다. 무조건 순응해야 하는구나, 여기는 그런 곳이구나 하는 깨달음.

이걸 견뎌야 한다는 생각으로 살아내 그해 크리스마스 이브에 퇴원하게 된다. 정신병원은 감옥보다 더 고독한 곳이다. 쇠창살이 가로막은 창문은 인간의 마음에 그렇게 창살을 치고, 뛰어내릴 수도 목을 매달 수도 없는 공간은 점점 생에 대한 절망감을 가져다준다. 다행히 효과가 있어 1년 동안은 기적적으로 술을 끊었다. 그는 참으로 대단한 일이라고 회고했다. 그 후 다시 술을 입에 댔으나 소주 대신에 맥주를 마시기 시작했다. 알코올 중독에 대한 기억을 하면서 선생은 여러 번 강조했다.

"알코올 속에는 무서운 세상이 있어요. 그 환상의 세계는 절대 보아서는 안 되는 세상입니다."

알코올 속에는 아마도 무서운 짐승이 사는 것 같다. 다행인지 불행인지 그런 경험이 없는 필자는 어떤 사람에게서 그런 이야기를 들은 적이 있다. 그 사람은 몸에 귀신이 든 것 같아 아주 큰 굿으로 그 귀신을 쫓아내고 있었다. '알코올은 무섭다'는 생각을 하면서 맥주 2병을 더 시켰다.

술에 취해 두서없이 이야기를 나누다 보니, 필자도 '문학이라는 게 도대체 뭐길래…' 하는 생각이 들었다. 선생의 문학 인생에 일점 후회는 없는 것일까. 선생이 이렇게 말했다.

 "내 인생에, 내 문학에 후회는 없어요. 오히려 보람이 있죠. 살면서 좀 굶으면 어떻고 부자면 어때요. 그저 살아가는 것이죠. 윤동주의 '하늘을 우러러 한 점 부끄럼 없기를'은 《맹자》의 한 구절을 따온 것이죠. 즉 《맹자》를 베낀 것인데, 지금 생각하니 그럴 만하다는 생각이 듭니다. 하늘을 우러러 한 점 부끄럼이 없어야 해요. 문학을 하려면 말이죠."

존구자명存久自明

윤후명 선생은 이름만 대면 알 만한 기업을 하는 집안의 사위다. 즉 궁핍하지 않게 산다. 어떤 친구들은 윤후명이 부잣집으로 장가를 갔으니 이제 글을 못 쓸 것이라고 했지만, 천만의 말씀이다. 최근작인 《새의 말을 듣다》를 읽으면서 필자는 오히려 더 젊고 치열한 작가정신을 보았다. 그것은 오래될수록 그 가치가 더욱 빛나는 도자기와 같다. 거기에는 더 깊어진 선생의 모습이 고스란히 담겨 있었다.

 진짜와 가짜 도자기를 어떻게 구별하느냐는 선생의 질문에 시조시인 초정 김상옥 선생은 간단하게 대답했다. 그 골동품을 사다놓고 오래도록 지켜보면 된다고. 그러면 결국 싫증이 나는 것과 싫증이 나지 않는 것이 있는데 싫증이 나는 것이 가짜일 공산이 크다는 것이다. 아무리 지켜봐도 싫증이 나지 않는 것이 진짜이다. 선생은 소설집 《새의 말을 듣다》 작가의 말에서 이렇게 썼다.

> 곰곰 곱씹고, 또 살아오면서 여러 몹쓸 일 겪기를 오래하다 보니, 그처럼 진리의 금언이 따로 없었다. 《맹자》라고 기억되는데, 읽다가 채록해놓은 '존구자명存久自明', 오래되면 스스로 밝아진다는 말! 선생의 말과 상관없이 나중에 내가 의지해온 이 한 마디와 일치하기도 해서, 나는 지금도 놀란다. 새벽잠이 없어진 지 오래인 요사이, 나는 선생의 말을 되살리며 어둠 속에 앉아 있곤 했다. 이제까지 나를 오래도록 지켜봐온 사람 혹 있다면 어떻게 여길 것인가. 내 작품은 또 어떨 것인가. 진짜로 올려질 것인가. 가짜로 내려질 것인가. 나 자신 나를 지켜보며 아무쪼록 싫증이 나지 않는 사람이 되어야 하리 하며, 오래 전 도자기를 가만히 지켜본다.

한 송이 꽃에서 우주를 본다

그래서 선생은 문학을 삶의 도구로 보지 않는다. 문학을 도구로만 본다면 생활이 안락해지거나 나이가 들면 그 도구를 내려놓을 수 있기 때문이다. 선생에게 문학은 도구가 아니라 생명이었다.

"난 쓸 거요. 자기 생명을 밝히는 일인데 왜 그걸 안 쓰겠소. 안 쓴다면 죽은 거지. 써야지. 난 죽어도 써요."

죽어도 쓴다는 것은 생명엔 끝이 없기 때문이다. 가끔 환경이 바뀌면 펜을 내려놓는 친구들도 있는데 그런 사람을 보면 속았다는 생각이 든다고 했다. 젊은 날의 가난은 그 세월처럼 멀리 떠나고, 선생은 이제 돈 걱정은 하지 않는다.

아니 솔직히 고급 승용차 정도는 타고 다닐 수 있는 처지지만, 삶의 모양을 바꾸지 않았다. 그런 자신을 사랑하는지도 모를 일이고, 문학을 생명으로 여기기에 생활에 대한 두려움을 벗어났기 때문인지도 모른다. 선생은 지금이라도 들에서 풀을 뜯어 라면에 넣어 먹으면서 살 수 있다고 자신감을 보였다. 그 자신감은 문학이라는 강인한 생명력에서 비롯된다.

그는 평범하지 않은 삶을 살아왔다. 모진 삶의 풍파를 겪었지만, '괜찮다' 라고 자신 있게 말한다. 열심히 살고, 남에게 신세 안 지고, 한눈팔지 않고 문학에 매진하는 모습에 생명력이 넘쳤다. 글을 쓰는 것 자체에 행복감을 느끼면서 사는 인생. 그러나 서서히 세월의 무게를 느끼지 않을 수 없다.

"세월이 지나면 누구나 혼자가 되지요. 이젠 혼자 있는 게 좋아요."

그러나 선생은 혼자 가만히 있지는 않을 것이다. 혼자서 아무도 모르게 숨겨둔 나의 다른 모습을 찾아가거나 독도를 찾아가거나, 청계천 주변을 산책할 것이다. 그 기록이 작품집 《새의 말을 듣다》이다. 선생은 어쩌면 독도와 같은 분이 아닐까 하는 생각을 했다. 독도는 쉽게 닿을 수 없는 곳이다.

소설 〈새의 말을 듣다〉에 나오듯이 거친 동해 한가운데 있는 이 작은 섬은 자신의 몸에 사람이 쉽게 오르지 못하게 한다. 결국 선생도 두 번이나 근처에서 머물다 돌아와야 했고, 그 경험이 녹아 만들어진 게 이 소설이다. 나는 이 소설을 읽으면서 선생의 모습을 떠올렸다. 작은 체구에 다부진 몸도 독도를 닮았고, 온갖 소문이 선생의 곁에서 떠돌지만, 그것은 '그'라는 섬에 오르지 못하게 하려는 동해의 파도가 아닐까 싶었다.

살아갈수록 어렵고 힘든 일이 사람을 안다는 것이다. 범인凡人들의 세계도 파헤치면 개미굴처럼 복잡하고 슬프다. 소설 속에서 독도를 떠나며 배에서 만난 알타이어를 연구하는 사람과의 대화. 그것은 새의 울음소리를 통해 전하고 싶은 선생의 언어인지 모른다. 흔히 뱃전을 따라오는 괭이갈매기는 그 울음소리가 괭이, 고양이 같다고 해서 붙여진 이름이지만, 작중 알타이어 연구자의 말처럼 듣는 이에 따라서는 이렇게 말할 수도 있다.

"고양이나 다른 동물의 소리를 말하는 게 아닙니다. 주제넘습니다만, 제 귀에는 그 소리가 알타이어로 들린다는 겁니다."

소설가는 고양이나 개의 울음소리를 내는 것이 아니라, 내면에 울림이 있는, 뿌리가 있는 자신만의 언어로 울음소리를 낸다. 읽는 이에 따라 그 소리는 새의 말처럼 들리기도 하고, 호랑이의 포효로 들리기도 한다. 하지만 그것은 언어다. 선생은 이 소설에서 선생의 언어가 꿈꾸는 세계를 선명하게 밝혔다.

나는 일찍이 식물학자가 되었어야만 했다. 그러지 못한 것이 두고두고 내 삶의 짐이었고, 숙제였다. 때로는 그렇게 다시 살았으면 싶었다.

'한 송이 꽃에서 우주를 본다'는 어느 시인의 시 구절은 잊지 못할 명구였다. 식물에 집착한 만큼 나는 샤먼들의 신목을 믿었다. 아니 모든 나무와 풀을 신목이자 신초로 여기고 싶었다. 그러나 내가 한 송이 꽃에서 우주를 보고자 대화한다면 그 말이 무슨 말일지에 대해서는 생각해보지 못했다. 대화에는 말이 필요하다. 그렇다면 응당 한국어가 되어야 마땅하다. 꽃은 물론 우주도 한국어로 응답할 것이다. 당연한 사실을 나는 비로소 깨달은 것이었다.

작품집 《새의 말을 듣다》는 혼자 있는 사람의 여행기다. 선생의 인생 자체에 비유할 가장 적절한 단어가 여행일 것이다. 선생은 떠도는 영혼을 가지고 있다. 그래서 결국은 혼자 남게 되는데, 그것이 이번 작품집에서는 숲 속에서 들려오는 새소리처럼 가깝다. 작품집의 해설에서 평론가 오생근 선생은 선생의 글쓰기에 이런 설명을 한다.

윤후명다운 글쓰기란 시대적 변화 속에 황폐해진 내면적 공허를 증언하는 일로 요약할 수 있다. 그는 소설의 형식을 통해, '고도성장'의 산업화로 인해 우리가 잃어버린 것을 돌아보는 기억과 반성의 행위로 우리의 삶이 어디에 있고 어디로 향해 가는 것인지를 끈질기게 질문한다.

멋진 생일선물

인사동에 있는 이탈리아 식당에서 맥주를 두어 병 더 마시고, 선생은 또 후배가 한다는 근처의 포장마차로, 나는 일상에서 나를 기다리고 있는 늙은 부모님과 처자식을 향해 발걸음을 돌렸다. 늦은 저녁식사를 식구들과 하면서 내 생일에, 선생이 나에게 아주 큰 생일선물을 해주신 것 같다는 생각이 들었다. 그것은 생에 대한 예술가의 아름다운 육성이고, 소설로는 다 말할 수 없는, 이런 서툰 산문으로도 다 담아낼 수 없는, 선생이 인생을 바라보는 시선이다. 선생은 근본적으로 아름다운 것을 좋아하는 분 같다. 그래서 꽃이 좋은 게다. 다행히 인사동 거리에는 꽃처럼 아름다운 여인이 많이 지나다녀 선생에게 즐거움을 준 것 같아 그것도 기분이 좋았다.

한 송이 꽃을 피우고 싶다. 다음날, 나는 작업실에 있는 화분에 물을 주었다. 꽃이 피어날 것이다. 아름다운 여체의 상징인 꽃, 시들지 않는 예술가의 꿈인 꽃, 이처럼 식물적인 상상력이 세상의 물이 되고, 희망이 되고 생명 그 자체가 될 것이다. 선생의 말대로 삶은 곳곳에서 모세혈관처럼 인연이 이어져 있어 선생을 만나게 되니 즐거울 뿐이다. 그리고 슬프다.

수성의 시인 조정권

시 <산정묘지>로 한국 시의 지평을 넓힌 것으로 평가받는 조정권 시인. '천상의 누각'에 도달하기를 꿈꾸던 그의 거침없는 시 세계는 깨달음을 얻은 성자처럼 세상 곳곳을 에돌더니 물이 다 차서 고요한 연못이 되고 그곳에서 아름다운 연꽃을 피워올린다.

벼랑 끝에서 내려와
삶의 비린내를 품다

나는 지금 일산 정발산공원의 작은 연못을 바라보고 있다. 연못은 조용히 고여 있는 세상이다. 그 고요함 속에서 피어나는 연꽃을 시라고 해도 될까 싶다. 몇 발자국만 걸어가면 자동차와 사람들의 소음으로 시끄러운데 이 작은 산의 연못은 아랑곳없이 그렇게 거기에 존재하고 있었다. 우리 사는 세상에 시란 저런 것이 아닌가 싶어 연못 주위를 조용히 맴돌다 멈춰 서니, 철없는 잠자리 한 마리가 어깨 위에 내려앉는다.

잠자리가 다시 날아갈 때까지 나는 나뭇잎처럼 조용히 숨을 쉬었다. 내가 살아 있다는 사실을 잊고 지낼 때가 있다. 그때 이런 잠자리들은 내가 움직이는 뜨거운 생명임을 알려준다. 한참을 움직이지 않으니 잠자리의 날개마저 무겁다. 이러한 무거움이 삶이다. 투명하게 하늘이 높아가는 계절에 나는 정말 오랜만에 조정권(趙鼎權 · 61) 시인의 어깨에 잠자리처럼 내려앉아 그의 시를 연못의 연꽃을 바라보듯이 보았다.

조정권 선생을 뵌 지 10년은 넘었을 것이다. 가을날이었던 것 같은데, 종로 혜화동에 있는 마로니에 공원에서 시인 남진우와 함께 뵌 기억이 선명하다. 당시 나는 등단한 지 얼마 안 되는 신인이었고, 젊었다. 선생은 이미 시 〈산정묘지〉로 유명했는데, 가깝게 피어 있는 꽃과 같았다. 선생을 꽃으로 비유한 것은 그때 햇살이 좋았고, 선생의 외모가 준수하게 느껴졌기 때문이다. 그때 우리들은 주로 문학과 음악 이야기를 나눴던 것 같다.

그리고 다시 선생을 찾아가는 길이다. 일산에서 석계로 가는 길은 차라리 춘천이나 원주 같은 곳으로 가는 것보다 험하고 어려웠다. 내부순환도로를 타고 월곡 램프로 내려오면 된다는 이야기만 듣고 덤벙대면서 시동을 걸었다. 내부순환도로에서 월곡 램프를 지나친 것이 화근이었다. 마장 램프로 빠지는 바람에 완전히 길을 잘못 들었다. 마장 램프에서 내려오자 청계천이다. 좌회전이 전혀 허용되지 않는 '우라질' 도로였다. 청계천을 일주하고 그대로 그 길을 되돌아와서 다시 순환도로를 타고 가다가 제일 가까운 램프로 내려가 또 좌회전이 안 되어, 불법 유턴을 해서 순환도로를 다시 탔다. 옆 차가 경적을 울리자 내가 도리어 화를 내면서 노려보았다.

그렇게 순환도로를 다시 탔지만, 또 길을 잘못 들어 강남으로 빠지는 바람에 영동대교를 타고 강남으로 조금 들어갔다가 다시 유턴을 해서 영동대교를 타고 동2로, 동1로를 거쳐 태릉에 도착했다. 태릉 사거리를 지나자 솔직히 조정권 시인이고 뭐고 그냥 돌아가버리고 싶었다. 이런 것이 일상이다.

  길은 막히고 늦여름 더위는 에어컨 바람을 비웃었다. 등으로 땀이 흘러내리고, 십수 년 전에 본 선생의 아름다운 모습은 멀어지고, 만일 또 전화로 길을 가르쳐주신다면 못 찾겠다고 하고 그냥 돌아갈 생각이었다. 극도로 신경질이 난 나는 마음을 진정시키기 위해 차를 세우고 가까이에 있는 빵집에서 우유 한 잔을 마셨다. 선생에게 전화를 걸었다. 내가 횡설수설하자 선생이 말했다.

  "내가 나갈 테니까 그 자리에 차 세우고 계세요. 근처에 큰 건물이 뭐가 있지요?"

  나는 농협과 웬 불고깃집 간판을 말하고는 차에서 내려 담배를 피워 물었다. 더운 날씨라 사람들도 그렇게 덥게만 보였다. 잃는 것이 있으면 얻는 것도 있는 법. 무척 짜증스러웠지만 선생이 나오신다니 기분이 풀렸고, 그렇게 드디어 선생을 다시 만났다.

  차에서 내린 선생은 별로 변하지 않으셨다. 나를 보고 무척 고생했다며 태릉 아이스링크 근처에 있는 카페로 데리고 간다. 지난해인가, 모 잡지사의 의뢰로 태릉 아이스링크에서 김연아 선수를 만난 적이 있다는 말을 하면서 조정권 선생과 근처의 카페로 갔다.

시와 삶의 균형감

이탈리아 식당 카페에서 선생과 마주 앉았다. 오후 4시경이었다. 3시에 만나기로 했는데, 한 시간이 늦었다. 일산에서 3시간 걸려 만났다. 선생은 남부순환도로를 타고 오다가 북부순환도로로 빠져서 월곡 램프로 내려오라고 한 것이었는데, 나는 북부순환도로를 지나치면 월곡 램프가 나온다고 잘못 알아들었다.

이것은 단순한 문제가 아니었다. 우리의 삶도 문학도 길을 잘못 들면 고생만 하고, 신경질만 나며, 거리에서 거의 벌거벗고 다니는 여자를 보고 위안이나 얻는 그런 꼴이 되어버린다. 선생이 하는 말을 잘 새겨들어야 하고, 좋은 선생을 만나야 방황하는 기간을 단축할 수 있다.

우선 간단하게 선생의 근황을 들었다. 선생은 화려한 이력에 비해 문단활동이랄까 바깥 활동이 거의 없는 분이다. 늘 고요한 선생의 일상은 그렇게 덜 움직임으로써 더 깊어지는 세계를 추구한다. 20년 넘게 근무한 문예진흥원 시절, 선생은 거의 출퇴근 코스만 밟았을 뿐 광화문이나 인사동 같은 곳에서 문우들과 어울려 노는 시간이 없었다.

지금도 마찬가지다. 수년 전에 문예진흥원에서 퇴직하고 지금은 대학에서 강의를 하는데, 대학과 집만을 오가는 생활을 하신다. 적어도 겉으로 보이는 이 두 공간, 그리고 공간이동은 시와 삶의 이동으로 보인다. 시인에서 생활인으로 넘어가는 삶의 이동은 매일매일 이뤄지기에 특별한 경계선이 없다.

움직이는 동안 저절로 그 공간에 맞는 스타일이 갖춰진다. 양 어깨에 물통을 메고 걸어가듯이 삶의 걸음걸이에서 가장 중요한 것은 바로 '균형' 혹은 '균형감'이다. 선생의 이러한 단순한 생활방식은 삶의 균형을 중요시하는 데서 온다. 직업을 가지고 있기에 생계수단인 그 직업과 시인으로서의 삶, 이 두 가지가 균형을 이루기 위해서는 생활이 흐트러져서는 안 된다고 말씀하신다.

직장에서는 직원들과 어울려야 한다. 특히 선생의 한평생 직장이라고 해도 과언이 아닌 문예진흥원은 우리나라의 모든 예술가가 모인 곳이고, 선생은 그곳에서 예술 행정을 비롯한 많은 일을 했다. 조화롭게 어울리지 못한다면 할 수 없는 일이다. 그 어울림이 기둥이거나 이파리라면, 그 뿌리는 홀로 있음이다. 젊어서부터 혼자 있는 것을 좋아하는 성품이었기에 가능한 일이다.

혼자 있다는 것. 옛 선비들은 '신독愼獨'이라는 《대학》의 한 구절을 인용하면서 혼자 있을 때 몸가짐을 바르게 함의 중요성을 강조했다. 사람들은 온 우주와 연결된 존재이지만 그 근원은 바로 혼자, 자기 자신이다. 부처도 삶의 첫 탄성이 바로 '천상천하유아독존'이었다. 혼자 있어 편하고 좋은 경지는 천성도 있겠지만, 절차탁마를 통한 결과일 수도 있다.

무서운 고요의식

인간은 어울려 다니길 좋아한다. 선생 역시 인생의 스승을 만나기 전까진 적어도 시적으로는 매우 방황한다. 그러다 36세 되던 해인 1985년 김달진 선생을 만난다. 한국의 대표적인 은둔 시인, 한학자, 불교학자인 김달진 선생과의 만남을 통해 무섭게 고요하고 깊은 세상을 만난 것이다. 시집 《산정묘지》로 올라가는 여정을 여기에서부터 둔다고 했다. 그분을 추억이라도 하듯이 나지막하게 두 분의 인연을 이야기했다.

"그분의 영향을 많이 받았어요. 수유리에 있는 선생 댁을 찾아다니면서 내가 앞으로 걸어야 할 길의 방향을 본 거죠. 아니, '올라야 할 길'이라고 하는 것이 좋겠네. 선생은 전형적인 은둔시인이죠. 밖의 세상에는 일절 관심을 두지 않았어요. 생전에도 선생 이름이 문단 주소록에 작고作故 문인으로 기록된 적이 있을 정도니까. 그 이야기를 했더니 선생은 그저 웃기만 하셨지요. 그런 분입니다. 저는 그것을 '무서운 고요의식'이라고 합니다. 선생의 칩거생활은 단순히 세상으로부터 외롭게 있는 것이 아니었습니다. 선생은 커다란 고요를 품고 세상을 바라보고 있었던 거죠. 격리가 아닌 삶의 포용이었고, 그것이 매우 크고 고요하기 때문에 그 조용함이 저희들에게는 외롭게 보이는 거죠."

그분으로 말미암아 시인은 선시禪詩와 한시漢詩의 세계를 만난다. 때론 단 한 문장으로 삶의 비의를 드러내고 깨어버리는 그 무서운 고요함의 세계. '산정묘지'의 정신은 거기에서 움트고 자란다. 계속해서 선생은 말한다.

"1980년대가 얼마나 소란스러웠어요."

그렇다. 전두환과 광주로 시작된 1980년대는 우리 현대사의 살점이 떨어져 나간 아픈 시절이기도 하다. 마치 전쟁을 치르고 난 것 같은 황량함 속에 귀신처럼 돌아다니던 번거로움들. 싸움은 싸움을 낳고, 서로의 주장으로 한여름의 매미처럼 당장이라도 죽어버릴 것처럼 울어대서 마침내 온몸을 텅 비워버리는, 영혼이 말라비틀어져버린 소비적인 외침들이 얼마나 거칠던 시절인가.

　필자 역시 이 시절에는 한구석에 틀어박혀 막걸리를 마시고 살았다. 그리고 다른 세상을 꿈꾸었다. 바슐라르나 에밀리 디킨슨을 통해 이런 세상에도 끝내 살아가야 할 신비스러운 곳이 있을 거라고 믿었다. 시는 근본적으로 서정이다. 그것이 서사를 갖추고 있어도 서정이다. 그런 시절에 만난 김달진 선생. 그 소란스러움 속에서도 선생은 고요히 있었다.

　"저렇게 무서운 사람도 있구나 싶었죠. 저게 시인의 삶이 아닌가 반문하면서 그 소란스러운 1980년대에 저토록 고요한 세계를 만난 거지요. 그러나 그것은 관념이나 사상이 아니라 실제로 수유리에서 거처하며 사시는 모습이었어요. 책이 아니라 사람 말입니다. 그 어른을 통해서 나는 보고 배웠습니다. 그분이 내 시의 길을 열어주었습니다."

독락당 대월루 獨樂堂 對月樓

1991년 펴낸 시집 《산정묘지》에 실린 자서自序는 이러한 과정에서 저절로 익어 떨어진 감과 같은 시다.

　　獨樂堂 對月樓는
　　벼랑꼭대기에 있지만
　　예부터 그리로 오르는 길이 없다.

누굴까, 저 까마득한 벼랑 끝에 은거하며

내려오는 길을 부셔버린 이.

– 시 〈독락당獨樂堂〉 전문

'독락당 대월루'는 조선 선비 이연적이 경주 근처 시냇가에 지어놓은 작은 정자다. 그래서 벼랑꼭대기에 있다는 말은 산문적인 의미에서는 오기誤記다. 시냇가와 벼랑꼭대기를 어떻게 산문적인 논리로 풀어낼 수 있는가. 이것은 선생이 이 시집을 풀어나가는 은유다. 시냇가에 있는 작은 정자를 벼랑꼭대기에 세워놓고 길을 지워버린 어떤 존재. 그 까마득한 벼랑 끝에 은거하면서 내려오는 길을 차단한 이는 누구일까. 스승인가 자기 자신인가. 이것 역시 정답이 없다.

필자는 뭐라고 이야기하고 싶은데 그냥 가슴에 담아둔다. 명색이 나도 시인이라서 경거망동하기 싫은 모양이다. 벼랑 끝에 은거하는 이가 바로 이 글을 읽는 당신이면 어떤가. 세상을 살자면 숨을 곳이 있어야 한다. 마음속에 정자를 짓고 살아야 가끔 쉬면서 재충전을 할 수 있다.

나는 선생에게 아주 상식적인 질문을 하나 던졌다. 이런 질문은 대선배에겐 버릇없는 짓이지만, 어쩔 수 없이 조심스럽게 빗방울 같은 궁금증을 선배의 연못에 떨어뜨린다.

"시란 무엇이며, 1980년대 같은 시대의 아픔을 같이 체험하고 느끼고 살아낸 삶의 방식을 어떻게 보십니까? 비판하기를 좋아하는 이들이 선생을 혹시 관념적인 세계만 추구하는, 현실감각이 없는 안일한 사람으로 치부한다면 어떻게 하시겠습니까?"

선생은 빙그레 웃으면서 말했다.

"시란 자기를 견디는 방법이자 시대를 견디는 방법이라고 생각합니다. 서로 다른 방법으로 견디는 것이지요. 그것이 다른 것입니다. 인종이나 다른 부족처럼 말입니다. 그들은 서로 모여서 같이 견디고, 난 그냥 혼자 견디는 겁니다. '집단 개성' 속에 들어가고 싶지 않은 거죠. 집단 개성 속에서 벗어나고 싶은 시적 자아랄까, 그런 것이죠. 모두들 다르게 살잖아요."

그런 자유가 없다면 선생은 이 삶을 견뎌내지 못할 것이다. 이 말을 들으면서 나는 영화 〈미션〉의 로드리고 신부와 가브리엘 신부의 대사를 떠올렸다. 1750년경 아르헨티나, 파라과이, 그리고 브라질의 국경지대에서 스페인 침략군이 평화롭게 살고 있는 원주민 마을을 쑥대밭으로 만들어버린 실제 사건을 영화화한 〈미션〉에서 착한 사람들이 사는 조용한 마을에 무장한 스페인 군대가 밀고 들어오자 그곳에서 선교를 하던 두 신부는 자기의 방식으로 신의 사랑을 찾아간다. 그것은 자신을 견디는 방법으로 봐도 무관하리라.

로드리고 신부는 침략군에 대항해 칼을 들었고, 가브리엘 신부는 십자가 아래서 묵상하고 기도한다. 서로 다른 생각과 사랑의 방법을 제시하는 두 신부. 칼을 차고 가브리엘 신부에게 다가간 로드리고 신부는 이제 신의 사랑을 실천하고 죽어갈 자신에게 축복을 내려달라고 부탁한다. 그러자 가브리엘 신부의 입에서 이러한 말이 흘러나온다.

"그럴 수 없어…. 만일 당신의 행동이 옳다면 당신은 하나님의 축복을 받을 것이오. 만일 그르다면 내 축복이 무슨 소용이 있겠소. 무력이 옳다면, 이 세상에 사랑이 설 자리는 없을 것이오. 아마 그럴 거요…아마도. 하지만 나는 그와 같은 세상을 살아갈 힘이 없소. 로드리고. 나는 당신을 축복할 수가 없소."

그러나 이 말을 하고선 자신의 목에 걸고 있던 십자가 목걸이를 걸어주고 잠시 로드리고를 응시하는 가브리엘 신부는 수천 마디의 말로도 표현할 수 없는 진정으로 성숙한 인간의 모습이었다. 서로 다른 길을 걸어가면서도 서로의 방식으로 사랑과 축복을 내리는 이 사람들. 고독과 은둔의 신부와 행동하는 신부가 서로 다른 방식으로 사랑을 실천하는 모습은 사랑이라는 저 미묘하고도 깊은 세계를 드러나게 했다. 1980년 광주는 스페인군에게 침략당한 원주민 마을과 별로 다를 것이 없다. 그 상황에서 우리 시대의 가브리엘과 로드리고는 자신의 방식으로 삶을 살았고, 사랑했을 것이다. 조정권 선생은 아마도 가브리엘의 방식을 선택했을 것이다.

아직 더운 늦여름이었다. 선생과 나는 담배를 피우기 위해 정원처럼 꾸민 카페의 야외 테이블에서 이야기를 나누었다. 한여름에 자연은 정말 열심이다. 숲에서 들려오는 새소리를 배경으로 뜨거운 햇볕을 받아들이는 나뭇잎에서부터 매미들의 울음소리, 마치 한여름이 생애의 전부인 것처럼 모든 것이 쉬지 않고 자신의 세계에 몰두하고 있었다.

작가들 중엔 매일매일 꾸준하게 조금씩 쓰는 스타일이 있고, 몰아서 한꺼번에 미친 듯이 쓰는 스타일이 있다. 선생은 '뜨거운' 한여름과, '차가운' 한겨울에 글을 몰아 쓴다. 일단 글쓰기에 들어가면 최대한 집중하기 위해 거의 물만 먹으면서 집필하는 것이다.

천상의 누각

"시를 쓰기 전에 머릿속이나 마음에 떠오른 생각들을 이리저리 굴리는 시간이 필요하지요. 에너지를 충전시키는 것처럼 말이지요. 그리고 집중적으로 집필합니다. 한여름이나 한겨울에 주로 작업하는데, 아마도 뜨겁고 차가운 그 감각적인 자극이 시를 자극하는 것 같기도 해요. 그리고 시가 써지기 시작하면 한꺼번에 쏟아져 나오죠. 쓸 때는 허기져서 쓰는 것입니다. 그동안의 삶이 허기져서 글이 나오는 것이죠. 이 허기가 나오는 계절이 바로 여름과 겨울입니다."

걸신들린 자가 밥을 먹는 것처럼 그렇게 시를 먹고, 우리는 그의 그러한 모습을 〈산정묘지〉에서 볼 수 있다. 그 세계는 기존의 우리네 시세계와는 다른 공간이었다. 뜨겁고, 차갑고, 무섭고, 고요하고, 휘몰아치고, 머무는 공간이었다. 관념적인 표현이라고 할 수 있는 구절도 그 뜨겁고 차가움으로 용솟음치는 힘이 넘치는 시였다. 한여름에 이런 시를 읽는 시간은 태양 속에 얼어붙어 있는 한 조각의 얼음 정신을 바라보는 시간이다.

겨울 산을 오르면서 나는 본다.
가장 높은 것들은 추운 곳에서

얼음처럼 빛나고

얼어붙은 폭포의 단호한 침묵.

가장 높은 정신은

추운 곳에서 살아 움직이며

허옇게 얼어터진 계곡과 계곡 사이

바위와 바위의 결빙을 노래한다.

山頂은

얼음을 그대로 뒤집어쓴 채

빛을 받들고 있다.

만일 내 영혼이 天上의 누각을 꿈꾸어왔다면

나는 신이 거주하는 저 천상의 일각을 그리워하리.

가장 높은 정신은 가장 추운 곳을 향하는 법.

- 시 〈산정묘지〉 중에서

   겨울 산의 결빙은 인간의 정신이 도달할 수 있는 한 정점이기도 하다. 보석과 같은 그 차가운 결빙, 시인의 눈에 그것은 자신이 도달해야 할 정신의 결정체로 보인다. 그것은 한 조각의 얼음일 수도 있고, 수만 년 동안 땅속에서 만들어진 보석일 수도 있다. 시란 그런 얼음조각이나 빛나는 보석이리라. 그래서 가장 높은 정신은 가장 추운 곳을 향한다고 되뇌면서 겨울 산을 올라가고 있다. 이것은 단순히 정신의 올라감이 아니라, 시를 쓰는 몸을 그곳으로 밀고 올라가게 하는 것이다.

두 발로 산정을 걸어 올라가면서 더 높은 정신의 세계를 꿈꾼다. 시인 조정권은 인간의 정신이 어디에까지 도달할 수 있는지 알고 싶다. 그러한 마음이 결빙이 된 이 시편들은 모두 차갑게 빛난다. 그리고 이 시편들을 출발로 선생의 시적 사고가 수직의 상상력으로 변화한다. 이러한 세계가 형성된 것은 선생의 설명에 따르면 고故 김달진 선생을 만나고부터라고 했지만, 어쩌면 그 인연은 필연이 아니었을까.

우리는 하루에도 알게 모르게 수없이 많은 인생의 스승을 그냥 지나친다. 어린아이일 수도 있고 노인일 수도 있고, 친구나 직장 동료일 수도 있다. 만난다는 것은 깨어 있지 않으면 가능하지 않다. 김달진 선생을 만나기까지 선생은 두 눈을 뜨고 깨어 있었다. 이 정신의 결정체인 〈산정묘지〉에 대해서 선생은 이런 말을 독자에게 남긴다.

"한국 시의 답답한 틀을 깨고 싶었죠. 우리 시의 단형주조인 그 '틀'을 말입니다. 아마도 내가 〈산정묘지〉를 쓰면서 욕심을 낸 것이 있다면 바로 이것입니다. 한국 시의 정신적인 스케일을 깊게, 넓게, 높게 하고 싶었던 것이죠. 그것이 어디까지 가능한가. 스스로 물어보면서 높이 올라가고 싶었던 것입니다."

시집 출판 이후, 국내 문단의 호평도 호평이지만 프랑스의 좌파 언론인 『리베라시옹』은 불어로 번역된 〈산정묘지〉를 대서특필했다. 이 시집으로 적어도 유럽에서는 조정권 시인이 옥타비오 파스와 더불어 세계 15대 대표시인으로 꼽혔다.

단박의 깨달음

이 여름이 지나가고 가을날이 온다. 그 가을날에 땅을 향해 수직으로 떨어지는 나뭇잎들이 거주했던 곳은 지상이 아니라 천상의 누각이다. 첫 연을 읽다보면 잘 조탁된 언어가 회화적인 이미지로 다가온다. 읽은 이는 그림처럼 보이는, 그래서 관념적이지 않은 저 어렵고도 어려운 산정의 이미지를 느끼게 되는 것이다.

이러한 시 세계는 문예진흥원에 근무하기 전, 즉 선생의 젊은 날의 직장인 건축예술잡지 『공간』에서 만든 시의 공간이다. 『공간』지 편집장으로 6년을 근무하면서 화가와 작곡가들을 만나고 그들의 세계와 교감하는 시기를 거쳤다. 당시 이만방 선생, 작곡가 강석희 선생 등과 교분을 나누었다. 이 시절의 경험을 바탕으로 선생은 이렇게 말했다.

"시는 창조적인 작업이지요. 시뿐만 아니라 모든 창조적인 작업은 그 주변에 있는 자매예술이 어떤 식으로 움직이고 있는지 민감하게 느껴야 합니다. 그것은 손으로 설명할 수 있을 것 같은데요. 손가락이 다섯 개인데, 한 손가락을 쓴다면 손 기능의 약간만을 사용하는 거지요. 모든 예술이 정신에서부터 손으로 흘러나오는 것인데, 다섯 손가락을 다 이용하기 위해서는 항상 자매예술과 친하게 지내야 한다고 생각합니다."

그래서인지 선생은 미술평론을 하기도 하고, 특히 고건축을 비롯한 우리 전통건축에 일가견이 있다. 그 예술 분야에 깃들여 있는 '조형적 사고'를 본다. 그리고 그것을 시로 응용한다. 시를 한자로 풀어 설명하면, 역시 언어로 만들어진 집이라는 뜻이 아닌가. 그 사원에 거주하는 사람이 바로 시인이다. 조정권 시인의 산정누각은 바로 시의 본연에 가장 가까운 이미지이기도 하다.

그것은 살아 숨쉬는 생명이다. 김달진 선생을 만나기 전에는 이러한 세계관이 그를 지배했다. 시적 사고나 음악적, 미술적 사고의 차이가 뭔가? 공통점은? 한국 시에서 주변 예술에 일관되어 있는 조형적인 사고는? 그러한 물음은 자연스럽게 동양정신 쪽으로 가까워졌고, 부싯돌이 부딪쳐 불꽃이 살아나듯이 김달진 선생을 만남으로 선생은 비로소 시인으로 걸어가야 할 길을 보았다고 했다. 그 깊고 깊은 동양정신의 바다 속으로 빠져들어 촌철살인, 도끼로 장작을 패는 것 같은 단박의 깨달음의 세계에서 한 시절을 보내게 된다. 그 다음의 삶은 여행이다.

'수직적 사고'에서 '수평적 사고'로

"〈산정묘지〉 이후 10년간은 해외여행을 많이 다녔습니다."
조심스러운 비유이긴 하지만 시인의 삶은, 깨달음을 얻은 자들이 깨달음 후에 하는 여행과 닮아 있다. 부처는 6년 고행 이후 보리수나무 아래에서 깨달음을 얻은 후 고해와 같은 생을 걸어서 길 위를 다니다가 열반했다. 예수 역시 광야에서 시련을 견디고 어부와 같은 그 시대의 가난한 자들과 함께 여행했다.

머물고 흐르는 것은 나아가고 물러가는 것과 같은 이치다. 물이 차면 흘러넘치고, 모자라면 고이는 법. 조정권 선생은 고여 있는 삶이 흘러넘치자 흘러다니듯 여행을 한 것이다. 체코의 프라하를 비롯해 유럽은 안 가본 곳이 없을 정도이고, 특히 독일에서는 한동안 체류하기도 했다. 그리고 〈베를린 통신〉이라는 시를 우리에게 보내주었다. 시인은 머무는 곳이 바로 시가 되기 때문이다. 그 정신의 변화가 구체적이고, 일상적으로 내려온다. 산정에 머물렀던 얼어붙은 정신이 산 아래로 내려와 녹아 흐른다.

> 저녁 네 시, 어둠이 깔리기 시작하는
> 브란덴부르크 광장 동쪽 구역
> 터키계 노점상들이 죽은 불빛을 켜놓고
> 도깨비시장을 연다
> 피에 젖은 자유의 벽 조각
> 소련 군모, 사회주의 털모자들이
> 눈발을 쓴 채 거래되고 있다.

― 시 〈베를린 통신〉 중에서

〈산정묘지〉에서 인용한 시와 비교해본다면 시인의 변화된 모습을 금방 느낄 수 있다. 구체적이고 일상적이며, 가까이 오고, 이야기를 걸어오는 시들. 이전의 세계와는 확연히 다른 시 세계가 펼쳐진다. 향 싼 종이에서 향내 나고, 생선 엮어놓았던 새끼에서 비린내 나는 법. 법구경의 첫 장은 영원한 진리다. 삶의 비린내는 역하지 않다. 아니 어떤 이는 이것을 삶의 향기로 느끼기도 한다. 삶은 더럽고 치사하고 구차하고 역겹다. 문학은 그것을 꽃으로 피워올리는 것이다. 이러한 변화를 선생은 이렇게 말했다.

"〈산정묘지〉의 세계는 '수직적인 사고'였는데, 그 후 10년은 '수평적인 사고'의 시절이었다고 할 수 있겠죠. 수직적인 상승을 꿈꾸던 시인이 수평적인 세상에서 어떻게 살아가는가. 그것을 확인하는 과정이 시에 녹아 있고, 내면에 상처가 있기 때문에 숭고한 것을 지향하는 것입니다."

하늘에서 내려오는 햇볕이 땅으로 떨어지듯이, 그 땅에 있는 모든 상처를 드러내 보이면서 눈물자국을 마르게 하듯이, 알게 모르게 고여 있는 진흙탕과 같은 내면의 상처들. 세상의 그 누군들 그런 상처 없이 살 수 있을까. 같은 상처라도 숭고한 것을 바라보고 있는 자는 그 상처에 소금을 뿌려가면서 견디고 견뎌내는 것이다. 선생은 조용히 움직이는 시인이다. 지금도 1년에 보통 20여 편의 시를 발표하고, 이미 시집을 엮을 만큼의 시는 있지만 아직 시집을 내지는 않을 생각이다. 더 생각하고 더 골라내는 과정을 거친 다음 시집은 나올 것이다.

"시는 양보다는 질이죠. 특히 나이 들어서 시집을 낸다는 것은 더 신중하게 해야 될 일이라고 봐요."

잠의 바쁨

"선생님은 어쩌다가 글을 쓰셨어요?"

작가에게 이런 질문을 하면 의외로 깊은 대답이 나온다. 한강의 발원지인 태백산 검룡소를 들여다보는 기분이다. 조정권의 시원은 어디인가? 그 신성한 숲의 가운데 솟아오르는 물방울들, 그것은 시냇물로 이어지고, 거대한 강줄기를 이루고, 기어이 바다, 화엄의 세계를 이룬다. 선생이 양정중학교 3학년이던 시절이었다. 후암동에 있는 일본 적산가옥에서 살았는데 집 건너편에 삼영고아원이 있었다.

"그 고아원 아이들을 보면서 가슴이 아팠어요. 이 세상에는 물과 햇볕을 받고 싱싱하게 자라는 나무가 있는가 하면, 시든 채로 자라는 풀도 있지 않습니까. 내 또래 아이들이 시들시들 자라는 것을 보면서 연민을 느꼈던 것 같아요. 그 아이들과 어울려 놀면서 처음 글을 써야겠다고 생각했죠. 그 아이들의 슬픈 이야기들을 쓰고 싶어서, 당시 다니던 학교 교지에 산문을 쓰기 시작했습니다. 그때 읽은 책이 릴케의 《말테의 수기》였는데, 감동적으로 읽었고 그 스타일을 모방해서 산문을 썼죠."

그 산문을 읽고 문예반 지도교사이던 김상억 선생님이 "너는 시를 쓰는 것이 좋겠다"는 조언을 해주었다고 한다. 그리고 양정고등학교에서 하던 '월계문학의 밤'에 매년 박목월 선생이 오셨는데, 그때 목월 선생을 만났고, 그것이 인연이 되어 목월의 추천으로 스물한 살에 등단한다. 이쯤에서 선생의 문단 이력을 한번 정리해본다.

조정권 시인은 1949년 서울에서 태어나 양정중·고등학교를 거쳐 중앙대 영어교육과를 졸업했다. 1970년 『현대시학』을 통해 등단. 지금까지 시집 《비를 바라보는 일곱 가지 마음의 형태》《시편》《허심송》

《하늘이불》《신성한 숲》과 최근에 《떠도는 몸들》을 냈다. 이러한 일련의 시 작업으로 녹원문학상, 한국시인협회상, 김수영문학상, 소월시문학상 등을 수상했다.

요즘의 선생은 산정도 여행도 아니다. 그것은 연못과 같은 것이었다. 그것을 선생은 이렇게 말했다.

"한 군데 고여 있으면서 그 상태로 머물러 있고 싶습니다. 그것은 사람이 잠을 자는 것 같은 거죠. 그처럼 고요한 시간은 없죠. 저는 요즘 잠자는 것을 갈망하고 잠의 세월을 꿈꾸고 있습니다. 그런데 내가 나를 재우려고 하는 그런 일은 아직 젊기 때문이 아닌가 싶기도 해요. 잠의 최고 경지는 열반인데, 그것은 아직 멀었고……."

이런 말을 하면서 다시 김달진 선생을 떠올렸다.

"그분이 그런 분이셨죠. 잠의 바쁨이 있는 분이죠."

잠의 바쁨? 무슨 말인가 싶었다.

"김달진 어른은 사시는 게 매일 주무시는 것 같았는데, 아무것도 안 하시는 것 같은데 매우 바쁘신 거죠. 그걸 잠의 바쁨이라고 한번 말해본 겁니다."

수성水性의 삶

동양정신을 김달진 선생을 통해 만났다면, 조정권 시인에게 다가온 서양정신의 스승은 바로 시인 '횔덜린'이다. 횔덜린을 읽는 시간은 조정권 시인에겐 충격적이었다. 장영태 교수의 박사학위 논문을 통해 알게 된 횔덜린. 횔덜린은 34세에 걸린 정신분열증으로 40년 동안 세상에서 유폐된 삶을 산 불우한 시인이다.

"그건 아마도 무시무시한 삶이었을 겁니다."

선생은 횔덜린의 흔적을 독일 튀빙겐에서 더듬었다. 시 〈튀빙겐 가는 길〉의 시작詩作 노트에 선생은 이렇게 썼다. 횔덜린에 대한 선생의 마음이 잘 읽히는 글이어서 조금 길게 인용한다.

> 튀빙겐은 전형적인 중세 낭만도시, (…) 12세기 오래된 민가, 후기 고딕식의 교회, 종교개혁 후 신학교로 사용되어온 수도원들, 성들, 헤르만 헤세가 점원으로 일하던 고서점이 있고, 헤겔과 횔덜린이 같이 다니던 신학교도 있고, 횔덜린이 정신착란으로 근 40년을 엎혀살던 목수의 집, 횔덜린 탑도 있다. 이곳의 겨울은 오후 4시부터 어둠이 깔리기 시작하여 6시면 밤이 온다. 햇빛보다 어둠이 오래 지배하는 도시. (…) 밤의 튀빙겐은 흔들이다 빛나는, 대지 위의 성배 같다. 그 성배를 지키는 수호기사들은 이곳의 하얀 어둠, 밤, 침묵, 눈일 것이다.
>
> 그럼에도 욕망의 힘은 인간을 인간의 영원한 원천으로 이끌어가려 한다. 그러나 그 욕망은 현재의 삶에 의해 절단돼 있다. 튀빙겐으로 가는 길은 신성으로 가는 길이지만 건너갈 다리가 없다. 횔덜린이 건너간 다리는 사실 주행선이 아니라 갓길일 뿐, 그의 길은 사면에 암벽도 면벽도 없는 암자 같은 길이 아니었을까?
>
> — 시 〈튀빙겐 가는길〉의 시작詩作 노트 중에서

김달진 선생에게서 동양의 정신을, 횔덜린에게서 서양의 정수를 받아들인 것이다. 이 두 세계는 그의 시세계를 형성하는 음과 양의 세계로, 그 조화로움의 근본으로 보아도 될 것이다. 이런 묘사를 하다보면 현실감각이 떨어지기도 한다. 하지만 조정권의 많은 시는 가까이 있는 친구나 이웃처럼 다정하다.

　그중에서도 지금은 석계역으로 가는 길목이 되어버린 공원에 자리 잡고 있던 한 대폿집이 있다. 경희대 최동호 교수, 고故 박정만 시인과 함께 다니던 곳이었다. 어느 여름날 소나기를 피해 그 대폿집으로 최 교수와 함께 들어가 시 이야기를 나누었다.

　그때 그들의 이야기를 듣고 대폿집 주인인 과부가 박정만의 시집을 두어 권 들고서는 아는 시인이냐고 물었다. 그렇다고 했더니 여기에 밤늦게 자주 오셨는데 얼마 전에 돌아가셨다는 기사를 신문에서 봤다면서 눈물을 글썽이는 모습을 보고 가슴이 아팠다고 한다. 외롭게 세상을 견딘 시인 박정만이 그 외롭게 지친 날들의 늦은 밤을 그곳에서 보낸 것이리라.

　말로 할 수 없어 그 말의 가장 예민한 시를 쓰는 사람들. 언어예술은 차라리 침묵의 회화나 번역될 수 없는 음악의 멜로디를 부러워하기도 한다. 그리고 조정권 선생은 결국 시 〈굴다리 밑〉으로 박정만과 그 대폿집, 눈물을 글썽이던 주모를 추억한다.

　거기에는 박정만과 몇 사람의 흔적이 있을 뿐이다. 그것은 차라리 고요한 한 장면이다. 긴장도 치열한 정신의 파편도 없지만 그렇게 보여줄 수밖에 없는 시인의 마음은 깊은 연못 같다. 그리고 역시 고인이 되신 김영태 선생님의 이야기. 선생은 말년에 쓸쓸하게 암 투병을 하다 돌아가셨다. 찾아오는 사람이 없어 외로운 시절이었는데, 마침 조정권 선생의 따님이 잡지 일을 하면서 김영태 선생의 글을 받았다고 한다. 조 선생의 따님 이름은 혜린이다. 나중에 김영태 선생의 유고 시에서 이런 구절을 읽고 조정권 선생은 마음이 아팠다.

'오늘은 혜린이가 찾아오는 날…….'

김영태 선생은 아무도 찾아오지 않는 나날을 견디다가 고독하게 돌아가셨다. 원고를 받으러 오는 혜린이를 기다리시면서 말이다. 선생은 이런 이야기를 하면서, 과거에 명성이 있어도 결국 갈 때에는 뒷모습만 남는 것이라며 쓸쓸하게 웃었다. 카페 주변 숲 속에서 새소리가 고독하게 울려 퍼졌다. 저녁이 오고 있다. 헤어지기 전에 다음 시집에 대한 이야기를 나누었다.

"언제가 될지는 모르겠지만, 시가 고이고 모여 꽉 차면 내야지요. 그 시집은 아마도 고요한 시집이 될 것 같습니다. 소리 없는 연못 같은 고요한 그런 시집 말입니다."

선생은 연못에 물이 덜 차면 시끄럽다고 했다. 그 연못을 채우기 위해 물이 흘러드는 소리로 소란스럽다. 하지만 물이 꽉 차면 소리가 없다. 고요하다. 그런 시집을 내시고 싶다는 말씀이다. 선생은 이제 수성水性의 삶을 꿈꾸고 있다. 아니 그렇게 살고 있다.

그리고 전날 새벽 2시부터 영화 〈성 프란시스코〉를 보느라고 잠을 설쳐서 피곤하시다고 했다. 이제 일어날 시간이 되었다는 시적 표현이다. 선생은 일어나기 전, 릴케의 한 구절을 이야기했다. 시인에게 언어란 문둥병자가 짚고 다니는 지팡이 같은 것이라는, 그래, 시의 언어는 그래야 되겠다면서 우리 이야기에 마침표를 찍었다.

물이 찬 연못은 고요하다

돌아오는 길은 선생이 직접 차로 길을 안내해주어 수월했다. 선생의 차를 뒤따라가면서 나는 육조 혜능의 일화를 떠올렸다. 육조 혜능은 스승인 오조 홍인에게 법을 전수받고, 어떤 사연이 있어 몰래 강을 건너게 되었다. 나루터에서 홍인이 제자를 건네주려고 손수 노를 잡자 혜능이 이렇게 말했다.

"제가 어리석을 때는 스님께서 건네주셔야 했지만, 제가 깨쳤으니 스스로 건너야 합니다. 건넌다는 말은 같더라도 쓰는 내용이 같지 않습니다. 제가 변방에서 태어났고 말도 어눌하나 스님의 법을 이어받았습니다. 이제 깨쳤으니 당연히 자신의 참 성품에서 스스로 건너야만 합니다."

나는 이 나이가 되도록 조정권 선생이 안내하는 길을 따라가고 있다. 그래도 이 짧은 인연은 얼마나 소중한 것인가.

일산을 떠나 조정권이라는 큰 산을 보고 그 산자락에서 조금 머물렀는데도 마음이 이리 편안한 것은 무엇 때문인가. 이제 정발산의 그 연못 자리를 걸어 나온다. 많은 사람이 걸어 다니는 모습이 잠시 환영처럼 너울거린다. 모두 바람 부는 연못 위의 꽃처럼 두둥실 떠다니는 것 같다. 저 사람들이 모두 시이고 꽃이 아니던가.

WRITER'S FRAGRANCE
POEM·NOVEL

인간의 그늘 속으로 들어간 시인 정호승

이른 새벽, 때론 간병으로 밤을 새우고 나와 편의점에서 생수를 사는 여인의 모습으로, 때론 우유 배달을 위해 자전거를 끌고 가는 사람의 모습으로, 가끔은 청소부의 모습으로 정호승 시인은 우리 앞에 나타난다. 어쩌면 우리는 그런 시인의 모습을 무심코 지나쳤을지도 모르지만, 그 자리에서 시인은 기도한다.

외로움은 상대적이지만, 고독은 절대적이죠..

초가을 즈음에 새벽기도를 다닌 적이 있다. 새벽잠을 꿀처럼 빨아먹고 살던 내가, 억지로 잠에서 깨어나 새벽길을 나서면 무척 피곤했다. 하루 서너 시간밖에 잠을 자지 못한 한 달이었다. 하지만 그런 몸을 이끌고 예배당에 가고, 거기에서 기도하는 동안에는 마음이 평온해지고 가끔은 휘몰아치는 감정 때문에 눈물을 흘리기도 했다. 불가의 수도승이 하안거나 동안거에 들면서 자신을 바라보는 시간이나, 일상에 지친 범부가 새벽기도를 하는 시공간은 일상의 담장을 잠시 헐어내는 시간이다.

한 시간 정도의 기도를 마치고 새벽 담배를 피운다. 교회에서 내려와 점점 밝아오는 태양을 보면서, 사람들이 걸어 다니는 모습을 바라보면서 새벽의 '본모습'을 본다. 새벽은 내가 깨어야 할 나의 '자아'이며, 타인에 대한 '사랑'이고, 간절한 '기도'다. 그렇게 새벽은 깨어 있는 자들의 몫이다. 이제 아침이 오면 저 고요한 거리는 인파로 북적댈 것이다.

나는 새벽기도를 마치고 나오면서 아침을 오게 하는 빛을 보았다. 그것은 예감이었고, 축복의 햇살이었다. 우리들은 서로 다른 공간에 살면서도 같은 시간을 품고 있으며, 그 시간의 경계선이 무너지는 곳에 가끔 가을날 감나무처럼 시가 서 있기도 하다. 새벽에서 아침으로 넘어가는 순간은 찰나다. 그 찰나에 정호승(鄭浩承·60) 시인은 서 있다.

슬픔을 위하여
슬픔을 이야기하지 말라.
오히려 슬픔의 새벽에 관하여 말하라.
첫아이를 사산한 그 여인에 대하여 기도하고
불빛 없는 창문을 두드리다 돌아간
그 청년의 애인을 위하여 기도하라.
슬픔을 기다리며 사는 사람들의
새벽은 언제나 별들로 가득하다.

- 시 〈슬픔을 위하여〉 중에서

시인은 때론 간병으로 밤을 새우고 나와 편의점에서 생수를 사는 여인의 모습으로, 우유 배달을 하기 위해 자전거를 끌고 가는 사람의 모습으로, 가끔은 청소부의 모습으로 새벽에 나타난다. 그를 본 적이 있는가? 독자는 어쩌면 그런 시인의 모습을 보고 그냥 지나쳤을 것이다. 그 자리에서 정호승 시인은 기도한다.

기도하는 시인 정호승. 토요일 오후에 긴 이야기 자리를 벗어나 인사동 거리를 걸으면서 나는 정호승 시인을 '기도하는 인간'으로 보았다. '도구를 사용하는 인간'이 나타났을 무렵엔, 분명 기도하는 인간들도 같은 땅 위에서 살았을 것이다. 네안데르탈인이거나 혹은 우리가 분류해낼 수 없는 원시 인류로서 나는 '기도하는 인간'이 저 원시의 공간을 수만 년 지배했을 것이라고 믿는다. 빙하기에 매머드나 주라기의 공룡과 같은 존재로서의 인류는 '기도하는 인간'인 거인이 지배했을 것이다. 선생의 단정하고 자그마한 체구, 그 몸 안에는 거인이 살고 있다. 큰 키에 대단한 몸을 가진 마음의 거인이 세상사의 자잘한 모습을 읽고 안타까워한다.

"선생님은 서정시인입니까?"

뜬금없이 서정시 이야기를 꺼냈다. 선생은 허허 웃으면서 서정이란 시의 본질 중 하나라고 생각한다면서, '나의 서정은 인간을 이야기하는 서정'이라고 부연 설명해주었다.

"꽃 하나를 보아도, 그 자연물 속에서 제가 보는 건 인간이지요. 저에게 다가오는 모든 상징이나 꽃과 별과 같은 자연물은 모두 인간을 이해하기 위한 매개물입니다. 시는 인간을 이해하기 위해 존재하고, 나를 포함한 모든 인간을 이해하는 과정입니다."

시란 인간을 이해하는 과정

시는 인간을 이해하는 길인 동시에 목적지이다. 그런데 선생은 인간의 삶을 비극으로 점철된 과정으로 본다. 석가모니의 6년 고행, 예수의 골고다 언덕이 바로 인간의 바다이고 인간의 길이다.

"기쁨은 잠시 피었다 지는 봄날의 꽃 같은 거고, 삶은 우리들이 밥을 먹는 것처럼 아주 구체적인 비극으로 이루어져 있습니다. 그 인간의 삶을 시로 적어놓은 거지요. 내 이야기를 하는 겁니다."

그래서인가. 선생이 직접 뽑은 선생의 시선집의 부제가 '나는 그늘이 없는 사람을 사랑하지 않는다'이다. 선생은 인간의 그늘 속으로 걸어 들어간 그늘의 시인이다. 우리가 공감하는 것은, 그 그늘이 바로 나의 그늘이고, 어쩌면 앞으로 나의 그늘이 될 수도 있다는 예감과 더불어, 그 그늘을 떼어버리고는 살 수 없는 어쩔 수 없는 그 삶을 살고 있기 때문이다. 그래서 선생의 슬픔은 자신의 기쁨에게 이렇게 말한다.

나는 이제 너에게도 슬픔을 주겠다.
사랑보다 소중한 슬픔을 주겠다.
겨울밤 거리에서 귤 몇 개 놓고
살아온 추위와 떨고 있는 할머니에게
귤 값을 깎으면서 기뻐하는 너를 위하여
나는 슬픔의 평등한 얼굴을 보여주겠다.

― 시 〈슬픔이 기쁨에게〉 중에서

새벽기도를 하면서 나는 기도하는 사람들의 모습을 보았다. 그들은 대부분 울고 있었다. 불 꺼진 교회당은 사랑보다 소중한 슬픔의 공간이다. 나는 기도를 하지 못하고 그들의 슬픔만을 보고 슬펐다. 새벽에는 언제나 나보다 먼저 깨어 있는 자들이 있었다. 그들은 어쩌면 밤새워 슬픔의 길을 걸어온 사람인지도 모른다.

어머니의 꽃밭

일상에 지쳐 내일은 오늘보다 나을 것이라는 달콤한 꿈의 기쁨에서 깨어난 나에게 새벽은 언제나 기도하면서 울고 있는 사람들의 시간이었다. 그들은 오늘이 바로 어제의 슬픔이 드러나는 날이라는 걸 알려주었지만, 그건 기쁨으로 가는 길이 아니었다. 기쁨은 슬픔의 길을 걸어가다 잠시 드러나는 물거품 같은 것이다.

선생은 그 물거품을 그냥 사라지게 하지 않는다. 그것은 때론 꽃으로 피어나고, 맹인부부가 구걸하기 위해 어설픈 연주를 하는 길거리로 나타난다. 하지만 그것만이 선생의 시가 아니다. 거기에 배어 있는 아름다운 것들, 선생은 그걸 그대로 쓰고 우리에게 읽어주는 것이다. 시를 읽어주는 선생의 목소리는 떨림으로 가득 차 있다. 우리는 그 떨림에서 떨어지는 꽃잎을 보고 기뻐한다. 역설적으로 선생을 읽는 순간 나는 기쁘다. 나도 모르게 나의 가슴에 웅크리고 있는 상처 입은 짐승을 달래주는 선생의 시는 따뜻한 손길이다.

초기 시집인 《슬픔이 기쁨에게》에 담긴 슬픔과 눈물의 시편, 그 시원은 어디인가. 당연히 모든 시인이 그러하듯 선생의 유년시절을 알아야 한다. 선생에게 유년시절 이야기를 들려달라고 하자, 마치 짧은 시를 쓰듯이 몇 장면을 이야기해주었다. 이 이야기를 하면서 잠시 생각에 잠기기도 하고, 짧게 눈을 감기도 했다. 이제 예순에 가까운 선생은 아주 먼 옛날의 일들을 선명하게 펼쳐 보여주었다.

"제가 살던 시골집 마당에 꾸며진 꽃밭이 떠오릅니다. 어머닌 거기에 꽃을 많이 심었지요. 채송화, 백일홍, 수국 같은 꽃들, 그리고 감나무 같은 유실수들이 있던 공간입니다. 거기에 꽃을 심고 있는 어머니의 모습…, 그런 꽃밭이 내 유년의 기억에 남아 있고……"

꽃을 심는 어머니의 모습은 슬픔을 심고 있는 시인의 모습과 다름없다. 선생의 슬픔은 단순한 슬픔이 아니라 그 눈물이 떨어진 자리에 피어나는 아름다운 꽃이라면 궤변이거나 과언일까. 이 이야기를 들으면서 나는 선생의 그 어린 공간에 어머니가 심어놓은 것은 채송화나 수국 같은 꽃이라기보다, 나중에 선생이 그 꽃의 이름을 시로서 호명하는 그런 이름 모를 꽃이라는 생각이 들었다. 세상의 모든 어머니는 자신의 마당에 꽃을 심는 존재다. 그 아이의 눈에만 보이는 그런 숨겨진 의미가 아이의 마음에 자란다.

"그리고 눈사람이 떠오르네요. 제가 살던 대구는 분지이기 때문에 저 어릴 땐 눈이 무척 많이 내렸지요. 그래서 아이들과 눈사람을 많이 만들었는데, 지금처럼 따뜻한 장갑이 드물던 시절이라 고무신에 손을 넣어 눈을 굴리고 밀었던 생각이 납니다. 그때 찍은 흑백사진이 한 장 있는데, 사촌누나, 형들과 함께 엄청 크게 눈사람을 만들고 그 곁에서 찍은 사진입니다. 아주 인상적인 장면이었어요."

결핍의 순간

이 유년의 두 장면은 매우 행복하다. 어머니의 꽃밭, 사촌 형제들과 만든 거인 눈사람과의 추억. 슬픔의 씨앗이 떨어지지 않은 행복한 유년시절은 은행원이던 아버지가 사업을 시작하면서 눈사람처럼 녹아내렸다. 아직 인생의 봄꽃이 피어 있던 중학교 2학년 즈음, 아버지가 사업을 하면서 꽃은 지고 만다. 믿었던 사람에게 속고, 사기를 당하는 이야기들. 미루어 짐작할 수 있는 아버지의 불행은 곧 가정의 불행으로 밀려온다. 그러한 불행 속에서 선생은 꽃밭에 꽃을 심던 가냘픈 어머니가 점점 강해지는 모습을 보았다고 한다.

"아버지의 갑작스러운 몰락으로 어머니가 일수 돈을 쓰신 것 같아요. 일수 돈 알아요? 목돈을 빌리고 매일매일 이자를 붙여서 갚아 나가는 거지요. 요즘에도 장사하는 사람들은 매일 현금이 생기니까 그걸 쓰기도 하지만, 그땐 가정집에서 그런 돈을 빌려 쓰곤 했지요. 일수 돈을 받으러 오는 일수쟁이에게 시달리던 어머니의 모습이 지금도 떠올라요. 어머닌 마치 죄인처럼 그 일수쟁이 할아버지가 오기만 하면 고개를 숙이면서……."

아무리 세월이 흘러도 잊지 못하는 기억이 있다. 어떤 장면은 흑백사진처럼 남아 있고, 어떤 장면은 동영상으로 남아 있다. 선생을 행복하게 한 눈사람은 사진으로 남아 있고, 어머니의 고단함은 동영상으로 남아 아직도 선생의 가슴에서 움직이고 있는 모양이다.

내가 만난 작가나 예술가들은 모두 결핍의 순간을 공유하고 있다. 고통은 마치 놀이터의 시소처럼 작가의 맞은편에 앉아 있다. 그 작가가 성장해서 몸무게가 늘고, 명예나 부가 축적되어도 그 고통과 결핍은 같은 무게로 늘어난다. 그래서 그 시소가 움직이는 것이다. 정호승 선생 역시 예외는 아니었다.

선생 또한 청소년기를 지독한 가난 속에서 보낸 것 같다. 그것은 이렇게 문득 찾아온 것일까. 선생에게는 어린 시절에 갑자기 당한 폭력의 기억이 있었다.

"초등학교 고학년 때인 걸로 기억합니다. 어떤 집 대문 앞을 지나는데 어른이 나오더니 갑자기 내 멱살을 잡고 '너 돌 던졌지' 하면서 집 안으로 끌고 들어가선 마구 패는 거야. 아마도 어떤 애들이 그 집에 돌을 던지면서 몇 번을 지나간 모양인데 내가 공교롭게 그 앞을 지나가다 봉변을 당한 거지요. 아픈 거도 아픈 거지만, 심한 모멸감과 억울한 생각에 눈물이 났지요. 그때 일이 잊히지 않아요."

단란한 가정에서 유년을 보낸 선생에게 찾아온 가난은, 어느 날 대문 앞을 지나다 끌려가 마구 폭행을 당한 것처럼 선생의 삶을 '패기' 시작한다. 하지만 문학에 눈을 뜨기 시작하면서 찾아온 집안의 가난은 이후 전개되는 선생의 일상, 즉 경건하고 모범적이라고 할 수 있는 직장인의 미덕을 갖추게 한다.

"시인이 시를 쓴다는 이유로 가족이나 주위 사람에게 신세를 지면서 사는 시대는 천상병 선생 이후로는 그만 해야 된다는 생각이에요."

까까머리에 전해진 따스한 손길

마침 선생과 만난 장소가 인사동이었다. '보리수'라는 찻집에서 차를 마시면서 많은 이야기를 나누었고, 그 다음에 술자리를 옮기듯이 자리를 옮겼는데, 그곳이 바로 천상병 선생의 부인이 운영하는 찻집 '귀천'이었다. 천생 소년 같은 천상병 선생의 생전 모습을 보면서, 시인이기 때문에 가난하고 어렵게 살아가는 한 친구의 모습을 떠올렸다.

정호승 선생의 시는 별을 보고 쓴 시들이다. 즉 주경야독, 낮에는 직장에서 열심히 일하고 시는 별빛을 보고 썼다. 그래서인지 선생의 시는 늘 밝게 빛난다. 그리고 그 별들은 이 땅의 가장 낮은 곳에 내려와 빛나고 있다.

먼 하늘의 별빛을 노래하기에 그의 낮은 너무나 뜨거웠다. 그래서 그는 태양 아래에서 본 사람들의 모습을 그 별빛으로 끌어당겨 원고지에 적어놓았던 것이다. 한 사람을 보기 위해 하나의 별을 탄생시키는 시의 밤은 미루어 짐작만 해도 눈물이 난다. 고생해본 놈이 고생한 사람의 표정을 읽을 수 있는 법이다.

문학에 눈을 뜬 계기는 아버지였다. 대구 계성중학교 2학년 때 아버지가 어떤 이유인지는 몰라도 민중서관 판 '한국문학전집'을 집에 들여놓았고, 그 덕에 소설을 읽기 시작했다. 재미있는 이야기들이 소년의 눈에 새로운 세상으로 보였다. 겨울방학 내내 방바닥에 엎드려 책을 읽었는데, 어머니가 짜준 털옷 팔꿈치가 해져 '빵꾸'가 날 지경이 되도록 읽었다고 한다. 한겨울 이불을 쓰고 어두운 불빛 아래 엎

드려 읽는 자세는 시력을 나쁘게 했고, 이후로 안경을 써야 했다. 그때 박계주의 《순애보》 같은 작품을 흥미롭게 읽었다고 한다.

그 무렵 문학 소년들에게 꿈의 지면이던 『학원』지에 산문 〈석의 심정〉을 투고해 우수작으로 뽑혔다. 하지만 문학에 대해 특별한 생각은 없었다고 한다. 그럼 선생은 어떻게 시를 쓰게 됐을까. 그를 시인으로 만든 이는 당시 계성중학교 국어담당 김진태 교사가 아닐까 싶다. 소설가 김진태 선생 애기를 하면서 정호승 선생은 자신의 머리칼을 쓸어내렸다.

"지금도 선생님의 따뜻한 손길이 머리칼에 남아 있는 것 같아요."

수업시간에 숙제로 쓴 시가 정호승이 쓴 최초의 시다. 제목은 '자갈밭에서'. 대구에는 자갈이 많다. 한 소년이 수성천변의 자갈밭을 걸어가면서 한 생각들, 즉 '우리 집은 왜 가난할까?' '나는 왜 태어난 것일까?' 같은 사춘기의 감정적인 생각을 짧게 적은 것이다. 김진태 선생은 수업시간에 교탁에 오르지 않고, 아이들 사이를 왔다갔다 하면서 수업을 했다고 한다. 그날도 여전히 아이들 사이를 왔다갔다 하다가 정호승 옆에 와선 "네가 쓴 시를 읽어봐"라고 했다. 소년 정호승은 떨리는 목소리로 시를 읽었고, 두 눈을 감고 낭송을 다 들은 선생님은 자리에 앉은 소년의 까까머리를 손바닥으로 쓰다듬으면서 말했다.

"너는 열심히 노력하면 좋은 시인이 될 수도 있겠다."

김진태 선생의 과묵한 성품으로 보아 이것은 굉장한 칭찬이었다. 정호승 선생은 '좋은 시인이 될 수 있겠다'는 말보다는 열심히 노력하면'에 더 의미를 둔다. 그는 이 얘기를 하면서 '시는 재능으로 쓰는 게 아니라 노력으로 쓰는 것이다. 재능이란 다름 아닌 노력이다'라고 강조해서 말한다. 우리는 신의 은총을 받은 대천재 모차르트가 아니라, 노력하고 천재를 질투하는 살리에리와 같은 존재라는 것이다.

문예장학생

이것은 선생의 시에 매우 중요한 요인이다. 선생의 시는 그 노력의 흔적이다. 그 노력으로 삶의 외로움과 괴로움과 그리움을 견디고 써내는 것이다. 누구의 가슴속에나 천하의 절창이 숨어 있고, 〈죄와 벌〉 같은 걸작이 숨어 있다. 작가는 그것을 써내기 위해 노력하는 사람이다. 써내지 않으면 아무것도 아니다. 그 과정을 견디지 못하고 자살해버리는 낭만주의 시인들도 부지기수다.

그때 선생님의 손바닥에서 까까머리로 전해지던 온기가 환갑을 바라보는 지금까지 머리에 남아 있다고 한다. 그리고 그 다음부터는 백일장만 되면 친구들이 자신의 등을 떠밀어 나가게 되었는데, 처음엔 백일장이 백일 동안 어디에 가서 장보는 건 줄 알았다고 했다. 그래서 백일 동안이나 어디에 가고 싶지 않아 나가지 않으려고 했는데, 막상 가보니 백일은커녕 교내 숲에 모여서 원고지 몇 장 가지고 글을 쓰는 것이었다. 처음 나간 중학교 백일장에서 받은 제목은 '불'이었고, 〈등불〉이라는 시를 써서 장원을 한다. 아이들과 선생님의 예감이 적중한 것이다. 계성중학교는 문예적인 분위기의 학교였다. 그래서 매달 학생들의 문예작품을 모집했고, 1등 한 학생에게는 상품을 주었다.

　상품은 학교 매점에서만 쓸 수 있는 상품권이었다. '삼립 크림빵'이 10원 하던 시절이었는데, 매달 응모해서 탄 상품권으로 매점에서 아이들과 빵 사 먹는 재미가 쏠쏠했다. 그리고 가끔은 체육복도 사 입어 어려운 살림에 보탬이 됐다.

　시간이 흘러 정호승은 고등학교 3학년 때 『학원』지에 〈역驛〉이라는 시를 응모해 시 부문 최우수상을 수상한다. 이 상을 받으면 고교생 사이에는 기성 문인 못지않은 대접을 받았다. 산문과 시를 동시에 쓰다가 시 쪽으로 기울게 된 것은 선생이 다니던 대륜고등학교 문예반의 영향이다. 대륜고등학교에는 박해수 시인, 이성수 시인 등이 있어 정호승 시인의 시밭에 거름을 줬다.

　정호승 시인은 경희대에 문예장학생으로 입학했다. 시가 아니라 평론이었다. 시인이 평론으로 입학하게 된 것은 고3 때이던 1967년 9월 경희대 백일장에서 선생이 4등으로 입상했기 때문이다. 3등까지만 문예장학생이 될 수 있었다. 조병화 선생의 심사평을 보니 '정호승 군의 작품은 등수에 넣자니 그렇고, 떨어뜨리자니 아까워 4등을 준다'고 되어 있었다. 고교생 정호승은 조병화 선생이 내 시를 좋아하지 않는구나 싶어 청계천 헌책방에서 사 읽은 문예지의 평론 스타일을 모방하며 쓴 '고교문예의 성찰'이라는 원고로 문예장학생으로 입학한다. 문예장학생에 연연한 것은 학비 때문이었다. 장학금을 못 받으면 대학을 다닐 수 없는 형편이었다. 하지만 문예장학생 학비는 1년만 지급됐다.

계속 학교에 다니기 위해서는 장학금이 필요했는데, 그 유일한 방법이 신춘문예로 문단에 등단하는 것이었다. 그러면 3년 내내 장학금으로 학교를 다닐 수 있었다.

"아이스크림 사주세요"

"그때 어려운 집안 사정에도 부모님이 매달 5천 원을 보내주셨는데, 2천5백 원이 방값이었어요. 유부국수가 30원 했는데, 방값 내고 남은 돈으로 매일 유부국수 세 그릇 사 먹으면 바닥나게 돼 있었죠. 한창 때라 밥을 많이 먹고 싶은 나머지 전농동에 있는 노동자들을 위한 밥집에서 한 달 2천5백 원을 내고 밥을 먹으면서 학교까지 걸어 다녔습니다. 그 무렵 교정에서 어떤 여학생이 아이스크림을 사달라고 해서 깜짝 놀랐던 기억이 납니다."

땡전 한 푼 없는 고학생 정호승. 하지만 문예장학생이라선지 그의 남루한 옷차림도 여학생의 눈에는 낭만적으로 보였을 것이다. 아이스크림을 사달라는 여학생을 선생은 쳐다보지도 못했다고 한다. 차비가 없어 집까지 걸어갈 생각을 하고 있을 때였다.

"어떡하긴 어떡해, 그냥 못 들은 척하고 지나갔지."

우리는 그런 이야기를 나누면서 웃었다. '우리 기쁜 젊은 날'엔 그렇게 못 들은 척하면서 지나간 일들이 많았다. 선생이 대학을 계속 다니려면 신춘문예에 당선하는 길밖에 없어 학교 도서관에서 신춘문예 준비를 고시 공부하듯 했다고 한다. 그렇게 그 해 『조선일보』에 응모했는데 최종심 네 편에만 이름이 오르고 낙방했다. 2학년을 다닐 수 없게 된 것이다.

"휴학을 하고 등록금을 벌기 위해 아르바이트를 했어요. 당시 동대문 전차 종점 자리가 헐리고 호텔이 들어섰는데 그 호텔 사우나에서 카운터를 봤습니다. 6촌 아저씨의 배려였어요. 그런데 이상하게 계산이 매일 틀리는 거야. 늘 조금씩 모자라 아저씨가 '호승아, 니는 이런 것도 못하나' 하면서 눈치도 주고, 도저히 안 되겠더라고. 그렇다고 나를 생각해주신 아저씨 처지를 생각하면 무작정 그만둘 수 없고 해서 부모님께 편지를 썼지. 여기에 있기 힘드니까 그냥 아버지가 위독하다는 전보 한 장 보내달라고 말이야. 그래서 서울을 떠날 수 있었어요. 1969년이었지요."

정호승 선생은 전보를 받자 그 길로 경주 외할머니 댁으로 갔다. 토함산 기슭에 보덕암이라는 초가 암자가 있었다. 객실과 부처님을 모셔놓은 작은 방이 있는 초막이었다. 장학금을 받기 위해 그곳에서 시를 써서 신춘문예에 응모했지만 또 낙방이었다. 이제는 다른 길이 없었다. 하지만 이때의 경험이 훗날 〈첨성대〉라는 시를 쓴 뿌리가 되었을 것이다. 정호승은 군에 자원입대했다.

군에서도 어떻게 시를 써야 하나 궁리하다, 군 막사 밖에 있는 군 교회 군종들의 생활이 좀 여유가 있어 보여 군종사병이 되었다. 군 교회의 시멘트 바닥에 해진 매트리스를 깔고 전우들이 잠자리에 들며 전 부대가 소등을 하면 그 교회에서는 별이 떠올랐다. 군종사병 정호승은 올빼미처럼 일어나 시를 썼다. 그때 별빛이 아니라면 무엇을 보고 시를 썼을까. 그에게 시는, 그리고 신춘문예 등단은 낭만적인 일이 아니었다. 학교를 다니느냐 못 다니느냐의 갈림길이었다.

특별한 크리스마스 선물

제대를 얼마 남겨두지 않은 1972년 12월 24일. 크리스마스 이브에『대한일보』문화부 발신 소인이 찍힌 노란 전보용지 한 장이 군종사병 정호승 병장의 손에 쥐어졌다. 응모한 시〈첨성대〉가 당선된 것이다.

"당선을 축하한다는 노란 전보용지, 지금도 아마 서재 어딘가에 있을 거예요. 정말 그때 기분은 말로 표현할 수 없습니다."

그 노란 전보용지는 시인에게 기다림이란 무엇이고, 간절히 원하고 기도하면 응답되는 것이 무엇인지를 보여준 성경책 한 쪽과 같았으리라. 그래서인지 선생의 이메일 주소는 '첨성대'다. 그의 첨성대는 눈물로 쌓아올린 화강암이었다.

> 할머니 눈물로 첨성대가 되었다.
> 일평생 꺼내보던 손거울 깨뜨리고
> 소나기 오듯 흘리신 할머니 눈물로
> 밤이면 나는 홀로 첨성대가 되었다.
>
> — 시〈첨성대〉중에서

선생은 이전에 『한국일보』 신춘문예에 동시도 당선됐다. 상금 7만 원. 이 돈으로 어머니께 틀니를 해드렸다고 한다. 그리고 춘천 우두동에 있는 군대 교회에 성막을 만들어 기증했다. 그 성막의 맨 아래에는 '병장 정호승 증'이라는 글씨가 새겨져 있었다.

"남루한 이야기이지만, 가난이 저를 만들었습니다. 어머니가 파출부를 나가기 위해 당신 이름 대신 직업소개소에서 부여받은 번호로 자신을 소개하며 전화를 거는 모습. 그야말로 '숟가락 몽둥이' 하나 없이 가난하게 살던 일. 그때 저는 나는 절대 가난하게 살지 않겠다, 가족 부양은 하겠다는 결심을 했지요. 그리고 부자는 아니지만 그렇게 살았어요. 허허."

시는 돈과 절대 연결되지 않는다. 그래서 선생은 직장을 선택한다. 첫 직업은 숭실고등학교 국어교사. 하지만 3년 정도 아이들을 가르쳐보니 누군가를 가르치는 일은 당신이 할 수 없는 일이라는 생각이 들었다. 우선 나를 위해 공부해야겠다는 생각으로 사임을 하고 『주부생활』『여성동아』『월간조선』 등의 잡지사 기자 생활을 한다. 선생의 주옥같은 시집들은 모두 이 시기에 출간된 것들이다.

절대 가난하게 살지 않겠다

그리고 샘터사에 근무할 때 상사로 만난 작가 정채봉 선생과는 '족보에 없는 형제'로 호형호제하는 평생지기가 되었다. 두 사람은 서로의 문학세계에 많은 영향을 주었을 것이다.

아는 사람은 아는 사실이지만, 선생은 소설가로도 등단했다. 의대에 다니던 친형이 당시 재래식 해부학교실을 구경시켜준 적이 있는데, 그때 충격을 받고 해부실의 풍경, 사체가 포르말린에 둥둥 떠다니는 이미지를 가지고 그대로 소설을 써〈위령제〉라는 작품이 탄생했다. 이 작품은『조선일보』신춘문예 단편소설 부문에 당선됐다. 이후 장편소설을 출판하기도 했다. 하지만 그에게 왠지 소설가라는 말이 어울리지 않는다. 그의 시세계는 이미 일가를 이루었다. 시와 인생에 대한 그의 잠언적인 말 몇 가지를 소개한다.

"시간은 자기 자신에게 자기가 주는 겁니다. 내가 주지 않으면 그냥 휙 지나가버리지요. 인생은 시간입니다. 내게 다가오는 물리적인 시간들을 자신만의 절대적인 시간으로 만들어야 합니다."

"읽는 것과 쓰는 것의 균형이 중요합니다. 그 균형이 깨어지면 졸작을 쓰게 되지요."

"저의 스승인 황순원 선생은 소설 이외에 잡문을 쓰지 말라고 했고 당신도 그렇게 했지만, 그건 그 시대의 이야기입니다. 시인으로 소설도 쓸 수 있고, 또 시인이 쓸 수 있는 소설이나 산문이 있을 겁니다. 그런 욕심은 가지고 있어요."

"시 쓰는 일은 자기 삶을 표현하는 한 양식입니다. 시인이 아니더라도 누구나 자기 삶을 표현하는 양식이 있습니다. 그 삶의 양식으로 저는 시를 선택했을 따름입니다. 누구나 자기 삶의 양식을 충실히, 그리고 열심히 표현한다면 그의 인생이 바로 시라고 생각합니다. 그리고 가끔 새벽에 일어나 청소하는 사람들을 보면 과연 내 삶의 양식이 저들 삶의 양식보다 더 진정성이 있는 것일까 반문합니다. 아마 내 진정성이 그들보다 더 떨어질 겁니다. 청소는 거짓말을 할 수 없어요. 한 자리와 안 한 자리가 너무나 명징하게 드러나지요. 과연 나의 시도 그러할까요?"

밥은 별이고 별은 밥이다

이렇게 누구에게나 자신의 삶의 양식이 있는 것이다. 시 쓰는 일은 그저 그렇게 살아가는 한 양식일 따름이다. 어부가 고기를 잡듯이. 선생은 다른 삶의 양식에 비해 시가 오히려 더 열등한 것이라고 말했다. 타인의 삶에 대한 이러한 경외심은 선생의 시에 절창으로 빛난다. 모든 삶의 양식에는 밥상이 있다. 우리는 밥을 먹기 위해 산다.

> 밥상 앞에
> 무릎을 꿇지 말 것.
> 눈물로 만든 밥보다
> 모래로 만든 밥을 먼저 먹을 것
> (…)
>
> 때때로
> 바람 부는 날이면
> 풀잎을 햇살에 비벼 먹을 것

그래도 배가 고프면

입을 없앨 것.

— 시 〈밥 먹는 법〉 중에서

그래도 선생의 가난은 따뜻하다. 선생은 시 〈별들은 따뜻하다〉에서 배고픔과 더불어 그 하늘에 떠오른 따뜻한 별들을 노래한다. 그것은 죽음마저 따뜻하게 바라본다. 선생의 시와 이야기를 읽고 들으면서 나는 일본 작가 아사다 지로를 생각하지 않을 수 없었다. 만약에 (이런 가정은 부질없긴 하지만) 정호승 시인이 소설을 쓰고 아사다 지로가 시를 썼다면 어떻게 됐을까. 정호승은 아사다 지로의 소설을, 아사다 지로는 정호승의 시를 쓰지 않았을까. 국적과 언어는 달라도 작품 속에 떠오른 별들엔 국적이 없다. 아사다 지로는 장편소설 〈지하철〉에서 현실은 추하고 현실을 살아가는 인간 역시 결코 아름답지 않지만, 그런 세상에도 아름다운 것은 늘 확실히 존재한다면서 이런 문장을 남긴다.

'그 아름다운 것을 나는 아름다운 그대로 쓰고 싶다.'

이 문장은 정호승 선생의 시 세계인 밥과 별과 다를 게 없다. 정호승 시인의 밥은 별이고, 별은 밥이다. 이 둘은 두 바퀴처럼 정호승의 몸을 굴리고 민다. 선생의 시는 바퀴다. 밥과 별로 만들어진 바퀴. 그걸 읽으면 그런 바퀴를 굴리면서 우리가 살고 있다는 사실이 '늘 확실히 존재한다.'

고독의 영역

금연 찻집인 '귀천'에서 잠시 담배를 피우기 위해 나왔다. 선생은 찻집 주인과 환한 얼굴로 얘기를 나누고 있다. '나 하늘로 돌아가고 싶다'는 천상병 선생의 〈귀천〉을 마음으로 읽으니, 귀동냥으로 들은 천상병 선생의 일화들이 낮게 날아오는 잠자리 날개처럼 떠오른다. 그 쓸쓸한 이야기들이 퇴락하는 가을날의 햇살 속으로 스며든다. 거리에 놓인 돌확에 고인 물방울들, 천상병 선생의 눈물이었을까 싶다. 빨리 담배를 피우고 들어갔다.

선생이 시인으로서 영향을 받은 스승이 궁금하다.

"내 시의 스승들은 내가 살고 있는 동시대의 시인들이에요."

그래도 윤동주, 만해, 서정주와 같은 별들을 이야기한다. 이름만으로도 시가 되어버린 사람들. 그 사람들과 밥을 같이 먹었던 행복한 사람들. 그 다음엔 역시 김수영, 신동엽과 같은 시인들이다. 그리고 고독하게 선생의 정신에 자리하고 있는 시인이 김현승 선생이다.

"김현승 선생의 시를 열심히 읽었어요. 우리 시에서 고독의 영역을 넓히셨지요. 선생의 시가 좋아서 선생에게 개인적으로 시를 보내기도 했지요. 누군가에게 개인적으로 시를 보낸 건 선생이 처음이에요. 군종사병으로 있으면서 타자기로 정성스럽게 정리해서 보낸 거죠. 선생이 답장을 보내셨는데 '휴가 나오면 한번 들르라'고 했지요."

김현승 선생은 당시 숭실대에 근무하고 있었다. 선생의 답장을 받고 나서 선생의 연구실을 들렀다고 했다. 그를 환하게 반겨줬다. 별 말씀은 없었지만 책 속에 파묻혀 있는 존경하는 시인의 모습만으로도 많은 영감을 얻었을 것이다. 기독교적이고, 아버지의 마음을 품고 있는 분이었다고 회고한다. 그리고 김현승 시인의 이 말씀.

"고독의 영역은 신도 인간도 아닌 제3의 영역이다."

이것이 아직까지 정호승 시인의 화두다. 이 가을날 고독한 시인의 고독에 대한 잠언은 우리 모두가 한 번쯤 품고 싶은 이야기이기도 하다.

"외로움은 상대적이지만, 고독은 절대적이지요."

그리고 선생은 당신의 시가 윤동주나 김현승의 시처럼 명징하길 바란다고 했다.

"한때 저는 시가 사랑이라고 한 적도 있고, 명예라고 생각한 적도 있습니다. 지금 생각하니 그게 아닌 거 같아요. 시가 뭐라고 이야기하기는 힘든 일이겠지만, 제 생각에 고통 없이는 시가 없을 겁니다. 그 고통이 시로 나타날 때 내 시가 명징해지지 않을까요? 중학교 은사님 말대로 열심히 살면 드러나는 충실한 삶의 '거시기'가 시가 아닐까 합니다."

아련한 첫 키스의 추억

선생은 문득 어린 시절을 추억하면서 첫 키스 이야기를 했다. 어린 시절 먼 친척 누나에게 느낀 연정이었다. 친척 누나 역시 자신을 좋아한다고 느꼈다. 자신이 질겅질겅 씹어 먹던 오징어 다리를 쟁반에 올려놓았는데 누나가 그걸 거리낌 없이 집어 먹는 모습을 보고 '아,

누나도 나를 좋아하는구나'라고 생각했다는 것이다. 더러운 것을 더럽지 않게 여기는 것. 그것이 키스이고 사랑이 아닌가. 그러던 어느 날 창가 쪽 책상에 앉아 공부를 하고 있는데 누나가 창밖에서 자신을 불렀다.

"호승아, 뭐 하노?"

소년 정호승은 창문으로 누나의 예쁜 얼굴을 보았다. 소년이 대답했다.

"응, 공부한다."

그러자 누나가 그 창문에 입술을 대었고, 소년 정호승도 그 창문에 입술을 댔다. 그게 시인의 첫 키스다. 창문이라는 투명한 마음을 매개로 한 이 키스는 예순이 된 지금까지도 잊히지 않는 장면이라고 한다. 부끄러운 듯 웃으면서 "그 누나 상당히 미인이었어" 하는데, 소년보다 더 순수한 모습이다. 하지만 그 누나는 단테의 베아트리체처럼 일찍 세상을 떠났다고 했다. 아, 아름다운 것은 이렇게 영원성을 지닐까.

"사랑은 근본적으로 모성의 공간이라고 생각합니다. 무조건적인 그 무엇 말입니다. 사람들이 사랑 때문에 고통받는다고 느끼는 건, 조건이 많아서 그런 겁니다. 조건이 없는 상태, 어미가 아이에게 모유를 먹이는 심경. 그런 게 사랑입니다."

선생은 영세를 받은 천주교 신자이면서, 마음속에는 부처가 살기도 한다. 명동성당의 성모 마리아상 앞에 '장궤대'라는 자리가 있다. 무릎을 대고 앉는 자세를 고정시켜주는 기도 도구인데, 선생이 한번은 그 장궤대에서 몸을 낮추고 기도를 드리는데 갑자기 눈물이 쏟아지더라는 것이다. 기도하는 사람의 마음을 글로 쓸 수는 없으리라, 갑자기 마음속에서 흘러나와 넘치는 눈물은 새벽기도 하는 사람들의 영혼의 모습이다.

그리고 부석사 무량수전에 있는 아미타불을 보고 태어나서 처음으로 부처에게 절을 올렸다고 했다. 부처 앞에 몸과 마음을 낮추고 절을 할 때 또 왜 그렇게 눈물이 나는지 모르겠다고 했다.

운주사의 못생긴 부처들

이미 〈서울의 예수〉와 같은 작품으로 당대 참혹한 현실의 십자가를 지고 가는 시인은 많은 시에서 가난하고 외로운 자들의 편에 서서 울고 그 눈물로 시를 적어내는 삶을 견디고 있었다. 그러다가 운주사의 못생긴 부처들 사이에 허름하게 앉아 있는 삼존불을 보았다. 세 부처 가운데 있는 부처. 이 땅의 백성처럼 허름하고 남루한 모습. 게다가 세월의 풍파에 마모된 그 조각상 앞에서, 삶과 시인을 응시하는 부처의 눈길 앞에서 가슴이 무너지는 감동과 그 무너진 가슴을 어루만져 주는 위안을 동시에 느꼈다.

"그건 손바닥을 내려놓고 영원을 바라보는 모습이었습니다. 힘들 때마다 그 부처 사진을 봅니다. 운주사 삼존불 가운데 부처의 미소는 내가 힘들 때마다 바라보는 삶의 위안이지요."

마치 무거운 짐을 들고 가다가 그 짐을 내려놓고 부처를 바라보는 심경을 말하는 것 같았다. 그래서 시 〈소년부처〉가 탄생한다. 우리 모두는 부처의 본성을 타고났다는 석가모니의 가르침은 정호승 시인에게 목 잘린 부처를 바라보게 하고 이런 시를 쓰게 한다.

경주 박물관 앞마당
봉숭아도 맨드라미도 피어 있는 화단가
목 잘린 돌부처들 나란히 앉아
햇살에 눈부시다.

여름방학을 맞은 초등학생들
조르르 관광버스에서 내려
머리 없는 돌부처들한테 다가가
자기 머리를 얹어본다

소년부처다
누구나 일생에 한 번씩은
부처가 되어보라고
부처님들 일찍이 자기 목을 잘랐구나.

- 시 〈소년부처〉 전문

이 시를 읽으면서 나는 정호승의 시가 소년부처와 같은 모습이라는 걸 알게 되었다. 오래도록 이야기를 나누면서 선생은 미소를 잃지 않았다. 선생의 시는 그런 미소로 다가온다. 나는 환자와 같은 심경이 되어 선생의 이야기를 들었다. 선생은 의사가 되어 미소로써 나를 맞아주었다. 그때 선생의 미소를 보고 나의 환부는 이미 치료된 것이다. 선생의 미소가 내게는 위안이고 위로였으며, 말씀은 치유였고, 시였다. 인사동에서 안국 전철역까지 선생과 같이 걸어가면서, 나는 수많은 부처가 우리 곁을 지나고 있음을 알 수 있었다. 그들의 미소로 내가 살고 시가 산다.

공감으로 타인에 다가가는
작가 김형경

<새들은 제 이름을 부르며 운다>의 작가 김형경. 오랜만에 만난 그는 참으로 평온하고 행복해 보였다. 사랑하는 사람이 생긴 것도, 소설이 잘 써지는 것도 아니다. 인생의 바닥을 치는 지독한 시련기를 통과하고 난 후의 행복감이 그의 얼굴에 진하게 묻어나왔다.

무당은
춤을 배우지 않아요,
몸 깊은 곳에서 우러나니까…

:

내가 만난 사람들 중에는 그 이미지가 한 장의 풍경화로 남아 있는 경우가 있다. 그 그림은 움직이는 그림이다. 미세하게 움직이는 살아 있는 풍경화다. 반드시 그런 것은 아니지만, 대부분 그 풍경화의 밑 그림은 변하지 않는다. 하지만 만남이 이어지면 그 풍경화는 아주 조금씩 변화한다. 어느 날, 내가 죽을 때 그 그림은 변화하기를 멈출 것이다. 그것은 나의 혼백이 될 것이다.

내가 간직한 소설가 김형경(金炯景 · 50)의 풍경화는 이렇다.

안개가 자욱한 빈 들판에 작은 집이 하나 있다. 미풍에 안개는 조용히 움직인다. 뱀처럼 안개는 그렇게 천천히 움직인다. 그 집에서 한 여자가 걸어 나온다. 키가 큰 미루나무가 서 있다. 그가 안개보다 느린 걸음으로 어디론가 걸어간다. 안개가 뱀처럼 그의 뒤꿈치를 문다. 놀란 내가 그의 이름을 부른다. 그는 뒤돌아보면서 미소 짓는다.

괜찮아 괜찮아 이젠 괜찮아. 그러자 집이 움직인다. 안개는 움직이지 않는다. 모든 것이 사라진다. 해도 달도 없다. 바람이 지나간다. 마음이 움직인다……

오랜만에 만난 김형경은 신선한 바람을 몰고 왔다. 산에 꽃이 피기 시작해서인지 그녀는 방금 꽃밭에서 걸어 나온 것 같기도 하다. 그가 가깝게 다가와 내 눈동자에게 말을 건넨다.

'공감은 타인에게 이르는 가장 선(善)한 길입니다.'

그가 그림 속에서 걷던 길은 타인에게 이르는 선한 길이었다. 타인이라는 이 불안한 정체불명의 대상은 그가 가서 손을 잡는 순간 한 사람이거나 꽃이거나 나무가 된다.

타인에게 이르는 가장 선한 길

나는 미소 짓는다. 아무런 말도 하지 않았다. 그는 안개를 지우면서 타인에게 이르고 있었다. 그는 자신의 언어로 대화하고 타인과 공감함으로써 아주 선하게 그들에게 다가간다. 내면에서 솟아올라 기어이 육체가 움직인다. 그는 춤을 춘다. 한 번도 배운 적 없는 춤을 추면서 사람들을 울리고 웃기고 기어이 공감하게 한다.

"어떤 선배가 흥에 겨워 춤을 추는데, 너무 잘 추는 거예요. 가식이 없이 몸속 깊은 곳에서 우러나오는 그런 춤… 어디에서 춤을 배웠냐고 물었더니 그러더군요. 무당은 춤을 배우지 않는다고."

아침에 마을 작은 동산에 올라간 그녀가 내려오기를 기다렸다. 기다리면서 《천 개의 공감》을 읽었다.

'이 책은 서로서로 공감하는 수천 개의 마음과 그 마음에 공감하는 저의 마음이 만나 술처럼 빚어진 결과물이 아닐까 싶습니다.'

사람의 향기가 나는 책의 서문에서 김형경은 이 책을 '외도'라고 했는데, 이 책이 소설이 아니라고 누가 말할 수 있을까. '선배, 이 책은 외도가 아닙니다'라고 메모했다. 이건 소설이에요. 좋은 소설.

책장을 넘기면서 그가 참 힘들었겠구나 하는 생각을 했다. 이렇게 많은 사람의 상처를 보고 그 상처를 만지면서 공감했으니 얼마나 힘들었을까. 그는 미소 지으면서 나의 걱정을 달래주었다. 아니 힘들지 않았어요.

"박완서 선생의 글에서 읽은 건데요. 선생에게 많은 독자가 자신의 인생을 소설로 써달라면서 글을 보내온답니다. 그들의 생각에는 자신의 인생이 아주 특별한 소설로 만들어질 수 있다고 느끼는 거지요. 그런데 선생님이 보기에는 독자의 사연이 대동소이하대요. 칠순을 넘기신 작가가 보기에 삶은 다 거기서 거기인 거지요. 이러한 삶처럼 우리의 감정도 마찬가지가 아닐까요. 자신만이 세상에서 제일 고통스러운 것 같고, 자신만이 제일 불행한 것 같지만 삶의 질, 감정은 일반화될 수 있어서 큰 틀에서는 대동소이해요."

갑옷과 속살

이 책의 뼈대는 신문에 연재한 글인데, 3분의 2는 새로 쓴 것이다. 연재한 글은 3분의 1 정도다. 이 책은 한 인간의 내밀한 여행기이기도 하다. 이미 심리여행에세이 《사람풍경》에서 보여준 그녀의 여행기는 이제 외국에서 돌아와 우리네 삶과 사람을 보고 쓰는 것으로 이어진다.

우선 자기를 알고, 가족관계를 통해 나아가다가 성性과 사랑이라는 연못을 건너, 인간과 어떻게 관계를 맺는지 한 편의 드라마처럼 전개된다. 결국 자기 자신을 알기 위해 걸어가는 여로다. 수많은 사람의 질문을 받고 그 질문에 대답했다. 이것이 문학이 아닌가. 다만 전문용어가 눈에 좀 걸리는데 그것도 자상하게 설명해준다. 어려운 이야기를 쉽게 쓴다. 그것이 아마도 김형경이 많은 독자의 사랑을 받는 이유 중 하나일 것이다.

그가 요즘 어떤 소설을 쓰고 있는지 궁금했다. 그는 말했다. 요즘에 쓰고 있는 소설은 정말 재미있고 상쾌한 소설이 되기를 기대한다고.

소설가가 그의 속살이라면, 그에게는 페미니스트라는 갑옷이 있다. 그 갑옷에 대해서 물었다.

"예를 하나 들어보면요. 김훈 선생은 마초라고 알려졌는데 실은 안 그렇잖아요. 여성에게 섬세하고 다감하고 집에서는 또 얼마나 잘하세요. 저도 그런 측면이 있지요. 제가 싫어하는 건 다만 남성 중심의 제도고, 그 제도가 개선돼야 한다는 겁니다."

그와 이야기하다보면 논리적이고 철학적인 그의 어법에 듣는 이가 약간 주눅 든다. 그것은 아마도 《사람풍경》과 《천 개의 공감》에서 보여준 전문가 수준의 정신분석 상담과 동서양의 고전을 섭렵한 독서 인생 때문이리라.

김형경은 참으로 아는 것이 많다. 그의 책을 읽는 기쁨 중에 하나는 그 책에서 또 다른 책을 발견하고 그것을 사서 읽는 것이다. 특히 정신분석에 관련된 저서들은 그의 산문집만 꼼꼼히 읽는다면 따로 독서지도를 받을 필요가 없다. 그래서인지 자신도 가끔씩 예술가가 아닌 것 같은 느낌을 받는다고 했다.

소설가 라는 직업은 어쩌면 여성이 선호하는 인기 직종일 수도 있다. 그는 그 꿈을 이루었고, 그것이 고맙고 감사하다는 겸허한 인사를 잊지 않았다. 그가 성장한 1960~70년대 여성의 꿈은 아주 단순했다. 장래 희망이 현모양처나 선생님, 간호사 정도였다. 거기에 소설가가 추가된다. 그 시절 '여류소설가'는 명사였다. 그녀 또래의 여성 중 아직도 소설가가 꿈인 사람들을 만나게 되면 그는 겸손하게 자신을 낮춘다.

소설을 발표하고 다시 생활을 위해 직장에 다니는 친구가 몇 년 뒤에는 다시 소설을 쓸 것이라는 말을 듣고 그가 웃으면서 이야기했다. "너는 아직도 꿈이 소설가니? 이제 쉰이 가까워오는데……." 그러나 이루어야 할 어떤 일이 있다는 것은 생의 강렬한 에너지이기도 하다. 이런 식이라면 난 아직도 꿈이 시인일까? 마음에 드는 시 한 편이 없으니 나는 아직도 꿈이 시인이다.

1억 원 고료의 작가

김형경은 강릉에서 태어났지만 부모는 경상도 출신이다. 1983년에

『문예중앙』에 시가, 1985년에 『문학사상』에 소설이 당선되어 지금까지 소설가로서 살아왔다. 전업작가가 되기 전에는 반듯한 직장에 다니는 직장인이었다. 낮에는 일하고 밤에는 소설을 쓰는 주경야독의 삶을 살았다. 그러다가 어떤 계기가 온다.

지금도 늘 그를 따라다니는 이력은 역시 '국내 최초로 1억 원 고료를 받은 작가'라는 것이다. 이것은 마치 올림픽 금메달처럼 화려한 이력이다. 수상작인 장편소설 《새들은 제 이름을 부르며 운다》는 아직도 독자가 꾸준히 찾는 스테디셀러다. 이 상금으로 생활비 걱정을 조금 접고 전업작가로 하루 종일 글을 쓰는 생활을 만끽한다.

가난한 예술가는 돈 걱정에서 벗어날 길이 없다. 생활이 누추해질 정도로 돈이 없다면 일단 돈을 벌어야 한다. 그런데 예술은 묘하게도 돈을 질투한다. 돈과 명성을 같이 얻은 예술가와 지독하게 가난한 예술가 유형이 있다. 피카소가 전자라면 고흐는 후자다. 그는 예술가의 삶에 대해서 이렇게 말한다.

"작가나 예술가로 살기 위해서는 세 가지의 방법이 있지요. 유산이 많거나, 배우자가 돈을 벌거나, 아니면 가난하게 혼자 사는 것입니다. 저는 세 번째 방법을 선택했어요."

예외도 있겠지만, 특히 여성의 경우에는 결혼한 상태에서 좋은 소설을 쓰기가 남성보다 더 힘들다는 것이다. 남성인 나는 이것을 거꾸로 생각한 적이 있다. 이성은 이렇게 서로 생각이 다르다. 그래서 어울리는 것인지도 모른다.

《사람풍경》《천 개의 공감》은 독자뿐 아니라 편집자도 매료시켰

다. 그래서 또 다른 에세이를 기획·출판하려는 출판사의 제안이 잇따랐다. 하지만 한 번에 두 가지 일을 하지 못하는 정직한 성격의 그는 이를 조용하게 거절했다. 소설을 쓰면서 에세이를 집중적으로 쓸 수 없다고 했다. 소설을 쓸 때는 오로지 소설만을 쓰는 것이다.

그는 무척 평안하고 행복해 보였다. 경제적인 여유가 다시 생긴 것인가 싶기도 했다. 하지만 그녀는 고개를 흔들었다.

"아니요. 직장을 다니고, 1억 원을 받았던 시절이 경제적으로는 훨씬 여유가 있었어요. 딴에는 뭔가를 다 이룬 것 같았는데도 그때는 마음에 안정, 평화 이런 것이 없었어요. 요즈음은 그때보다 경제적으로는 덜 편안해도 마음만은 편안해요."

오랜만에 만나 느낌으로 전해지는 김형경의 이미지는 '안정감'이었다. 마치 모범적인 선생 같은 안정감을 품고 있는 것 같았다. 사랑하는 사람이 생겼나? 아니다. 그럼 소설이 잘되나? 아니다. 그냥 행복하다. 여기까지 오기 전 그는 지독한 시련의 시기를 거친다.

삼십대 후반부터 마흔까지의 삶은 그야말로 인생의 바닥을 치는 지독한 경험이었다. 그 바닥을 힘껏 쳐내고 그는 상승했다. 그것을 통과하고 난 후의 행복감이다. 그가 심리치료에 각별한 전문가가 된 것은 이러한 자신의 고통을 치유한 경험 때문이다.

그것은 오랜 우울증의 폭발이기도 했고, 중년의 위기이기도 했다. 그동안 살아온 방식은 유년기에 형성된 가치관이었고, 그 전환의 시점이 유독 지독하게 찾아온 것이다. 인간은 유년기에 형성된 가치관으로 마흔까지를 산다. 그래서 인간에게 마흔 살은 일종의 전환기다.

마흔, 제2의 성장통

마흔부터의 삶은 다르다. 그런데 살아온 방식으로 살아가려 하니 뭔가 삶의 방식이 맞지 않았다. 네모난 틀에서 둥근 원형으로 변하기 위해 그 틀을 깎아내는 절차탁마의 시간이 필요했다. 이미 어릴 때의 목표가 성취됐거나, 혹은 성취될 수 없다는 것을 깨달았다. 자신의 내부에서 '이게 아니다'라는 목소리가 들려오고, 절망한다. 이제부터는 삶의 패러다임이 바뀌어야 한다. 중년의 위기는 바로 이것이었다.

그동안 읽었던 문학·인문 서적을 더 자세히 읽고, 정신분석·심리학 서적은 기본이고, 심지어 사주·명리학까지 공부하면서 그의 내면에 존재하는 그 무엇의 정체를 보려고 했다. 그래도 마음이 어두워서 1백 회 이상의 정신분석을 받았다. 이것은 그에게 전환기였고, 성장기였다. 누군가 말했다. 마흔 살은 또 다른 스무 살이라고. 나 또한 마흔 살이 되던 해, 아무런 준비도 없이, 식솔을 책임져야 하는 가장인 주제에 글만 쓰겠다고 직장을 나온 경험이 있다.

열리지 않는 문을 두드리듯이 그 시점에 서서 과연 내가 원하는 것이 무엇인지 깨달아야 하는 과정이었다. 제2의 성장기였고, 일종의 성장통이었다. 그것을 무사히 넘겼다고 했다. 말은 안 하지만 그는 어쩌면 죽음의 문턱까지 갔는지도 모를 일이다.

세상의 성자들에게 공통점이 있으니 바로 이러한 고통의 세월을 거치고 나서 뭔가를 이룬 것이다. 예수는 인간의 몸으로 죽음이라는 과정을 거치고 부활한다. 더 이상의 고통이 있을까? 십자가 위에서 이제는 다 이루었다는 말의 함의는 부활을 예고한 전언이었을까? 부처의 6년 고행은 인간으로서는 감당하기 힘든 뼈를 깎는 시련의 시간이었다. 그리고 보리수나무 아래에서 연기론緣起論을 깨닫는다. 이것이 있으니 저것이 있다. 모든 고통에는 그 근본이 있다. 삶에 대한 무지, 착각 이런 것들을 무명無明이라고 하던가. 공자 역시 마찬가지다.

이 과정을 거치고 나서 결행한 것이 '여행'이다. 당시 그에게는 전 재산이었던 집을 팔아서 무작정 해외여행을 떠났다. 그는 가끔 말했다. 우리가 인생을 사는 것이 아니라, 생이 우리를 어딘가로 이끌고 간다고. 그는 그렇게 자신의 정체성을 확립하고 바람처럼 세계 각지를 떠돌아다녔다.

"정신분석을 받으면서 저의 기본적인 문제는 해결이 됐어요. 삶의 태도가 달라진 거지요. 사람들은 나의 이런 모습을 원하는데, 나는 그들이 원하는 내가 아닌 겁니다. 그래서 일종의 생의 완충기가 필요했어요. 달라진 나를 체험하기 위해 여행을 떠난 거지요."

생生의 깊은 속살

여행을 다녀오고 나서 그녀는 마치 지나간 시간을 보상받으려는 듯이 집필에 몰두한다. 직접적인 결과물인 《사람풍경》 이외에도 《사랑을 선택하는 특별한 기준》 《성에》 《외출》과 같은 장편소설은 지독한 자기 시련의 시기를 극복하고 나서 쓴 작품들이다.

독자는 책을 읽는 어느 순간에 그 소설에 공감한다. '세상에 공짜는 없다'는 진리는 김형경의 소설에서도 예외는 아니다. 그는 타고난 재능보다 지독한 자기 단련을 통해서 비로소 작가가 된 것이다.

"비록 그 시기에는 힘들었지만, 이러한 행로가 나에게는 큰 행운이었던 것 같아요. 세상을 움직이는 '눈에 보이지 않는 질서'에 도움을 받은 것 같다고나 할까. 지자불언知者不言의 세계 같은 것 말이지요. 그 다음부터는 스스로 만족스러웠으니까. 많이 힘들어서 많이 배운 것 같아요. 생의 깊은 속살을 만져본 것 같기도 하고."

'새천년의 비전가'라고 『타임』지가 소개한 바이런 케이티는 '나는 10년 이상 우울증에 시달렸다'고 고백한다. 그 역시 마흔 살 이전에는 대단히 고통스러운 삶을 살았다. 이런 식이다.

"곰곰이 생각해보건대 어쩌면 40년 인생을 내내 그렇게 보낸 것인지도 몰라요. 자긍심을 모두 상실해서 침대에 누울 자격조차 없다고 생각했습니다. 바닥에 누워서 자던 어느 날 아침, 잠이 덜 깬 채로 바퀴벌레 한 마리가 내 발 위로 기어오르는 것을 보았습니다. 그 순간, 나는 눈을 떴습니다. 번쩍 스쳐 지나가는 그 무엇이 있었어요. 그때까지 내가 알아왔던 그 모든 어둠과 분노와 혼란 대신 말로 표현할 수 없는 기쁨이었습니다. 문득 이런 사실을 깨달았습니다. '내 생각들을 믿을 때 나는 고통받고, 내 생각들에 의문을 제기할 때 나는 고통받지 않는다.' 이것은 모든 인간에게 해당하는 사실이었습니다."

"더 이상 내 괴로움들을 믿지 않는 순간, 나는 그 생각들의 본질을 알아챌 수 있었습니다. 그것은 진실의 순간이었습니다. 나는 그것을 '투명의 순간(moment of clarity)'이라고 칭합니다. 우리 모두 이러한 순간을 경험합니다. 정신이 맑을 때 경험할 수 있지요. 이러한 순간에 삶과 세상이 자신의 생각을 통해 창출되며, 그러한 생각을 믿을 때 그것이 그대로 물질세계에 투영된다는 사실을 깨닫기 시작합니다. 스트레스를 주는 우리의 생각들에 일단 의문을 제기하면, 우리는 천국, 즉 행복으로 가는 길로 들어섭니다. 그것이 삶의 존재 이유 아니겠습니까. 우리는 건강과 균형, 행복을 원합니다."

이러한 고백은 바로 김형경을 비롯한 우리네의 고백일 수도 있다.

사람들이 일상에서 불행을 느끼는 것은 불행한 환경보다는 습관적인 사고 패턴과 더 관계가 있다고 한다. 즉 '고통이란 우리가 생각하는 바를 무조건 믿는 것'이고, 우리의 마인드는 '인생은 공평하지 않다'고 생각하기 쉽다는 것이다. 이 가정에 사람들은 의문을 제기하지 않고 시야를 좁히면서 첫 번째 가정, 즉 '인생은 불공평하다'를 뒷받침할 증거와 정황, 사고, 이야기 등을 모으기 시작한다고 한다. 그러니 현실이 보일 리 없다. 자신이 생각하는 허상이 있을 뿐이다.

"나는 사람들의 허상을, 사막을 걷다 뱀을 보는 경우를 예로 들곤 합니다. 뱀을 보는 순간 깜짝 놀라고 심장은 마구 뛰고 식은땀이 흐르기 시작하지요. 그런데 다시 보니 뱀은 없고 낡은 밧줄이 하나 있습니다. 그 사람은 생각합니다. 어찌 이리도 바보 같단 말인가? 순간적으로 공포는 사라지고 웃음이 터져나옵니다. 이것이 바로 마인드가 어떠한 의문을 제기해야 하는지를 보여주는 한 예입니다."

안개가 사라지면 바로 앞에 그 사람이 찾고 있던 꽃이 피어 있는 것이다. 안개 속에서는 모든 것이 불투명하다. 평생을 안개 속에서 헤매다 끝내는 생도 있다.

외증조모의 사후세계 체험

그의 성장기가 궁금했다. 그의 마흔 이전 성격을 형성한 유년기는 평범하지 않았다. 그는 외가의 영향을 많이 받았다. 인간의 인격이 형성되는 시기라는 여섯 살 때까지 그는 외가에서 자랐다. 지금의 그를 있게 한 많은 요인 중에서 이 시기를 결코 빼놓을 수는 없다. 예쁘고 어린 형경이 살던 동네는 집성촌이었고, 이웃은 모두 따뜻했다.

동네 사람들에게 두루두루 사랑을 받았다. 어린 시절에 사랑을 듬뿍 받은 이는 생에 대해 당당하다. 그래서 현실감각이 떨어지기도 한다. '내 인생은 무조건 잘될 거야'라는 자의식은 세상에 대한 두려움을 어느 정도 감소시킨다.

외가댁에서 그를 돌보던 큰 품인 외할머니는 90세까지 장수하셨다. 이분이 김형경에게 특히 많은 영향을 주었다.

"외할머니는 자식이 외국에 나갔을 때 일흔 살이셨는데, 혼자서 영어공부를 하신 분이에요. 공부하시다가 누가 나타나면 부끄러우셨던지 영어책을 장롱 밑에 숨기시곤 하셨대요. 외국에 있는 손자를 보러 가겠다고 그 연세에 영어공부를 하다니 참 대단하시지요. 이타적인 분이었어요. 남에게 많이 주시고, 긍정적이고, 낙천적이면서 부지런한 분이었지요."

그 시절만 해도 제사를 지내면 이웃과 음식을 나누어 먹었다. 음식을 넉넉히 장만해서 이웃과 나누어 먹는 풍습 속에서 김형경은 성장한다. 할머니는 나눔의 문화가 몸에 밴 분이라고 했다. 누굴 흉보는 것을 본 적이 없다. 꼬마 김형경은 그런 할머니를 보고 자랐다.

외할머니가 이러한 성격을 소유하게 된 것은 또한 외증조모의 영향이라고 했다. 그분은 매우 독특한 경험을 하신 분이라고 한다.

"우리 풍습은 삼일장을 치르잖아요. 삼일 동안 시신을 보존하는 것인데, 요즘에는 죽자마자 냉동시킨다고 해요. 그건 별로 안 좋은 것 같아요. 만일 그때 그분을 그리했다면 이 이야기도 있을 수 없어요."

독특한 경험이란 사후死後 세계를 체험한 것이었다.

"당신이 서른 살 무렵, 의료시설이 미비한 시절에 돌아가셨지요. 그런데 삼일장을 치르고 발인하는 날 관에서 두드리는 소리가 나 사람들이 놀란 거예요. 다시 살아나셨으니까. 그분 말씀이 아주 먼 곳에 갔는데 누군가가 아직 때가 아니라고 당신을 탁 밀쳐서 물에 풍덩 빠지는 순간 다시 눈을 떴다는 거예요."

그러곤 놀란 가족들에게 물을 달라고 하셨다는 것이다. 목이 무척 마르기도 하셨을 것이다. 사후세계를 여행하는 동안에 아무것도 드시지 못했을 것이다. 그분은 그 생명수를 드시고 역시 장수하셨다. 사람이 사후세계를 체험하고 나면 인생이 변화한다. 김형경의 시련기 역시 외증조모의 사후세계와 같은 경험일 수도 있다. 죽어야 산다. 그러한 경험을 하신 외증조할머니의 삶은 너그러웠고, 외할머니는 바로 그분의 손에 자란 분이다. 자신은 이 외할머니를 많이 닮았다고 김형경은 말했다.

'적응 무의식'을 바꾸는 방법

초등학교 시절에는 부모님과 함께 살았다. 과학교사이던 아버지는 김형경에게 과학적·논리적 세계관을 심어주었다고 한다. 아버지에게서 과학적으로 사물을 보는 방법을 배웠다. 초등학교 시절 그의 장남감은 아버지의 과학 실험 도구들이었다. 현미경, 물량을 재는 비커, 실험용 알코올 유리버너의 불꽃들. 이것들은 김형경이 마음의 연금술사로 성장하는 직접적인 단초일 수도 있다.

유년시절 넓고 깊은 하늘과 바다의 세계를 망원경을 통해서 보았다면, 초등학교 시절에는 아버지의 손을 잡고 현미경을 통해서 세상을 보았다. 인간의 눈에 보이는 별은 거대한 우주의 별 중에 극히 일부다. 밤하늘에 보이지 않는 별처럼, 눈에 보이지 않는 것은 무수하다. 어쩌면 인간의 의식과 무의식처럼 보이는 세상과 보이지 않는 세상의 비율이 그러한지도 모를 일이다.

심리학자 티모시 윌슨에 따르면 우리가 1초에 받아들이는 정보는 1천1백만 개라고 한다. 이 가운데 의식적으로 처리되는 것은 40여 개다. 나머지는 우리가 의식하지 못하는, 즉 무의식이 처리한다. 그것을 '적응 무의식'이라는 전문용어로 설명한다.

프로이트는 '의식은 정신이라는 빙산의 일부분'이라고 했다. 윌슨은 한술 더 뜬다. '의식은 그 빙산의 꼭대기에 쌓인 눈덩이 하나에 지나지 않는다'고 한다. 그렇다면 적응 무의식이 중요하다. 이것을 보다 긍정적으로 바꿀 방법은 의외로 간단하다. 행동을 바꾸면 된다고 한다.

공감은 타인에게 이르는 가장 선善한 길입니다.

현미경으로 바라본 세상은 그녀에게 다른 세상을 보는 법을 가르쳤다. 김형경은 자신의 마음에 현미경을 조준하고 본다. 지독하게. 이른바 '자아 찾기'는 김형경의 트레이드마크다. 그녀의 자아는 이러한 과정을 거치고 있었다. 외할머니의 긍정적, 낙천적 성격은 세상에 대한 담대함을, 아버지의 과학적 논리적 사고 패턴은 그에게 더 많은 책을 접하게 한 지름길이다.

"아버지는 제게 손가락이나 뼘의 길이를 기억하고 있다가 물건의 길이를 잴 때 활용하는 방법을 가르쳐주셨어요."

난 아직도 내 손바닥의 길이가 몇 센티미터인지 모른다. 그냥 한 뼘 두 뼘 재서 대충 짐작할 뿐이다. 그게 내 성격이다. 김형경이 자신을 예술가가 아닌 것 같다고 느끼고, 차라리 철학이나 종교인 쪽에 가깝지 않을까 생각하는 것은 이러한 성장기의 영향도 있을 것이다. 나는 물론 아니라고 했다. 그는 소설을 통해서 인간과 세상을 탐구하고 쓰는 좋은 작가다.

중학교에 입학하고, 이른바 문학소녀 시절에는 책읽기를 좋아하는 말썽꾸러기였다고 한다. 소설을 읽고 시를 읽었지만 누구처럼 되고 싶다는 생각은 하지 않았다고 한다. 청소년기는 문자 그대로 방황하던 시절이었다. 문학은 대학에 가서 하는 것이라고 생각했다.

이 시기에 그에게는 또 하나의 끈이 있었다. 인생을 놓아버리지 않는 끈은 바로 '일기'였다. 그의 글 밑그림인 일기는 그의 다른 세상이었다. 일기는 그 자체만으로 이미 문학이다. 철학자 앙리 프레데릭 아미엘과 멕시코 화가 프리다 칼로 역시 일기로 모든 것을 적었다.

그의 일기 쓰기는 이미 초등학교 때부터의 습관이다. 초등학교 시절 교대를 졸업하고 갓 부임한 담임선생님은 그가 쓴 일기를 보고 꼬박꼬박 상을 주었다고 한다. 그 일기의 내용은 부모와 선생님에 대한 욕이 70, 80%를 차지했다고 한다. 그는 자신의 글 《행복한 사람은 일기를 쓰지 않는다》에서 이렇게 썼다.

내가 소설가가 되는 데 가장 큰 도움을 주신 분이 계시다면 그때의 담임선생님이 아닐까 생각했던 적이 있다. 만약 그때 선생님께서 내가 쓴 일기에 대해, 일기 쓴 방식에 대해 한마디라도 야단을 치셨다면 소심하고 위축돼 있던 그 시절의 나는 단 한 줄의 일기를 쓰지 못했을지도 모른다. 일기를 쓰지 못했다면 내면에서 소용돌이치는 감정들을 쏟아내는 길을 찾지 못해 반항된 행동이나 폭력으로 그 억압들을 분출했을지도 모른다.

대나무밭에선 쑥도 곧게 자란다

경희대 시절, 그의 동기들 중엔 유명한 문사가 많았다. 소설가 박덕규, 시인 안재찬(시인 류시화의 본명)을 비롯한 많은 경희대 문사와 한 시절을 보낸다. 그리고 같은 공간에 있다는 것만으로 행복한 황순원, 조병화 선생에게 강의를 들었다.

"문학은 대학에서 시작하는 걸로 알았어요. 그런데 경희대는 문예장학생들이 이미 캠퍼스를 장악하고 있는 거예요. 안재찬, 박덕규 같은 문예장학생들은 이미 고등학교 시절부터 학생들 사이에서는 스타였고. 솔직히 기가 죽었지요. 그들은 이미 소설가이고 시인인데 난 이제 시작이구나 하는 그런 거 말이지요."

그녀는 대학에서 체계적인 문학 공부를 했다. 책 한 권을 읽어도 꼼꼼하게 연결되어 있는 다른 책으로 이어지는 문학 공부를 한 것이다. 이 시절을 돌이키면서 그는 행복한 표정을 지었다. 목소리는 조금 떨렸다. 그 시절에 아름다운 풍경들이 갑자기 그에게 달려든 것일까.

"이런 말이 있어요. 대나무밭에서는 쑥도 곧게 자란다."

그는 겸손하게 자신은 경희대라는 대나무밭에서 자란 쑥이라고 했다.

대학 때는 시와 소설을 함께 썼다. 한 권의 노트에 한쪽엔 시를, 한쪽엔 소설을 쓰는 식이었다. 그래서인지 그의 작품을 평가할 때 이런 말들을 하곤 했다. 시는 다소 산문적이고, 소설은 다소 시적이다. 4학년 때 황순원 선생의 소설 강의를 들었는데 존경하는 스승에게 칭찬을 받고 싶어서 참으로 소설을 열심히 썼다고 한다.

성욕은 남녀관계의 본질

그의 소설을 읽다보면 드문드문 성 묘사 장면이 나온다. 나는 왠지 다른 작가의 야한 소설에서는 그런 생각을 하지 못했는데, 김형경 소설의 성 묘사는 좀 불편했다. 한번은 그의 장편소설 《성에》를 읽고 전화를 건 적이 있다. 카섹스를 하는 장면과 그 장면을 바라보는 주인공 이야기를 하면서 왜 그런 걸 썼느냐고 투정 아닌 투정을 부렸다. 그녀는 웃으면서 "나는 왜, 그런 거 쓰면 안 되냐"고 했다.

왜 그럴까. 이야기를 나누면서 나는 김형경의 눈동자 속에서 성처녀와 같은 순결함을 보았다. 그래서인지 조금 오래 눈을 마주치면 가슴이 두근거리기도 했다. 이성에 대한 감정이라기보다는 그의 마음속에 있는 순결한 그 무엇을 보았는지도 모르겠다. 그런 이야기를 했다. 왜 그럴까 라면서 고개를 갸웃거리는데 속으로 놀랐다. 심리분석 전문가인데 혹시 내가 모르는 어떤 이야기를 하면 어떡하나, 내 무의식 속의 어떤 콤플렉스를 이야기할까봐 서둘러 "인간의 성격 형성에 가장 중요한 것 중 하나가 성性이죠?" 하고 물었다.

잠시 무언가를 생각하다가 문득 고개를 들고 그는 "중요하다. 매우 중요하다"고 했다. 성욕과 공격성이 인간의 성격을 규정하는 주요인이다. 성욕은 남녀관계의 본질이기도 하다.

사람마다 인생에서 소중하게 여기는 것들이 있다. 적게는 다섯 가지 정도, 많게는 열 가지가 된다고 한다. 그중에는 돈과 사랑, 권력, 명예 같은 것들이 있다. 김형경은 그중에서 무엇을 제일 소중하게 여길까.

그는 공부하고 탐구하는 것을 즐겨 하는 타입이라고 자신을 이야기한다. 다른 것에는 신경을 쓸 시간이 없고, 그런 시간들은 아까운 것이다. 세상에는 여행할 곳이 몹시 많은데 여비가 부족하다, 공부하고 싶은 게 많은데 게을러서 걱정이라고 한다. 시간이 아깝다는 것은 그녀의 생이 그만큼 소중하기 때문이 아닐까.

비밀스러운 색감

릴케는 프로이트에게 보낸 편지에서 이렇게 말했다.

"쓸쓸한 고독의 흔적이 하나라도 남아 있다면 그것을 극복하는 것은 나의 문제이겠지요. 그러나 당신과 이야기하면 깊은 심연에서 빠져나올 수 있을 것 같습니다."

이것은 천재와 천재의 대화이기도 하지만, 결국 우리 장삼이사張三李四들의 대화이기도 하다. 이것은 《천 개의 공감》에서 독자가 김형경과 공감하는 내용일 수도 있다. 정말 아프다면, 그것이 꾀병이 아니라면 누구나 시인이고, 그에게 말을 건네고 대화한다는 것은 이미 인간관계가 아름답게 형성됐기 때문이다.

김형경과 이야기를 마치고 나는 혼자서 정발산을 걸었다. 나의 내면에 그려진 김형경의 그림이 변화하는 체험을 했다. 희미한 안개, 벌판, 작은 집, 고통스러움의 이미지에서 밝고 환한 동산에서 그가 자유롭게 산책하고 있는 모습으로 바뀌었다. 무채색에서 화려한 꽃의 비밀스러운 색감으로 변하고 있었다.

사람은 누구나 변화한다. 작가는 그래서 신비스러운 존재이기도 하다. 독자는 작품을 통해서 작가를 만나지만, 작품은 이미 예전의 그다. 어디로 걸어갈지, 어떤 그림을 그릴지는 아무도 알 수 없다. 드문드문 꽃들이 최선을 다해서 피어난다. 그가 서양의 격언 하나를 영어로 읽어주었다.

"You don't know what can you do before you try (직접 시도하기 전에는 우리가 무엇을 할 수 있는지 알지 못한다)."

섬진강 시인 김용택

김용택은 섬진강을 굽어보며 서정을 노래하는 목가적 시인으로 생각하면 오해다. 그는 젊어서는 참교육과 농촌 문제를 끌어안고 발버둥치며 시를 썼고, 지금은 학교 문제와 환경파괴에 맞서 싸우며 살아 있는 시를 쓴다. 누구보다 치열한 삶을 살고 있지만 묵묵히 낮은 곳으로 흐르는 섬진강처럼 겸손하다.

난 한가롭게
문학 하지 않아,
고통 없이 뭔 시가 나오겠어

:

섬진강에 서니 두려웠다. 겨울비가 스며든 강물은 떨리고 있었다. 강물을 찬찬히 들여다보면 두근거리는 타인의 심장소리가 들려온다. 숲 속에 성긴 나뭇가지들 사이로 새가 날았다. 나는 숲에 숨어 있던 새가 날아오르는 것처럼 이렇게 강가에 섰다. 문득문득 떠오르는 것들이 있다. 나는 많은 것을 잊고 살았다. 그것이 떨림과 두려움으로 다가온다. 사랑한 사람들, 미워한 사람들. 이제는 모두 강물에 내리는 비처럼 스미고, 스며들어 같이 흐른다.

그때 그 사람들의 아픔이나 상처는 지금 아물었을까. 아니면 아직도 견디고 있을까. 강물은 그렇게 꼭 내가 잘못을 저지른 사람들의 얼굴을 떠올리는 거울 같았다. 정작 나의 얼굴은 강물에 빠져버린 듯 보이지 않는다. 강은 나를 품지 않았다. 내가 강에 가지 않았으므로 강은 저만치 멀리서 흐르고 있었고, 나는 망연하게 섬진강을 바라만 보았다.

그 강가에 김용택(金龍澤·59) 시인이 서 있었다. 그의 시는 삶에 대한 두려움이 저절로 배어나오는 숨결이었다. 섬진강 진매마을에서 태어나 민물고기처럼 그는 그렇게 살았다. 그가 요즘 관심을 가지는 환경 문제는 생래生來적인 것이다. 자신의 몸과 같은 것을 툭툭 건드리고 파내니, 몸이 아파서 난리치는 것이다. 정작 그의 시는 그 삶의 외피이고, 독자에게는 자신의 속살이다. 첫눈이 내리듯이 그의 시는 어느 날 갑자기 사람들에게 내려왔다. 그의 시를 읽으면, 한동안 나는 정말 사랑했던 사람의 이름을 잊고 살았는지도 모른다는 생각을 하곤 했다. 그의 짧은 시 한 편이 떠오른다.

> 까마득하게 잊어버렸던 이름 하나가 시린 허공을 건너와
> 메마른 내 손등을
> 적신다

― 시 〈첫눈〉 중에서

평범함 속의 비범한 삶

김용택 시인에게 '시란 무엇인가'라는 질문은 하지 않는다. 1982년에 창작과비평사에서 발행한 21인의 신작시집 《꺼지지 않는 횃불로》에 시 〈섬진강〉을 발표하면서 시작된 시 쓰기. 이미 여러 권의 시집

과 산문집을 통해 그는 유명인사가 되었다. 덩달아 섬진강도 유명해졌다. 김수영문학상(1986), 소월시문학상(1997)을 받기도 했다.

시인은 '평범 속의 비범'한 삶을 살고 있다. 순창농림고를 졸업하고, 교사가 되고, 섬진강에서 시골 사람으로 살면서 시를 쓴다. 그러나 시보다는 삶이 중요하다는 이야기를 여러 번 그에게서 들었다. 온 국토가 공사 중인 이 각박한 세상에 시 쓰는 사람은 어떻게 살아야 될까.

"나의 글은 내가 살아온 삶의 껍데기다. 삶을 그대로 쓰는 이가 어디 있겠는가. 나는 그 삶이 좋았다. 그것을 글로 옮겼을 뿐이다. 삶에 비하면 시는 하잘것없는 것이다."

또 이렇게 말했다.

"살아 있는 시를 쓰기 위해서는, 시가 살아 있기 위해서는, 잘 살아야 한다. 내가 한가하게 느티나무 아래에 앉아서 시 쓴 것 아니다. 젊어서는 시골서 농사짓고 교사생활 하면서 썼고, 전주에 살면서는 환경운동으로 뛰어다니면서 쓰고, 지금은 학교 문제를 비롯해서 여러 비환경적인 권력과 싸우면서 쓴다."

시인이 30년 전에 심었다는 진매마을 느티나무. 나무는 우람하게 자랐다. 진매마을은 땅 기운이 좋은 곳이다. 나무가 저렇게 잘 자라는 땅에서 사는 사람들은 행복하다. 큰 나무가 있는 곳에 큰 인간이 난다. 시인도 이 땅의 저러한 나무와 같은 존재가 되었다. 시간은 흘러가고, 모든 것은 지나간다고 하지만, 나무는 인간에게 오래 사는 삶을 보여준다.

"글만 잘 쓰면 뭣 허냐. 시는 진실이야. 세상에서 제일 두려운 것은 진실이여."

그에게 제일 중요한 것은 진매마을 앞을 흐르는 섬진강가의 바위고, 자신이 일하는 덕치초등학교이고, 진매마을에서 순창으로 향한 좁은 길이다. 시인은 자신이 사는 지역의 문제를 안고 씨름해야 한다고 강조한다.

군청에서 진매마을의 섬진강가에 벤치를 놓겠다는 것을 시인은 반대했다. 군청 직원들은 사람들이 다니다가 벤치에 앉아서 쉬게 하려는 것이라고 했지만, 그는 그냥 땅바닥에 앉아서 쉬면 된다고 했다. 그게 좋은 것이다. 그리고 그 길가에 팬지꽃을 심겠다고 해서 또 반대했다. 봄, 가을로 얼마나 많은 야생화가 아름답게 피는데 그런 꽃들을 심느냐고 호통을 쳤다.

행복의 뿌리는 고통

그는 시골학교 교사로 아이들과 놀면서 한가하게 문학 하는 김용택이 아니라고 했다. 사정을 모르는 도시 사람들이 촌사람 김용택의 이미지만 보고 자신을 그렇게 이야기하면 억울한 모양이다. 그런 사람들은 정말 김용택을 모르는 사람들이다. 섬진강이 끊임없이 흘러가듯이 김용택은 끊임없이 걸었다. 그의 걸음걸이는 산책이 아닌 출근이었고, 투쟁이었고, 기록이었다. 김용택의 실핏줄을 타고 올라오는 섬진강의 물고기들은 선생의 몸속에 살고 있다.

가문 섬진강을 따라가며 보라

퍼가도 퍼가도 전라도 실핏줄 같은

개울물들이 끊기지 않고 모여 흐르며

해 저물면 저무는 강변에

쌀밥 같은 토끼풀꽃

숯불 같은 자운영 꽃 머리에 이어주며

지도에도 없는 동네 강변

식물도감에도 없는 풀에 어둠을 끌어다 죽이며

그을린 이마 훤하게

꽃등도 달아준다

— 시 〈섬진강 1〉 중에서

김용택의 시에 조금만 관심이 있다면 그를 팔자 좋은, 한가한 사람으로 보지는 않는다. 나는 항상 웃고, 다정하고, 잘 주는 그를 행복한 사람으로 본다. 그러나 웃음 뒤에는 눈물이 흐르고 있다. 어쩌면 그 눈물은 가문 섬진강을 따라가면서 본 폭력과 난개발과 아픔인지도 모른다. 행복의 뿌리는 고통이다.

"시는 고통이 있어야 돼. 시인의 가슴에 고통이 없다면 뭔 시가 나오겠어. 가슴속에 응어리진 고통이 담금질되어 한 편의 시가 나오는 거지."

시인은 섬진강을 보며 말을 이었다.

"이 나라의 시인들이 '또랑(개천)' 하나, 마을의 바위 하나를 지키면서 글을 쓴다면, 그것이 바로 환경 생태시가 될 것이다. 고요한 절간이나 문학관에서 쓰는 것보다, 자신의 삶이 바로 시나 산문이 되는 그런 글을 보고 싶다."

물길은 곡선으로 흐른다. 곡선은 자연이고 도시는 직선이다. 섬진강에 서면 완만하게 혹은 급하게 흘러내리는 물줄기를 볼 수 있다. 해마다 일어나는 수해는 저 곡선의 물길을 인간의 인위적인 힘으로 직선으로 만들어버렸기 때문이다. 둑이 무너지고 다리가 침수되는 것은 바로 그 자리가 물이 지나가는 자리였기 때문이다. 물이 지나가는 자리에 놓인 인위적인 것들은 모두 무너져내린다. 우리나라의 수해는 대부분 인재人災이다. 강원도에 수해가 났을 때 동네할아버지들이 둑 무너진 자리를 보고 말했다.

"예전에는 저기가 물 지나가던 자리였어."

물은 그저 자신이 갈 길을 갈 뿐이다. 그 길을 가로막고선 사람들이 수해가 났다고 난리를 치는 것이다.

김용택 시인은 요즘(이 글은 2007년에 씌어졌다. 선생은 2008년 8월, 40년의 교단 생활을 마치고 정년퇴임했다) 네 가지 일에 몰두하고 있다. 그것은 덕치초등학교와 진매마을을 하나의 환경·생명공간의 벨트로 묶어 보존하는 일이다. 그는 그냥 두고 보면 온갖 개발이 밀려들어온다고 한탄했다. 우리나라 행정부에서 건교부가 사라져야 한다고 했다. 건교부가 있는 나라는 지구상에 몇 나라 되지 않는다. 다른 나라에서는 그 일을 환경부가 한다. 김용택은 아이디어를 내고 있다.

건교부가 있는 나라에서 살아남기. 폭력적인 개발논리에서 마을을 살리고 학교를 살리는 길은 우리가 자연과 공존하는 삶을 사는 것이다. 구체적인 계획은 이렇다.

환경·생명공간의 벨트

첫째, 농촌체험학교를 운영하는 것이다. 지난 11월에 10명의 도시 아이가 신청을 해서 지내고 있다. 서울 강남에서 온 아이도 있다. 1년간 덕치초등학교에서 기숙하면서 김용택 선생에게 배운다.

선생은 뜻밖에도 아이들에게 삶의 고통과 고난을 가르치고 싶다고 했다. 갈등과 곤란을 겪어야 성숙한 사람이 된다. 타인을 배려하지 않고, 타인과 어울리지 않는다면 교육이 무슨 소용인가.

사회 문제인 왕따도 경우에 따라서는 아이들의 성장과정에 좋은 효과가 있다. 왕따는 본질적으로 없어져야 하는 것이지만, 사람 사는 것이 어디 그런가. 시골학교에서 서너 명에게 왕따를 당하는 경험은 오히려 필요하다고 한다. '그래야 애들한테 붙어서 같이 놀고 어울리는 것이 얼마나 행복한 일인지를 알게 된다'는 게 그의 생각이다. 시골아이와 도시아이가 서로 부족한 것을 채우고 가는 행복한 학교생활이 될 것이다.

둘째, 주말도서관 운영이다. 4억 원 정도면 덕치초등학교 건물 하나를 도서관으로 개조해서 운영할 수가 있다. 주말도서관이 만들어질 예정인 건물 안에는 장구와 의자들이 어지럽게 널려 있었다. 예산이 확보되면 주말도서관이라는 신선한 생각이 봄꽃처럼 피어날 것이다. 늘 자연을 염두에 두고 행동하는 김용택 시인의 도서관은 덕치초등학교의 꽃처럼 나무처럼 운영될 것이다. 큰 나무 아래에서 사람들은 쉬어 간다. 그 자리를 만들려고 하고 있다. 주말에 도시에서 온 사람들이 도서관에서 책 읽고 쉬어 가는 것이다. 한 가족이 책 읽는 풍경은 생각만 해도 가슴 두근거리는 일이다.

셋째, 마을 가꾸기다. 진매마을은 시인의 고향이다. 이 마을을 훼손 없이 지키는 것이 요즘 그의 일이 되어버렸다. 시 쓰는 일보다 마을 지키는 일이 더 중요하다고 거듭 강조한다. 시집 출간도 뒤로 미룬 채 마을에 무슨 공사가 벌어지려는 조짐이 보이면 동분서주하면서 그것을 막아낸다. 대표적인 것이 진매마을 앞으로 흐르는 섬진강을 따라서 난 오솔길이다. 이 길은 김용택의 인생길이기도 하다. 지난 10년간 끊임없이 들이대는 개발에 맞서 그는 길을 지키기 위해 싸웠고, 지금도 그러하다. 그 길에 '공사중'이라는 관공서의 표지판이 서 있다.

넷째, 생태하천 체험이다. 어느 가을날 진매마을 앞 섬진강을 징검다리로 건너 밤을 주워온 적이 있었다. 시인은 그 징검다리 위에서 내게 꺽지나 쉬리와 같은 민물고기를 손으로 가리키면서 보여주었다. 아이들에게 강의 흐름을 따라 걷게 하면서 자연을 보게 하고, 인간이 인위적으로 막을 수 없는 강의 흐름을, 그 순리를 가르쳐주고 싶은 마음이다.

이 네 가지 일을 하나로 묶어 그는 부지런히 움직일 것이다.

새벽에 들려오는 아버지의 기척

진매마을에 있는 시골집에는 선생의 모친이 살고 계신다. 남편과 사별하신 후 조용하고 단아하게, 그러나 동네사람들과 어울려 즐겁게 살고 계시는 어머님의 모습은 한결같다. 수년 만에 뵈었는데도 그 모습 그대로다.

처마에 매달아놓은 곶감을 빼먹었다. 섬진강의 바람과 물결이 스며들어 맛이 달고 그윽하다. 서너 개를 한꺼번에 먹어도 웃으시며 하나 더 빼주신다. 마당 한쪽에는 작은 항아리들이 소담하다. 한때는 저 항아리들이 무척 크고도 많았을 것이다. 그러나 지금은 혼자 사시기에 작은 항아리가 몇 개 돌 받침 위에 놓여 있다. 남편은 하늘나라로 올려 보내고, 자식들은 모두 도시로 나갔기에 혼자 사신다.

지금은 개조된 부엌에서 가스레인지를 사용하지만, 그 옆에는 옛 부엌이 제 모습을 간직하고 있다. 아궁이 위에 가마솥은 오랫동안 사용하지 않았을 텐데 반질반질 윤이 나게 닦여 있었다.

이분은 고향이라는 전통적인 공간에 사시는 마지막 어머니가 되지 않을까. 어머니와 시골집은 같은 모양이었다. 사람과 집은 그렇게 마을에서 같이 나이를 먹고 있었다. 그 시골집은 선생이 태어나고, 자라고, 공부하고, 좌절하고, 또한 결혼하고, 시를 쓴 곳이다. 선생은 겨울방학 내내 이 집에서 시집 《나무》의 원고를 정리했다. 지금도 서재로 이용하는 살아 있는 공간이다. 집에는 아버지와 형제들의 흔적이 묻어 있다.

선생은 아버지와 같이 찍은 사진이 없다고 아쉬워했다. 아버지가 툇마루에 걸터앉아 있는 사진이 시골집 서재에 있었다. 책장에 놓인 아버지의 사진 한 장은 선생에게 이런 추억의 사진이다.

젊은 시절, 그는 긴 겨울밤을 새워 책을 읽었다. 그러다보면 어느새 새벽이 되고, 닭울음소리가 들렸다. 그때쯤이면 지난밤 뜨거웠던 온돌이 식어 방 안에 한기가 스민다. 졸음은 몰려오고 추워서 이불을 뒤집어쓰고 있는 새벽, 아버지가 쇠죽을 끓이기 시작한다. 탁탁거리면서 마른 것들이 타고, 훌훌 불길이 아궁이로 몰려 들어가는 소리는 젊은 김용택에겐 자장가와 같은 것이었다. 거기에서 들려오는 아버지의 기척은 아득하게 잠길로 들어가는 아들의 등을 쓰다듬어주는 소리였다. 방 안에 온기가 돌면서 온돌이 뜨거워진다. 젊은 김용택은 어느새 까마득히 새벽잠에 빠진다. 아침까지 서너 시간의 꿀잠이었다.

왕희지의 무릎

그런 아버지의 기척과 온기가 배어 있는 시골집 서재에는 '관란헌觀瀾軒'이란 현판이 붙어 있다.

시인은 머쓱하게 웃으면서 왕희지王羲之 집자集字라고 글씨의 주인을 일러 주었다. 왕희지도 가난한 선비였는데 늘 글을 썼다고 한다. 앉아 있을 땐 무릎 위에다 썼다고 한다. 하도 써서 무릎 부분 옷감이 해졌다는 이야기가 전한다. 어떤 분야건 일가를 이룬 사람의 남다른 점이 있다면 진정성과 무서운 집중력이다. 오직 한 길만 걸어온 이가 무엇인가를 이룬다. 세상의 이치는 같은 것이다. 그는 문리가 터진다는 말을 그렇게 들려주었다.

"무엇이든 하나만 진정으로 한다면 그것으로 세상이치를 통달하는 것이다."

시골의 면面서기가 면 사정에 통달한다면 그는 진정한 전문가다. 자신의 마을에 바위 하나, 나무 한 그루, 한 사람 한 사람에 대한 진정성이 있다면 허랑한 담론만 뱉어내는 지식인보다 이 사회에 더 필요한 사람이다.

"이상한 일이야. 내가 살면서 쭉 보니까 사심 없이 한 분야에서 열심히 일하는 사람에게는 반드시 도와주는 사람이 많아. 박원순 선생도 그렇고. 참 신기한 세상 이치야. 김구 선생이 돌아가시기 전에 쓴 휘호도 삿됨 없이 살라는 '사무사思無邪' 아니냐."

'사무사'는 《논어論語》에 나오는 말로 《시경詩經》 3백 편을 개괄하는 공자孔子의 말이다. 공자도 시집을 엮으면서 시인에게는 사심이 없어야 한다는 말을 남겼다. 김구 선생의 이 휘호에는 아직까지 핏자국이 있다. 이 글을 쓰고 난 자리에서 선생은 암살을 당했다.

시인을 닮은 사람들

그에게는 고마운 사람이 많이 있었다. 그중 네 사람의 이야기를 들려주었다.

우선 월부 책장수다. 선생이 청운초등학교 옥석분교(지금은 폐교)에 근무하던 시절에 찾아온 사람이었다. 지금이야 길이 좀 나아졌지만 첫 교사 부임 옥석분교로 가는 길은 바지를 걷어붙이고 도랑을 몇 개 건너야 했다. 그래야 겨우 갈 수 있는 곳이었다. 그는 어떻게 김용택을 찾아온 것일까. 그것이 지금도 신기하다고 한다.

시인은 그에게서 월부로 많은 책을 샀다. 도스토예프스키 전집, 헤르만 헤세 전집. 이어령 전집, 박목월 전집, 괴테 전집, 니체 전집 등이었는데, 그 책을 통해서 문학의 길을 가게 되었다고 고백한다. 인적이 드문 산골 학교에서 젊은 총각 선생의 책 읽는 모습이 그려진다. 그 책읽기를 통해서 시인으로서 다시 태어나고, 인간으로서 성숙해졌을 것이다. 책장수가 월부로 판 책들이 시인 김용택을 만드는 초석이 된 셈이다. 그 책들은 지금도 시골집 서재에 가지런히 정리되어 있다.

두 번째는 친구 권철호 씨다. 역시 '희한한 사람'이다. 순창농림고를 졸업한 김용택이 처음 한 일은 전공을 살려 오리를 키우는 것이었다. 하지만 경험 부족으로 결국 망하고 만다. 젊은 김용택은 낙담하여 서울로 올라가 두어 달 놀다가 다시 내려와 순창에 머물고 있었다. 그때 교사시험을 보러 가자고 부추긴 사람이 바로 권철호 씨다. 교원이 부족해서 사범학교 출신이 아니더라도 고등학교만 졸업하면 국가시험을 거쳐서 서너 달 선생 교육을 받고 초등학교에 임용되던 시절이었다.

"그땐 아무 생각이 없었어. 선생은 꿈도 꾸지 않았어. 그래서 교원시험을 보라는 친구에게 그게 뭔 말이냐고, 난 시험 안 보겠다고 했지. 그런데 그 친구가 사진만 찍으면 자기가 다 알아서 하겠다는 거야. 하도 닦달을 해 귀찮아서 사진을 찍어줬더니 지가 원서 써서 광주까지 가 접수해 수험표를 가져다주는 거야. 그래서 시험 보고 교사가 된 거지. 어쩌면 내 인생의 가장 결정적인 순간인지도 몰라. 그런데 정작 그 놈은 떨어졌어."

그 친구는 지금도 자주 만나는 죽마고우라고 일러주었다. 시인 곁에는 그를 닮은 사람이 많이 있는 것 같았다.

또 한 사람은 중학교 시절에 만난 동네 형이다. 그는 당시 서너 살 위 고교생이었다고 한다. 공부를 열심히 하는, 점잖은 사람이었다. 시인은 중·고교 시절 진매마을에서 순창까지 40리 길을 오로지 갈 차비만 가지고 다녔다고 한다. 용돈은 무슨 말인지도 모르던 시절이었다. 학교에서 집으로 올 때는 걸었다. 무척 가난했지만 자신보다 더 가난한 사람이 많던 시절이었다. 집안 사정으로 학교를 다니지 못하는 아이도 많았다.

중학교 때 꼭 갖고 싶었던 책이 《메들리 삼위일체》라는 영어 참고서였다. 당시 중학생들의 영어공부에 바이블과 같은 책이었다. 책을 살 돈이 없었던 김용택은 늘 아쉬운 마음을 품고 살았다. 집안 사정을 아는지라 부모님께 사달라고 할 수도 없었다.

"그 책, 내일 가지고 와라"

어느 날 영화관에 단체관람을 갔는데, 옆자리에 그 형이 앉아 있었다. 무심코 고개를 돌려 형의 가방을 보니 그 참고서가 보였다. 영화를 보느라고 형이 정신이 없는 틈을 타 중학생 김용택은 참고서를 슬쩍 훔치고야 말았다. 훔치기는 했는데 가슴이 두근거리고 무서웠다.

다음날, 그 형이 김용택을 불렀다.

"용택아, 영화 보다가 내 책 가져갔지?"

형은 화도 내지 않고 조용히 물었다고 한다.

"예."

"그 책, 내일 다시 가지고 와라."

"예."

이게 다다. 형은 달리 아무 말도 하지 않고, 다시 가져오라고만 했다. 김용택은 그대로 했다. 그러곤 지금까지 그 일에 대해서는 한마디도 하지 않았다고 한다. 그 형의 교복 바지는 기운 자국투성이였다. 엉덩이와 무릎은 헝겊을 덧대놓았다. 오로지 교복 한 벌로 3년을 지내던 시절. 이 참고서 사건은 어린 김용택에게 많은 것을 소리 없이 가르친 것이다. 사실 한순간의 잘못으로 사형수가 되거나 장기수가 되거나 폐인이 되는 일이 얼마나 많은가. 단 몇 초의 실수가 수십 년의 생을 완전히 쑥대밭으로 만들기도 한다. 삶은 두려운 것이다. 삶에 두려움이 없다면 인생은 무서운 짐승이 된다.

그리고 전주 홍지서림의 책방 아가씨가 있다. 김 시인은 교사 시절, 월급을 타서 동생들에게 다 나누어주고 나면 책 살 돈이 없었다고 한다. 어쩌다 한두 권 사긴 했지만, 그때의 독서는 주로 홍지서림에서 했다. 근무가 없는 일요일에는 늘 서점에 서서 하루 종일 책을 읽었다.

그때 서점에 근무하던 아가씨가 의자를 가져다주면서 앉아서 보라고 권했다고 한다. 이 아가씨는 지금 익산에서 서점을 운영하고 있는데 어느 날, 유명해진 시인 김용택에게 전화를 해서 자신을 기억하냐고 했다. 전화를 받은 시인은 한달음에 익산까지 달려가 차 한 잔을 나누고 왔다고 했다. 시인의 곁에는 이름 없는 진짜 시인이 많이 살고 있었다.

쓰잘머리 없는 개발

임실 청소년수련원으로 들어가는 작은 돌다리 아래로 흐르는 강물에는 임실각시붕어가 돌아다니고 있었다. 시인은 각시붕어를 보면서 지금은 전 국토가 죽어가는 시절임을 강조했다. 시보다 중요한 것은 생명이고, 생명을 살리는 것이다. 죽어가는 국토를 살리는 것이다.

"마을, 학교, 강을 살려야 해."

어쩌면 이것이 시인의 고통인지도 모른다. 이 고통이 시를 낳는 것인지도 모를 일이다. 사랑하는 사람이 죽어가는 것을 보는 연인처럼 시인의 마음에는 작게는 마을과 학교의 죽음이, 넓게는 이라크전을 비롯한 전쟁의 죽음이 뱀처럼 고통의 똬리를 틀고 있는 것은 아닐까. 내년에 출간하겠다는 시집의 화두 역시 환경과 전쟁에 관한 것이라고 일러주었다. 살면서 쓰는 것이다. 시는 살아 있는 사람의 목소리이고, 노래다. 시인은 삶을 소중히 여기는 사람이다.

"후회 없이 치열하게 살면 돼. 떳떳하고 당당한 사람이 되어야지. 가끔 사람들에게 오해받고 손가락질을 당하더라도 자신이 진실하다면 그것은 언젠간 풀리지. 진실한 사람의 모습은 언젠가는 드러나게 마련이야."

그러다가 문득 이런 말도 한다.

"강산이 저렇게 아파하는데, 시는 뭐하게 쓰냐."

죽어가는 마을 앞에서 시 쓰는 일보다 '쓰잘머리 없는 개발'을 못하게 하는 것이 중요하다. 관공서에 강연 요청을 받아 가는 자리에서 환경 문제를 이야기하고, 제발 관에서 쓸데없는 개발을 안 하기를 당부한다고 한다. 그래서 내가 시인일 수 있게, 시를 좀 쓰게 해달라고 당부한다고 했다.

전주에서 진매마을로 가는 길에 아름다운 풍경이 많이 있다. 그런 곳엔 어김없이 서양식의 어색한 건축물들이 산을 깎고 들어서 있다. 이른바 '전원마을'인 모양인데 시인은 그것이 영 어색하고 볼품없다고 타박한다. 필자가 보기에도 산과 물과 어울리지 않는다. 마치 동막골에 들어선 탱크 같은 모습이다. 저것이 어쩌면 폭격이 아닐까 싶다.

"옛 선비들은 절경의 자리엔 거처를 짓지 않았어. 좋은 풍경은 가끔 와서 보는 거여. 그것이 좋은 것이지. 그런데 요즘 사람들은 절경이 보이는 곳에 저렇게 집을 지으려고 안달이야. 좋은 것도 자주 보면 그저 그래. 아껴서 봐야지. 그리고 우리 그림을 보면 사람이 얼마나 작아. 산수화에 있는 사람은 나무나 풀과 같이 작아. 큰 것은 산과 물이야. 자연에서 사람은 그 정도지."

진매마을의 집들은 주위의 자연과 어울려 있다. 겸손하게 낮게 엎드려 산과 물과 나무와 같이 산다. 시인은 키가 작은데, 진매마을 섬진강의 낮은 물길을 닮은 것이 아닌가 싶었다.

임실군 강진의 길손식당에서 밥을 먹었다. 매운탕이다. 냄비 안에는 꺽지, 토우, 모자, 갈겨니, 빠가사리, 물종개와 같은 섬진강의 민물고기들이 맛을 내고 있었다. 우거지와 함께 끓여낸 매운탕의 맛에 공기밥을 더 먹어 배가 불러 터질 지경이 되었다.

임실의 모든 사람은 김용택의 이웃이다. 만나는 사람마다 인사를 하고 안부를 물었다. 이 식당 주인 역시 마찬가지다. 식당 주인에게는 가슴 아픈 사연이 있었다. 텔레비전이 보급되기 전엔 가설극장이 천막을 치고 영사기를 돌려 시골사람들의 눈과 귀를 즐겁게 했다. 어느 날 진매마을에도 흑백 텔레비전이 들어왔다. 동네 가게에 한 대가 있었는데 사람들은 20원을 내고 텔레비전을 보았다. 그때 방영된 드라마가 〈여로〉였다. 사람들은 〈여로〉에 열광했다. 더 이상 가설극장을 찾지 않았다. 하루는 김용택이 학교를 마치고 돌아오는 길에 가게 아래 설치된 가설극장을 보았다. 천막에는 단 한 명의 관객도 없었다. 동네 사람들은 모조리 가게에 모여 드라마 〈여로〉를 보고 있었다. 연속극이 방영되는 그 아래에서 가설극장의 주인인 부부가 부둥켜안고 울고 있었다. 그들이 바로 이 식당의 주인이다. 맛있는 음식으로 지금은 돈을 많이 벌었다고 살짝 귀띔해주었다.

"논술은 삶인데……"

김용택은 선생과 이 사회의 지식인들은 아이들에게 '사회'를 가르쳐야 한다"고 했다. 자신이 사는 마을에 관심을 갖고, 거기에 사는 사람들의 삶을 살아 있는 목소리로 가르쳐야 한다는 것이다. 그것이 살아 있는 교육인데, 우리의 교육은 죽어가고 있다고 그는 보고 있었다.

학군에 따라, 학원에 따라 집값이 결정되는 현실이 아닌가. 특히 논술 얘기로 시끄러운데, 요즘의 논술 교육은 아이들에게 논술을 가르치는 것이 아니라 기술만을 전수한다고 한다. 바보를 만드는 것이다. 그는 논술을 이렇게 정의했다.

"논술은 삶이여. 우리가 살았던 삶을 보고, 우리가 살고 있는 삶을 보고, 우리가 살아야 할 삶을 글로 정리하는 게 논술이여."

창의적이라는 말은 바로 이런 말일 것이다. 창의성은 생명을 뿌리로 한다. 그 뿌리에서 꽃이 피듯이 글이 나오는 것이다. 기술이나 암기는 뿌리가 될 수 없다.

김용택은 아이들에게 1년간 일주일에 한 시간은 글쓰기와 그림 그리기를 가르친다. 1년을 계획했으므로 서두르지 않는다. 아이들은 천천히 배운다.

동시 한 편을 쓰는 동안 아이들은 성장한다. 그리고 어떤 시간에는 아무것도 하지 않고 선생이 책만 읽는다. 교실은 조용하다. 아이들도 선생을 따라서 책을 읽는다. 읽다가 지루하면 누워서 읽기도 한다. 그렇게 책 읽는 것이 습관이 되면 스스로 얻는 것이 있다. 이런 과정을 거쳐 아이들의 동시는 탄생한다. 이미 책으로도 출간된 김용택 제자들의 시와 그림은 순진무구한 아이들의 마음이 잘 보여 즐겁다.

선생의 전주 집에도 아이들의 그림이 표구되어 있었다. 초등학교

2학년 다혜의 작품은 보기 좋았다. 2학년 때 이런 수업을 받고 난 아이들은 3학년, 4학년이 되어서도 따로 부르지 않아도 김용택 선생의 교실에 와서 책을 읽고 그림을 그리면서 놀다(?) 간다.

"나 열심히 가르친다. 난 한가하다는 소릴 들으면 억울혀. 나 적당히 놀면서 시 쓰지 않아. 37년 교사생활 하면서 출장을 간 것이 한두 번이여. 선생이 왜 수업을 빼먹고 출장을 가나."

그냥 넘어가면 안 된다

선생은 아이들의 몸을 가진 분이다. 아이의 영혼을 잃어버리지 않은 어른이다. 그래서 아이들과 관련된 재미있는 이야기가 많다. 선생의 2학년 교실에는 다혜와 지연, 재석이 있다. 서울에서 내려온 다혜는 할머니 집에서 살고 있고 부모가 서울에 있다. 지연이는 시골아이다. 재석이는 목사님 아들이다. 다혜는 의젓하고 성숙한 아이다. 가끔 선생이 잔소리를 하면 "선생님, 집에서 할머니 잔소리도 많이 들으니 잔소리 좀 하지 말아주세요"라고 천연덕스럽게 말하곤 한다. 웬만한 일에는 놀라지도 않는다.

그런 아이가 어느 날 서럽게 울고 있었다. 선생은 깜짝 놀랐다. 간이 큰 녀석인데 어쩐 일일까. 재석이와 지연이도 곁에서 울먹이고 있다.

이유는 손난로 때문이었다. 지연이가 손난로 가지고 다니는 것을 부러워하던 다혜. 할머니는 서울에서 엄마가 내려오면 사준다고 했다. 서울서 내려온 엄마가 손난로 두 개를 사 주었다. 그런데 지연이가 손난로를 가지고 놀다가 그만 망가뜨렸다. 똑딱거리는 손난로의 가열 장치가 부러져버린 것이다.

애들은 애들이다 싶어 그것이 얼마냐고 물었더니 5백 원이라고 한다. 선생은 주머니에 있던 5백 원을 책상에 올려놓고 이걸로 다시 사고 울지 말라고 했다. 그러자 뚝 그치면서 고맙다는 말 한마디 없이 5백 원을 주머니에 집어넣는 다혜. 은근히 부아가 나는 선생이다. 녀석, '고맙습니다' 라든지 '아니에요. 엄마한테 또 사달라고 할게요' 라든지 한마디는 해야지. 요 녀석 봐라. 시치미를 뚝 떼고 있어. 그래도 이미 줬으니 어쩔 수 없는 일이다. 그런데 다음 시간이 바른생활 시간이었다. 예의범절을 가르치면서 선생은 다혜에게 말한다.

"어른이 돈이나 물건을 주면 어떻게 하면서 받지?"

"고맙습니다, 잘 쓰겠습니다, 하면서 받습니다."

"그런데 다혜는 아까 어떻게 했지?"

"……."

"그럼 다시 해보자. 다시 그 돈을 책상 위에 올려놓고."

다혜가 주머니에서 5백 원을 다시 올려놓자 김용택 선생은 얼른 그 돈을 자기 호주머니에 넣었다고 깔깔대며 웃었다. 다혜는 다시 울고…….

선생의 교육관은 '그냥 넘어가면 안 된다' 는 것이다. 대충 넘어가면 반드시 뒤탈이 있다. 아이들과 문제가 있으면 끝까지 대화를 해서 문제를 반드시 해결해야 한다. 공부보다는 사람이 먼저라는 것이 시인 김용택의 교육방침이다. 이유는 간단하다. 인간은 혼자서 살 수 없기 때문이다. 섬진강의 물과 바위와 바람과 그리고 산과 나무와 풀과 같이 사는 것이다. 이것은 사람과 사람이 어울릴 때도 마찬가지이다. 아이들을 고생시켜서라도 반드시 인간의 중요성을 깨우치게 해야 한다고 강조했다. 김용택 부부의 금슬이 유난히 좋은 비결은 '자세히 들여다보기'였다.

"사람을 자세히 들여다보면 이쁜 구석이 얼마나 많은지 몰라. 나도 내자를 자세히 들여다보려고 노력해. 대충 보면 안 돼. 자세히 봐야지. 글을 잘 쓰는 사람도 세상을 자세히 들여다보는 사람 같아. 대충 보는 사람은 대충 쓰지. 그리고 어쭙잖게 자기가 좋아하는 것만 보려고 하고. 자기 자신만을 보려고 하고 말이야. 집사람이 처음에 뭐라고 했는지 알아? 아주 명언이야. '우리 기왕에 만났으니 잘살자'였어. 나에겐 아주 심오한 이야기야. 기왕에 만난 사람들, 다 잘살았으면 좋겠어."

자세히 들여다보기

산다는 것은 복잡한 일이다. 부인을 어떻게 만났냐는 말에 시인은 웃으면서 말했다. 아버님 탈상에 와서 만났는데, 그건 아무런 의미도 없다는 것이다. 사람들은 어떻게든 만난다. 기차에서 만나고, 비행기에서 만나고, 길거리에서도 만난다. 중요한 것은 어떻게 만나는 것이 아니고, 어떻게 살고 있느냐다. 말은 쉽지만 의외로 어려운 일이다.

"부부사랑은 잘 가꾸는 거여. 그리고 아내를 부려먹으려 하면 안 돼. 집안일도 서로 도와가면서 하는 거야. 그렇게 작은 것을 자세히 보면 지루한 것이 좀 괜찮아. 같이 20년 살면서 그게 중요하다는 걸 알았어."

선생의 전주 집에서 차를 마시고 나와, 홀로 진매마을을 다시 찾았다. 날은 조금씩 어두워진다. 섬진강은 선생의 시에 나온 대로 '어디 몇몇 애비 없는 후레자식들이 / 퍼간다고 마를 강물인가'의 섬진강이었다. 강은 삶이다. 그것은 시인의 삶이 아니라, 사람의 삶이다. 시는 강물에 조금 흐드러져 있는 억새이거나, 조금씩 고개를 내밀고 있는 달이다.

억새와 달은 사람들에게 묻는다. '어떻게들 살고 계시는가. 아직도 어떻게 살 것인가만을 꿈꾸는가' 하고. 시인은 말한다. 꿈꾸지 말고 죽도록 열심히 살아라.

"열심히 살면서 말이야, 가끔은 멈추어야 한다고. 요즘 얼마나 빠른 세상이야. 정말 어디로 가는지도 모르고들 달려가고 있지. 정신이 없어. 그럴 때 가끔 멈추어서 뒤돌아보는 시간이 필요하지. '성찰'하는 거 말이야. 그래서 뭔가 잘못된 것이 있으면 고치고, 새롭게 또 가는 거야. 뒤도 돌아보지 않고 달리기만 하는 삶은 재미없어. 삶의 재미는 그런 게 아니니까. 삶은 고속도로가 아니야. 저기 보이는 섬진강 물줄기처럼 휘어지기도 하고, 깊기도 하고, 얕기도 하고, 잠깐 멈추기도 하는 거야."

흙 씻어주는 '詩 배달부' 도종환

시인을 만나고 오는 길에 반짝반짝한 단어들이 떠올랐다. 연필로 손바닥 공책에 이렇게 적었다. 충청도, 구룡산, 법주리, 구구산장, 살쾡이 똥, 생강꽃차, 민들레, 다람쥐와 꽃뱀, 북두칠성, 까치와 까마귀, 해인, 편지, 혼혈아, 호아빈(평화), 벌레, 옥수수와 누룽지, 장작 패기, 풍경, 우편집배원…. 이 단어들로 도종환 시인을 그려봐야겠다.

숲 속 산방에서 꽃뱀과 동거 중입니다

살다가 시가 된 사람들이 있다. 시를 읽다보면 한 인간이, 구체적인 한 인물이 시 속에서 살아 숨쉬는 소리가 들려올 때가 있다. 사랑하는 연인, 친구, 사회적으로 큰 영향력을 끼친 사람, 평범하게 살았지만 비범하게 생을 마감한 사람들…. 시인들은 그런 사람들을 시 속에서 되살려낸다. 시 속에서 그들은 모두 한결같다. 성자와 청소부, 남자와 여자, 아이와 어른이 모두 한결같은 모습으로 존재한다. 그래서 시는 아름다운 조화이기도 하다. 도종환(都鍾煥 · 56) 시인이 살고 있는 산방으로 가는 마을에서 나는 시인의 시를 몇 편 읽었다.

시집 《접시꽃 당신》에서부터 최근에 나온 《해인으로 가는 길》에 이르기까지 그는 대중적으로 이미 유명한 시인이면서도 소월의 시에 나오는 '저만치 혼자 피어 있는' 꽃과 같이 살았다. 참으로 절묘하게 균형을 이루는 삶이다. 부러운 삶이다. 그것은 인위적인 것이 아닐

것이다. 이런 생각을 하다 '법주리'라는 마을 이름을 보고서 나는 무릎을 쳤다. 참으로 어려운 말이면서도 우리의 일상과 너무나 가까운 말이 그가 살고 있는 마을 이름이었다.

법주리

압구정동, 상계동과 같은 동네 지명에 익숙한 사람들은 법주리 라는 마을 이름에서 덜컥 걸린다. '법이 머문다'는 말은 어렵다. 법이 머무는 곳은 불가의 절이거나 암자이리라. 그리고 그곳에는 반드시 그 법을 지키는 인간이 있어야 한다. 이 마을에는 시인이 그 법을 지키고 있었다. 혹시 마을 사람들 모두가 시인은 아닐까. 법주리 초입에 내려 큰 나무 아래에 잠시 머물렀다.

까마귀가 낯선 사람의 침입을 경계한다. 마치 동네사람들에게 다 알리려는 듯이 울어댄다. 개가 짖는 것 같다.

한적한 오후다. 마을은 낮게 가라앉아 있었다. 마을이 깊은 숲 속으로 들어가는 형세였다. 편안하고 평화로웠다. 청주에서 보은 쪽으로 피반령을 넘어서서 지방도로변에 위치한 법주리는 도로를 마주보고 두 개의 큰 당나무가 있고, 그 나무 아래에 돌부처가 모셔져 있다. 법주리라는 마을 이름은 아마도 이 돌부처에 머무는 법을 암시하는 것인지도 모르겠다.

법주리에서 구룡산 쪽으로 난 길을 걸어간다. 혹시 도종환 시인을 찾아갈 일이 있다면 마을 어귀에 차를 세워놓고 걸어가기를 권한다.

좁은 산길을 차를 몰고 갔다가 낭패를 본 손님들이 있기 때문이다. 견인차도 들어가지 못하는 산길이다.

시인을 만나기 전에 이미 이 마을에서 나는 한마음을 놓았다. 고속도로에서 밀리는 차량 때문에 불편했던 마음이 이곳에서 풀어졌다. 이렇게 잠시라도 마음을 놓을 수 있다는 것. 그것도 다 시인 덕이다. 시인은 이렇게 세파에 찌든 중생의 마음을 보듬어주었다.

마을의 초입에 있는 돌부처가 내게 이렇게 말한다.

'배고프니 밥 주랴, 배고프니 법 주랴'

어제 낮엔 양지 밭에 차나무 씨앗을 심고
오늘 밤에 마당에 나가 별을 헤아렸다
해가 지기 전에 소나무 장작을 쪼개고
해 진 뒤 침침한 불빛 옆에서 시를 읽었다
산그늘 일찍 들고 겨울도 빨리 오는 이 골짝에
낮에도 찾는 이 없고 밤에도 산국화뿐이지만
매화나무도 나도 외롭다는 생각은 하지 않았다
매화는 매화대로 나는 나대로 그냥 고요하였다

– 시 〈산가〉 전문

이 시는 시인의 요즘 생활을 잘 보여주는 풍경화다. 시인의 내면 풍경이기도 하다. 낮과 밤, 볕과 별이 모두 시인의 품에 머물고 있다.

한 인간이 어떻게 한 우주가 되는지 자연스럽게 보여준다. 좋은 시처럼 그가 사는 곳이 좋았다. 어떻게 이렇게 좋은 곳으로 오게 됐는지 궁금했다.

구구산방

"5년 전에 몸이 아파서 찾아온 곳입니다. 이곳에서 처음 1년은 그냥 쉬었지요. 병든 몸을 후배들이 떠메고 와서 던져놓은 곳이니까요. 1년이 지나자 몸이 다시 살아났어요. 마치 봄에 새 기운이 돋는 것처럼 말이지요. 사실 그동안 너무 무리했지요. 10년 만에 복직을 했으니 하고 싶은 일도 많았고, 이런저런 강연에 TV 방송 진행까지 했으니까요. 몸이 간헐적으로 신호를 보냈지만 무시했어요. 그러다가 어느 날 푹 쓰러진 겁니다."

구구산방은 '거북 구龜' 자가 두 개다. 두 마리의 거북 산방이라는 뜻인데, 건축을 해준 사람이 지은 이름이라고 했다. 아픈 몸을 쉬는 곳이라 거북처럼 오래 살라는 뜻으로 지어준 것이지만, 도종환 선생은 이렇게 말했다.

"이 산방에서 거북처럼 느리게 살라는 뜻입니다."

구구산방은 병들고 지친 몸을 치유한 곳이다. 이제 5년째 이곳에 머문다. 청주 집에 있는 시간보다 이곳에 머무는 시간이 많다고 했다. 구구산방에서 머무는 시간은 거북처럼 느린 시간이다. 시인은 그 시간을 행복한 시간이라고 했다. 밖에 머무는 시간이 많으면 그 시간은 바쁘고 시끄러운 시간이다.

느릿느릿한 도종환 시인이 마치 거북처럼 보이기도 했다. 그것은 큰 아픔을 겪고 난 뒤에 체득한 생에 대한 겸손한 자세인가. 시인은 지인들에게 성품이 착한 분으로 소문이 나 있다. 산방 안에는 작은 서재와 책상, 그리고 벌레 한 마리가 조용히 기어 다니고 있었다. 시인은 조용히 벌레를 집 밖으로 내보내면서 말했다.

"이놈아, 여기보다 밖이 더 살기 좋아. 먹을 것도 많고."

해인海印

서재를 보니 불교에 관한 책이 드문드문 눈에 띄었다. 최근 시집 《해인으로 가는 길》은 불교적 상상력으로 가득 찬 책이다. 해인은 불경 화엄경의 한 구절인 해인삼매에서 나온 말이다. 즉, 세상을 큰 바다에 비유하고 그 바다에 이른 거친 파도와 비바람이 현세를 사는 사람들의 고통과 절망이다. 이 번뇌망상이 멈추는 경지가 해인삼매다. 바닷물海 속에 떠오르는印 절대 경지를 말한다. 깨달음이라고나 할까.

불심으로 가득 찬 시집이지만, 시인은 정작 가톨릭 신자다. 이 시집을 읽은 수녀님들이 작은 토론회를 벌였다. 그 자리가 끝나자 수녀님들은 '그분'에게 기도했다.

"주여, 도종환 시인이 개종하지 않게 하소서."

시인은 웃으면서 이야기했다. 이 집터는 근처에 있는 스님에게 다녀가는 길에 발견하게 된 것이라고 한다. 인연은 인연을 낳는다. 그러나 그의 마음속 주인은 하느님이다. 믿는 신은 다르지만, 불교를 비롯한 다른 종교의 가르침을 시인으로서 받아들인다. 시인에게 시가, 모국어가 유일신이면서 조국인 것이다.

2007년 2월에 나온 동화 《나무야 안녕》도 이곳에서 쓴 책이다. 산방의 뒷마당에 있는 작은 자두나무를 보고 쓴 것이라고 한다. 그 나무는 허리가 꺾인 채 있었다. 그런데 신기하게도 그 나무에서 자두가 한두 개 열린다. 지독한 아픔을 겪고 나서도 저 혼자 꽃을 피우고 열매 맺는 나무에서 어쩌면 시인은 자신의 모습을 보았는지도 모르겠다.

시인이 아프고 나서 펴낸 모든 책은 이곳에서 썼다. 이곳에 머물며 아무 생각을 안 한다고 했지만, 그것은 겸손한 수사가 아닐까. 조용함 가운데 불타오르는 그 무엇이 있다. 그것이 시심詩心이다. 구구산장은 언어의 집인 시라고 이야기해도 될 것 같았다. 그의 시와 글들은 산속의 풀과 나무와 짐승과 어울려 있다. 그리고 해인이라는 큰 깨달음을 찾아가는 여정이기도 했다.

이문재 시인이 시집의 발문을 썼다. 그는 도종환의 시가 시인으로서의 귀환이면서 동시에 한국 시의 새로운 출발이라고 했다. 시집에 나오는 첫 시를 인용한다. 이 시가 아마도 구구산장의 삶을 가장 잘 설명하는 것 같다. 이 시집의 서시라고 해도 될 것 같다.

> 하루 종일 아무 말도 안 했다
> 산도 똑같이 아무 말을 안 했다
> 말없이 산 옆에 있는 게 싫지 않았다

산도 내가 있는 걸 싫어하지 않았다

하늘은 하루 종일 티 없이 맑았다

가끔 구름이 떠오고 새 날아왔지만

잠시 머물다 곧 지나가버렸다

내게 온 꽃잎과 바람도 잠시 머물다 갔다

골짜기 물에 호미를 씻는 동안

손에 묻은 흙이 저절로 씻겨 내려갔다

앞산 뒷산에 큰 도움은 못 되었지만

하늘 아래 허물없이 하루가 갔다

— 시 〈산경〉 전문

    이 시를 읽으면 시인의 마음의 산이 보인다. 그 산에서 쓴 시는 경전처럼 내게 다가온다. 흙이 저절로 씻겨 내려가는 문장을 읽으면서 내 마음의 그 무엇도 조용히 쓸려 내려간다. 일종의 세례의식처럼 한 편의 시가 마음을 씻어준다. 마음의 얼룩은 눈에 보이지 않아 병이 들면 더 아프다. 우울증은 마음의 얼룩이 깊이 스며들어 탈이 난 것이다.

    최근에 하루 종일 아무 말도 안 한 적이 있다. 언제 내가 아무 말 없이 하루 종일 있었던 적이 있나 싶었다. 그러나 가끔 시집을 읽는 동안에 나는 아무런 말을 하지 않았다. 책을 읽는다는 것은 말을 줄인다는 것이다. 말을 줄이고 책을 보면 그 자리에 생각이 머문다. 그 생각을 자세히 들여다보면 삶의 길이 보일 수도 있으리라.

법원의 등기부등본에는 구구산장이 도종환의 땅과 집으로 등재돼 있다. 그러나 막상 산에 들어가 보니 이곳의 주인이 누구인지 헷갈렸다. 시인은 산속에 사는 산짐승들과 마당을 공유하고 있었다. 산방 앞에는 작은 개울이 흐른다. 이 물은 짐승들의 식수다. 처음에는 인간의 눈을 피해 밤중에 와서 물을 먹었는데, 언제부터인가는 시인을 빤히 쳐다보면서 아무 때나 드나든다.

살쾡이 똥

"이놈들이, 나를 인간 취급하질 않아. 허허, 이것 좀 봐요. 이 똥 좀."
　마당에서 난생처음 살쾡이 똥을 보았다. 마당에는 일정한 간격으로 살쾡이 똥이 있었다. 군데군데 전날 잡아먹었을 짐승의 털이 박혀 있었다. 짐승들은 오줌이나 똥으로 자신의 영역을 표시한다. '여기 들어오는 놈들은 죽어' 하는 식이다. 즉, 이곳은 자신의 영역이라고 울타리를 친 것이다.
　시인은 사람으로서 자존심이 상한다면서 너털웃음을 날렸다. 그는 살쾡이 똥을 치우지 않았다. 어차피 이곳에서 살쾡이를 몰아낼 수는 없는 일이다. 동물이 사는 산속에 인간이 잠시 머무르는 것이다. 마당을 가로질러 개울가로 내려간다. 개울가로 이어지는 비탈에 꽃나무가 꽃을 피우고 있었다. "산수유네?" 하고 탄성을 지르자 시인이 웃으며 말했다.
　"정말 비슷하지요. 똑같다고 해도 될 정도로. 그런데 저건 생강나무입니다. 나무에게는 좀 미안하지만, 손님에게 차 대접을 해야지요."

그러곤 막 돋아오르는 꽃잎을 손으로 땄다.

생강꽃잎차를 마셨다. 차를 마시는 나무 탁자에 이철수 선생의 판화 글씨를 새긴 보자기가 덮여 있었다. '꽃이 져도 너를 잊은 적 없다'는 정호승 시인의 시 구절이었다. 이문재 시인은 이 시구로 자신의 시 엮음집의 제목을 달았다. 멀리 내다보이는 산속에 꽃봉오리가 움을 틔울 준비를 하고 있다. 분명 꽃은 피고 또 질 것이다. 시인이 이곳에서 무엇을 보고 무엇을 썼는지는 이미 활자화되어 있다. 책이나 글로 선생은 자세하게 심경을 토로했다.

내게 오는 모든 것이 축복이라고 생각하며 지내는 동안 아침마다 명상으로 하루를 시작하게 되었습니다. (중략) 나와 내 삶을 끌고 가는 것이 나인 줄 알았는데 아니었습니다. 나는 내 마음의 주인도 내 몸의 주인도 아니었습니다. (중략) 시간이 흐르면서 나는 그분이 나의 수발을 들어주기 위해 있는 것이 아니라 내가 그분을 위해 있어야 한다는 걸 알게 되었습니다. 구약에 나오는 욥의 말처럼 '주셨던 분도 그분이요 도로 가져가시는 분도 그분'이시라면 나를 세우고 쓰러뜨리시는 분 역시 그분이신 걸 알고는 그분께 다 맡기기로 하였습니다.

— 산문집 《사람은 누구나 꽃이다》 중에서

구약의 욥은 말했다. 고통은 인생의 섭리를 깨닫게 하기 위한 신의 뜻이라고. 그것 역시 인생을 알기 위한 한 방편인 것이다. 오로지 안락함과 즐거움만으로 이루어진 인생은 허상이다. 그래서 세상에 없는 행복한 나라가 유토피아라고 했던가.

차 한 잔을 마시면서 나는 조금 전에 본, 마당에 피어 있는 민들레 이야기를 했다. 아직 풀이 돋아나지도 않았는데 넓은 마당에 딱 한 송이의 민들레가 흙 속에서 솟아올라 있었다. 귀엽기도 하고 기가 막히기도 했다. 어떻게 저 무거운 땅을 뚫고서는 고개를 내밀었단 말인가. 무엇을 보고 싶어서.

다람쥐와 꽃뱀

시인은 산속에서 혼자 지내는 것이 아니었다. 근처에 있는 암자의 노스님은 된장만으로 밥을 드시는데, 산에서 난 것들을 드신 까닭인지 다리 근력이 허약한 젊은이보다 낫다. 보은이나 청주까지 수십 킬로미터를 걸어서 다니신다. 노스님이 입적하시면 시인은 그 자리를 사서 산장을 만들고 싶다고 했다. 하지만 스님이 자신보다 더 오래 사실 것 같아 힘들지 않나 싶다며 웃음을 터뜨렸다.

산방에는 고라니, 살쾡이, 산토끼, 오소리, 다람쥐와 같은 짐승과 이제 막 솟아오른 복수초를 비롯한 생강나무, 산벚나무 등 식물이 어울려 있었다. 밤이 되면 북두칠성이 처마에 매달아놓은 풍경 끝에 걸린다. 이 모든 것 속에서 도종환의 몸과 마음은 되살아났다. 뜰에는 다람쥐와 꽃뱀이 살고 있다. 이 꽃뱀이 여름이 되면 가끔씩 방으로 들어오곤 한다. 뱀을 무서워하는 내가 이야기만 듣고도 호들갑을 떨자 웃으면서 말한다.

"뱀이 무서워요? 그러면 뱀은 사람이 얼마나 무섭겠어요. 사람이 무서운 것보다 더 무서울 겁니다. 꽃뱀이 들어오면 조용히 내보내면 돼요."

"어라, 그럼 선생님은 꽃뱀과 같이 사시네요?"

"어, 그렇네. 허허, 내가 꽃뱀하고 살다니. 이거 쓸 때는 조심해서 쓰세요. 허허."

'시인 도종환, 구룡산 깊은 곳에서 꽃뱀과 살다'라는 기사 제목이 나간다면, 아마 인터넷 검색 순위 1등이 아닐까? 말이라는 게 참 우습다. 그리고 그 꽃뱀 곁에는 다람쥐가 있다. 뜰에 밤 같은 견과류를 내놓으면 다람쥐가 맛있게 먹는다고 한다. 짐승과 나누고, 사람과 나누고, 시인은 무엇이든 나누어주고 있었다.

다람쥐를 보니 선생의 어린 시절이 궁금했다.

"내가 문학을 하게 된 것은 아마도 사춘기 때 쓴 편지 때문이 아닌가 합니다."

"연애편진가요?"

"허허, 아니요. 부모님께 보내는 편지입니다. 집안 사정으로 저는 외가에 맡겨졌죠. 중학교 때입니다. 가난 때문이었죠. 어머니 아버지는 객지를 떠도시면서 온갖 일을 했습니다. 부모님이 그리웠고, 그 마음을 참다참다 부모님께 편지를 썼습니다. 선생님 말씀이, 편지를 쓸 때는 계절인사를 잘 쓰는 것이 중요하다고 해서 주위를 자세히 관찰했지요. 어떻게 인사를 드리면서 편지를 쓸 것인가. 봄, 여름, 가을, 겨울 날씨나 풍경을 유심히 보다보니 이것이 아마도 시인으로서의 통찰력을 기르는 데 도움이 됐던 것 같습니다. 한창 먹고 싶은 것이 많은 나이라 용돈이 필요했지만 한 번도 부모님께 돈 이야기를 쓴 적은 없습니다.

무척 외로웠습니다. 방학이 되면 부모님이 답장을 보내온 편지지 봉투를 들고 그 주소지를 찾아갔습니다. 갈 때마다 주소지가 달랐어요. 어머니는 멸치장사를 하기도 했고, 아버지는 국수틀을 돌리기도 했지요. 그 시절에 쓴 편지는 아마도 어린 시절에 저의 시였을 겁니다."

그의 시 〈점자〉에 이 시절의 이야기를 담았다.

> 어머니, 아버지, 보고 싶은, 그런 글자를 만난다. 열 몇 살 때부터 편지 앞에 수없이 썼던 글자들 겨울이면 산맥 위로 총총히 돋아나던 외로운 점자……

이전에 인터뷰를 한 소설가 윤대녕과 김형경도 어린 시절을 친가와 외가에서 보냈다고 했다. 묘한 연결고리가 있었다. 어릴 때의 외로움이 이들 문학의 자양분이 되지 않았을까 싶다. 편지를 쓰면서 중학생 도종환은 부모와 따뜻한 밥 한 끼 먹는 소망을 품지는 않았을까. 학교에 다녀오면 어머니가 준비한 따뜻한 밥상에 둘러앉아 이런저런 이야기를 나누는 그러한 평범한 삶을 부러워하지 않았을까?

호아빈

도종환 시인은 충청북도 청주에서 태어나 지금까지 청주에서 살고 있다. 충남대에서 박사학위를 받았다. 교사생활을 하던 중 전교조 문제로 해직됐다가 1998년, 10년 만에 다시 학교로 돌아왔다. 요즘은 작가회의 일을 하고 대학원에 강의도 나간다. 이외에도 여러 가지 좋은 일에 연관돼 있다. 최근에는 안도현 시인과 '북한에 나무 심기 운동'을 하고 있고, 뜻있는 분들과 더불어 베트남에 호아빈 학교를 설립하는 데 열심이다. 시집 《해인으로 가는 길》의 인세는 모두 이 학교에 투자된다.

호아빈은 베트남어로 '평화'라는 뜻이다. 왜 베트남의 어린이에게 관심을 갖게 되었을까. 시인은 치열한 현실참여 시인이기도 하다. 그래서 구구산장에서 자신의 병든 몸을 돌보면서도 '내가 이런 시간을 보내는 것이 과연 옳은 것인가?' 하는 반성을 한다. 뭔가 개운치 않다는 것이다. 이 마음은 '나 하나만을 위해서 살고 있는 삶'이 아닌가 하는 자성의 시간을 갖게도 한다. 그러나 그가 말했듯이 이러한 시간 속에서 더 가치 있는 의무를 분명히 만나게 될 것이다.

시인은 우리나라에서 벌어지고 있는 혼혈아 차별에 대해 우려의 말을 했다.

"멀리 갈 것도 없이 우리 지역만 봐도 엄마 10명 중에 4명이 외국인입니다. 농촌 총각들이 국내에서 배우자를 구하지 못해 동남아시아 각지의 처녀들과 결혼을 한 거지요. 그런데 그 사이에서 태어난 아이들이 이제 초등학교에 다니는 겁니다. 그 아이들이 자라면서 온갖 차별대우를 받고 있습니다. 태어난 나라에서 소외되고 있는 거지요. 이방인이 되는 겁니다. 이것이 조만간 사회 문제가 될 것은 불을 보듯 뻔한 일입니다.

프랑스에서 일어난 알제리 청년들의 폭동 문제는 먼 유럽의 이야기가 아니라, 우리나라에 닥칠 일이기도 합니다. 지금 교육을 올바르게 한다면 앞으로 이들이 비뚤게 성장해서 일으킬 수 있는 일로 말미암아 치를 사회적 비용이 줄어들 것입니다. 비용도 비용이지만 인간이 문제입니다. 사람이 사람답게 사는 나라가 돼야지요. 이들을 포용하기 위해서는 일단 우리는 단일민족이라는 허상에서 벗어나야 합니다."

즉 문화의 다양성 속에서 한 인간이 성숙하듯이 인종과 민족을 초월하는 다양성이 필요한 시점이 됐다는 것이다. 그것을 받아들이지 않는다면 더 큰 문제가 발생할 것이다.

지난 시절 우리는 도시화 과정 속에서 발생한 도시빈민 문제, 철거민 문제, 점점 더 극악해지는 빈부격차 등 각종 사회현상을 보아왔다. 우리 사회는 이러한 병리현상을 진단하고 고발하는 문학과 그것의 치유방법을 찾는 행동하는 지식인들의 희생 아래 이만큼이라도 사는 꼴을 갖춘 것이다. 혼혈 아이들을 차별대우하고 소외시키는 행위는 반드시 엄청난 결과를 초래할 것이다. 도종환 시인은 교육자와 시인이기 이전에 이 땅에 살고 있는 한 사람으로서 이 현상을 우려하는 것이다.

그래서 추진하고 있는 것이 베트남의 학교 설립이다. 한 사람 한 사람의 관심이 결국은 조직을 바꾸고 세상을 바꾼다. 구구산방에서 기력을 회복한 시인은 이제 더 큰 세상으로 들어가기 위해 기지개를 켜고 있는지도 모른다.

옥수수와 누룽지

스콧 니어링에게 바치는 시를 쓴 이유도 거기에 있을 것이다. 스콧 니어링 역시 미국의 문제점을 날카롭게 지적하고 거세게 저항하다, 주류사회에서 밀려나 버몬트에서 '땅에 뿌리박은 삶'을 산 인물이다. 도종환 시인 역시 누구보다 치열하게 시대를 살고 있다. 니어링에 대해서는 이심전심으로 뜻이 통하는 사이 같았다. 그것은 아마 영혼의 교감일 것이다.

"시에도 썼지만 생의 후반기에 그를 알게 돼 무엇보다 기쁩니다. 그는 균형 잡힌 인격의 소유자였지요. 어쩌면 그는 이 숲 속의 별밭에서 숨쉬고 있는지도 모르지요. 그리고 지금도 자아의 완성을 향해 어디론가 걸어가고 있을지도 모르고요."

자연으로 들어간 사람들은 현실을 외면해서 그러한 것이 아니었다. 스콧 니어링이나 헨리 데이비드 소로 역시 현실참여에 누구보다도 앞장선 사람이었다. 그들은 자연 속에서 또 다른 삶의 방법을 모색한 것이다. 진정한 자신의 삶을 발견하고 살아낸 사람들이다. 자연은 현실에서 도피하는 곳이 아니다. 어쩌면 그곳이 진정으로 인간이 살아야 할 현실인지도 모른다. 고단한 삶을 피한다면 아무것도 얻을 수 없다.

하루 종일 아무 말도 안 했다
산도 똑같이 아무 말을 안 했다
말없이 산 옆에 있는 게 싫지 않았다
산도 내가 있는 걸 싫어하지 않았다

— 시 〈산경〉 중에서

이런저런 이야기를 나누면서 우리는 옥수수와 누룽지를 먹었다. 식은 밥을 프라이팬에 올려 누룽지를 만드는 모습이 예사롭지 않았다. 유안진 선생이 놀러 오셨다가 가르쳐준 방법대로 한 것이라고 한다. 고소하고 바삭한 게 별미다. 산속이라 간식거리가 마땅치 않아서일까, 누룽지 맛이 각별했다. 옥수수는 지난여름에 수확한 것을 냉동실에 저장했다가 가끔씩 쪄 먹는다. 옥수수 알을 뜯어 먹으면서 가까이 있다는 암자에 가서 노스님을 뵙고 싶었지만 이미 날이 저물어 다음에 가기로 하고 마당으로 나갔다. 시인이 두리번거리면서 말했다.

"여기 풍경에 달려 있던 쇠 물고기 찾아봅시다. 지난겨울 바람에 어디론가 날아갔는데 도대체 찾을 수가 없네."

산방에 달려 있는 풍경은 이철수 화백이 선사한 것이다. 종에 물고기가 달려 있는데, 그중 하나가 보이지 않았다. 쇠 물고기가 흔들리면서 소리를 내는데 그것이 없어졌다. 둘이 마당과 비탈을 다 뒤졌지만 결국 찾을 수가 없었다. 산짐승이 물어간 것일까?

지난여름에 심어놓은 고추밭을 같이 정리하면서 말라버린 고춧대를 뽑아냈다.

"이 고춧대를 보니까 생각나는데…혹시 마을에 들어올 때 까치나 까마귀가 울어대지 않던가요?"

그렇다고 하자 시인이 웃으면서 말했다.

"새대가리라는 말이 있지요. 그건 완전히 인간의 오만이에요. 새들이 얼마나 영리한데요. 그리고 감정도 있어요. 근처 마을에서 이런 일이 있었습니다. 동네 사람이 까마귀 한 마리를 죽였는데, 까마귀들이 바로 보복을 했다는 거예요. 그 사람의 고추 모종만 모조리 뽑아내버렸다는 겁니다. 사람들이 이상한 일이라고 수군댔지만, 그놈들도 알 건 다 안다는 겁니다. 새가 고추 모종을 뽑아내는 일은 어쩌면 지구의 환경 문제와 비교할 수도 있지 않을까요. 이렇게 난개발을 해 대다가는 언젠가는 우리 삶의 터전이 송두리째 흔들릴 수도 있지요. 지구 온난화 같은 조짐은 전주곡일 겁니다. 어쩌면 내가 살고 있는 이런 산속도 폐허로 변할지 모르지요. 끔찍하지요."

뒷마당에 있는 장작더미로 갔다. 실내에서 타오르는 장작은 여기서 패 들이는 것이다. 지도를 받아 몇 번 도끼질을 했다. 서툴게 몇 개비의 장작을 쪼갰다. 시는 어쩌면 이렇게 장작을 쪼개듯이 한방에 삶의 중심을 갈라버리는 그런 것이 아닌가 싶었다. 제대로 겨냥해서 한번에 장작이 쪼개지면 황홀한 기분이 든다. 다시 마당으로 나아가 겨우내 보온을 위해 스티로폼으로 친친 동여매 놓았던 수도를 손보았다. 수도꼭지를 돌리자 물이 콸콸 나온다. 이제 봄이다.

시를 배달하는 사람

요즘 나는 시 한 편을 읽으면서 일과를 시작한다. 도종환의 '시배달'이라는 인터넷 서비스를 이용하는 것이다. 도종환은 우편배달부처럼 아침마다 시를 배달하고 있다. 어떤 날, 한 편의 시가 마음에 들어오면 내가 시인이었나 하는 생각을 새삼스럽게 한다. 시를 읽고 자극을 받아 낙서와 같은 시를 써보기도 한다. 물론 지워버리거나 휴지통에

버리는 일이 더 많다. 그러나 그가 배달하는 시를 받아보고 나서 꼭 하나 하는 일이 있다. 하늘을 한번 올려다보는 것이다.

'아침에 휴대전화를 켜기 전에, 컴퓨터 모니터를 켜기 전에 시 한 편을 읽으라'는 이문재 시인의 메시지는 사람의 삶을 여유하려는 노력이다. 시는 짧지만 그 여운은 오래 간다. 어떤 어수룩한 소년은 소월의 시 한 편을 읽고선 평생 시를 쓰겠다는 결심을 한다.

장작을 패고 나서 산방에 앉자 수고했다면서 산삼주를 한잔 따라 주었다.

"여기 다니는 우편집배원이 주고 간 산삼이에요. 그 사람은 심마니이기도 하지요. 그런데 그 양반은 산삼을 돈 받고 팔지 않아요. 가까운 사람들 중에서 몸이 아픈 이가 있으면 그냥 준다는 거예요. 내게도 한 뿌리 주었는데 그 산삼으로 술을 담근 겁니다."

서로 비슷한 사람끼리 모여 살게 마련일까? 이 마을의 우편집배원은 귀한 산삼을 아픈 사람들에게 그냥 주었다. 도종환 선생은 요즘에 시를 배달하는 집배원이다. 그것은 한 뿌리의 산삼처럼 아픈 사람들을 치유하는 데 도움이 될지도 모를 일이다.

산방에서 나와 산길을 바라보았다. 등 뒤로는 마을로 이어지는 비포장도로가 길게 이어져 있었다. 깊은 산에도 길은 있다. 감추어져서 보이지 않는 길, 사람의 발길이 다듬어놓은 산길. 그 길을 집배원도 다니고, 도종환도 다니고, 나도 다닌다. 이제 피반령을 넘어 다시 서울로 가야 한다. 어둑어둑해지는 산길을 걸으면서 그의 시를 떠올렸다.

돌아보니 산은 무릎까지 눈밭에 잠겨 있다

담채처럼 지워져 희미한 능선

내려와서 보니 지난 몇십 년

저런 산들을 어찌 넘었나 싶다

회인 지나면 수리티재 또 한 고개

그러나 아무리 가파른 산도

길을 지나지 않는 산은 없다는 걸

이제는 안다

멀리 서서 보면 길보다

두려움이 먼저 안개처럼 앞을 가리지만

아무리 험한 산도

길을 품지 않는 산은 없다는 걸

이제는 안다

길은 언제나 바로 그 깊은 곳에

감추어져 있다는 걸

— 시 〈피반령〉 전문

   시인은 시를 먹고 살지는 않는다. 그러나 정말 배고프듯이 시가 고플 때가 있다. 이것은 마치 쇼핑 중독자가 쇼핑을 하는 것과 비슷한 심경이다. 시가 고프지 않은 사람들도 다른 영혼의 양식을 찾아 헤맨다. 그것이 시가 됐건, 성경이 됐건, 우리는 물질로 이루어진 세상에서 영적인 어떤 것을 찾는다. 그것은 산속에 있는 것도, 바다에 있는 것도 아니다. 사람의 마음에 있다.

  한나절이었지만, 도종환 시인을 만나고 오는 길에 나는 깊은 숲속에서 잠시 머물다 온 것 같았다. 나는 그곳에서 어쩌면 아무도 만나지 않은 것인지도 모른다. 대신에 깊숙이 감추어져 있던 길을 보고 온 것일까. 그가 무엇을 보고 무엇을 쓰든 간에 이제는 그 깊숙한 길을 열어 우리에게 보여주는 것은 아닐까.

  찬 방에 불을 지피기 위해 장작을 패면서도, 나무 쪼개지는 소리에 다람쥐 고라니 같은 짐승과 어제 심은 강낭콩과 감자가 불편해할 것 같아 도끼질을 멈춘다는 도종환 시인. 인간관계에서도 이러한 배려가 있다면 인간은 지금 살고 있는 바로 그 자리에서 낙원을 만들어 살 것이다.

장수하늘소를 닮은 시인 문태준

늙은 아이 같고, 아이 늙은이 같은 문태준의 시는 비 온 다음 뻘밭을 기는 지렁이인가 싶더니, 어느새 뿌연 수면을 내리찍는 물총새 부리처럼 날카롭다. 아니다. 장수하늘소 한 마리가 달빛 없는 밤, 세상의 갈라터진 껍질 사이로 배어나오는 수액을 느리게 음미하는 것이다. 그래서 그의 시는 외롭지만 깊고 맑고 투명하다.

시는 가죽나무 같아요, 비릿하고 어두운 울음을 우는…

시를 읽는 시간은 외로운 시간이다. 외로움을 견디기 위해 시를 읽기도 하고, 쓰기도 한다. 사람을 만나도 외로울 때가 있다. 아니 사람을 만나면 더 외로워서 더 많은 사람을 만나기도 한다. 그러다 혼자가 되면 차라리 덜 외롭다. 어제 낮에는 과로했고, 밤에는 과음을 했다.

어젯밤 술자리에서 친구가 말했다. "우리 참 많이 외롭지요." 나는 고개를 끄덕였다. 그들과 깊은 새벽에 헤어져 새벽에 잠이 들었고 아침 일찍 눈을 떴다. 문태준(文泰俊·40) 시인과 약속한 장소에서 잠시 졸았다. 그를 만났다. 그 역시 어제는 피곤한 하루였다고 한다. 피곤한 두 남자가 만났다. 그에게서 몇 마디 들은 것 같지 않은데 돌아와 생각하니 옥수수 알처럼 많은 것이 내 마음에 박혀 있다.

서재에서 그의 시집을 다시 펼쳐 들고 읽다가 '너무 빠른 것은 슬프다 / 갈 곳이 멀리 / 마음이 멀리 있기 때문이다' 라는 구절을 읽고 자꾸 먼 곳으로 가고 싶어하는 내 마음이, 항상 멈추어 있는 내 몸을 보고 슬퍼한다. 외롭다. 슬프다. 이런 추상적인 감상에 젖어 있을 때가 아닌데, 나는 자꾸 거기에 머물고자 한다.

요즘은 누가 그리운 것인가. 나도 문태준처럼 '너무 먼 바깥까지' 가버린 것인가. 이런저런 이야기를 나누다 자리에서 일어날 무렵 시인 문태준이 문득 이런 말을 한 것이 떠올랐다.

"시 쓰는 일도 쓰면 쓸수록 외로운 곳으로 가는 것 같아요. 점점 더 외로운 곳으로 들어가고, 그것을 견디는 것. 그것이 시 쓰는 일인 것 같기도 합니다."

나는 듯 마는 듯한 향기

삶이 동굴 같을 때가 있다. 멀리 희미하게 빛이 보이는 동굴, 그러나 걸어 들어갈수록 점점 더 그 빛이 멀어지는 것 같은 느낌. 그 어둠 속에서 호롱불 하나 들고 사방을 가늠하면서 되돌아가야 할지, 아니면 앞으로 나아가야 할지를 생각하는 시간은 혼란스럽다. 우리의 생은 되돌아갈 수 없는 구조로 되어 있다. 가다가 쓰러져 그 자리에서 멈추어버릴지라도 계속 가야만 한다.

마치 한 발자국을 옮기면 그 뒷자리는 바로 절벽으로 변해버리는 그런 동굴과 같은 삶일 수도 있다. 과거는 돌아갈 수 없는 곳이다. 그러나 시는 그런 공간 이동이 가능하다. 인간의 평범한 삶이 비범해지는 순간에 시는 탄생한다. 그런데 시의 모습은 평범함 그 자체다. 쉬운 말로 다룰수록 더 깊은 비의가 드러나는 것이다.

  문태준 시인은 외로운 곳으로 가는 것과 그것을 견디는 것이 시 쓰는 일이라는 말로 나름의 결론을 내린 셈이다. 그의 외로움은 시를 통해 읽을 수 있다. 두꺼비가 고요한 절간의 앞마당을 건너가듯이, 바람에 떨어진 나뭇잎이 깊은 우물 속으로 낙하하듯이. 그는 뚜벅뚜벅 소처럼 걸어가고 있었다.

  시인 문태준이 근무하는 불교방송에 조금 이르게 도착했다. 나는 주위를 두리번거리다 '소리보살' 같은 불교방송 아나운서에게 그의 행방을 물었다. 그녀가 친절하게 전화를 걸어주었다. 다시 약속을 정하고, 잠시 그의 작은 책상 위를 보았다. 주인 없는 책상에는 불교 관련 서적과 시집을 포함한 책들이 어지럽게 놓여 있었다.

  그의 직업은 방송국 PD다. 그것도 12년차 되는 고참 PD다. 그의 책상 위치는 다른 PD를 통솔하는 높은 자리였다. 입사 이후 불교방송 라디오의 거의 모든 프로그램을 거쳐 지금은 편성부에 근무한다. 불교방송국 지하에 있는 허름한 찻집에서 만나, 우리들은 지상으로 나가자고 했다.

  오전의 마포는 사람들로 붐볐고, 차도에는 크고 작은 차들이 즐비했다. 횡단보도를 건너 커피전문점으로 자리를 옮겨 앉았다. 담배를 피우기 위해 우리는 실외로 자리를 잡았다.

  그리고 잠시 그의 얼굴을 정면에서 보았다. 자주 만나는 사람들도 얼굴을 응시하는 기회는 많지 않다. 자세히 보니 여전하다. 가끔 본 얼굴인데 그의 얼굴에는 중심이 확실한 안정감이 머문다. 나보다도 젊은 시인인데 성숙한 사람의 향내가 난다. 그 향기는 내 책상 위에 피어 있는 치자나무의 꽃처럼 강한 향이 아니다. 풀잎이거나, 뿌리에서 나는 듯 마는 듯하는 마음의 향기, 사람의 향기다.

문태준은 깊은 사람이다. 그 깊이는 맑고 투명함에서 나온다. 그 맑은 것의 뿌리를 나는 그의 유년에서 더듬어보았다. 눈먼 두더지처럼 땅굴을 파고 그의 마음 깊숙이 자리 잡고 있는 유년시절로 들어가본다. 다행스럽게도 그의 뿌리는 부드러운 흙으로 덮여 있어 파 들어가기가 수월하다.

뽕잎에 떨어지는 빗방울 소리

그가 태어난 곳은 경상북도 김천, 정확하게 금릉군 봉산면 태화2리다. 직지사가 있는 황학산을 배경으로 한 태준의 시골집은 산이 크게 들어오는 곳에 있다. 산이 크게 들어온다, 라는 설명을 하면서 두 손으로 산 모양의 제스처를 취한다.

말을 할 때 몸짓이 거의 없는데 그런 동작을 취하는 것으로 보아 그 산에 강한 인상을 받은 것 같기도 하다. 문태준을 자연물에 비교하라면 산 같은 사람이라고 하고 싶다. 산을 보고 자라면서 그도 그 산처럼 되었을 것이라고 짐작한다. 사시사철 변하는 산을 보면, 송충이가 나비로 변하는 것 같은, 장구벌레가 잠자리로 변하는 것 같은 신비함을 느낄 수 있다. 겨울이 지나고 연초록의 산은 그것이 송충이에서 나비로 변하는 것 같은 황홀함이 있는 것이다. 시도 태어나거나 깨어나는 게 아니라 어느 순간 모습이 변하면서 태어나는 나비 같은 것인가.

그 산이 보이는 흙담집에 문태준의 가족이 있다. 모두 이 마을의 토박이들이다. 문태준 부친의 형제는 모두 9남매인데, 그 식구들이 모두 그 마을에서 살았다고 했다. 아버지는 결혼하면서 분가할 때 구입한 저수지 밑에 있는 작은 논에서 농사를 지었다.

그가 일곱 살이 되던 해인 1977년까지 마을에는 전기가 들어오지 않았다. 식구들은 호롱불을 켜고 살았다. 호롱불은 전등과 다르다. 전기는 온통 환하게 밝히기 때문에 좁은 방 안은 온통 밝음뿐이다. 하지만 촛불이나 호롱불은 적당히 머물고 있는 어둠의 치마자리를 보여준다. 어미의 품에 드는 새끼처럼 우리는 어둠에서 편안하다.

어둠이 빛 속에 숨어 있다가 걸어 나오는 그림자가 너울거리기도 한다. 그래서 사람들은 그 빛을 중심으로 모여든다. 하지만 전등은 모든 것을 밝히기 때문에 뿔뿔이 흩어진다. 그리고 사람을 교만하게 한다. 호롱불이나 촛불 아래에 있으면 하고 싶은 말이 많다. 독자도 가끔 그런 정서를 즐기길 바란다. 여럿이 아니라면 혼자라도 촛불을 켜놓고 잠시 마음속에 있는 것들이 덜어내지길 바란다. 그것도 일종의 시를 읽는 것이다.

문태준의 어린 시절에 가물거리는 호롱불 아래엔 꿈틀거리는 누에가 있었다. 그가 살던 흙담으로 만든 집에 방이 두 칸 있었는데 안방에는 잠박(누에치는 것)을 들여놓고 그 방에서 살았다면서 웃었다. 누에가 실을 뽑아내듯이 그의 유년시절은 연초록으로 풍성하다. 소년 문태준은 초여름이 되면 뽕잎을 따서 누에를 먹였다.

"누에에게 젖은 뽕잎을 먹이면 안 돼요. 설사를 하거든요. 비가 내려 뽕잎을 따지 않을 때가 있는데, 그때 빗방울이 뽕잎에 떨어지면 아주 듣기 좋은 소리가 나요."

수십 년 전에 들었을 그 빗방울소리를 마치 지금 듣는 것처럼 이야기했다. 특별한 문학교육이 없는 상태에서 문학교육을 더 잘 받았다고나 할까. 그는 책에서 배운 것보다 자연에서 배운 것이 많은 사람이다. 초등학교 시절 혹은 그전에 들었을 나뭇잎에 떨어지는 빗방울 소리를 기억하기란 쉬운 일이 아니다. 개구쟁이 시골아이인 태준은 그 뽕잎에 떨어지는 빗방울 같은 시를 쓴다. 그의 시를 읽는 이의 마음은 그래서 촉촉해진다.

아버지는 가난한 살림살이여서 아이들에게 우산이나 우비를 사주지 못했다. 아버지는 못자리용 비닐을 잘라 머리와 허리에 감는 간이 우비를 만들어주었다고 했다. 그 비닐 우비 위로 빗방울이 떨어지고, 그것은 소리가 되어 문태준에게 스민다. 그의 어린 시절 이야기는 마치 잔잔한 음악소리 같았다. 멀리서 들리는 기적소리 같기도 했고, 그와 이야기를 나누자 피곤한 몸에 생기가 돌았다. 신선한 공기를 마시고 나서의 그런 개운함 같은 것이 온몸에 감돌았다.

극성스러운 염소새끼

"아이들하고 전쟁놀이를 하고 놀 때 쓰는 멋진 나무칼을 갖고 싶어서 아버지를 졸랐지요. 아버지는 목각 재주는 전혀 없는 분이어서, 부엌 부뚜막에 긴 나무를 올려놓고 내가 한쪽 발로 고정해, 낫으로 나무칼 길이로 다듬어준 것이 생각납니다. 어린 시절에 아버지가 만들어준 유일한 나무칼이었지요."

나무칼을 들고 동네를 아이들과 어울려 쏘다닌다. 세계 명작동화와 같은 동화책을 읽어본 적이 없다고 한다. 책이라고는 교과서가 전부였다. 공부보다는 놀고, 집안의 농사일을 도왔던 유년시절이다. 마을을 벗어나는 일도 드물었다. 중학교 때 처음으로 경주에 갔다. 화랑백일장에서 장려상을 받았다고 한다. 그리고 나는 내 귀를 의심하게 하는 소리를 들었다. 그것이 정말일까, 아니면 문학적인 수사인가. 그는 고등학교를 졸업할 때까지 교과서 외에 다른 책은 읽어본 적이 없다고 했다.

"지금은 형사가 된 친구가 있는데, 그 친구가 교실에서 《어린 왕자》를 읽고 있는 것을 본 기억이 납니다."

《어린 왕자》를 읽은 것이 아니라, 친구가 보고 있는 그 책의 표지만을 보고 고등학교를 졸업한다는 게 그리 흔한 일이 아니지 않은가. 그것도 지금의 시인이 말이다. 이것이 문태준이라는 시인을 형성하는 데 어떤 요소일까 싶었다. 보통의 글쟁이들은 통과의례처럼 카뮈나 지드, 미시마 유키오와 이광수, 《어린 왕자》와 《아낌없이 주는 나무》 같은 책들을 '보고' 있던 시절에 그는 교과서만 보고, 대신에 논일과 밭일을 했다고 한다.

"꼴 베고, 쇠죽 끓이고, 소 먹이러 다니는 게 일이었지요."

각각 자기 집의 소를 끌고 나온 친구들과 들판을 쏘다닌다. 소는 소대로 놀고, 아이들은 아이들대로 놀았다. 녹음이 우거진 여름에는 숨을 곳이 참 많았던 문태준의 마을이었다. 한번은 염소를 몰고 아이들과 나갔다가 노는 데 정신이 팔려 염소를 잃어버렸다. 집으로 돌아와 부모님께 혼나고, 온 식구가 염소를 찾으러 마을을 뒤졌지만 결국 염소를 찾은 곳은 다른 마을에서였다고 한다.

염소는 '음메에에' 하는 소리를 내면 그 소리에 응답을 한다고 한다. 문태준과 그 식구들이 '음메에에' 하면서 다니는 모습을 상상하면 절로 웃음이 나온다. 염소는 극성맞다. 김용택 선생의 말에 의하면 염소새끼는 솥뚜껑의 손잡이 부분, 그러니까 겨우 간장종지만한 그 꼭지에 올라가서 울기도 한다는 것이다. 그 극성스러운 염소새끼 같은 동네 아이들이었을 것이다.

시와 독자가 만나는 것이 염소 울음소리로 서로 소통하는 것과 같은 것이 아닐까. 시인은 자신만이 알고 있는 이야기로 소리를 내고, 독자 역시 자신만의 소리로 소리를 낸다. 그것이 만나는 자리에 진정으로 완성된 한 편의 시가 있는 것은 아닌가? 마치 장인의 도자기가 감상자와 만나는 순간에 완성되는 것처럼 말이다.

그는 소, 염소, 토끼, 개, 닭 등을 키웠는데 특히 토끼를 잘 키운 모양이다. 자신이 기른 토끼를 김천장에서 팔아 개와 바꿔 온 적도 있다고 한다. 토끼가 아주 잘됐다고 자랑하는 모습은 시골의 촌부 같기도 하다.

"어릴 때 놀았던 것만 써도……."

그럼 도대체 시는 언제부터 쓴 것일까?

시는 기자가 되고 싶어 입학한 고려대 국문과에서 만났다고 한다. 대학에서 시도 만났고, 평생의 반려자도 만난다. 문예창작모임에 가입하면서부터 시를 쓰기 시작했고, 첫 시를 발표하고 나서는 혹평을 받았다는 것이다. 그는 대학 진학을 앞두고 경찰대를 갈 생각도 했다고 한다. 서울에서 학교생활을 하다 여름방학이 되면 시골로 내려와서 7월에는 자두를 따고, 8월에는 포도를 따서 추풍령 청과상에 내다 팔았다고 한다. 그리고 밤이 되면 시집을 읽었다. 주경야독인가?

그때 읽은 시인은 신경림, 김용택, 고재종, 고은 같은 농촌 정서가 배어 있는 시인들의 시집이었다. 늦게 배운 도둑질에 날 새는 줄 모른다고, 활활 타오른 시에 대한 열정은 군에 입대해서도 변하지 않았다. 그는 군 생활을 강원도 화천에 있는 부대에서 한다. 첫 휴가를 나와 시집을 한 권 사서 읽었다. 하지만 졸병 시절이어서 군에서 시집을 읽는다는 것은 상상할 수 없는 일이었다.

"시집을 모두 분해했지요. 모두 낱장으로 뜯어 온몸에 감추고 귀대했습니다. 신병이 시를 읽는다는 건 상상도 할 수 없어서, 화장실 같은 곳에서 몰래 낱장으로 된 시집을 읽고 지내던 때도 있었습니다."

이성복, 황지우에 눈을 뜨고, 시를 읽으니 자신도 쓸 것이 많았다고 했다. 생각해보자, 군인이 자신의 몸에 한 장 한 장 분해해서 숨기고 들어온 시를 읽는 모습. 한 편의 시를 읽고 또 읽으면서 그는 시에 대한 사랑을 불태웠다. 그 모습이 마치 나뭇잎이 돋아나는 나무 같지는 않은가. 온몸에 한 장 한 장 이파리를 매달고 있는 나무들.

문태준의 그 시절은 한 편의 시를 나뭇잎처럼 매달고 다니던 시절이었다. 나뭇잎이 떨어진 자리에 문태준의 시는 피어난다. 열매도 달린다. 그는 시 쓰는 일에 대해 이런 말을 했다.

"내가 어릴 때 놀았던 것만을 써도 되겠더라고요."

유년시절이 풍성한 사람처럼 부자는 없다. 그의 유년은 가난한 시골이 배경이다. 그의 주위에서 그를 길렀던 것은 세상에서 제일 부자만이 가질 수 있는 것들이었다. 태준의 앞마당은 거대한 들판이었으며, 뒷 정원은 산이었고, 흐르는 냇물이 생수였다. 곁에 있는 모든 게 바로 태준의 것이 되었다. 왜냐하면 그것들이 전부 시가 되어 나오기 때문이다. 간직하고 있지 않다면 보여줄 수 없는 것이다.

문태준은 대학을 졸업하던 해인 1994년에 『문예중앙』으로 등단했다. 그리고 2000년에 첫 시집을 내고, 지난해 낸 것까지 합쳐 세 권의 시집을 냈다. 그리고 2007년 현재 그는 한 권 분량의 시집을 가지고 있다. 그래서인지 그의 시는 맑은 물 한 그릇 같기도 하다. 많이 쓴다고 해서 나쁜 것도 아니고, 적게 쓴다고 해서 좋은 것이 아니다. 그는 그의 시가 담기에 적당한 것들을 담아서 보기 좋았다.

문태준에게 시를 왜 쓰느냐고 물었다. 문태준은 소처럼 눈을 끔벅이더니 잘 모르겠다고 했다.

"그냥 안 쓰면 불편해요. 한 달 정도 시를 안 쓰면 마치 내가 할 일이 아닌 다른 일을 하고 있는 것 같은 기분이 드는 거죠. 목욕을 안 하고 사는 기분이랄까."

뱀이 온몸으로 지나간 흔적

그는 문득 고향의 큰집에 있던 가죽나무 이야기를 꺼냈다.

"시는 가죽나무 같기도 해요."

가죽나무에서는 비릿한 냄새가 나고, 두껍고 어두운 껍질이 있다. 가죽나무 잎으로 쌈을 싸 먹기도 했는데, 맛있다고 하기에는 적당치 않은 비릿한 냄새가 난다는 것이다. 시의 느낌이 마치 이 가죽나무와 같은 것이라는 은유는 무엇을 의미하는 것인가? 시인이 시 같다고 한 가죽나무에 대한 시 〈가죽나무를 사랑하였다〉를 읽어보자.

> 지난여름 나는 가죽나무를 사랑하였다
> 늘 어둡고 눈이 침침하던 나무를 사랑하였다
> 지난여름 나는 가죽나무를 사랑하였다
> 나무에서 둥지를 틀던 검은 소리들을 사랑하였다
> 말라붙은 우물처럼 알몸으로 그녀가 우는 것을 사랑하였다.
> 매미의 뱃가죽보다 많이 주름진 그 소리들을 사랑하였다.
> 사람을 온전히 사랑해 본 바 없이 나는 가죽나무를 사랑하였다.
>
> – 시 〈가죽나무를 사랑하였다〉 전문

어둠, 울음, 주름, 이 시를 채우고 있는 이미지는 어둡고 우울하다. 그리고 시인은 사람을 온전히 사랑해본 적이 없다는 고백을 한다. 사람을 온전히 사랑한 사람이 부처 말고 누구인가 싶다. 그것은 근본적으로 불가능한 것이다. 그래서 시인은 가죽나무, 사람의 기쁨보다는 고통과 울음소리를 사랑하는 것이다. 이 시를 통해서 시인은 자꾸 외로운 쪽으로 가는 자신의 이정표를 길 위에 세워놓은 것인지도 모른다.

"아버지가 가끔씩 지게에 꼴을 베어가지고 오시다가, 어느 날은 지겟작대기에 뱀 한 마리를 돌돌 말아서 오시곤 했어요. 시를 쓰는 것이 그런 것 같기도 해요. 왜 그런지 설명은 하지 못하겠지만 말이죠."

시는 설명할 수 없는 것을 적어내는 것이기도 하다. 그의 첫 시집인 《수런거리는 뒤란》에 뱀 이야기가 여러 편 나온다. 그의 말대로 왜 그런지 모르겠지만, 그의 시는 뱀이 온몸으로 지나간 흔적 같기도 하다.

외할아버지의 낡은 옷을 보면 나는 뱀 껍질 같은 비릿한 내를 맡았다
지게의 등이나 바쳐주던 지겟작대기 끝에 뱀 한 마리가 대롱대롱 걸려 들어왔다
숫돌에 얹혀져 푸른 등을 내보이던 낫보다 그 능구렁이가 더 무서워 보였다

(저녁연기가피는집을방문한者/ 그놈을/낯선꽃이라/부르겠네)

― 시 〈사라진 뱀 이야기〉 중에서

이 시에서는 뱀을 본 누이들이 도망치는 모습, 독에 뱀을 집어넣은 모습이 펼쳐진다. 외할머니는 돌아가시기 전에 쉬이쉬이 숨이 가

빠졌는데 능구렁이도 늙으면 쉬이쉬이 휘파람을 불고 그 소리가 끝나는 자리에서 죽는다고 했다. 그래서인지 연신 애를 배어, 애를 배게 만든 남정네들이 매번 그녀를 둔덕에서 밀어버린다는 소문이 돈 여자가 동네 길 위에서 죽었을 때에도 늙은 구렁이가 거두어간 것이 아닐까 생각한다.

뱀은 그렇게 문태준에게 시로 형상화해 있다. 그의 영혼에 어떤 배암이 물었던 자리라도 있는 것일까? 지겟작대기에 매달려 있는 죽은 뱀. 그리고 가죽나무…. 문태준은 시를 이렇게 이야기한다. 문태준의 시를 좋아하는 문학평론가 강경희는 문태준의 시에 대해서 이런 글을 보내주었다.

문태준의 시는 풍경의 자연이 아니라 실존으로서의 자연을 형상화한다. 그것은 풍경의 존재론이라고 할 수 있다. 그가 쓴 시의 풍경은 대상화되지 않는다는 점에서 '인간화된 자연' '자연화된 인간'이라는 동일성의 시학을 구축한다. 문태준의 시는 가장 농밀하게 표현된 '인생의 사생화'이기에 미와 감동이라는 두 가지 예술적 성취를 모두 이뤄내고 있다.

마땅히 어디에도 머물지 말고 마음을 움직여라

그는 대학을 졸업하고 학교 게시판에 붙어 있는 취업공고문을 보고 찾은 불교방송에 입사한다. 그의 시 세계에서 불교적인 영향을 무시

할 수는 없는데, 입사하기 전에 읽은 불교서적이라곤 《육조단경》 하나뿐이라고 했다. 마침 육조단경의 게송 하나를 잘 외워서 입사시험에 썼더니 합격했다며 웃었다. 불교와의 인연은 어릴 때 집 가까이에 있는 용화사에 어머니 손을 잡고 몇 번 다닌 것이 시작이었다. 당시에는 어머니를 따라 영문도 모르고 부처님께 절하는 정도였다고 한다. 그러다가 그는 생의 중요한 고비를 만난다. 생과 사의 갈림길에서 그의 육체는 죽을 고비를 넘긴다.

중학교 2학년 때, 병명을 알 수 없는 질병에 걸린다. 환청이 들려오고, 열나고, 정말 죽을 것 같았다는 것이다. 이유도 알 수 없고, 병원에서도 그 병인病因을 찾지 못해 포기했다고 한다. 부모님은 무당을 찾아가 밤새워 굿을 했지만 차도가 없었다. 마음이 급해진 아버지는 아들을 거적에 말아 마당에 놓고 삽으로 흙을 퍼서 덮는 시늉도 했다. 내 아들이 이미 죽어 매장했으니 어서 역귀는 물러가라는 의식이었다.

그렇게 지독한 열병을 앓아 죽다 살아난 것을 문태준은 불교와의 인연으로 엮었다. 이러한 체험은 사람을 변화시키는 힘이 있다. 한 번 죽었다가 살아난 사람들, 죽을 뻔했다가 살아난 사람들, 죽을 만큼 정신적인 고통을 겪고 살아난 사람들은 생의 다른 것을 보는 것 같다. 아무에게나 보이지 않는 그 무엇을 향한 그들의 열정이 있다.

그가 가까이 하는 불교서적은 많겠지만, 역시 《육조단경》과 《임제록》, 그리고 한암 스님의 법문집을 이야기한다. 그리고 《능엄경》은 마음이 어디에 있는지를 다루는 불경인데, 문학적인 수사가 좋은 불경이라고 덧붙인다.

그는 기회가 되면 절의 강원에서 스님들과 불경공부를 해보고 싶다고 했다. 불교는 구원의 종교가 아니라, 자신의 마음자리를 살피는 종교 같다고 했다. 그래서 그의 시는 마음자리를 살피는 시이기도 하다.

마음을 쉬어라. 자꾸 다른 쪽으로 가려고 하는 자신의 마음을 버리고, 시 쓰는 쪽으로 마음을 두려고 노력한다는 것이다. 마음을 쉬어야 시가 나온다. 그러면서 《능엄경》의 칠처징심七處徵心을 이야기했다. 《능엄경》의 초반부에 나오는 '칠처징심'은 부처의 제자인 아난이 마음이 어디에 있느냐는 스승의 질문에 대답을 한 이야기다. 아난은 마음이 '몸 밖에 있다' '몸 안에 있다' '눈 속에 있다' '어두운 몸속에 있다' '합하는 곳에 있다' '근과 진의 중간에 있다' '안 밖 근간 그 어디에도 없다'고 철학적인 답변을 하지만, 부처가 보기에 그것은 모두 잘못된 집착인 것이다.

제자의 대답에 하나하나 그것이 잘못된 것임을 지적하고 바로잡아주는 이야기인 칠처징심. 그래서 우리는 이 말을 잘못 가고 있는 마음자리의 사자성어로 배운다. 문태준은 이 이야기를 하면서 자신의 마음자리를 잘 보살피려는 마음을 이야기하는 것이다. 그럼 마음은 어디에 있는가? 부처는 그 어디에도 마음이 없다고 했다. 그런 것 같다. 마음은 가만히 두면 자꾸 어디론가 가려고 한다. 그러면 몸도 따라 움직인다. 마음을 다스리는 일이 얼마나 어려운가. 문태준의 마음에는 두 개의 큰 공간이 있다. 하나는 직장인으로서의 공간이고, 또 하나는 시인으로서의 공간이다. 일이 끝나면 그는 곧바로 시를 쓰는 자리로 가려고 노력한다고 했다.

"시 쓰는 일도 쓰면 쓸수록 외로운 곳으로 가는 것 같아요.
점점 더 외로운 곳으로 들어가고, 그것을 견디는 것.
그것이 시 쓰는 일인 것 같기도 합니다."

주필하지 마라, 살찌지 마라

두 번째 시집인 《맨발》을 내고 나서 그는 문단과 독자의 주목을 한몸에 받는다. 미당문학상, 소월시문학상을 연이어 수상한 것이다. 이러한 주목이 그에게는 별로 반가운 것이 아니었다. 아니 처음엔 반가웠지만 나중엔 무거운 짐으로 어깨를 누르는 것 같은 부담감을 느끼게 되었다. 혼자 조용히 머물던 공간이 다친 것일까. 빛이 밝으면 눈이 먼다. 지나친 찬사나 칭찬은 사람의 눈을 멀게도 한다.

그리고 어떤 분들은 자신이 시를 쓰는 것에 대해 스트레스를 받지 말라고 이야기해준다고 했다. 지금 시를 쓰는 것, 그것을 견디고 버티는 것만으로도, 처음의 것을 잘 지키고 버티는 것만으로도 훌륭한 일이라고 격려해준다고 했다. 밖의 평가에 의존하지 말라는 이야기로 문태준은 그런 분들의 말씀을 귀담아듣는다.

그리고 대학시절에 은사가 들려준 이 두 가지 말을 가슴에 품고 있었다. 첫째가 주필走筆(말 달리듯이 글쓰기)을 하지 말라. 둘째가 살찌지 말라.

그는 살찌지도 않았고, 많은 글을 쓰지도 않는다. 자세히 알 수는 없는 일이지만 자신은 그리 많은 책을 그리 많이 읽지도 않는다고 했다. 그저 겸손한 말 같지는 않았다. 책을 정선해서 깊게 읽는 스타일로 보였다. 이것저것 궁금한 것이 많은 게 아니라, 한 가지에 천착해서 깊게 파내려가는 모습이다. 목마른 사람이 샘을 파듯 그는 필요한 것만을 한다. 그래서 그는 마음자리를 채우기보다는 비우려는 사람처럼 보였다. 날마다 차올라오는 망상을 덜어내는 것처럼 보였다.

대학 동기동창인 그의 아내, 대학 1학년 때 만나 '이 사람이다' 싶었다는 그의 아내도 그에게 책을 많이 읽지 말라고 권했단다. 두 사람은 아들딸 낳고 소박하게 살고 있다. 문태준은 아내가 자신을 잘 알고 이해하는 것 같다고 했다. 몇 마디를 비치는데도 두 사람의 금슬이 보였다. 두 사람은 천생연분인 모양이다. 시인에게 책을 많이 읽지 말 것을 주문하는 것은 쉽지 않은 일이다. 그러면서도 그는 근본적인 고독감을 품고 있어 보였다. 그것은 슬픈 일이다. 그는 슬픈 표정으로 말한다.

"내 시가 슬픈 것 같아요. 살고 죽는 게 뭔가 하는 생각이 들 적이 많지요. 사는 것이 즐거운 것 같지 않고, 또 그런 것에는 눈길이 가지 않아요."

'가재미'를 닮은 여인

영문학자 장영희 교수와 이야기를 나눈 적이 있는데, 그때 장 선생은 문태준 시인의 부인이 이제 몸이 다 나았냐고 물었다. 사실 부인의 안부까지 알 정도로 잘 아는 사이도 아니고, 그런 소문을 들어본 적도 없어, 무슨 소리냐고 되물었더니, 그의 시 〈가재미〉에 나오는 여인이 부인이 아니냐는 말씀을 하셨고, 나는 아마도 아닐 것이라고 대답한 기억이 있다.

〈가재미〉에 나오는 죽어가는 여인에게 문태준의 삶의 쓸쓸한 눈길이 머문다. 사실 나는 〈가재미〉를 읽고 나서 '문태준'이라는 시인을 보게 됐다. 그때부터 그를 좋아하게 됐다.

김천의료원 6인실 302호에 산소마스크를 쓰고 암투병 중인 여인. 그녀가 바짝 엎드린 가재미처럼 누워 있다고 시의 초반부는 시작된다. 이 시의 문을 열고 들어가면 나도 생의 어떤 순간에 납작해져버린 가재미가 된 느낌이 든다. 시에는 가재미처럼 병상에 납작하게 누워 있는 여인이 눈물을 흘린다. 그녀가 누구일까.

    그녀는 죽음만을 보고 있고, 나는 그녀가 살아온 파랑 같은 날들을 보고 있다.
    좌우를 흔들며 살던 그녀의 물속 삶을 나는 떠올린다.
    그녀의 오솔길이며 그 길에 돋아나던 대낮의 뻐꾸기 소리며
    가늘은 국수를 삶던 저녁이며 흙담조차 없었던 그녀의 누대의 가계를 떠올린다.

– 시 〈가재미〉 중에서

그녀는 누구일까? 많은 사람이 질문한 모양이다.

문태준은 자신의 큰어머니라고 아주 조그마한 소리로 대답한다. 들어서는 안 될 대답을 들은 것처럼 가슴이 뜨끔했다. 큰어머니가 점점 위독해지고 있는 상황이 시에는 잘 나타나 있다. 문병을 간 문태준은 큰어머니의 아픈 몸을 보면서 자신도 같이 아파버린다. 그리고 그의 영혼이 그녀 곁에서 메말라간다.

슬픔은 모래사막 같은 것이다. 황폐해진다. 그때 암투병 중이어서 가재미처럼 납작 엎드린 그녀가 '산소호흡기로 들이마신 물을 내 마른 몸 위에 가만히 적셔준다.' 큰어머니는 살아 싱싱한 자신의 몸에 물을 내려준다. 주인공을 생각하면서 다시 한 번 읽었다. 두 번째 시집인 《맨발》에 이성복 시인은 다음과 같은 글로 그의 모습을 형상화했다. 뛰어난 미문이어서 잘 그린 문태준의 초상화 같다는 생각이 든다. 아니 시인 문태준에 대한 시 같다.

어찌 보면 늙은 아이 같고 아이 늙은이 같은 그의 시의 목소리는 비 온 다음 뻘밭을 기는 지렁이의 행보를 닮는가 싶더니, 어느새 뿌연 수면을 내리찍는 물총새 부리처럼 날카롭다. 쥐를 삼킨 뱀의 몸통처럼 꾸불텅한 그의 시의 행갈이는 기필코, 포획한 대상을 흐물거리는 단백질 덩어리로 만들어놓는다. 그의 시 행간마다 육식 곤충이 내뿜는 끈적거리는 타액이 흘러나오기 때문이다. 아니다. 늙은 아이 같고 아이 늙은이 같은 장수하늘소 한 마리가 달빛 없는 밤, 세상의 갈라터진 껍질 사이로 배어나오는 수액을 느리게 음미하는 것이다.

- 시집 《맨발》의 서평 중에서

현대인은 억지로 주는 삶을 살고 있다. 자연스러운 것이 아니어서 그것이 스트레스가 된다. 대자연이 인간에게 아낌없이 주는 것과는 달리 그것은 일종의 강요에 의해서 이루어진다.

직장에서는 자신의 능력을 퍼내야 한다. 말라버리면 바닥이라도 박박 긁어내야 한다. 집에서는 자식들에게, 형제들에게, 남편이나 아내에게도 퍼주어야 한다. 그 자리에 남는 것은 우울함이다. 그 우울을 견디지 못하면 미치는 것이다. 그럴 때 작은 처방전이 있다.

　가장 쉬운 것은 가까이 있는 화분의 꽃이나 나무를 보는 것이다. 짬이 나면 가로수의 큰 나무 아래에서 큰 나뭇잎을 본다. 꽃을 보는 것이 좋은데, 꽃핀 자리에 열매가 맺기 때문이다.

　나는 '장수하늘소' 한 마리 같은 문태준을 보면서 꽃이 고개를 숙이고 있는 것 같은 느낌을 받았다. 이 각박한 마음에 문태준의 시는 참으로 많은 것을 내어주는 꽃이었고, 열매였다. 거기에서 어느새 날아오르는 나비였고, 울고 있는 어린아이의 울음소리, 웃고 있는 할머니의 웃음소리, 걸어가고 있는 노승의 걸음걸이였다.

글밭 일구는 호미, 소설가 박상우

〈샤갈의 마을에 내리는 눈〉의 작가 박상우. 한결 자유로운 영혼이 느껴지는 그에게서 잃어버린 자아를 찾기 위한 낯익은 여행과 10년 동안의 침묵을 통해 한층 원숙해진 문학세계를 엿볼 수 있었다.

글 구속 벗어나니
창작 리듬이
배어나오더군요

요즘 서점에 작가들의 여행과 관련된 탁월한 산문집이 눈에 띈다. 우선 김연수의 《여행할 권리》, 그리고 김인숙의 《제국의 뒷길을 걷다》가 눈에 밟혔다. 박상우를 만나게 된 것도 서점에서 그의 산문집, 《혼자일 때 그곳에 간다》를 발견했기 때문이다. 사람들은 머물다가 떠난다. 그리고 머문다. 작가들은 떠돌다가 머물러 쓴다. 그들은 어디를 어떻게 떠돌았을까? 오랜만에 소설가 박상우를 만나게 된 것도 이제 그가 오랫동안 떠돌다가 이젠 쓰고 있기 때문이다. 작가는 쓰는 순간 그 정체성이 환해진다.

'혼자일 때 그곳에 간다.' 이 문장은 박상우가 맘먹고 낸 산문집의 제목이다. '맘먹고'라는 표현을 한 이유가 있다. 그간 그는 사람들에게서 멀리 떨어져 있기 때문이다. 작가가 사람에게서 떨어져 있다는 건, 여러 가지 의미를 갖는다. 《향수》의 작가 쥐스킨트는 대인기피증 환자처럼 사람들에게서 멀리 있고자 했다. 그러한 마음의 그의 작품인 《좀머 씨 이야기》의 '제발 나 좀 그냥 내버려둬'에 잘 나타나 있다. 그는 어쩌면 소설을 쓰기 위해서 사람들에게서 멀리 떨어져 있었을 것이다. 하지만 박상우가 사람에게서 멀리 떨어진 기간에 '작품'과도 거리를 두고 있었다. 그럼 소설가가 소설을 쓰지 않고 뭘 하고 있었나 싶기도 하다. 그러한 질문에 대해 그는 말했다.

"이번 산문집은 그동안 침묵의 기간에 대한 보상이기도 하지요."

박상우는 이어서 말했다. 1999년에 그는 이상 문학상을 수상한다. 그땐 등단한 지 10년이 되는 해이다. 등단 후 10년간 그는 많은 작품을 썼다.

"지난 1988년에 등단한 후 1999년 문학상을 수상할 때까지 소설을 쓰면서 소설에 시달렸던 시절이었어요. 뭔가 끊임없이 써대는 바람에 바닥을 하도 긁어 흙탕물이 나오는 우물처럼 되어버린 거죠. 그래서 공부에 대한 생각을 하게 되었습니다. 이런 식으로는 도저히 안 되겠다는 밑천이 떨어진 장사꾼처럼 정신적인 위기감을 맞는 겁니다."

그 상태에서는 쓰는 행위가 더 이상 중요한 게 아니라는 자각을 하게 되었다. 그래서 이후 10년 정도는 공부에 집중해야겠다는 각성을 한 것이다. 하지만 그 시절 역시 힘든 시절이었다. 그것을 견디게 해준 것이 여행과 카메라였다. 그의 여행은 새로운 곳을 찾아가는 여행이 아니었다. 어떤 곳은 조금 과장해서 수백 번을 다녀온 그러한 곳이었다. 즉 자신의 마음자리가 머문 곳을 찾아다니면서 그는 잃어버린 자신을 찾으려 한다. 그리고 카메라는 그러한 자신의 모습이 투영된 풍경을 담았다.

"이 기간 동안 문학에 대한 생각이 많이 달라졌습니다. 제가 작품을 열심히 쓰던 시절은 문학에 대한 광신도적인 시절이었지요. 누구들처럼 평범하게 문학청년 시절도 거치고 등단하고 그렇게 살았던 겁니다. 그러다가 어느 날, 문학에 대한 신념이 강했는데, 왜 쓰는 일이 고통스러운가? 이러한 질문을 하게 된 겁니다."

문학과 자신의 관계가 마치 주종관계처럼 수직적으로 이루어진 것이 아닌가 싶었다고 한다. 그래서 주인을 섬기는 우직한 종처럼, 오히려 과도한 열정과 신념, 그것이 오히려 구속이었고 고통이었다. 그래서 그는 길 위에서 대답을 얻었다.

"문학이 내 인생에 1%밖에 안 되는구나 라는 생각을 하게 되었지요. 그것은 의사에게는 청진기이고, 축구선수에게는 축구공일 따름입니다. 나는 글쟁이니까 글을 가지고 있다. 글이라는 호미 하나 가지고 글밭에 나가 밭을 일구는 일입니다."

한때 거룩한 주인님이었던 문학이 이제는 자신의 손에 쥐어진 호미 한 자루라는 사실이 마음을 가볍게 한다. 그러나 그 호미를 다루는 일 역시 만만치 않으리라. 글밭에 나가 하루종일 호미질을 해도 감자 한 뿌리 캐지 못하는 날도 있으니까.

"그간 나는 나를 너무 드러내려고 했지만, 이제부터는 내가 드러낼 것이 아무 것도 없다는 생각을 합니다. 나는 결국 혼자인 거지요."

소설가 박상우는 등단 20년, 세속 나이 50세에 혼자가 된 것이다. '혼자'라는 의미는 매우 중요하다. 우리는 혼자를 견디지 못해 온갖 고통에 시달리기 때문이다. 우주의 조화는 혼자가 혼자일 때 아름답다. 그 개별성이 아름답다.

우리 동네 화단에 있는 백일홍이 생각났다. 요즘 아침마다 백일홍을 보는데, 어느 날 그 화단의 주인인 할머니가 꽃에 물을 주는 모습을 보았다. 등이 굽은 작은 할머니였는데, 저 할머니의 손길이 화단을 저리도 예쁘게 가꾸는구나 싶어 나도 모르게 옆으로 다가가 섰다. 그때 할머니는 내가 물끄러미 백일홍을 바라보는 모습을 보시더니, "백일홍이 참 이쁘지요. 백일 동안 핀다고 해서 백일홍인데, 참 오래 피지요"라면서 말을 건네셨다. "그렇군요" 하면서 나는 할머니를 역시 물끄러미 바라보았다. 할머니는 혼자서 물을 주고 있었다. 할머니는 외로워 보이지도 않았다.

박상우가 '혼자'라는 말을 했을 때, 나는 그 할머니의 모습을 떠올렸다. 그리고 문학이란 저런 것이 아닌가 싶었다. 할머니는 혼자라는 말을 하지 않았지만, 완전히 혼자인 모습을 보여준 것이다. 그것은 나에게 이야기가 되었다. 박상우가 떠돌아다닌 곳은 바로 할머니의 화단과 같은 곳이다. 그곳엔 박상우의 백일홍이 피어 있다.

글밭을 일구는 호미

책을 보니 사진이 눈길을 끌었다. 우리는 잠시 사진에 대한 이야기를 나누었다.

"어렸을 때 10년간 그림을 그린 적이 있었지요. 전 사진 작업을 그림 그리듯이 합니다. 디지털 카메라로 찍어 와서 '후 보정작업'을 컴퓨터로 한 다음에 파일로 저장하지요. 그래서 전 제 사진을 그린 사진이라고 합니다."

박상우는 다른 잡기를 전혀 할 줄 모른다고 한다. 그래서 잡기가 없는 무료함의 상태를 디지털 카메라를 발견함으로써 메울 수 있었다. 산과 들에서 찍은 박상우의 사진들에는 그의 심성이 그대로 스며들어 있다. 전문 사진작가가 아닌 자유로움이다. 그 사진 속에는 역시 혼자인 그가 있다. 그럼 그 혼자인 상태에서 그는 무엇을 했을까? 과연 어떤 공부를 하고 어떤 각성을 한 것인가? 혹시 허송세월을 한 것은 아닌가?

"우선 역사, 철학과 같은 인문교양부터 공부를 시작했는데 과학으로 관심이 쏠리더군요. 뭔가 눈이 뜨이는 것 같은 느낌을 받았지요. 소설이라는 것이 결국은 인간과 인생인데, 그것에 대한 막연한 질문과 대답으로 쓰기만 했을 때 느끼는 공허감 같은 것이 사라집디다. 종교, 신학에 관심을 가지고 티베트 불교에까지 눈길이 갔지만, 궁금한 것들이 속 시원히 풀리지는 않았지요. 물론 공부가 짧아서 그럴 겁니다. 하지만 《분자생물학》과 같은 과학 에세이를 읽으면서 과학적으로 인간을 분석하는 에세이들은 질문과 대답이 선명했어요."

그러면서 세계적인 석학들의 에세이를 모은 책인 《위험한 질문들》을 이야기했다. 이 책은 인지 과학자인 스티븐 핑거의 질문 하나로 시작된 석학들의 인간과 세계에 대한 진실에 대한 생각들을 엮는 것이다.

리처드 도킨스, 미하이 칙센트 미하이, 대니얼 골먼 등 스타급 과학저술가들 1백10명이 세상의 문제에 대한 위험한 생각을 서술한다. 매우 솔직하게 인간에 대한 과학자들의 입장을 쓴 책이다. 이 책의 내용 중에서 박상우는 범죄자에 대한 이야기를 했다. 즉 변태 성욕, 아동 성폭행과 같은 범죄자들을 어떻게 볼 것인가? 무조건 격리시키고 제거해야 하는 대상인가?

"예를 들어 자동차가 생산되어 소비자에게 갈 때 부품이 잘못되어 리콜 대상이 되기도 하잖아요. 그런 식이지요. 그 범죄자에게는 그 범죄의 유전자가 있다는 겁니다. 그래서 리처드 도킨스는 범죄자가 아니라, 범죄자의 유전자를 벌하라는 말을 하지요."

박상우의 이야기를 들으면서 나는 직감적으로 불안한 생각이 들었다. 너무 이론에 빠져들면 과연 소설이 나올 수 있을까 라는 생각이다. 공부를 많이 한 사람들, 소설 쓰기 힘든 게 아닐까? 소설, 즉 문학은 인문과는 또 다른 영역이고 그 영역을 글밭이라고 친다면 그 글밭을 일구는 호미는 교양이나 지식의 날로는 부족, 아니 어울리지 않을 것이라는 생각이 들었다.

"문학은 의사가 청진기를 대고 환자라는 대우주를 마주하는 것처럼, 인간 세상에 대한 탐구입니다. 의사가 직관으로 환자를 대하지 않고 과학이라는 공부를 통해서 진찰을 하지만, 인간에 대한 영적인 따뜻함을 겸비한다면 명의라는 소리를 듣지요. 그래서 과학과 종교가 만나고, 과학과 문학이 만나야 하는 거지요. 21세기는 좀 더 폭넓게 관심 영역을 넓혀야 할 겁니다. 그저 열심히 쓴다는 것이 미덕이 아닌 거지요."

결국 자기 자신에 대한 이야기를 하고 있는 것이다.

"이전에 저는, 열심히 쓰면 되는 줄 알았어요. 즉 '쓰다'라는 동사에 집착했습니다. 그런데 지난 10년간 생각을 해보니 글이 과연 쓰는 것인가? 라는 물음표가 떠오르더군요. 나는 쓰다는 '나'라는 주어에 예속되어 있어, 불완전한 나의 욕망을 철저하게 반영한 행위였습니다. 그래서 이런 생각을 합니다. 글은 '짓기'가 아닐까?"

'쓰다'와 '짓다'

'쓰다'와 '짓다'의 차이는 무엇일까? 진정성이 결여된다면 이 말은 자칫 말장난으로 떨어질 위험이 있다. 쓰든 짓든 작품만 좋으면 그만 아니야 라고 독자가 반문할 수도 있을 것이다. 하지만 박상우는 여기에 방점을 꾹 찍었다.

"글이 술술 나오는 것도 위험한 거지요. 제가 '짓다'라고 말하는 것은 내 몸에 창작에 대한 리듬이 자연스럽게 스며들어 배어나오는 경지를 말하는 거지요. 그 리듬이 나와 맞아떨어졌을 때 나오는 것 그것이 창작이 아닌가 싶다는 겁니다. 그래서 쓰던 버릇을 버리려고 했지요. 지금은 조금씩 짓는 행위가 자연스러워집니다."

박상우는 '인형의 마을'이란 제목으로 민음사에 창작집 원고를 넘겨 놓은 상태이다. 인형의 마을에 다루는 것은 인간군상들이 디지털화, 아바타화 되어가는 모습을 그리고 있다고 한다. 출간 예정인 창작집에 역시 마을이라는 제목이 붙어 있었다. 박상우는 그간 창작집 《샤갈의 마을에 내리는 눈》과 《사탄의 마을에 내리는 비》를 냈다. 올 가을 출간될 《인형의 마을》은 박상우 창작집의 연속성을 보여주고 있다. 마을' 시리즈는 소설가 박상우의 문학적인 성감대이다.

"마을 시리즈의 마지막은 결국 '나의 마을을 찾아서'가 될 것입니다. 언제나 첫 출발지가 마지막 종착지가 되듯 말입니다. 우리는 어디를 떠돌든지 처음으로 돌아옵니다. 이번에 낼 창작집은 마을 시리즈로 제가 중·단편에서 보여줄 수 있는 소설의 미학을 추구하는 거지요. 그리고 이제부터 10년간은 장편 위주로 작업을 할 생각입니다. 그동안 푹 쉬었으니 또 피곤에 지칠 때까지 글밭에 나가 땀을 흘려야 할 겁니다."

문득, 일산에 작업실이 있냐고 물었다. 내가 아는 작가들이 대부분 일산의 오피스텔에 작업실을 가지고 있기에 그냥 흘러나온 질문이었다.

"그냥 집에서 씁니다. 아이가 다 커서 이젠 집에서 써도 돼요. 그것도 그래요. 옛 시절에는 '섬'이나 '절'에 가서 쓰곤 했는데, 이젠 그런 속박에서 벗어났어요. 새벽에 일어나 일찍 글을 쓰고 오후에 책을 봅니다. 이런 일상이 이젠 몸에 배었습니다."

그리고 한번 쓰는 일이 끝나면 카메라를 들고 사진을 찍으러 다닌다.

안주하지 못하는 의식의 소유자

박상우와 만나서 인터뷰를 한 자리는 은희경, 김연수 등과도 이야기를 나누었던 자리다. 커피를 마시면서 고향 이야기를 듣고 싶다고 했다. 고향이라는 말이 나오자 박상우는 허허 웃었다.

"출생지는 경기도 광주인데요. 아버지가 직업군이어서 저에겐 고향이라는 뿌리가 없어요. 어린 시절부터 아버지를 따라 거주지를 옮겼기 때문입니다. 어떤 곳이든 잠시 머물다가 떠났던 기억만 남아 있어요. 그래서 친구를 사귀는 것이 무서웠어요. 정들어버리면 이별이 바로 상처잖아요."

직업군이었던 아버지가 전역을 하고 나서 강원도에 정착했다. 춘천에서 고등학교를 다니고, 또 대학은 서울에서 다녔으니, 박상우는 고향 의식이 없다고 말했다. 그래서 자신은 '안주하지 못하는 의식의 소유자'라고 소개한다. 하지만 이러한 부초와 같은 삶 속에서도 항상 책이 곁에 있었다고 한다. 글씨를 깨우치고 나서부터는 뭐든지 읽으려는 버릇이 생겼다. 이런 책읽기는 떠돌아다니는 삶에 대한 결핍감에서 연유하는 것일 수도 있다.

"제가 어렸을 때는 문고판이나 전집이 책의 전부였어요. 더 어렸을 때는 변소에서 화장지 용도로 쓰곤 했던 『새농민』이라는 잡지가 있었지요. 읽을 게 없어 쪼가리 난 그 잡지를 읽곤 했어요. 허허."

사진 이야기를 할 때 어려서 10년 정도 그림을 그렸다는 말을 했다. 초등학교 때의 이야기였다. 학교에서 미술반으로 활동했는데, 미술 대표로 나가 상을 많이 받아 학교를 빛낸 어린이였다는 이야기다.

그림이 좋아 열심히 그렸지만, 고등학교 때 왠지 그림이 답답해졌다.

"가슴에선 뭔가 터지고 깨지고 하는데 그걸 직접적으로 그릴 수가 없었어요. 아마 고흐가 아니어서 그런 거지요. 그래서 시를 썼어요. 그래서 문창과에 가서 시를 공부하는데 80년대를 거치면서 시도 답답해지는 거예요. 그래서 소설을 쓸 생각을 했어요."

그리고 처음으로 소설을 쓴 장소가 군대였단다. 군대에서 근무 서고 돌아 와서 끙끙대고 쓴 60매 가량의 소설이 첫 소설이 되었다.

한때 나도 유배의 인생을 살았던 적이 있다. 이십대 후반에 소설을 쓰겠다고 광산촌으로 자원 발령을 받아 교사생활을 하던 무렵이었다. 군에서 제대하고 5일 만에 발령을 청량리역에서 밤 8시 40분 기차에 몸을 실었다. 10월 4일이었고 나의 목적지는 황지역이었다. 지금의 태백역 명칭이 당시에는 황지역이었다. 새벽 2시 40분 기차가 역에 당도했을 때 어이없게도 그곳에는 눈보라가 휘몰아치고 있었다. 해발 7백 미터 가까운 고지대라서인가 그런 기상이변에도 사람들은 별로 놀라는 기색을 보이지 않았다. 역전으로 나서자 새벽 허공으로 치솟아 오른 맞은편 산의 저탄더미가 단박 시야를 가로막았다. 내가 정말 여기서 3년 만에 나갈 수 있을까, 거의 본능적으로 그런 생각이 뇌리를 스쳐갔다.

– 산문집 《혼자일 때 그곳에 간다》 중에서

샤갈과 사탄이 공존했던 곳

자신이 머물렀던 곳에서 가장 강렬했던 곳, 샤갈과 사탄이 공존했던 곳이 바로 이 광산촌이었다.

"이런 곳에서 소설을 쓸 수 있겠니? 라고 자문했어요. 전 아직도 그때의 경험을 한 줄도 소설로 쓴 적이 없었어요. 광산촌에서 교사로 근무한 경험은 인생의 막장이 어떠한 곳인지, 비참함이랄지, 참담함이 어떤 것인지 극명하게 드러나는 공간이었어요. 지금도 생각하면 끔찍합니다."

예를 들자면 이런 식이다. 초임 교사 시절 교실에 아이들의 빈 자리가 열매 떨어진 나뭇가지처럼 드문드문했다. 한 학급에서 13명 정도가 퇴학을 당하는데, 교사로서 어떤 조치를 취해야 되지 않겠냐고 선배 선생에게 물었다. 그때 그 교사가 씩 웃으면서 박상우에게 "이 학교는 1년에 2백 명이 퇴학합니다"라고 대답했다. 박상우는 할 말이 없었다.

퇴학의 이유는 주로 가출이었다. 아이들이 집에서 돈을 훔쳐서 서울로 올라간다. 서울에 올라가 가발공장이나 봉제공장 같은 곳에 취직을 한다. 한 달에 20만 원 정도의 월급을 받으면서 일을 하는데, 야근에 철야 지독한 노동환경으로 대부분 한두 달을 견디지 못하고 집으로 돌아온다. 집에 돌아오면 엄마는 역시 가출해 있고, 아버지는 알코올 중독이다.

"그런 아이들 앞에서 내가 문학을 꿈꾼다는 것이 얼마나 호사스러운 일이겠어요. 낭만적으로 광산촌에 가서 소설을 쓰려고 했지만, 소설을 한 줄도 못 쓰고 학교 밑에 있는 막걸리 집에서 매일 술만 먹었어요."

인생의 트레이닝 코스

그런 세월을 4년이나 보내자, 몸과 마음이 마치 퇴락한 광산촌처럼 황폐해지고, 벼랑 끝에 선 것 같은 생각이 들었다고 한다. '이러다가 내가 죽지'라는 생각에 시달리다가 학교에 휴직계를 내고 소설 한 편을 쓰기 위해 길을 떠났다. 그건 마지막 주사위를 던지는 심경이었다. 그때 집어든 소설이 바로 군대에서 쓴 60매 가량의 소설이었다. 그 밑그림 소설을 토대로 600매 가량의 작품을 만들었다. 지금은 대단지 아파트가 들어섰지만 그때는 허허벌판 갈대밭 투성이었던 백마에 있는 한 농가주택에서 쓴 소설이었다. 소설의 제목은 〈스러지지 않는 빛〉이었다.

"그 소설을 『문예중앙』 신인상에 응모했지요. 그런데 때가 되어도 당선 연락이 안 오는 거에요. 이젠 죽었구나 싶었지요. 도대체 삶에 희망이라는 것이 보이질 않았고, 세상이 너무 무서워서 오늘 죽을까 내일 죽을까 갈팡질팡하면서 우두커니 운동장을 바라보는데 빨간 오토바이 하나가 운동장을 가로질러 교사로 들어오는 모습이 보이더군요."

그리고 교무실 문이 열리더니, 학교 급사가 당선 통지서를 전해주었다. 인생 막장의 어둠 속에서 한 줄기 빛이 던져진 격이었다. 박상우에게 광산촌에서의 생활은 이중적인 의미가 있다. 너무 무서운 시

공간이어서 문학적으로 형상화할 수 없는 두려움이지만, 동시에 삶의 희망과 용기를 찾는 성지聖地이기도 하다.

"살면서 진짜 힘들 때마다 그곳을 찾아갑니다. 그럼 내가 힘든 건 정말 아무것도 아니라는 각성을 하고 돌아오지요. 그 시절이 내 인생의 트레이닝 코스 같았습니다. 내밀하게 스며드는 아픈 시간들이 많았지요. 이러한 고통에 대한 내구력이 생겨야 글을 쓸 수 있습니다."

살아보니까 살아지더라

필자는 간혹 강원도 화천에 있는 한 마을을 찾아간다. '봉오리'라는 동네이다. 그 동네는 문득 지나치다 동네 이름이 예뻐서 그냥 한번 들러본 곳이었다. 군부대와 작은 마을이 어우러진 그 공간은 퇴락한 저녁 석양의 빛이 하루 종일 스며들어 있는 곳이다.

폐가의 담장에 금이 가듯, 간혹 우울한 날이 오면 차를 몰고 그 마을을 찾아간다. 곧 쓰러질 것 같은 구멍가게에서 깡통 커피를 마시면서 그래도 한때 이 마을이 번성했던 시절의 이야기를 듣곤 했다. 구멍가게 할머니는 지금은 장성하여 도시로 나간 아들이 네 살 때, 동네 군인들을 상대로 장사를 하던 술집 아가씨 이야기를 해주었다.

"우리 아들이 귀여우니까 아가씨들이 과자도 주고 장난도 치고 했었지. 그런데 한번은 우리 아들이 귀찮아서 그런 건지 그 아가씨에게 '술집 계집애'라는 말을 했어. 어린아이가 뭘 알겠어. 그저 어른들 잘못이지. 그때 그 아가씨가 얼마나 서럽게 울던지 아주 혼났어. 하루 종일 우는 걸 내가 달래주었지. 그 아가씨의 슬픈 표정이 아직도 생각나."

그 아가씨가 울었을 술집 자리들은 지금은 사람이 살지 않아 스러지고 있었다. 할머니와 함께 그 자리를 바라보면서 나는 사람에 대해 이야기한다는 건, 결국 그 사람의 고통에 대한 이야기를 하는 것이라는 생각을 했다. 문학은 '고통의 축제'이다.

소설가로 등단한 박상우는 이틀 만에 그 고통의 공간에서 빠져나왔다. 그 선택은 전업작가가 되기로 결심한다는 의미였다. 하지만 이제 갓 등단한 작가에서 원고청탁도 독자와 문단의 특별한 관심도 없었다. 그래서 자신을 등단시킨 문예중앙에 찾아갔다.

첫 원고청탁은 그렇게 이루어졌다. 그 뒤로 이러저런 문예지에 원고를 보낼 수 있었다. 그러다가 문학사상에서 편집자로 일하고 있던 구효서를 만났고, 구효서의 소개로 이순원을 만났다. 이 세 사람은 마치 한 둥지에 있는 모양으로 연상되는 작가이다. 이들은 어느 날 술자리에서 의기투합하여 서로 말을 트기로 하고 친구가 된다. 그리고 등단하던 해 12월 결혼을 하고 그 다음해에 아들을 낳았다. 가끔 친구들을 만나 지난 시절을 어떻게 살았는지 서로 신기해 한다는 말도 한다.

"우리가 어떻게 20년을 특별한 직업 없이 먹고 살아왔는지 신기하다. 하지만 살아보니까 살아지더라."

살아보니까 살아지더라는 말 속에는 그간 작품을 위해 안정적인 생활비를 보장해주는 달콤한 유혹을 거절한 일들이 녹아 있다. 소처럼 꾸준히 한 길을 걸어가는 일은 그냥 살아지는 일은 아닐 것이다.

망상자아, 영상자아

그간 '코뮤니티 컬리지'에서 강의를 하는 일이 보람차다고 했다. 학생들에게 강의를 하기 위해서는 먼저 자신이 공부를 해야 하기에 지난 10년간 그 강의는 자신을 위한 공부의 시간이이기도 했다. 이러한 삶의 유형을 유지하기 위해서는 자기 관리가 무척 중요하다. 작가는 스트레스가 많고 외로운 직업이다. 그래서 술독에 빠지기 쉽다. 선후배들 중에서 술독에 빠져 살다가 크게 몸을 상하거나 세상을 떠나는 경우도 있다.

그걸 잘 아는 박상우는 매일 아침 일산의 명소인 호수공원을 산책하면서 운동을 한다. 그는 하루 단위로 인생을 산다고 했다. 먼 계획은 사상누각이기 때문이다. 오로지 오늘 하루 주어진 시간을 잘 살면 되는 것이다.

"하루라도 충실하게 온전하게 살아라. 하루를 잘 사는 게 인생을 잘 보내는 것이다."

그렇게 충실하게 글을 쓰고 나서, 그는 카메라를 메고 자신이 자주 찾는 장소를 다시 찾는 것이다. 그 과정에서 그는 여러 가지 생각을 했다.

"우리 인간들이 보통 '나'라고 여기고 있는 생각, 의식은 말이지요. 곰곰이 잘 들여다보면 '나'라고 믿고 있는 가짜 '나'일 경우가 많이 있어요. 여행지에 가서든, 일산의 호수공원이든 거기에 있는 나는 나가 아닌 거지요."

무슨 말인가 싶다. 내가 '내'가 아니면 누구란 말인가? 마치 선불교의 화두와 같은 말이다. 그러나 한 번만 곱씹어 생각하면 우리는 금방 이 말의 진의를 알 수 있다. 그걸 깨우치고 살아가기가 힘든 일이지, 지성적으로 인식하는 일은 그리 어렵지 않다.

우리들이 생각하는 나는 '망상자아'이다. 즉 나의 열등감, 내적인 상처를 보상하기 위해 내가 만들어 낸 갑옷과 투구를 걸치고 있는 나이다. 진짜 나의 부드러운 속살은 만질 수 없다.

"저의 경우에는 그 진짜 나를 여행을 통해서 찾으려고 하지요. 진짜 나, 근본 자아는 어디에 있는 것인가 하는 질문을 하면서 몸을 피곤하게 만듭니다. 그럼 어느 순간부터 망상자아가 사라지고 나의 모습이 보이기 시작합니다."

이 내용은 뇌 과학 분야에서도 꾸준히 연구 중이다. 생각과 마음을 '영상자아'라고 하는 과학 용어로 설명한다. 가령 내가 홍길동을 만났다. 오늘은 아주 좋은 만남이었다. 그런데 내일 아침 홍길동이 안 좋은 얘기를 하면 '망상자아'가 스크린 활동을 한다. 그 망상자아의 안 좋은 이미지를 만들어서 내 스크린에 비춘다. 홍길동이 미워진다. 죽이고 싶다. 하지만 참 나인 근본자아는 그 스크린 뒤에 텅 비어 있다. 어린아이처럼 해맑게 웃고 있다. 이러한 원리를 알고 있다면 타인에 대한 증오와 질투심이 들 때 스크린의 스위치를 꺼버린다. 이건 말이 쉽지 보통 일이 아니다. 부정적인 에너지의 힘이 세기 때문이다.

그래서 트레이닝이 필요하다. 꾸준히 그러한 망상자아를 줄이는 연습을 해야 분노와 화와 같은 스크린을 꺼버릴 수 있다. 일을 하거나 쉴 때에도 그러한 연습을 해야 한다. 왜냐하면 우리는 끊임없이 그러한 상태에 노출되기 때문이다.

망상자아는 어디로 간다고 해서 없어지는 것이 아니다. 산에 가면 산으로 따라오고, 들에 가도 따라오는 그림자와 같다.

"유리창에 한번 비유해 보지요. 여기 깨끗하게 닦은 유리창과 먼지가 낀 지저분한 유리창이 있습니다. 어느 것이 나의 유리창일까 생각해 봅니다. 결국은 같은 유리창인데 하나는 맑은 하늘이 보이고 하나는 더러운 하늘이 보입니다. 같은 하늘인데 말이지요. 그런 거지요. 우리는 유리창을 통해 보이는 영상에 고통을 받고 있습니다. 실연한 사람은 자신을 버렸다고 생각한 연인 때문에 고통스럽고, 사업에 실패한 사람은 상대방을 원망하기 쉽지요. 하지만 이 모든 것이 바로 내가 있기에 가능한 것입니다. 그 미워하고 질투하는 나를 잘 보면 됩니다. 그걸 알면 시달릴 필요가 없지요."

하루에 세 번 반성

정리하자면 아침마다 일어나 어제의 여진이 남아 있는 자신의 유리창을 닦고 하루를 시작해야 한다. 나는 가능하면 하루에 세 번 반성한다는 우리 선비들의 삶의 태도를 권하고 싶다. 하루 한 번으로는 부족하기 때문이다. 그 반성의 시간이 깊어야 한다. 굳이 길 필요도 없다. 진짜 내가 가고 싶은 길의 방향을 정하고, 그 길이 아니라고 판단되면 반성하는 것이다. 아침 점심 저녁을 먹듯, 일일삼성一日三省을 마음먹는다면 크게 시달려 몸을 상하는 일은 없을 것이다.

이러한 태도로 꾸준히 살아온 선배로 많은 분들이 있지만, 박상우는 이청준 선생을 말했다.

"멀리서 본 이청준 선생을 저는 존경합니다. 보기 드물게 꾸준히 자신의 길을 걸어가고 있는 장인의 격조와 품위가 느껴지는 대선배님이지요. 제가 귀감으로 삼아야 할 겁니다."

마음의 상태에 따라 매번 전나무 숲길을 걷는 방식이 달라진다. 어느 때는 전나무 숲길만 몇 차례 왕복하기도 하고, 어떤 때는 전나무 숲길을 걸어 월정사 천왕문으로 들어가 경내를 둘러보고는 상원사와 적멸보궁까지 내처 오르기도 한다. 상원사 서쪽 비로봉에서 동쪽으로 흘러내린 곳에 위치한 적멸보궁은 자장율사가 당나라에서 가져온 부처의 진신사리가 묻혀 있는 곳으로 우리나라 사찰 중 으뜸 성지로 꼽히는 곳이다. 그곳에서 한숨 돌리며 산세를 둘러보고 오던 길을 되돌아 내려오면 마지막에 다시 한번 전나무 숲길을 걷게 된다. 그때쯤 이르면 몸과 마음이 한없이 정화되어 전나무 숲길을 메운 기운과 별다른 차이가 느껴지지 않는다. 걸어 들어갈 때와 완연히 다른 기분으로 그곳을 걸어 나오게 되는 것이다.

- 산문집 《혼자일 때 그곳에 간다》 중에서

이번 산문집에 첫 번째 여행지인 오대산 월정사 전나무 숲길에서 쓴 글이다. 이 길을 그는 맨발로 걷기도 한다. 들어갈 때와 나올 때의 마음이 달라지는 길이니 바로 수도의 길이고, 깨우침의 길이다. 그 길을 박상우는 걸어가고 있다. 월정사 길을 걸으면서 그는 세조와 단종을 만나기도 하고 남이 장군을 만나기도 한다. 사람이 그 풍경 속으로 들어가면 풍경이 몸으로 스며 이야기가 나온다.

말무리반도

그는 산문마다 자신의 소설을 비교적 길게 인용해 놓았다. 그 소설이 씌어진 배경을 설명하면서 자상하게 독자를 소설의 숲 속으로 인도한다.

그중에서는 말무리반도가 있다. 작가가 1995년 늦여름에 발견한 말무리반도, 고성군 간성면 해상리의 작은 별장에 머물 때 발견한 것이다. 우리나라 최북단에 위치한 고성 통일전망대에서 북쪽 하늘을 바라보다 문득, 마음속으로 말 달리듯 휘몰아쳐 온 말무리반도.

말무리반도는 고성 통일전망대에서 내려다보면, 왼쪽의 외금강 능선이 바다로 흘러내려 해금강 말무리반도까지 뻗어가고 있다. 말무리반도를 발견한 이후 그는 말무리 반도와 함께 살았고 소설을 썼다. 소설가는 발견하는 사람이기도 하다. 그는 말무리반도를 발견했고, 그 동네를 소설을 써서 우리에게 알려주었다. 그의 소설을 조금 인용한다.

아름답고 오묘한 산세를 등지고 나는 고개를 들었다. 장엄한 풍화와 침식의 세월이 나의 배경이 되고, 남북으로 뻗은 대단층선의 기복이 수직과 수평을 잠재우는 곳으로 지상의 모든 태양광선이 집중되는 것 같았다. 삶의 기복을 암시하듯 천태만상의 기복을 드러내던 기봉과 암주와 암대와 단아가 해양으로 잦아들자 비로소 변화무쌍하고 조밀하던 풍화와 침식의 세월이 고단했던 세상사의 대미를 장식하는 것 같았다.

(중략)

"눈을 떠!"

눈을 뜨고 있으라고, 엄청난 말발굽의 굉음을 들으며 나는 다급한 목소리로 그녀에게 소리쳤다. 하지만 안타깝게도 나의 말은 그녀에게 전해지지 않았고, 수평이 기우는 듯한 극심한 현기증 때문에 나는 더 이상 그녀에게 신경을 쓸 수 없었다. 엄청난 가속력에 온몸이 실려 한순간이라도 중심을 잃으면 그대로 말발굽에 짓이겨질 것 같았다. 그래서 그저 앞만 보고 달려야 한다고, 이제는 그녀가 아니라 나 자신의 중심을 유지하기 위해 나는 안간힘을 다하지 않을 수 없었다. 엄청난 가속력 때문에 찬연하던 빛의 변화가 스러지고, 길이 열리는 공간에서는 오직 검붉은 가루만 찰나처럼 명멸할 뿐이었다.

누가 이 말무리를 멈출 수 있으랴.

- 소설 〈말무리반도〉 중에서

그는 문득 떠난다고 했지만, 그가 떠나고 돌아오는 길에 소설만이 남았다. 그곳이 말무리반도가 되었건, 대관령이 되었건, 자유로가 되었건 그가 다녀온 공간은 모두 그의 소설에서 또다른 공간으로 남아 있다. 그 공간으로 가는 길이 바로 소설이다.

그간 박상우가 걸어온 길을 간단하게 약도로 표시해 본다.

등단 후에 《샤갈의 마을에 내리는 눈》《독산동 천사의 시》《사랑보다 낯선》《화성》《짬뽕》 등의 작품집을 냈고, 장편소설 《호텔 켈리포니아》《가시 면류관의 초상》《지붕》 등을 발표했다. 1999년 중편소설 〈내 마음의 옥탑방〉으로 이상문학상을 수상했다. 심사위원이었던 이어령 선생은 그의 소설에 대해 이렇게 적었다.

"박상우의 〈내 마음의 옥탑방〉은 빈곤이 낳은 허술한 주거의 한 공간을, 빈손의 젊음이 삶의 세속화와 물신화에 온몸으로 저항하는 고투의 산실로서 환치해 놓은 그 발상이 주목된다."

그와 이야기를 나누다보니 그는 지금도 역시 그 젊음의 빈손을 지니고 있었다. 그 손으로 많은 걸 썼다. 조금 긴 한 문장으로 그간 그가 쓴 소설을 다 이야기할 수 있다. 이것은 박상우라는 작가의 표피일 것이다. 그가 말한 망상자아일 수도 있다. 그의 소설 제목이 들어 있는 진짜 속살은 행복한 독자의 몫이다.

동해의 긴장감 서해의 휴식

그는 최근에 태안반도를 다시 다녀왔다고 했다.

"새벽에 가서 잠시 보고 돌아왔지요. 마침 산문집을 탈고하고 나서였습니다. 이렇게 저는 글이 끝나면 길이 시작됩니다. 서해는 그런 거 같아요. 일이 끝나고 쉬러 가는 공간으로 적절합니다. 반대로 일을 시작할 때는 동해를 가지요. 거기에는 긴장감이 흐르는 공간입니다. 동해의 긴장감을 온몸으로 받아들이고 글밭으로 호미 하나 들고 들어갑니다."

이야기를 나누다가 문득 요즘 발표가 뜸한 소설가들 이야기를 나누었다. 너무 글을 안 쓰는 작가들은 아마 그들 나름대로 다 인고의 시간을 보내고 있을 것이다. 모씨는 정치와 연관된 일을 하더니 그만 글을 뚝 끊었다는 이야기를 나누었다. 글과 정치, 학문과 정치는 잘 어울리지 않는다고 서로 말했다. 이상하게 멀쩡한 사람이 정치인이 되면 스타일을 구겨버리는 일이 종종 있기 때문이다.

그런 의미에서 그는 장석주 씨의 최근 시집인 《절벽》을 이야기했다. 다재다능한 재능으로 전방위적인 글쓰기를 하고 있는 장석주 시인의 시집을 보면서 그간 참 많이 고생을 했고, 그 고생 끝에 이제는 뭔가 다른 작품이 기다려지는 시인이라고 말했다.

찌든 때와 먼지

그가 평소 가까이 두고 읽는 책은 사마천의 《사기열전》이라고 일러주었다. 《사기열전》은 최근에 필자 역시 어떤 연유로 가까이 두고 있는 책이다. 가까이 지내고 있는 철학박사인 친구는 《사기열전》을 잘 보면 세상이 다 보인다고 했다. 사람 사는 유형이 모두 《사기열전》에 들어 있다. 우리는 그 속에 들어 있는 인간유형 중에 하나일 뿐이다. 옛 선비들도 자신의 모범을 《사기열전》에서 찾았다. 그래, 나는 진시황이야. 나는 그렇게 살아야 돼. 그래 나는 여불위야 그렇게 살아야 돼. 그럼 나는?

인터뷰를 마치고 다시 그 자리에 가서 커피 한 잔을 더 마셨다. 저녁 시간이라 더 붐비는 그 자리. 그곳에서 나는 잠시 눈을 감고 담배를 피웠다. 좌우사방에서 사람들의 목소리가 들려왔다. 그러다가 아득하게 멀리 사라졌다.

박상우의 여행 산문집을 읽고 박상우와 이야기를 나누고 나자, 나는 어디론가 떠나고 싶은 마음을 잠시 진정시킬 수 있었다. 어디에 가기 전에 내 마음에 잔뜩 찌들어 있는 때와 먼지를 벗겨내지 못한다면 안 되기 때문이다. 독자들이여, 지금 어디에 있는가? 산에, 바다에, 아니면 골방에… 어디에 있든 그곳에서 가장 잘 할 수 있는 일을 찾아보자.

잃어버린 나를 찾아보자.

'그림자' 씻고
열정에서 포용으로
소설가 전경린

'연애소설을 가장 잘 쓰는 작가' 전경린의 새 장편소설 《엄마의 집》은 그의 이전 작품세계와는 달라졌다. 처녀의식을 간직한 채 모성을 깨달은 그를 닮았다. 그래서일까. 최근 딸과 함께 인도를 여행하며 '영혼의 씻김'을 경험했다는 전경린은 밝고 건강하고 매혹적인 모습이었다.

이 세상을 내 뱃속으로 지나가게 할 수 있을 것 같아요

경기도 파주에 있는 헤이리 예술인 마을에는 큰 나무가 있다. 이 나무는 수백 년 동안 이 마을의 지킴이 나무인데 그 모양이 기괴하게 휘어 있고, 혹 덩어리 같은 큰 옹이가 상대적으로 가는 줄기에 붙어 있고, 나무 기둥은 썩어들어가 텅 비어 흡사 동굴 같다.

  한때 그 안에 들어가서 놀곤 했다. 그 속에 들어가 밖을 보면 동굴 속에 들어가 세상을 보는 것 같았다. 봄, 여름, 가을, 겨울이 이 나무 동굴 안에서 무심히 지나갔었다. 이 나무 동굴은 지금 와서 보니 부숴진 건축물을 보수하듯 시멘트로 다 막아 놓았다. 오늘 만나기로 한 전경린 씨에게 그 나무 동굴을 보여주고 싶었는데, 내 기억 속에 한 장소가 봉인되었다. 그 나무 아래 벤치가 있어 지금도 가끔 머리가 복잡하면 여기에서 와서 쉬었다 가곤 했었다. 이 나무 아래서 나는 맹꽁이처럼 천천히 움직인다.

이곳은 나와 인연이 깊은 곳이다. 헤이리 마을이 개발되기 전인 지난 2000년부터 인근 마을인 통일동산에서 가족들과 둥지를 틀고 산 적이 있다. 그때 가끔 찾은 이곳엔 숲과 습지가 있었고, 수리부엉이와 철새들과 청설모와 아이들이 있었다. 얼마 지나지 않았지만 지금은 그 흔적이 많이 지워졌다. 이것이 사람들의 힘이다. 그 자연이 사라진 자리에 인공의 건축물들이 아름답게 건축되어 있다.

이곳의 풍경을 사진으로 찍기 위해 돌아다니곤 했었다. 그때 딸아이가 내 사진 장비를 들어주곤 했었다. 대여섯 살 난 작은 아이가 사진 받침대를 낑낑대면서 들어 나른다. 아빠가 힘들까봐 그런다는 말을 듣고 감동해서, 살기 위해 겪어야 하는 굴욕적인 감정들이 눈 녹듯이 녹았다. 그 모습이 지금은 한 장의 사진으로 남아 있다.

그땐 이 마을에서 유치원생이었던 딸아이를 수리부엉이가 잡아 채 갈까봐 하늘을 경계하곤 했었다. 아이가 노란 옷을 좋아해 하늘에서 보면 딸아이는 병아리처럼 보였을 것이다. 그 노란 옷을 입기 좋아하던 딸아이가 이제 중학생이고 숙녀가 되어간다. 이젠 수리부엉이 대신에 더 무서운 세상 걱정을 하고 있는 중이다. 머나먼 하늘보다는 가까운 거리와 어두운 골목길을 걱정한다. 사람 사는 일이 이렇다.

그런 시절이 바로 어제 같은데 이제 헤이리 마을은 파주 출판도시와 더불어 예술인들의 터전이 되었다. 여기에는 나의 영혼이 묻어 있는 곳이다. 이곳에서 머물던 나무의 영혼들은 나와 내 딸이 같이 머물던 시절의 이야기를 다 품고 있을 것이다.

수년 전 늦가을쯤이었던 같다. 마을 당나무 아래서 하늘을 올려다

보는데 하늘에 쌍무지개가 떠올랐다. 내 손을 잡고 있던 딸아이는 그 무지개를 올려다보면서 탄성을 지르곤 침묵했다. 딸아이의 눈동자에 쌍무지개가 들어갔다. 그 얼굴을 보고 나는 딸아이를 신뢰할 수 있었다. 어린 딸이 자연의 아름다움을 응시하고 반응하는 모습을 영원히 잃어버리지 않기를 기도하였다. 나 역시 아무 말 없이 그 쌍무지개를 바라보았다. 그 무지개는 나와 딸아이의 보이지 않는 간절한 마음이었다.

불타는 검은 그림자의 음영

오후 3시에 헤이리 마을에 있는 방송인 황인용 선생님의 음악실인 '카메라타'에서 만나기로 한 소설가 전경린, 나는 일부러 그녀보다 1시간 정도 먼저 와 오랜만에 이 마을을 산책했다. 그때 무지개가 걸려 있던 자리를 마을의 당나무에서 다시 올려다보았다. 하늘은 여전한데 내가 변한 것 같다.

음악실 카메라타를 배경으로 젊은 여자들이 사진을 찍는다. 일요일 오후라 헤이리 마을은 철새들이 날아든 습지처럼 부산스러웠다. 모두들 잠시 날개를 접고 쉬기 위해 이곳으로 날아든 철새처럼 돌아다니고 있었다. 알록달록한 깃털을 가진 새들이 종종 뛰어다니는 모습을 한 사람들을 우두커니 바라보았다. 오랜만에 만나는 전경린 씨를 기다리는 시간은 풍요로웠고, 그 풍요로움은 모성이거나 여성성에 가까웠다. 나는 남성의 거칠고 황량함에 지쳐 있었다. 이 세상이

빨리 풍만한 여성성을 획득하기를 간절히 바라고 있었다.

음악실에는 바흐의 파이프 오르간 연주가 흐르고 있었다. 나는 속으로 조용히 그녀의 이름을 불러보았다. 그러자 그녀가 약간 고개를 갸웃거리며 미소 짓는 표정이 떠오른다. 그 뒤에는 그녀의 그림자가 길게 드리워져 있다. 그녀의 열정적인 문장들은 그 그림자의 문장이기도 했다. 불타는 검은 그림자의 음영에 사람들은 빠져들었고, 공감하면서 자신의 생을 되짚었다. 그녀의 장편소설 《엄마의 집》을 편집한 출판사 편집장은 평소 차분한 음성과는 달리 밝고 높은 목소리로 말했다.

"전경린 선생의 작품 세계가 많이 변했어요."

'엄마의 집'이라, '엄마'와 '집'은 동의어가 아니던가? 그녀에게는 이제 여대생이 된 딸이 있다.

여기까지 원고를 쓰고 있는데 전경린에게서 전화가 왔다.

"기자하고 인터뷰를 할 때와는 달라서 말이지요. 너무 사적인 이야기를 많이 해 걱정이 돼요."

나는 하하 웃었다. 이런 일이 간혹 아니, 자주 있었다.

나는 쓰지 말아야 할 것과, 써야 할 것의 경계선을 알고 있다. 전경린 씨 역시 너무 오랜만에 만나 우린 수다스럽게 이야기를 나누었다. 그래서 내 노트에 '이건 쓰지 말자'라고 표시를 해두었다고 안심을 시켰다. 그러자 인터뷰 자리에서 하지 못한 '꼭 하고 싶은 말'이 있다고 했다. 그녀의 이야기를 받아 적는 동안 나는 내 딸 아이와 같이 보았던 헤이리 마을의 무지개가 내 작업실의 벽면에 벽화처럼 그려지고 있었다.

"《엄마의 집》 원고를 출판사에 넘기고 딸과 같이 40일간 인도 여행을 다녀왔어요."

영혼의 씻김

그녀는 '40일간의 인도 여행' 중에 한 달 정도를 '리시케시'에서 보냈다. 요가와 명상의 도시로 유명한 리시케시는 인도 우타르프라데시 주에 자리 잡은 작은 마을이다. 전설적인 음악인들인 비틀스가 초월명상의 창시자인 마하리시 메헤시 요기를 따라 이 도시에서 명상과 요가를 배운 후 현대 서구인들에게도 성지가 되었다.

비틀스의 영적인 스승이었던 마하리시가 세상을 떠난 장소로도 알려져 있다. 강가 강(갠지스 강)의 상류에 위치한 리시케시에서 그녀는 3시간은 요가를 하고, 1시간은 명상을 하면서 지냈다고 한다. 이 모든 일정은 딸과 '딱 붙어서' 지낸 시간들이었다.

딸과 함께 요가철학에 대한 공부를 하고 요가로 몸을 단련하는 시간들이었다. 그렇게 같이 지내는 동안 딸에 대한 믿음이 생겼다고 했다. 딸은 태양을 향해 고개를 든 해바라기처럼 자신의 몸과 마음을 향상시키고 있었다. 그 모습을 곁에서 지켜보니 그간 20여 년간을 키우면서도 느끼지 못한 엄마로서의 자긍심이 찾아왔다. 내면에 충만감으로 가득한 평화로운 시간이었다. 그러한 마음으로 보아서일까? 그곳에서 충격적인 일을 겪었다고 했다.

"사원에서는 하루 종일 종소리가 울려 퍼지고, 순례자들의 행렬은 끝이 없었죠. 사원을 참배한 순례자들은 강가 강에서 세례를 하듯이 목욕을 하는 풍경 알죠? 저는 차마 그 순례자들과 함께 강에 들어가지는 못하고, 물결이 발끝에 찰랑거리는 강가에 서서 그들의 모습을 바라만 보았어요. 그때였어요."

그녀는 강물 위로 흐르는 자신의 그림자를 보았다.

"내 그림자가, 발끝에서부터 머리끝까지 나의 모습이 온전히 드리워진 그림자가 강에 나타났어요. 내 그림자를 흐르는 물이 씻어주고 있었어요. 정말 놀라운 일이었어요."

그림자는 무엇을 상징하는가? 그것은 상처, 고통, 비밀, 가진 것과 갖지 못한 것, 어두운 기억, 나쁜 습관 등이기도 하다. 자신의 그림자를 씻어주는 강물을 보면서 순례자가 되어 강가에 들어가 몸을 정화시키는 않았지만, 그녀는 '완벽한 정화'를 경험했다고 한다. '영혼의 씻김'이라고나 할까?

석가모니의 그림자

이야기를 듣고 있자니 문득, 석가모니의 아들 라훌라 생각이 난다. 석가모니가 출가를 해서 깨달음을 얻은 후, 그는 다시 자신의 궁으로 돌아왔다. 이른 새벽, 궁을 빠져나오기 전에 잠든 부인과 아이들에게 스스로 한 약속, 득도를 하면 다시 돌아오겠다고 한 자신의 약속을 지킨 것이었다. 깨달음을 얻고 돌아온 석가모니에게, 아내였던 야소

다라 부인은 라훌라에게 '깨우친 자'에게 절을 올리게 했다.

　아들 라훌라는 아버지에게 절을 하면서 '당신의 그림자가 너무 깊습니다'라고 말했다. 오래 전에 '불경이야기'를 책으로 집필하던 시절에, 《혼불》의 작가 고故 최명희 선생과 석가모니의 그림자에 대한 이야기를 나눈 적이 있다. 라훌라는 석가모니의 그림자였던 것이다. 석가모니 역시 돌아와 자신의 그림자를 보았고, 그림자인 라훌라는 이런 말을 하고 나서 아버지를 따라 출가한다. 그림자는 자아에게 깨달음을 준다. 그것은 거룩한 '음'이며 음양의 조화로 태극의 세계로 가는 한 과정인 것이다.

　인도에 간 전경린은 자신의 그림자를 보았다. 그것도 '깨달음'의 강에서 자신의 그림자를 보았다. 그 그림자를 씻어주는 강물을 나는 그녀의 눈물로 본다. 뜨거운 그녀의 눈물이 이미 거기에 흐르고 있었다. 그녀가 강을 보면서 자신의 마음을 그 강가에 던지는 순간 강은 그녀의 그림자를 품었고, 씻어주었다.

　인도에서 놀라운 경험을 해서인지 그녀는 환해 보였다. 그리고 S라인의 몸매를 하고 있었다. 나이를 거꾸로 먹는 여인인가 싶었다. 올 연초에 많이 아팠다는 소식을 들은 적이 있는데 어쩐 일인가 싶었다. 그녀는 조용히 웃으면서 아마도 인도여행에서 한 요가 덕분일 거라고 했다. 그리고 요가철학에 대한 이야기를 한다.

　"인도요가는 초월적인 것으로 생각하기 쉬운데, 비록 잠시이긴 했지만 요가를 배우고 나서 다르게 생각하게 되었어요. 몸을 유연하고 건강하게 단련하는 요가는 '정신의 자유'를 추구하기 위한 행위라는 거죠. 자신이 원하는 일을 자유롭게 하기 위해선 몸이 짐이 되어선 안 되잖아요."

죽을 것 같은 지독한 병에 걸리지 않더라도 겨울이 되면 이웃집 손님처럼 찾아오는 감기에만 걸려도 내 몸이 얼마나 무거운 짐인지 알게 된다. 몸이 짐이 되는 순간, 인생을 굴리는 육체의 수레바퀴는 멈추는 것이다. 거기에 타고 있던 정신 역시 자유롭지 못하다. 특히 하루 종일 책상 앞에 앉아 있고, 밤이 되면 주점에 앉아 있는 작가들이 좀 새겨들어야 할 말이다.

살면서 꼭 지켜야 할 네 가지

그녀는 인도 요가 철학을 배우고 나서 독자들에게 이 말을 꼭 전하고 싶다고 했다. 살면서 지켜야 할 네 가지의 말이다.

첫 번째, 살면서 해야 할 일과 하지 말아야 할 것을 아는 것이다.
두 번째, 살아가는 동안에는 항상 '의욕'을 지니고 있어야 한다.
세 번째, 돈을 버는 것이다.
네 번째, 우주와의 합일을 향한 마음가짐이다.

우리 삶의 지침으로 삼기에 적당하다. 촌철살인이고 간단명료하다. 이 네 가지를 나는 시로 읽었다. 좋은 시를 외우듯이(따로 외우지 되지 않아도 될 만큼 간단하긴 하지만) 이 네 가지 말을 새가 알을 품듯이 하면, 내 영혼과 몸에 날개가 달릴 것이다.

해야 할 일보다도 하지 말아야 할 일을 알기는 무척 힘겹다. '하면 된다' 라는 해병대 정신에 익숙한 우리의 문화는 지나친 의욕과잉으로 몸과 마음을 다치게 하고, 누구나 할 수 있고 해야 하는 실패를 하게 되면 심한 열등감에 시달리게 한다. 성공을 위해서는, 즉 '하면 된다' 라는 의식은 목적을 위해서는 사기를 쳐서라도, 수단과 방법을 가리지 않고 어떻게 하든 해나가는 인간이 존중받는 사회는 '병든 몸'이다. 무겁고 더러운 몸이다.

모든 걸 다 잃어도 의욕만 있다면 해야 할 일이 보인다. 그리고 돈을 벌라는 말처럼, 자유로운 말이 어디 있겠는가? 돈 때문에 고생한 사람들에게 이 말은 부연 설명이 필요 없다. 단, 자유를 위해선 돈이 있어야 된다고만 해두자. 그리고 내가 한 방울의 물방울 같은 내가, 우주를 품고 있는 존재라는 각성의 경지에 올라가게 된다. 그 다음에 사랑하는 사람을 만나 섹스를 하면 열반의 경지와 같은 황홀경일 것이고, 그 사랑이 이웃을 향한다면 인도의 성자 간디가 될 것이다.

그녀는 리시케시에서 강가 강을 따라 2시간 정도 올라가는 곳에서 시작되는 히말라야의 경험도 이야기해주었다. 히말라야 산속의 폭포 아래에서 보석처럼 쏟아지는 물방울에 온몸을 적시면서 딸과 함께 몇 시간을 '놀았다'고 했다.

"폭포를 내려와 아직 머리카락이 젖은 채 오두막 찻집에서 차를 마시는데, 정말 깨끗하게 씻긴 기분이 들었어요. 딸과 함께한 인도여행은 나에게 많은 것을 주었고, 순수하게 좋았어요. 어떤 목적도 없

이 오직 딸과 함께 완전하게 여행에 참여한 거죠."

엄마로서 딸과 한 여행은 그녀의 인생에 중요한 전환점이 되었다 싶었다. 이러한 경험 때문인지 그는 예전보다 훨씬 밝아지고 건강하고 매혹적으로 변했다. 이 변화는 그녀의 소설을 통해 나타날 것이다. 그 첫 번째 작품이 바로 장편소설 《엄마의 집》이다.

인생을 닮은 공릉천

전경린은 1년 전에 광화문에서 파주 금촌으로 이사를 했다. 광화문 옥인동에서 6년의 세월을 보냈다. 그녀는 사는 공간을 바꿔야 글이 잘 써지는 습성이 있다고 했다. 그래서 그녀는 한 곳에서 오래 머물질 않는다고 했다.

광화문에 너무 오래 살아 이제 그만 거처를 옮기고 싶어 여기저기를 둘러보다 파주로 이사를 왔다고 한다. 나는 그 말을 듣고 지금 한창 개발 중인 교하지구인 줄 짐작했었다. 그 말을 꺼내자 그녀는 그곳에도 가보았는데, 금촌이 더 좋았다고 한다. 따뜻하고 오래된 작은 마을인 금촌은 나에게도 익숙한 마을이다.

마을에서 오래 살았던 사람들과 새로 이사 온 사람들이 서로 어울려 정이 듬뿍 담긴 아담한 마을이다. 이 작은 마을에 수년 전부터 대단지의 아파트 단지가 들어서긴 했지만, 기존의 구 시가지와 어울려 사람 사는 기분이 나는 그런 곳이기도 하다. 그녀는 금촌에서 '공릉천'을 만났다. 인도의 강가 강을 만나기 전의 경험이다.

공릉천은 내가 통일동산에 살 때 내 마음에 흘러 사랑했던 곳이다. 오두산 통일전망대까지 이어지는 공릉천 변을 자유로 타고 지나가다 보면 가끔 사람들이 낚시를 하는 모습이 보이기도 한다. 그 위쪽에는 낚시터가 있다.

천변을 걸어가면 갯벌이 있고, 철새들이 날아와 머무는 풍경도 볼 수 있다. 통일동산 쪽으로 이어진 평야는 공릉천을 끼고 있다. 통일동산에 살 때, 이 공릉천을 보고 이런저런 생각을 했던 기억이 난다. 일산으로 이사를 와서도 천변을 자전거를 타고 지인들과 돌아다니기도 했었다. 그녀 역시 공릉천 가까이에서 산책하고 자전거도 타며 지낸다고 했다. 그리고 그 천변풍경을 보면서 작가로서의 자신의 삶도 되돌아보게 된다.

"내 앞을 흐르는 공릉천을 보면서 저 작은 물길이 내 인생과 많이 닮았구나 라는 생각이 들었어요. 공릉천은 독립자유파행하천이라는 자료를 보았어요. 발원지에서부터 작은 시냇물들을 끌어 모아 서해에 도달하기까지 얼마나 많은 굽이와 사연이 있었을까요. 그러면서 독립수계로서 자존감을 가지고 있는 곳이죠. 그 강을 보면서 저의 모습을 보기도 했어요. 제가 사는 금촌에서 한강 쪽으로 흘러가는 공릉천에 서면 강과 바다가 함께 어울리는 모습을 볼 수 있죠."

지난 1년 간 공릉천 곁에 살면서 이제 나도 저 물길같이 되어야겠다는 생각을 했다고 한다. "작은 하천이어서 겨우 겨우 흐르겠지만, 상류는 명징明澄하고 하류는 감조感潮하는 공릉천처럼, 마르지 않고 흐르겠다고 다짐을 했지요" 라는 말. 동네 근처를 흐르는 하천을 통해 자신의 생을 투사하는 모습이었다. 소설가로서 자신의 내면의 풍경은 강이 흘러 바다로 간다. 그 화엄의 바다에 가면 무엇이 소멸하고, 무엇이 태어날 것인가?

사랑과 결혼

그녀에게 독서 이야기를 물어보았다. 그녀는 주저하지 않고, 가장 최근에 읽은 프랑스의 지성 앙드레 고르의 《D에게 보내는 편지》를 이야기한다. 국내에서도 출판되자마자 전 언론의 관심이 집중된 이 책은 고르가 자신의 평생 반려자인 아내 도린에게 보내는 연애편지이다. '사랑에 관한 올해 최고의 책'으로 이 책을 설명할 수 있을까. 두 사람은 처음 만나 60년간을 살고 나란히 동반자살을 선택한다. 아내가 더 이상 병을 견딜 수 없게 되자 그는 편지에서 이렇게 그의 심경을 밝혔다.

> 세상은 텅 비었고, 나는 더 살지 않으려네.
> 우리는 둘 다, 한 사람이 죽고 나서 혼자 살아가는 일이 없기를 바라네.

그는 도린이 없는 세상을 상상할 수 없었기에 안락사의 방법으로 아내와 함께 세상을 떠난다. 그때 그들의 곁에는 유서가 있었고, 대문에 걸려 있는 우체통에는 '경찰에게 알려주세요'라는 글귀가 있었다고 한다.

고르의 아내 도린이 거미막염이라는 불치병과 30년간 투병생활을 했고, 아내의 간병을 위해 사회생활을 접고 그녀의 곁에서 모든 생을 보낸 고르. 하지만 그녀의 곁에서 쓴 책과 글들이 그를 세계적인 지성으로 만들었다. 전경린은 이 책을 읽고 우선 작가로서 글 쓰는 자세를 다시 한 번 생각했다고 한다. 그리고 사랑과 결혼에 대한 생각도 깊게 하게 되었다고 한다.

"이 책을 보면 결혼을 망설이는 고르에게 화가 난 도린이 떠나려고 하는 장면이 있어요. 왜 사랑을 하면서 결혼을 망설이는지 도린은 이해할 수 없었죠. 그때 고르는 며칠 간 심각하게 고민을 합니다. 우리의 개인적인 사랑이 사회제도 속에서 가능할까? 그런 과정을 거치고 나서 둘은 결혼을 하고, 그렇게 둘이 결혼을 하는 모습을 보면서, 결혼을 하고 나면 똑같아지는 우리들의 모습을 보게 된 거죠. 결혼을 한 사람들이 견뎌야 하는 사회적인 압력 속에 사랑이 어떻게 견딜 수 있을까요?"

이상적인 결혼이란 무엇이냐는 우문에 그녀는 말했다.

"이상적인 결혼은 개개인마다 다른 것 같아요. 외부에 휩쓸리지 말고 자신들의 특성을 잘 지켜나가면서 두 사람 중심의 삶의 의미에 가치를 두어야죠."

이렇게 간단하게 결혼에 대한 이야기를 하고 작가라는 존재로 이야기를 넘겼다.

"고르가 글 쓴다는 것에 대해 이렇게 말하더군요. 세계에 대해서 글을 쓰는 데 소비되는 것은 글뿐이고, 이 세계는 다르게 쓰이기 위해 여전히 존재하고 있다고 말입니다. 그 문장을 본 순간 나도 내가 사는 세상을 다르게 쓸 수 있다는 생각이 들었습니다."

한 사물을 놓고 변주곡 형태로 다르게 보는 것이 아니라, 근본적인 변화에 대한 이야기다. 문학이 수천 년을 이어온 것은, 세상이 보는 이에 따라 다른 모습을 보여주기 때문이다. 그래서 작가의 연륜이 중요한 것인지도 모른다. 그녀는 이제 자신의 나이가 볼 수 있는 세상을 새롭게 쓸 것이다.

그녀는 '지금 이 순간을 모조리 사랑하면, 이 순간의 에너지가 네 미래의 문을 활짝 열어줄 것이다' 라는 외국 경구를 이야기해주었다. 이 경구가 그녀의 모습을 가장 잘 보여주는지도 모른다. 그녀는 지금 이 순간에 티베트의 순례자들이 오체투지를 하는 심경으로 살고 있다.

문학평론가인 황현산 교수는 다른 어떤 부류보다 문학 하는 인간을 사랑한다고 했다. 사회생활을 하면서 많은 사람들을 만나고 관계를 맺었지만, 작가처럼 싱싱한 존재는 보기 드물었다. 작가들은 고여 있지 않기 때문이다. 그들은 항상 '흐른다'. 그 흐름으로 작가들은 삶을 예외적인 시선으로 보고 그 확장된 시각으로 창작을 한다. 그녀는 황 교수 이야기를 하면서 자신 역시 마찬가지라고 했다.

"보편적이고 통속적인 가치와 윤리에 대해서 예외적이고 비주류적인 시각을 가지고 사는 작가들과 동료로 산다는 것이 행복해요."

그녀의 곁에는 좋은 작가가 많이 있다. 그녀를 사랑하고 아끼는 작가들과의 만남을 통해 행복감을 느낀다. 특히 힘이 되는 작가로는 김훈, 윤대녕, 은희경을 꼽는다. 이들의 모습을 통해 작가로서 인간으로서 자극을 받고 격려를 얻기도 한다.

　김훈 선생은 문체에 매혹되기도 했지만, 최근 몇 년간 쏟아진 문단의 찬사와 상업적인 성공에도 불구하고 항상 검박하고 결핍된 작업 조건을 스스로 만들어 엄결하게 창작하는 모습에 존경심을 갖게 되었다고 한다. 윤대녕의 날이 선 선비정신, 현실을 견디고 아름다운 작품을 써내는 모습은 예술가의 전형이다. 나 역시 윤대녕을 보면서 많이 배운다. 은희경의 통찰력과 긴장감, 한결같이 진지한 글쓰기 자세와 따스함도 존경한다. 아름다운 사람들의 이야기를 나누는 동안 카메라타의 웅장한 음악이 강물처럼 우리 곁을 흘렀다. 참, 오랜만에 편안한 시간 속에 들어가 있었다. 이곳이 나의 나무 동굴 같았다. 그녀가 따뜻한 삶의 모닥불을 지펴주는 것 같았다.

가야국 소녀

그녀는 어린 시절을 어떻게 보냈을까? 그녀가 태어난 곳은 경남 함안이다. 옛 가야국이었던 마을이다. 가야에서 태어났다니, 그렇구나 하는 생각이 들었다. 그녀에게 감도는 묘한 분위기의 근원이 거기에 있는지도 모른다. 그 정서는 가야의 땅과 하늘에서 형성된 것이다. 옛 가야국 중에 하나인 그녀의 고향 마을에서 그녀는 중학교 때까지 그림 같은 시절을 보낸다.

　그녀는 별것 아닌 듯 툭 이야기를 던지는데 내 마음의 연못에는 큰 돌멩이가 떨어진 듯하다. 소녀 안애금(그녀의 본명)이 놀고 있는 풍경이 눈에 선하게 그려진다. 그녀의 독특한 분위기, 뭐랄까 남도 정서라고나 할까 그런 정서는 고향에서 형성된 것이리라.

"우리 마을의 언덕에 올라가서 보면 옛 왕국의 고분이 40여 기가 넘게 있어요. 요즘 같은 겨울철에 눈이라도 내리면 아이들과 함께 비료 부대를 하나씩 가지고 고분 위에 올라가 타고 놀았고, 마을에 뒹굴고 있는 토기조각들을 가지고 소꿉장난을 하곤 했지요. 어릴 적 장난감으로 가지고 놀았던 토기들이 나중에 박물관의 유리관에 전시된 모습을 봤을 때, 내 손끝에서 생생한 질감이 되살아나더군요."

그리고 집 안에 쥐가 많았는데, 고양이 역시 많았다고 한다. 그는 그 고양이들이 좋았다. 고양이의 따뜻함, 가벼움, 포근함이 좋았다. 그리고 고양이의 가시 같은 발톱에 할퀴거나 찔린 기억이 많다고 한다. 어린 시절은 고양이 발톱, 장미 가시, 탱자나무 가시에 찔린 기억들로 가득하다고 했다. 릴케는 장미 가시에 찔려 생을 마감했는데, 그녀는 그 가시들을 통해 성장한다.

그녀의 이야기를 듣고 있자니 사는 일이 가시에 찔리는 것이 아닌가 하는 생각을 했다. 알게 모르게, 크게 작게 우리는 가시에 찔리고 놀라고 아파하면서 하루를 살아간다. 그러나 그 가시가 꽃이 되고 잎이 되는 이치는 또 무엇인가?

제2의 자궁

그녀는 말했다. 어렸을 때 살던 고향을 다시 찾으면, 마치 할머니처럼 쪼그라 들어버린 고향의 모습을 보고 깜짝 놀란다. 분명 산천은 변함이 없는데, 고향은 커버린 몸으로 보기엔 너무나 좁다. 그 실상을 그녀는 어렸을 때 이미 어렴풋이 짐작을 했다고 한다. 그녀는 어른들과의 교류에서 불가능과 혼란과 어리둥절함을 많이 느꼈다. 이 세계에 대한 리얼리티의 기준은 아이와 소녀와 어른과 노인에게 각각 다른 것이다. 그래서 하나의 공간 안에서 다양한 타자들을 담을 때는, 마술적, 환상적 리얼리즘 형식이 해법이라고 행각한다. 요즘 고향을 무대로 소설화할 수 있는 형식을 생각해보고 있다.

그녀의 부친은 공무원으로 일하셨다. 이후 도의원도 되고, 함안문화원장을 역임한 지역 유지이다. 아버지가 보는 책들은 전부 전문 서적류였지만, 그녀는 그것도 읽었다고 한다. 뭐든 읽기를 좋아하는 소녀였다. 그리고 집안에 형제들이 많아 항상 복닥거렸다고 한다.

그 부산함에서 벗어나기 위해 그녀는 혼자 있을 곳을 찾았다. 뭐든 읽기를 좋아하는 소녀가 숨기 좋은 방이 있었다. 바로 사촌 언니의 방이었다. 그 언니는 어려서 마루에서 떨어지는 사고로 안타깝게 척추장애인이 되었다. 전경린이 그 방을 찾아들어간 것은 어쩌면 우연이 아닌지도 모르겠다. 누군가의 손길이 언니의 방으로 그녀를 안내한 것은 아닐까?

"언니의 방에는 『문학사상』 창간호부터 한국단편소설 전집, 당시 발행된 책까지 모조리 모여 있었어요. 『문학사상』을 보면서 시와 소설을 읽게 되었지요."

소란스러운 집안에서 벗어나 그녀가 숨어든 곳에 문학서적이 있었다. 그녀는 그곳을 자신의 피난처이자, 놀이터이고 제2의 자궁이라고 했다. 그녀의 문학은 이 공간에서 싹이 움텄다.

"언니가 몸이 아파서인지 무척 탐미적이었어요. 그 방은 참 예쁘게 꾸며졌는데, 방 한구석에 천 조각들을 모아놓은 상자가 있었지요. 거기에는 온갖 천 조각들이 있었어요. 아기 배냇 옷감에서부터 상복 조각까지 천이란 천은 모조리 모아놓았죠. 언니의 천 조각 상자에 있는 천을 만지고 놀 때 느껴지던 천의 다양한 감각들이 저를 황홀하게 했어요. 삶이란 이런 질감과 빛깔과 무늬들이 아닌가 싶은 거죠. 그때 어서 자라고 싶었어요. 자라서 아름다운 세상 속으로 걸어 들어가고 싶었어요."

나도 어렸을 때 어머니 곁에서 어머니가 잘라낸 천들을 만지고 놀던 기억이 난다. 이모가 사촌 여동생에게 만들어주었던 인형들, 천 인형들에 눈, 코, 입을 그려 넣었던 기억들. 나는 사람들을 만나면 우선 그들의 얼굴을 빈 화폭으로 본다. 거기에 내가 그려 넣고 싶은 것을 그려 넣었다.

육조 혜능과 고승 신수

그녀는 자신이 쓴 글에 대한 기억을 이렇게 더듬었다. 초등학교 6학년 때 처음으로 쓴 시가 떠오른다고 했다. 교내에서 시화전을 하기 위해 만든 시였다. 그 시를 담임선생님이 약간 윤문을 해서 시화전에 걸어 놓았다고 한다. 선생님이 조금 고쳐준 것에 대한 기억은 의외로 단단한 것이었다. 아직도 기억을 하고 있다며 그 시의 한 구절을 나에게 들려주었다.

'내 마음 닦아 수정선반 위에 모셔놓으리.'

이 문장을 전경린 문학의 첫 문장으로 보아도 될까. 선생님이 약간 고쳐준 이 문장이 그녀의 기억을 붙들고 있다. "아이 원고를 선생님이 조금 고쳐주면 어때서 그걸 이리 강조하시나요?"라는 물음에 그녀는 그냥 웃었다. 문인들은 글에 대한 결벽증이 있다. 먼 과거의 기억 속에서 자신의 글을 만져준 선생님 기억을 하고 있다니, 그리고 그 구절까지 외우고 있다니, 그녀가 글을 대하는 태도의 한 단면이 날카롭게 보였다.

전경린 씨는 웃으면서 지나가는 듯 이야기했지만, 나는 이 문장을 들으면서 《육조단경》에 실린, 육조 혜능과 더불어 쌍벽을 이루었던 고승 신수의 시가 떠올랐다.

　　이 몸은 깨달음을 얻는 나무요
　　내 마음은 맑은 거울 깨끗한 경계
　　몸과 마음 부지런히 털고 닦아서
　　번뇌 망상 일어나지 않게 하여라.

이 시를 보고 육조 혜능은 이런 깨달음의 시를 짓는다. 신수의 시는 아직 깨달음에 가지 못한 시였던 것이다.

> 깨달음은 잡히지는 존재가 없고
> 밝은 마음 이름뿐 실체가 없네
> 본래가 한 물건도 있지 않거늘
> 어느 곳에 일어날 번뇌가 있을까

이 시로 인해 남쪽의 오랑캐 취급을 받은 혜능은 오조로부터 인정을 받고, 법을 물려받아 육조가 된다. 육조 혜능은 어떤 경지를 넘어선 대천재이자 깨달은 자였다. 하지만 어린 전경린이 자신의 마음을 닦는다는 구절은 이제 문학을 향한 무의적인 출발이 아니었을까? 문학이란 집착으로 가득 찬 그 마음에 집착해서 닦고 또 닦는 것이 아닌가?

그녀는 대학에 가서 본격적인 '문학'을 하게 된다. 그 출발 역시 우연이다. 어느 가을 날, 교정을 걸어가는데 교내 문학상 공고가 붙어 있었다. 같은 과에 있던 선배가 한번 응모해 보라고 부축인 모양이다. 상금이 꽤 되니까 그걸 타서 술을 먹자고 문학적인 재능이 있어 보이는 후배를 '꼬득인' 것이다. 그래서 며칠 쓱 소설을 한 편 써서 냈는데, 대상을 받았다. 하지만 그때까지도 자신이 소설가의 길을 걸으리라고는 생각하지 못했다고 한다. 이후 소소하게 작은 글들을 써서 발표를 했다.

그리고 지방 방송국의 프로듀서로 근무를 하면서, 방송 원고를 매일매일 쓰게 된 경험도 잊을 수 없다고 한다. 자신의 글이 매일 전파를 타고 날아가선 돌아오지 않는다. 아직 활자화된 책을 가지기 전에 그녀는 처음으로 이 원고들이 책으로 엮었으면 좋겠다는 생각을 하게 된다. 그리고 그녀는 운동권 출신의 사내를 만나 결혼을 해서 한 남자의 아내가 되고 아이를 낳아 엄마가 되고, 그리고 작가가 되었다.

글쓰기와의 화해

1995년 『동아일보』 신춘문예에 중편소설 〈사막의 달〉로 등단한 후, 1997년 장편소설인 〈아무 곳에도 없는 남자〉로 문학동네 소설상을 역시 같은 해에 〈염소를 모는 여자〉로 한국일보문학상을 수상했다. 이후 이상문학상, 21세기문학상 등의 문학상을 수상하면서 작가로서의 탄탄한 역량을 인정받는다. 비슷한 시기에 등단을 해서 같이 활동을 하는 작가들에게 어떤 경쟁심 같은 것은 없는 것일까? 그녀는 이 질문에 대해 명료하게 대답했다.

"저는 경쟁해서 이긴 적이 없어요. 하다못해 달리기 시합을 해도 말이지요. 작가가 되는 순간에는 말할 것도 없고, 경쟁심이 몸에 해로운 거라는 걸 너무 잘 알고 있어요. 저에게 동료작가들은 영감을 주는 귀한 존재들이에요. 뛰어난 동료작가들과 동시대를 살면서 글을 쓴다는 것이 너무 좋아요. 서로에게 힘이 되고 격려를 하기도 하지요."

그리고 이 시대에 전업작가로서의 자신에 삶에 대해서도 말했다.

"난 작가로서 운이 좋다고 생각해요. 전업작가로서 살 수 있다는 것도 고마워요. 이 작가 생활은 누군가가 준 선물 같다는 생각이 들 정도이지요. 하지만 얻는 게 있으면 잃는 것이 있겠지요. 대신 삶에서는 뭔가를 잃어버린 것 같기도 해요. 쓰고 싶은 욕망에 조급하게 끌려다닐 때 말이죠. 내가 좋아하는 것에 결국 내가 갇히는구나 라는 생각을 하기도 했어요. 그런 힘든 글쓰기와 화해를 한 것은 얼마 되지 않았어요."

하지만 그녀의 행복은 글 쓰는 시간에 있는 것이 아닐까?

"글쓰기의 한가운데에서 글쓰기의 행복을 잃어버리기도 합니다. 그럼 도망가고 싶은 마음이 가득한 시절도 있었습니다. 하지만 글을 쓰지 않는다면 내가 뭘 선택할 수 있을까 라는 반문을 하면서 제자리로 돌아옵니다. 어떤 다른 일을 해서 먹고 살 방편을 마련하고 싶지 않은 마음이지요. 그래서 쓰고 또 쓸 수 있는 것 같습니다."

그녀는 여성으로서, 엄마로서, 주부로서 가사 일도 하면서 살아가고 있다. 그런 생활을 고맙게 생각한다는 것이다. 그래서 자신의 삶에 충실한 모습을 주위 사람들에게 보여주는 것이다. 그녀는 딸과 아들을 둔 엄마이다. 큰딸이 이제 스무 살이 되었다. 성장해서 숙녀가 되었으니 작은 아들은 신중하고 영특하며 큰딸은 진중하고 든든하다고 한다. 늘 엄마를 격려하는 어른스러운 말을 하기도 한단다. 딸의 사랑이 큰 힘이 된다. 딸은 자유롭고 건강한 아이라고 했다.

모성과 처녀의식

작가 전경린이 가장 최근에 출판한 장편소설 《엄마의 집》까지 오게 된 여정을 두서없이 더듬어보았다. 이 소설의 서문에 그녀가 이 소설에서 하고 싶은 말이 잘 담겨 있다.

IMF 이후 맞이한 2000년대를 여러 관점으로 다양하게 규정할 수 있겠지만, 내 입장에서는 집을 가진 엄마들이 출현한 시대라고 생각한다. 이혼한 엄마들이든, 미망인인 엄마들이든, 혹은 처음부터 남편 없이 아이를 갖는 싱글 맘들이든, 입양아를 가진 미혼의 엄마들이든, 엄마의 모습은 앞으로 점점 더 다양해질 것이다. 종래와 달리 엄마의 정체성을 획득하고도 동시에 처녀의식을 간직하고 사는 새로운 엄마들의 이름을 미스 엔이라고 불러보았다.

(…) 한 여자가 집을 갖는다는 것은, 경제적이고 정신적이고 육체적이고 윤리적인 문제를 자신이 전적으로 통제하는 일이다. 인간적인 공허와 경제적 강박이 외풍처럼 넘나든다 해도 나의 집을 가지고 누구의 간섭이나 방해도 받지 않고 온전히 자유롭게 존재하는 것은 초월적일 만큼 즐거운 일이다.

이 문장에서 처녀의식이란 무엇인가?

"독립적으로 자기 삶을 통찰하며 평생 늙지 않는 정신으로 성숙해가는 여성의식을 처녀의식이라고 부릅니다. 이 처녀의식을 가지고 어머니로서 모성을 획득해나가는 소설이 〈엄마의 집〉이라고 할 수 있어요."

어머니, 모성, 처녀의식 그리고 집… 울림이 큰 말들이다. 마음의 귀가 먹먹하다.

"모성은 마술 같아요. 진정한 모성은 이 세상만큼의 크기를 가지고 있는 겁니다. 이 세상을 내 뱃속으로 지나가게 할 수 있을 것 같아요. 엄마, 자궁이라는 자연현상과 한 개인으로서의 작다면 작은 모성이 도달할 수 있는 경지는 '어디에나 있을 수 있고, 누구하고나 같이 할 수 있는' 대자연과 같은 것입니다. 이번 소설을 쓰고 나서 나와 타자와의 관계의식을 생각하게 되었습니다. 나는 타자의 타자가 되어 세상과 관계를 맺고 세계를 확장해 나가는 과정에 있어요."

그리고 이번 소설을 쓰고 나서 예전보다 자신의 존재 자리가 넓어지고, 커졌으며 밝고 환해졌다고 한다. 그리고 나는 전경린을 보고 '아름다운 여인이 되었다' 라는 느낌을 지울 수 없었다.

그리고 그녀의 이번 작품에서는 웃음소리가 난다는 평자의 말도 기분이 좋았다.

그녀의 장편소설 중에서 내가 좋아하는 것은 《황진이》이다. 요즘 유행하는 역사적인 인물을 다루어서가 아니라, 황진이를 보면서 나는 이 작품이야말로 우리나라의 뛰어난 역사소설이라고 여럿에게 이야기를 했다. 황진이를 통해 전경린은 여성으로서, 아니 한 인간으로서 사랑과 열정을 다 쏟아부었다. 물론 이 책 역시 베스트셀러였지만, 그 정도로는 아쉬운 마음이 든다. 이 책은 좀 더 많은 독자들이 보았으면 한다.

황진이의 '길'

그녀와 이야기를 마치고, 헤이리 마을을 조금 걸었다. 미인과의 산책은 기분 좋은 일이다. 그녀의 표정이 훨씬 따뜻하고 밝아졌다. 그간 전경린이라는 작가에게 따라다녔던 수사들, 귀기의 작가, 정념의 작가, 연애소설을 가장 잘 쓰는 작가. 그리고 이제 막 심장에서 꺼낸 문장을 쓰는 작가와 같은 수사들을 모두 비워버리고 그녀는 이제 다른 모습을 보여줄 것 같은 예감이 들었다.

그녀와 같이 길을 걸으니 소설 《황진이》에서 한 단락이 떠올랐다. 황진이는 이렇게 말했다.

"제게 몸은 길과 같은 것이었습니다. 한 걸음 한 걸음 길을 밟으면서 길을 버리고 온 것처럼, 저는 한 걸음 한 걸음 제 몸을 버리고 여기 이르렀습니다. 사내들이 제 몸을 지나 제 길로 갔듯이, 저 역시 제 몸을 지나 나의 길로 끊임없이 왔습니다. 길이 그렇듯, 어느 누가 몸을 목적으로 삼고, 누가 몸을 소유할 수 있으며, 어찌 몸에 담을 치겠습니까? 길이 그렇듯, 몸 역시 우리 것이 아니지요. 단지 우리가 돌아가는 방법이지요."

《황진이》의 사내들을 '전경린'의 사람으로 변환시켜 읽어본다. 그녀의 문학은 그녀의 몸을 지나가는 길일 수도 있으리라, 거기에 어떤 담을 칠 수 있겠는가? 담을 친들 그 담이 얼마나 견디겠는가?

음예 공간에서 펄떡이는 물고기, 조경란

조경란의 별자리는 염소자리다. 염소자리는 맨발로 돌산을 오르는 자리다. 그저 묵묵히 올라가는 고행의 자리다. 그의 문학역정이 그랬다. 그래서일까. 그의 작품은 고흐가 그린 그림 같다. 붓 터치가 강렬하고 두껍고, 아름답고, 또 무섭다. 아름다움은 두려운 것이다.

슬픔이 슬픔을 만나면 온기가, 아픔이 아픔을 만나면 에너지가 돼요

광화문의 하늘을 구름이 덮어 어둡다. 음예공간이다. '음예'란 말은 '구름이 하늘을 덮어 어둡다'는 말인데, 작가 다니자키 준이치로는 일본 전통 건축 공간을 음예로 설명한다. 그리고 일본의 된장국에서부터 변소, 칠기, 일본인의 피부를 음예라는 말로 풀어낸다. 그의 음예는 그늘도 그림자도 아닌 거무스름한 모습. 즉 중성적인 빛을 의미한다. 빛이 어둠을 만나 머무르면서 깊어지는 공간이다.

사람들의 삶도 이러한 음예공간의 시절이 있다. 《음예공간예찬》의 미학적인 설명을 얻어 오지 않더라도, 인생의 구름이 마음의 하늘을 덮어 어두웠던 시절은 간헐적으로 찾아온다. 그 음예를 통하여 아름다움이 탄생한다.

장편소설 《혀》를 읽고, 광화문에서 작가 조경란(趙京蘭·41)을 만나고 와인을 두 잔 마시고, 메모하고, 그녀를 먼저 보냈다. 그녀는 신경숙을 만나 종로로 영화를 보러 갔다. 자작나무가 보이는 광화문의 와인집에서 홀로 앉자 음예공간이 떠오른다. 조금 전, 그녀가 앉았던 자리에 떨어져 머문 이야기가 윙윙 귓가를 맴돌았다. 마치 잠자리처럼 날아오르는 음성들, 어떤 음성은 눈에 보이기도 한다. 그 순간에 눈에 보이는 음성을 나는 자세히 들여다보았다. 어둠 속에서 촛불이 타오를 때 주변의 공기의 결을 떨리게 하는 공기 물결 같다.

그녀는 고등학교 3년과 이십대 초반의 5년, 이 두 시절을 '음예'의 공간에서 보냈다. 그녀는 이 시절을 어둠으로 보고 다시는 되돌리고 싶지 않다고 했지만 거기에는 엷은 빛이 스며들고 있었다. 그건 분명히 음예다. 그 음예의 공간에서 그녀는 물 밖에 나온 물고기처럼 뒤척였던 것이다. 완전한 어둠 속에서는 뒤척일 수가 없다. 그러나 아이러니컬하게 그녀의 이 시절이 오늘의 작가 조경란을 만들었다.

서로가 커피에 대해 관심이 있어, 내 친구이기도 한 커피 이야기로 긴장감을 풀었다. 그녀는 내내 단정하고 예쁘게 앉아 있었다.

무방비 상태인 여자

좋은 와인을 생산한다는 프랑스의 어떤 지역에서는 일부러 포도나무를 척박한 땅에 심는다고 한다. 지표면에 물이 많이 고이고, 토양이 좋은 곳에서는 포도나무 뿌리가 지표면의 오염된 물을 빨아들이기에, 그 지방에서는 일부러 거칠고 마른 땅에 나무를 심었다. 그럼 뿌리는 살기 위해 더욱 깊이 내려가고, 깊은 곳에서 빨아올린 맑은 물로 포도가 좋아진다. 우리나라에서도 '비가림 포도'가 있다. 이 포도는 흙에 물이 고이는 것을 농부가 가려줌으로써 포도나무 뿌리가 지표면의 물을 마시지 못하게 한 것으로 맛이 좋다.

조경란의 음예는 이러한 포도나무와 같았다.

"저에겐 청춘이 없었어요. 푸른 기운을 내뿜으며 친구들은 활개를 치고 다닐 때, 그땐 전 뭘 해야 할지 몰랐고, 그래서 방 안에서 책을 읽었어요. 가끔 광화문의 교보문고나 서울대 앞의 대학서점에 책을 사는 것이 외출의 전부였던 시절이었죠. 어떻게 살아야 될지를 알 수가 없었어요. 그래서 그냥 방 안에서 책만 읽었어요."

5일도 아니고, 아니 5개월도 아니고, 5년의 기간을 방 안에 '처박혀' 있었던 그녀. 외로움은 길들여지지 않는 것인데, 외로움은 뿌리가 있는 것이어서 흙이 척박할수록 더욱 깊이 뿌리를 내리는 법이다.

그녀의 외로움은 '어떻게 살 것인가' '무엇을 할 것인가?'를 알 수 없어 외로움을 타던 그녀에게 찾아온 다정한 손님이었다. 그 손님과 한참 마주 앉아 있었다. 벙어리 같았던 손님이 말했다. "책 읽어."

"흔히들 책 속에 길이 있다고들 하잖아요. 정말로 책 속에 길이 있었어요. 그 시절에 책을 읽어 이 길을 걸을 수 있었어요. 주로 철학책과 심리학책들을 읽곤 했는데, 간혹 문학서적을 읽기도 했지요. 문학은 창작보다 평론을 먼저 읽었는데 그때 만난 영혼의 멘토가 바로 작고하신 김현 선생이에요."

그리고 책 읽기에 대해서 이렇게 말했다.

"좋은 책이란 다음에 읽을 책을 알려주는 책이죠. 김현 선생을 만나고 나서부터 문학서적을 섭렵하기 시작했는데, 마치 감자줄기에 감자가 달려 나오듯이 구체적인 세상이 내 앞에 나왔어요. 나를 문학의 길로 이끌어준 분은 책을 통해 만난 김현 선생님입니다."

삶에 대해 전혀 무방비 상태인 여자가 책 속에서 자신의 길을 발견했다. 만약에 다른 길로 빠졌다면…, 지금의 조경란은 없다. 하여간, 그녀는 그런 시절을 보내다가 스물세 살 어느 날, 새벽에 일어나 부엌에 있던 개다리소반을 들고 앉아 노트를 펼치고 시를 썼다.

이 장면은 클로즈업되어야 한다. 햇볕을 받지 않아 그녀의 얼굴은 희고 여위었을 것이다. 사람들과 대화를 나누지 않아 말투는 어눌했을 것이다. 주로 자기 자신과 하루 종일 이야기했을 것이다. 외출을 하지 않았으니 옷은 계절을 몰랐을 것이다.

힘겨웠던 실연의 아픔

그런 여자가 새벽에 일어났다. 마치 물방울 속에서 태어난 비너스처럼 그녀는 세상을 향해 말을 걸었다. 세상은 그녀를 아름답게 보았다. 그녀가 입을 열어 주위의 것들을 둘러보면서 호명하기 시작한다. 그 최초의 언어가 시였다. 작가 조경란이 탄생하는 신성한 시간이다. 새벽빛을 응시하는 그녀의 둥글고 검은 눈동자가 떠오른다. 시간 역시 검고 풍성한 그녀의 머리카락처럼 길게 자라 있다.

외부로 향한 문을 걸어 잠그고 잠수함을 타고 심해로 내려가 살고 있던 그녀를 곁에서 지켜보고 있는 식구들, 특히 부모님의 심경은 어떠했을까? 그녀는 아버지를 이야기했다. 아버지는 시인이 되고 싶었던 목수라고 했다. 그때 아버지가 이런 말을 했다.

"그냥 내버려 두자. 저렇게 놔두면 언젠가 뭘 하지 않겠는가?"

그녀는 독신이다. 마흔 살이니 결혼에 대해 어떤 생각을 하는지 궁금하기도 하다. 그녀는 결혼에 대해서는 별 생각이 없다. 지금의 삶에 변화가 오기를 바라지 않는다. 자신이 만약 사랑하는 남자를 만나 주부가 되어도 잠시 행복했다가, 생의 어느 순간에 부엌을 뒤집어엎고 뛰쳐나오지 않을까 하는 두려움이 있었다. 그건 또 다른 세계를 부숴버리는 일이고, 유리잔이 깨질 때 그 조각의 날에 베일지도 모른다는 두려움이다. 하지만 인생은 알 수 없는 것, 만약에 운명적인 사내를 만나 결혼을 하더라도 부모님과는 같이 살고 싶다고 했다.

딸만 셋을 두었기에 다른 딸들은 다 부모 곁을 떠났다. 그래서 맏딸인 자신이 부모 곁에서 지내고 싶다는 소박한 바람이다. 부모 사랑이 각별한 것은 그 고통의 기간 동안 묵묵히 자신을 품어준 고마움에 대한 딸의 사랑이다.

그녀는 완벽주의자의 기질이 있었다. 사랑을 하면 모조리 몰두하는 스타일. 그래서 10여 년 전에 첫 연애에서 실패를 했을 때 무척 힘겨웠다고 했다. 이 실연에 대해서는 더 이상 묻지 않았다. 그녀는 고개를 숙이고 실연을 크게 해서, 다시는 그 뜨거운 불에 손을 집어넣고 싶지 않다고 했다.

실연을 해 처참하고 참담한 기분으로 일주일 이상 식음을 전폐하고 거의 죽을 뻔한 기억이 있는 사람들은 알 것이다. 머리카락을 부여잡고 골방을 뒹굴 때, 이명처럼 들려오던 죽음의 노래들, 그 참담한 공간은 평면이 아니라 수직으로 끊임없이 떨어지는 입체. 방바닥에 등을 대고 누워 있으면 한없이 가라앉는 것 같은 가위눌림.

그러나 사랑의 속성은 어찌할 수가 없다. 그것은 봄바람처럼 불어오는 것이기에, 방문을 열고 나간다면 다가오는 것이기에, 하늘을 올려다보면 빛나는 별빛이기에 어찌할 수가 없다. 그녀는 말했다.

"불타는 사랑을 하던 시간도 좋지만, 사랑을 하고 있지 않는 시간도 좋아요."

"너, 시는 안되겠다"

스물세 살에 이후, 그녀는 다시 공부를 시작한다. 이 공부는 대학입시를 의미한다. 서울예전 문예창작학과를 스물다섯 살이 되던 1994년에 입학한다. 필자가 대학을 졸업하고 석사 학위 준비를 할 나이에 그녀는 대학 신입생이 되었다. 그리고 이전의 시간을 보상받으려는 듯, 1학년 동안은 시를 열심히 썼다. 그때 같이 학교를 다니던 동기들은 조경란을 이상하게 보았다고 한다.

"동기들이 '경란 언니는 간첩이다'라고들 했어요."

골방에서 벗어나지 못한 패션 감각은 한여름에도 긴 소매의 옷을 입고 다니고(우리 대학 시절에는 한여름에 긴 외투나 두꺼운 군용 야전잠바를 입고 다니는 것이 문예적인 행동이기도 했다) 사회성이 없어 학생들간의 농담을 '쌩까는' 표정으로 바라보던 학생이었다. 예쁘장한 여자가 어리벙벙한 표정으로 농담을 받아들이지 못하는 모습을 그려보니, 웃음이 나기도 한다.

지금 내 앞에 앉아 있는 세련된 패션 감각의 조경란과 그 시절의 조경란은 다른 여자인 것이다. 우리 몸의 세포는 태어나고 죽는다. 과학적으로 인간의 몸은 10년을 주기로 다른 몸이다. 하물며 정신이야 오죽하겠는가? 고여 있지만 않다면 1년 전의 나와 지금의 내가 다를 수 있다. 정신의 세포는 오로지 내 마음으로 다스릴 수 있기에, 그것은 또한 보이지 않기에 바꾸기가 쉽기도 하고, 어렵기도 하다.

그녀가 학교를 다니던 시절에는 이미 고인이 되신 오규원 시인을 비롯해, 김혜순 시인, 남진우 시인, 평론가 류보선, 박혜경 등이 강의를 했던 봄날, 꽃 피던 시절이었다. 이렇게 그녀는 청춘의 고치에서 벗어났다. 이십대 초반의 5년, 그리고 고교시절 3년 동안 자신을 방에 가두었던 그녀는 다시 날개를 달았다. 시를 향해 비상하는 검은 날개의 제비나비와 같은 모습이었다. 그렇게 시 쓰기에 몰두하던 어느 날, 서울예전 교지 편집실에서 그녀의 운명을 바꾸는 천둥 같은 한마디를 듣게 된다. 스승인 김혜순 시인이 한마디를 툭 던진다. 고요한 연못에 떨어지는 빗방울이다.

"경란아. 너, 시는 안되겠다."

연못 위에 떨어진 물방울이 그 고요함을 흔들어 모든 것이 흔들리듯, 그녀는 스승의 한마디를 '온전히' 알아들었다. 그 말을 듣는 순간에 그는 시의 족쇄를 풀어버린다.

"시는 노력해도 안 되는 것이죠. 각별한 재능이 있어야 절창이 나온다고 봐요. 타고난 것이 있어야 되지만, 소설은 다르죠. 소설은 인내와 용기만 있으면 쓸 수 있어요."

이 말은 그녀가 소설가라는 말이다. 반대로 시인은 소설가가 타고난 존재라고 생각한다. 이것은 화가나 작곡가에게도 적용된다. 재능이 쏠리는 곳이 있다. 조경란은 소설에 자신의 재능이 있음을 알게 되었다.

그녀는 시가 자신을 버렸다고 생각하지만, 그 말은 들으면서 나는 시가 그녀를 놓아주었다고 생각했다. 가난한 시가 예쁜 경란을 놓아주었다. 나보다 더 좋은 소설을 만나라고, 젊은날 새벽녘에 시를 만나 지독한 사랑을 하고 나서인지, 소설을 만나서는 습작을 그리 많이 하지 않고 등단한다. 그 다음해 쓴 작품인 〈불란서 안경원〉으로 『동아일보』 신춘문예 단편소설 부문에 당선, 대학 2학년 때 그녀는 덜컥 소설가가 되었다.

시가 그녀를 놓아주다

이탈리아나 칠레에서 배를 타고 건너온 와인 병을 따고 시음을 하고, 커다란 와인 잔에 붓고 그것을 흔들어 잠자는 풍미를 일깨우듯, 지금 우리의 와인 잔에 탐스럽게 고여 있는 잘 숙성된 와인 같은 그녀의 이력을 살펴본다.

단편으로 등단한 그 해에 그녀는 다시 제1회 '문학동네 신인작가상'을 수상한다. 더 이상 좋을 수 없는 문학적인 행로다. 당선작은 〈식빵 굽는 시간〉이다. 이 시기에 그녀는 2007년에 탈고하고 출판한 소설 《혀》를 구상한다. 이때 바로 《혀》를 쓰지 못한 이유는 당시 음식을 소재로 한 영화가 판을 치고 있는 형국이라 부화뇌동하기 싫어서였다.

그렇게 10여 년의 세월이 흘렀다. 그 10년의 세월 동안에 창작집 《불란서 안경원》《나의 자줏빛 소파》《국자 이야기》 등의 소설집과 중편소설 《움직임》, 산문집 《조경란의 악어 이야기》와 같은 책을 내고 독자와 교감했다. 그간 현대문학상과, 오늘의 젊은 예술가상을 수상했다. 그리고 2008년 단편집 《풍선을 샀어》로 동인문학상을 수상했다.

단편집 《국자 이야기》를 2004년 겨울에 출판하고 나서 그녀에게 다시 암울한 시기가 찾아왔다. 이유는 잦은 여행 때문이었다. 2004년부터 외국에 나갈 일이 많이 생겼다. 그간, 암울했던 시기를 벗어나 날개를 달았으니, 그건 어쩌면 당연한 수순이 될 수도 있다. 하지만 그 여행을 마치고 돌아오면 파김치가 되었다고 한다.

"몸이 책상을 떠나 있으니까, 마음이 골목 밖을 나가 돌아다녔어요. 그러다 보니 집에 돌아와서도 마치 호텔방에서 자는 것처럼 문을 걸어 잠그기까지 했지요. 그래서 책상 앞에 앉아 있는 것이 힘들어지더군요."

작가는 책상 앞에 앉아 있는 인간이다. 책상을 깨물고라도 앉아 있어야 된다는 카프카의 말처럼 그녀는 책상 앞에 앉았지만, 앉아도

잘 되지 않았다.

"전 몸 에너지가 약한 편인데 밖에 나갔다 돌아오면 그걸 다 써버린 느낌이에요. 점점 나이가 든다는 이야기인데, 그게 좋아요. 그건 이십대의 힘듦이 빠져나간다는 소리잖아요."

그래도 썼다. 혼자 있는 시간이 점점 적어지면 어디론가 숨어버리는 습관이 있다고 했다.

"작가는 글 쓰는 순간에 마치 배우처럼 그 캐릭터가 내면화되어야 하는데, 그 캐릭터가 내 안에 들어오지 못하더군요."

소설가로서 힘껏 쓰기는 했는데, 뭔가 어긋나서 글이 잘 안 되는 시기였다. 그 시기에 쓴 소설들이 바로 단편집 《풍선을 샀어》에 잘 드러나 있다.

이 작품들을 책으로 엮기 위해 다시 읽으면서 그때의 자신의 모습이 온전히 보이는 소설이라고 자평을 했다. 엄밀한 의미에서 소설가에게 소설 이외의 시간은 존재하지 않는다. 그 지난했던 시간들도 작품만 썼다면, 아니 쓰려고 했다면 소설로 고스란히 드러난다. 이번에 출간될 작품집은 그런 의미에서 작가에게 새로운 분수령이 될 수도 있을 것이다. 그녀는 어떻게 쓸 것인가를 새록새록 고민한 지난 3년이 슬럼프이긴 했지만, 작가에겐 반드시 필요한 시간일 것 같기도 하다고 했다.

그녀는 밀란 쿤데라의 문장을 또박또박 말했다.

"소설가란 지금까지 살아온 생의 벽돌을 허물고 새로운 집을 짓는 자이다."

밀란 쿤데라의 이 말을 이야기하는 이유는 새로운 창작집과 더불어 장편소설 《혀》를 염두에 두고 있어서가 아닐까? 그녀는 이 소설을 쓰고 나서 세 가지가 고마웠다고 한다.

우선은 지독한 슬럼프에서 벗어날 수 있었고, 그리고 12년 전에 쓰고 싶었던 소설을 쓸 수 있어 고마웠고, 세 번째는 독자에 대한 고마운 마음이다. 만약 이 소설이 독자에게 외면당했다면 기가 죽었을 텐데 독자들의 반응이 좋아서 기분이 좋다는 이야기다. 그녀는 이 소설을 통해 인터넷 블로그의 힘을 알았고, '낭독회'를 통해 막연하게 멀리 있던 독자들의 눈빛과 음성을 들음으로써 행복했다.

"소설가가 되기를 잘했다는 생각을 하게 되었어요. 낭독회에서 만난 독자들과 대화하는 동안 나를 기다리는 사람들이 있다는 사실을 몸으로 느꼈고, 앞으로 더 좋은 작가가 되어야겠다는 다짐도 하게 되었지요."

마치 긴 터널을 빠져나온 것 같은 기분이 드는 요즘은 일하고 싶다며 미소 지었다. 이젠 소설도 잘 된다. 올여름에 단편을 쓰고 나서 장편소설을 쓸 생각이라고 했다. 사람들은 쓰러진 바로 그 자리에서 손을 짚고 일어난다. 엉금엉금 기다가도 두 손을 짚고 일어나는 순간이 있다. 이젠 실패나 평가의 두려움에서 벗어나 편안한 마음을 가지길 나는 바랐다.

입속의 붉은 잎

소설《혀》에 대한 이야기는 읽기 전에 이미 풍문으로 들려왔다. 광화문 출판기획 '문사철(인문 사회 철학)' 사무실에서 같이 지내고 있는 깐깐한 출판평론가 이권우의 호탕한 웃음소리가 들려왔다. 좋은 책을 읽고 나선 아이처럼 좋아하는 이권우. 마침 그는 조경란의《혀》에 대한 신문 서평을 쓰고 있었다. 나는 이권우가 작품을 선택하는 안목을 믿는다. 그는 이 소설이 대단히 뛰어난 작품이라고 호평했다.

그는 이 작품에 대해 서평을 이렇게 마무리했다.

〈혀〉는 파국에 이르는 괴이한 사랑 이야기다. 탐닉에 가까운 미각 이야기를 날실로, 집착하는 사랑 이야기를 씨실로 삼아 소설을 직조한다. 탐닉과 집착, 그리고 파국이라, 어쩐지 잘 차려진 이야기의 성찬 같지 않은가. 결혼식 피로연장에 차려진 뷔페 같은 것이 아니라, '다른 감각들, 쾌락들과 뒤섞일 수 있으며 다른 쾌락들의 부재를 달래줄 수도 있는' 의미의 성찬 말이다.

필자는《혀》를 읽으면서 칼을 보았다. 부엌과 키친과 주방을 넘나들면서 주인공이 만들어낸 온갖 요리들이 우리들의 혀 위에서 춤을 춘다. 이 책은 핥아 먹어야 한다. 필자 역시 혀가 있기에 이 책을 핥아 읽었다. 그런데 자꾸 혀가 뭔가에 베인다. 만져보니 피가 나는 것 같다. 이 소설은 조경란의 칼의 노래이기도 하다. 이토록 섬세한 날이 있던가. 그녀가 잘라낸 혀는 컴컴하고 어두운 공간인 입속에 있는 붉은 혀이다. 그 붉은 혀는 생명을 상징한다. 반대로 검은 혀는 죽은 자의 혀이다.

전쟁터에서 입을 벌리고 전사한 병사의 혀는 검은 혀이다. 그래서 한국전쟁 학도병 출신인 우리 아버지는 기형도의 시집 제목을 보고 얼굴을 찡그리셨다. '입속의 검은 잎' 그것은 죽은 자의 혀이다. 그러나 조경란의 혀는 '입속의 붉은 잎'이다. 그것은 요리가 될 수도 있는 싱싱한 생명이다. 입을 다물면 어두워 죽은 공간인 입 안에 혀가 있음으로써 이와 입천장과 목구멍이 모두 싱싱하게 살아 있을 수 있다.

혀가 없는 입속은 거세당한 사내이고, 성욕 잃은 여인이다. 그녀의 소설에서 싱싱하게 퍼덕이는 혀를 요리하는 칼이 있다. 그래서 나는 이 소설을 칼로 보았다. 음식과 감각과 사랑에 대한 모든 서사와 수사들은 결국 절묘한 요리에 대한 묘사로 나타나지만, 그 요리를 하는 요리사의 손에 항상 들려 있는 요리사의 칼, 이것은 장군의 칼보다 예민하고 섬세하고, 아름답다. 다시 말해 훨씬 뛰어난 칼이다.

장군의 칼이 전쟁의 칼이고 사람 죽이는 칼이라면, 이 칼은 생명의 칼이고, 사람 생명을 살리는 칼이다. 사람의 생명은 다른 생명의 죽음으로 이어진다. 이것은 먹이 사슬에 걸려있는 모든 생명체의 공동 운명이다. 단, 인간은 칼을 이용해서 요리한다.

이것은 짐승의 발톱이나, 맹금류의 부리가 아니다. 짐승이 오로지 먹기 위해 사냥하고, 죽어가는 짐승의 목덜미를 물어뜯는다면, 요리사의 칼은 우리가 먹은 음식을 만들기 위한 도구, 즉 한 단계 위에서 존재한다. 칼은 인간의 도구이면서 신의 손이다.

신에게 손이 있다면, 때에 따라 느낌에 따라 변화하면서 날카롭기도 하고, 무디기도 한 요리용 칼일 것이다. 전투용 칼이 살상의 한계를 벗어나지 못한 딱딱하고 가련한 남성의 칼이라면, 요리사의 칼은 때에 따라 전투용이 되기도 하는 유니크하면서도 창조적인 여성의 칼이다. 날이 잘 선 요리사의 칼은 컴컴한 우주의 한가운데를 갈라내고, 거기에 빛을 쏟아 붓는 아름다운 태양이다.

홍송책상

소설 《혀》의 말미에 있는 작가의 말을 본다.

> 어느 날, 원고를 쓰다 말고 우두커니 식탁에 앉아 주먹만한 파르마산 치즈 덩어리를 칼을 들고 깎아나가기 시작했다. 마침내 약간 길쭉하고 동글동글한, 작은 치즈 덩어리가 손바닥 안에 남았다. 그것은 사과나 달걀처럼, 누군가의 수줍은 혓바닥처럼 둥그런 모양이었다. 나는 만약 문학에도 형태라는 게 있다면 지구나 태양, 혹은 달이나 사과처럼 둥글 거라고 생각하게 되었다. 외부의 압력에 가장 강하며 내용물을 가장 잘 보호할 수 있는 건 역시 구球의 형태일 테니까. 문학 안에서, 이 소설을 쓰는 동안 나는 이 세상에서 가장 안전한 장소에 있었다.

작가는 결국 칼 한 자루 들고 하고 싶은 이야기를 다 한다. 우두커니 칼을 들고 치즈를 깎아나가고 있는 그녀의 모습을 상상해 보라. 상상력을 발동하자면, 칼과 구의 관계는 동아시아 신화의 창조주인 반고가 들고 있는 도끼가 되기도 한다. 반고는 아득한 시간 동안 구 안에 갇혀 있다가 단박에 도끼를 들어 자신을 둘러쌓고 있는 구를 쪽 갈라버리고 나온다. 한 아이가 어머니의 자궁에서 탄생하는 모습과 다름 없다.

여성의 성기를 태곳적 창조주가 낸 칼자국으로 볼 때부터 사람은 성숙해진다. 그곳이 성스러운 장소인 것은 모든 만물의 탄생이 이루어지는 반고의 구가 찢어진 자리이기 때문이다. 거기에서 태어난 사람은 빈손이고, 동아시아의 창조신 반고는 도끼, 즉 칼을 들고 있었다. 동양의 천재 노자 역시 깊은 생각을 이 칼자국을 통해 이야기한다.

이 칼이 놓여 있는 장소인 부엌, 주방, 키친이《혀》의 배경이다. 이 작품의 해설을 꾸며주신 김화영 선생의 글을 인용한다.

> 소설의 서술은 두 연인의 '키친'에서 시작하여 레스토랑의 '주방'을 거쳐 다시 헤어진 두 여인이 마지막으로 마주 보는 '키친'으로 돌아온다. 시작과 끝이 서로 만난다. 그러나 시작은 사랑이었지만 끝은 미움과 죽음이다. 다른 한편에서 보면 소설은 공간적으로 레스토랑의 '주방'이라는 상대적으로 개방된 장소로부터 요리사와 미식가 두 사람만이 마주 대하고 있는 극히 사적이고 밀폐된 초점으로 환원 집중됨으로써 극적 긴장감이 상승하는 과정을 밟고 있다.

그리고 부엌에는 할머니가 있고, 우리 요리가 간간이 있다. 이 소설에서 할머니는 이탈리아, 프랑스 요리가 힘겨운 나에게(내가 이 요리들에 낯설고 잘 모른다는 말이다) 소금과 같은 인물이었다. 주인공의 미각을 일깨워준 대장금 같은 할머니, 얼마나 고마운 분인가. 필자의 안목으로는 읽고 나서도 그 이름들을 잘 알 수 없는 서양 요리 중심의 이 소설을 읽는 동안 할머니의 등장은 시큼한 묵은 김치의 웅숭깊은 맛과, 시원한 김치말이 국수, 따뜻한 쌀밥 한 그릇이다.

《혀》는 우리 할머니의 딸인 한 여자가 한 여자의 혀를 맛있게 요리하는 소설이다. 언제쯤 한 여자가 한 여자의 혀를 요리하는지 그걸 찾아 읽어가다 보면 소설 속에 7월이 오고, 소설은 끝난다. 소설의 마지막에는 요리사의 손에서 흘러내린 땀방울과 독자의 가슴에서 흘러내린 진홍색 피 묻은 칼날이 선연하다. 여자란 참으로 아름다운 존재이다. 만질 수 없는 영혼처럼 아름답고 기이하다.

여기 나는 이 좁은 방에 있지만, 나는 문학과 함께 그 크기를 잴 수 없는 무한한 공간인 내 '머릿속'에 있다. 여기가 나의 '방'이고, 이것은 나 자신을 성찰하는 방이며, 창조의 신비한 공간이 될 것이다.

조경란이 쓴 산문 〈자기만의 방〉에서 인용한 글이다. 이 글에 등장하는 방은 그녀의 아버지가 지어준 옥탑방 시절을 이야기한 것이다. 목수인 아버지가 손수 지은 집에 옥탑방을 만들었다. 그때 옥탑방의 방문을 열고 동네 풍경을 내려다보면서 딸 중에서 누군가 이 방에서 글을 쓰면 좋겠다고 생각했고, 막내가 쓰던 옥탑방을 그녀가 중국으로 유학 간 사이에 맏딸인 조경란이 짐을 옮겨놓고 소설 창작을 했다. 오랜 아버지의 소원이 이루어진 것이다.

그리고 그녀는 장편 《혀》를 2005년 5월부터 3개월 동안 옥탑방이 아닌 집 근처의 반 지하 고시원에서 썼다고 했다. 집에 있으면 들려오는 사랑스런 조카의 소리가 신경이 쓰였다. 그리고 작년 12월에 드디어 자기만의 방을 역시 살고 있는 집 근처에 얻었다. 그곳에서 봄에 발표한 소설 〈밤이 깊었네〉를 썼다. 그 집필실에는 거지와 도둑과 공장이 없다는 제주도를 닮아 세 가지가 없다. 조경란의 방에는 텔레비전과 인터넷과 전화가 없다. 몸에 지니고 있는 핸드폰만 오프시키면 완전한 고립 상태가 되는 것이다.

"그 공간에서 커피를 내려 마시고…, 글 쓰는 거지요. 전 욕심이 많지 않아요. 한 사람이 다 가질 수는 없다고 생각해요. 예를 들어 좋은 남자, 자동차, 오피스텔 같은 거 말이지요. 신이 저에게 한 가지만 선택을 하라면 바로 이 시간, 글을 쓸 수 있는 삶을 선택하겠어요."

그동안 4인용 식탁에서 글을 써왔던 그녀는 자신의 방을 얻고 나서 맘에 드는 책상을 구했다. 다큐멘터리 프로그램에서 본 목수를 찾아가 자신의 책상을 짜달라고 했다. 한옥 문짝을 전문으로 짜던 장인은 그녀의 작품을 읽어보고, 선선히 책상을 짜주었다고 한다. 책상은 홍송紅松으로 만들었다. 그 단단하고 촘촘한 소나무의 결이 새겨진 그 책상을 손으로 매만지면서 그녀는 그 책상 위에서 행복한 글쓰기를 하고 있다.

"홍송의 나이테만 보아도 저절로 긴장감이 생겨요."

그녀는 지난 시절을 이야기하면서 아버지와 친할머니 이야기를 많이 했다. 아버지 이야기는 〈코끼리를 찾아서〉라는 작품을 비롯해 많은 작품에 등장한다. 그녀는 아버지를 빼놓고는 쓸 수 없는 글이 있다고 했다. 그녀의 할아버지는 할머니가 두 분이다. 첫 번째 친할머니는 당신의 생일날 가엾게 돌아가셨다. 그리고 두 번째 할머니, 아버지와 배다른 형제들의 이야기는 문학적이고, 소설적이다.

아버지의 눈물

어린 시절에 아버지는 사우디아라비아로 일하러 갔다. 중동 공사 열기가 뜨거웠던 시절, 그녀의 아버지 역시 그 대열에 서 있었다. 뜨거운 사막의 일터에서 집에 있는 식구들에게 편지를 보냈다.

"어린 시절, 집에는 남자가 없었어요. 어머니 그리고 저희 세 자매가 있었지요. 그때 집 안에 큰 항아리가 하나 있었는데, 거기엔 우리 식구들의 편지가 가득 찼지요."

그리고 카세트테이프에 음성 편지를 담아 보내기도 했다. 아빠, 저희들은 잘 있어요. 공부 잘하고, 엄마 말 잘 듣고…와 같은 내용이었다. 그녀는 돌이켜 보면 아버지와 외할머니 두 분이 자신에게 소설을 가르쳐준 것 같다고 했다.

그녀의 지난 2006년 겨울은 무척 힘겨웠다. 그때 술 마시고 집에 들어갔는데, 어두운 거실에 아버지가 우두커니 앉아 있었다. 어둠 속에 있는 모습에 잠시 놀랐다가 이내 가슴이 서늘해졌다. 아버지의 등과 어깨가 상처 입어 둥지에서 떨어진 새의 날갯죽지처럼 흔들렸다. 그녀는 조심스럽게 아버지를 불렀다.

"아버지, 왜 그렇게 앉아 계세요?"

아버지가 커다란 등을 들썩이면서 대답했다.

"아버지는 인생의 첫 단추를 잘못 끼운 것 같구나."

그녀가 울먹이면서 대답했다.

"그러세요. 제 인생도 실패한 것 같아요."

조경란은 서서, 아버지는 앉아서 같이 울었다.

그녀는 검고 둥근 눈동자로 와인 잔을 바라보면서 말했다.

"언젠가 나도 아버지와 같은 나이가 되어 저렇게 울고 있을지도 모른다는 생각 말이지요……. 슬픔과 슬픔이 만날지라도, 만날 수가 있다면 그건 온기가 되고, 고통과 고통이 만나 에너지가 되듯이 말입니다."

그녀의 집에 전세를 살고 있는 여자가 있었다. 현역 판사인데, 부전공으로 명리학을 공부했다. 그녀가 어느 날, 문득 그녀에게 우리 친구해요, 라고 말을 걸어왔고, 그렇게 만나 지내던 어느 날 점을 봤다. 그녀는 조경란의 사주에 다른 사람에게는 드문 세 가지가 있다고 했다. 우선 고독孤이 두 개, 문文이 두 개, 나무가 네 그루 들어서 있다.

고행의 염소자리

그래서일까 그녀는 나무에 대한 소설을 쓰고 있다고 했다. 나무가 많은 여자에게는 불을 가진 남자가 좋다는 명리학적인 인생 해석이 있다. 불을 많이 가진 남자가 조경란에게 다가갔으면 좋겠다. 그녀의 재능과 사랑을 활활 태웠으면 좋겠다. 그녀는 자작나무가 좋다고 했다. 추운 겨울을 견디고 자라는 자작나무는 나이테가 촘촘해 좋은 목재이기도 하다. 그런 사람이 되고 싶은지도 모른다.

그녀의 별자리는 염소자리이다. 염소자리는 맨발로 돌산을 오르는 자리이다. 그저 묵묵히 올라가는 예술가의 고행의 자리이다. 염소자리는 토성을 둘러쌓고 있는 냉혹한 별자리이다.

그녀는 운동을 한다. 운동을 하면 몸에 탄력이 생길 뿐 아니라, 그 몸의 기운으로 문장에 탄력이 생긴다고 했다. 소설은 육체의 힘이 필요하다. 단단하고 탄력 있는 몸에서 그런 문장이 나온다. 그리고 자신이 좋아하는 맥주와 같은 맛있는 음식을 먹고 즐기기 위해서다.

매일 50분 정도 요가를 하고, 간간이 훌라후프를 한다. 누군가 어떤 운동을 하느냐고 물어서, 끝에 '프'자가 들어간다고 하니, 단박에 골프냐고 반문했다고 한다. 그녀는 고개를 흔들었다. 그녀는 골프를 못하고, 훌라후프를 한다. 그녀의 집필습관은 밤을 꼬박 새우고 아침에 잠을 자는 것이었다. 자정 즈음에 맥주와 비스킷으로 요기를 하고 새벽 서너 시에 훌라후프를 하기도 한다. 간혹 선배 소설가 신경숙이 새벽에 '너 지금 훌라후프 하니?'라는 문자를 보내오기도 한다. 새벽에 문자를 보내는 사람은 흔치 않다. 그럼 그녀는 '네, 어떻게 아셨어요'라고 답신한다. 그 말을 하는 모습을 보니 소녀 같다. 지독한 소설 《혀》를 쓴 작가에게 저런 면이 있나 싶어 웃음이 나왔다. 그래서인지 그녀는 점심약속을 꺼린다. 전형적인 올빼미 스타일의 글쓰기이다.

그녀와 와인을 마시는데, 와인 잔을 들고 소주처럼 마시려는 나에게 술잔을 빙글빙글 돌려보라고 했다. 어색하게 따라하는데, 큰 와인 잔에 와인이 흘러내리는 흔적이 남았다. 조금 전 잔을 타고 올라왔던 와인이 내려가고 그 흔적이 남았다.

"이걸 '와인의 눈물'이라고 해요. 멋지죠. 와인의 눈물."

그리고 몇 가지 간단하게 와인 마시는 법을 배웠다.

"와인은 둘이 먹을 때 좋아요. 혼자서 와인 먹는 사람은 거의 없을 거예요. 두 사람이 와인 잔의 둥근 면을 부딪쳐 건배를 해요. 그때 잔이 울리는 소리가 좋거든요. 잔이 부딪칠 땐 서로의 눈을 보아야 해요."

그대로 따라했다. 야, 이건 참 괜찮은 술이군 하는 생각과 더불어 그녀의 눈동자가 잠시 반짝 빛난다. 그녀는 술을 좋아한다고 했다, 주량도 상당한 모양이다. 그녀가 좋아하는 술은 맥주, 와인, 폭탄주, 차가운 정종 이렇게 네 가지이다.

그리고 와인에 대한 이야기를 받아 적었다. 잔에 따라 술맛이 달라진단다. 그 효과는 아마도 찻잔과 같은 모양이다. 냉수의 사발, 막걸리의 탁배기, 소주의 소주잔, 정종의 도꾸리, 와인은 풍만한 여인의 몸을 닮은 와인 잔이다. 커피 역시 마찬가지이다. 나 역시 내가 좋아하는 커피 잔에 커피를 마시는 시간이 행복하다. 비상시국이 아니라면, 같은 커피와 와인일지라도 사발이나, 양동이에 먹을 수는 없는 일이다.

그녀는 이제 불혹의 나이인 마흔 살이다. 마흔은 모든 인간에게 각별한 나이다. 인생의 중요한 전환점이기도 하다. 내 주위에 있는 많은 친구들이 40세에 중요한 결정을 했다. 나 역시 40세가 되던 해에 안락한 공간을 떠나 방랑을 시작했다. 지난한 생이다. 그녀는 담담하게 말했다.

"작가로서, 여자로서, 그리고 인간으로서 유연해지는 나이 같기도 해요. 그리고 생에 대해서 일희일비하고 싶어요. 행복한 상태를 두려워하지 않았으면 해요. 즐거운 일이 오면 즐기고, 바늘처럼 나를 찌르면 아프고, 행복을 즐길 줄 알아야, 고통도 온전히 받아들일 수 있을 겁니다."

팽팽한 긴장의 줄

'조경란은 고흐가 그린 그림 같은 여자 같다' 라는 생각을 했다. 붓 터치가 강렬하고 두껍고, 아름답고, 또 무섭다. 아름다움은 두려운 것이다. 아니나 다를까 그녀는 고흐 이야기도 했다. 동생 테오에게 보낸 편지 중에 이런 구절이 있다고 했다.

"내 그림이 내가 도달하고자 하는 곳에서 얼마나 뒤쳐져 있는지를 생각하면 가슴이 미어지게 고통스럽다."

그녀는 미국 여행길에 하버드 대학의 미술관에서 사온 고흐 엽서를 집필실 책상 앞에 붙여 놓았다. 그녀는 이 고흐의 글에 공감했다.

자신 역시 그런 심경이지만, 좌절하지 않고 비하하지도 않고, 내가 쓰고 있는 소설이 바로 작품이라고 생각하면서 쓴다.

고흐 작품이나 조경란의 작품은 같은 생각을 하고 있다. 세상의 모든 아름다운 것들은 그러하다. 더불어 이러한 자의식이 없다면 자신은 무너질 것이라고 이야기했다. 예술가는 어느 순간에도 긴장감을 놓으면 안 된다. 예술가는 항상 그러한 팽팽한 긴장의 줄을 절벽에서 부여잡고 있는 존재인지도 모른다. 그 줄을 놓아버린다면 깊은 골짜기로 굴러 떨어져 소리 없이 사라진다. 무섭고도 가여운 생명의 끈이 팽팽할수록 거기에서 울리는 소리가 깊고 아름답게 떨리면서 파장을 만들어 낸다. 그 파장이 독자의 가슴에 마음결로 스며들 때, 예술가는 비로소 안도하고 두 발을 쭉 편다.

카프카는 소설가란 글이 안 써지는 순간일지라도 책상을 이빨로 물고라도 있어야 한다고 했다. 그게 바로 책상이다. 그녀의 홍송 책상이 더 아름답게 빛나는 순간은 조경란의 페르소나가 그 자리에 앉아 깊은 뿌리를 내릴 때이다.

1990년대 나는 광화문에서 한 시절을 보낸 적이 있다. 서소문에 직장이 있었고, 미혼이었다. 퇴근을 하고 나서 직장 동료나 친구들과 광화문에서 술을 먹고 밥을 먹었다. 광화문 뒷골목의 감자탕집이나 허름한 선술집들은 저녁에서 밤으로 이어지는 나의 또 다른 삶이었다. 밝은 대낮에 서소문의 일터에서 일을 하고, 해가 지면 광화문 뒷골목을 어슬렁거렸다.

돌이켜 추억하니 그것은 음예공간이기도 했다. 빛과 어둠이 서로 뒤섞여 어둡지도 밝지도 않는 공간, 그 음예공간에 유독 반짝이는 고양이 눈빛이 있다. 한겨울 날, 뭔가에 상심해서 술에 취했다. 힘든 몸을 가누기 어려워 광화문의 좁은 골목길을 빠져나오다, 골목길의 계단에 주저앉아 있었다. 그때 고양이 한 마리가 내 앞을 휙 지나갔다. 섬광처럼 빛나는 눈동자, 나는 그 순간 무언가를 보았다. 등줄기에 식은땀이 흐르면서 고양이가 사라진 어둠 속을 응시했다. 골목길은 컴컴했다. 그 고양이는 잠시 나에게 사랑을 보여주었던 것일까?

사랑은 음악이고 음식

사랑이 나에게 무엇이었을까? 조경란의 책 《혀》를 점을 보는 심정으로 펼쳐본다. 조경란 씨 뭐라고 좀 말해봐. 247쪽이 펼쳐진다. 연필로 줄을 그어 놓은 이런 문장이 있다.

> 사랑은 음악과 같았다. 배우지 않고도 그것에 대한 이해와 감동을 느낄 수 있으며 머리와 가슴이 동시에 반응하는, 사랑은 음식과 같았다. 실제로 먹어보지 않고도 눈으로 보는 것만으로도 침이 고이고 식욕이 느껴지는. 사랑은 음악이고 음식이다. 환희에 찬 아우성이 온몸으로 느껴지고 밀어닥쳤다 탄식하게 하고 고양되며 격렬하게 하는, 혼란에 빠질 수 있으며 갈망으로 목이 타오르게 하는, 단순하게 시작되어 더 이상 숨죽이고 있을 수 없게 하는, 온몸을 자극시키는 아름답고

관능적인 것. 정신적이 만족감과 육체적인 만족감을 동시에 주는 것.

    이 문장을 옮겨 쓰니 드보르작의 8번 교양곡 3악장을 듣고 싶어진다. 의자에서 일어나 턴테이블로 간다. 그리고 나는 천으로 LP판을 잘 닦아내고 날카로운 바늘을 그 음반 위에 올려놓았다. 음악을 들려주는 턴테이블의 바늘이 요리사의 작은 칼처럼 보였다.
    음악을 들으면서 허기가 져 사과를 과도로 깎았다. 붉은 사과 껍질이 벗겨진 자리에 과즙이 묻어 과도를 타고 흐르다 멈춘다. 문득, 눈물이 난다. 고양이 눈빛이 반짝거린다. 밤이 깊다.

이른 봄, 얼음 밑을 흐르는 물, 소설가 구효서

구효서는 좀처럼 남에게 곁을 주지 않는 사람이다. 두려움 때문인지도 모르겠다. 사람과 세상에 대한 두려움. 조금 떨어져 있어야 안심되는 마음…. 그래서 외롭지만 조선 민들레처럼 속징은 깊다. 그의 소설도 주인을 닮았다.

헛품과 무거움에 지쳤어요, 그래서 자유로워졌죠

구효서(具孝書·52)는 좀처럼 남에게 곁을 주지 않는 사람이다. 사람이 누군가에게 곁을 준다는 건, 정이 많다는 거다. 그런데 구효서는 겉으로는 곁을 잘 주지 않을지는 모르지만 속정은 깊은 사람이다. 그럼 곁을 주지 않는 사람이 아니라, 곁에 잘 가지 않는 사람 정도로 고쳐야겠다.

그가 곁을 잘 주지 않는 이유는 두려움 때문이지도 모르겠다. 사람과 세상에 대한 두려움. 조금 떨어져 있어야 안심되는 마음. 그래서 가끔 만날 때마다 간단하게 인사하고 지나가곤 했다. 구효서는 나에게만 곁을 주지 않은 것이 아니라 남에게도 그러하다.

작가는 사람에게 곁을 잘 주지 않아 외톨이가 많다. 《향수》의 작가 쥐스킨트는 사진조차 남기지 않고 끊임없이 도망치는 사람이다. 곁을 주기 싫어서이다. 꽃 피는 4월에 《나가사키 파파》라는 소설을 읽고, 구효서에게 전화해 한번 만나자는 약속을 했다. 소설을 읽어서인지 일본의 나가사키에서 인터뷰를 하면 좋겠다 싶었다. 하지만 일본까지는 서로 바빠 가지 못했고, 서울의 광화문에서 만나기로 했다. 이제 잠시 구효서의 곁을 빌린다.

부러진 목련 나뭇가지

오전 10시 02분, 성곡 미술관 앞, 아직 구효서의 모습이 보이지 않아 조금 불안했다. 그에게는 핸드폰이 없기 때문이다. 아마도 핸드폰이 있었으면 확인 전화를 했을 것이다. 몇십 초가 지나도 이렇게 불안하다니, 이미 나는 핸드폰 중독이 되어버렸다. 어서 핸드폰 중독을 끊어야 될 것 같다는 생각을 하는데, 성곡 미술관 안에서 구효서가 걸어 나오면서 활짝 웃었다. 몇 분간 불안했던 마음이 뚝 떨어졌다. 밑을 내려다보니 민들레가 피어 있다.

'약속을 잊었으면 어쩌나 했는데······' 라는 말을 꺼내자 그는 핸드폰을 가지고 다니지 않는 사람다운 말을 했다.

"그래서 난 약속을 칼같이 지키는 편이죠."

조선 민들레처럼 언제나 환한 구효서는 동료 선후배로부터 '착한 사람'이라는 소리를 듣는다. 그에 대해 험담을 하는 사람을 본 적이 없다. 이렇게 저렇게 사람을 만나다 보면 이 사람이 저 사람에 대해서, 저 사람이 이 사람에 대해 하는 험담 한두 마디는 듣는 법인데, 구효서는 예외다.

그의 그러한 모습은 오전에 만나자는 그의 성격에서 쉽게 느낄 수 있었다. 그는 깔끔하게 일을 처리하는 스타일이다. 많은 작가들이 아직 잠에서 덜 깨기도 하는 이 시간에 우리는 만났다. 이야기를 나누기로 한 장소인 성곡 미술관 앞 '커피스트'는 아직 문을 열지 않았다. 창을 통해 실내를 들여다보니, 종업원이 의자를 내고들이면서 가게 정리를 하고 있는 중이었다.

오랜만에 악수를 나누고, 우리는 광화문의 '문사철' 사무실로 올라갔다. 주택의 마당에 심어진 목련꽃이 터지려고 봉우리를 내밀고 있었다. 언덕길로 떨어지는 햇살이 봄바람에 이리저리 흔들리면서 나뭇가지를 흔들었다. 겨우내 숨어 있던(저 생명들은 도대체 어디에 숨어 있었을까) 꽃봉우리들이 실눈을 뜨고 우리를 내려다보면서 이런 말을 하는 것 같았다.

'쟤들은 이른 아침부터 어딜 가는 거야.'

며칠 나무를 실은 트럭들이 왔다 갔다 하던 길거리에 목련 나뭇가지가 부러져 뒹굴고 있었다. 나무를 옮기다가 떨어뜨린 것 같아 보였다. 제법 굵은 줄기에 목련꽃이 움트고 있었다. 안타까운 마음에 그 가지를 길가로 치워놓고 눈여겨 두었다.

'문사철'의 회의실 넓은 차창으로 신록의 나뭇가지들이 보였다. 잠시 마주 앉아서 그냥 웃었다. 그간 잘 지냈다는 신호이기도 하다. 커피를 내리고 문사철 기획위원들과 인사를 나누고 밖을 보았다. 햇볕이 들어오고 바람은 차단되는 실내에서 나른하게 밖을 내다보는데 그만 아득하게 딴 세상을 보는 것 같았다. 이런 기분이라면, 그냥 천천히 문을 열고 걸어가 창밖으로 뛰어내려도, 천리 절벽 아래로 떨어져 꽃으로 피어날 것 같았다. 온 세상을 향해 몸을 던지는 것, 그것이 예술가의 삶이다.

이런 몽상을 하고 있다가, 신작 장편《나가사키 파파》에 대한 이야기를 먼저 나누었다. 어떻게 쓴 소설일까?

"신생 문학 출판사의 의뢰로 쓴 전작 장편입니다. 적당한 전작료와 선인세를 받고, 4개월 가량 집중적으로 쓴 작품이지요."

헛폼과 무거움에 지친 세대

《나가사키 파파》는 젊은 여성을 화자로 하였기에, 남성 작가가 여성의 입장에서 글을 쓸 때 어떤 느낌인지 궁금했다. 해가 달의 입장에서 지구를 바라본다면 어떤 기분일까? 아마도 그 순간만은 성을 떠나지 못하는 한계점 안에서 인간에 대한 이해가 깊어야 할 것이다. 남성과 여성은 인간이라는 공통분모를 가지고 있고, 그 공감대가 화성과 금성에서 온 존재라는 성차별을 뛰어넘는다. 그러한 마음이 쓰고자 하는 이야기에 탄력성과 확장성을 부여한다.

노인들의 생에 대한 탄력성, 확장성 그리고 유연성은 성징이 퇴화한 후에 생기는 자연의 선물이기도 하다. 석양처럼 생을 진지하게 산 사람만이 가질 수 있는 '나이 탓'도 있을 것이다. 착한 사람 구효서도 이제 오십이 되었다.

"나이 들면서부터랄까? 사회가 요구하는 '폼'이 점점 싫어지더군요. 왠지 그런 생각이 들어요. 권위적으로 목과 어깨에 힘이 들어가면 작가로서는 끝이라는 생각 말이지요. 그래서 이번 소설은 의도적으로 경쾌하게 썼지요."

너무 폼을 잡으면 역겹다는 소리이다. 마치 갑옷처럼 그 폼을 입고 다니는 사람들도 있다. 특히 우리 사회에는 많이 있다. 구효서는 우선 자신이라도 그 혐의점에서 벗어나고 싶어했다.

"우리 세대들 말이지요. 이제 쉰 언저리에 있는 우리들은 그런 헛폼이랄까 무거움에 지쳐들 있어요. 우리 근현대사 즉, 일제시대. 해방, 전쟁, 독재정권을 거치면서 우리 선배들은 너무 무거운 시대를 짐수레를 끄는 당나귀처럼 살아왔지요. 이러한 폼과 무거움이 문단이나 작가들의 태도에 깊이 스며들어 있는 것은 아닌가 하는 반성을 하게 되었어요."

그런 시간 속에서 구효서는 고요하게 묻는다. '나는 어디에서 왔나' 구효서는 어디에서 왔을까? 그리고 우리들은 어디에서 왔을까? 그런 물음표를 커피에 타서 마시면서 밖을 보니 다시 아득하다. 저 아득한 곳에서 아지랑이가 피어오르고 우리는 거기에서 왔다. 하지만 거기로 다시 돌아갈 수는 없다. 내가 온 곳은 결국 내가 갈 수 없는 곳이다. 하지만 창 넓은 곳에서 보면 그곳이 아련하게 보인다. 선명하게 보인다.

"시골에서 칡뿌리 캐먹고 놀던 내가, 아주 잘 놀고 잘 살다가 어쩌다 서울로 올라와서 공부한답시고 괜히 진지해지면서 헛폼을 잡았던 세월이 보입니다. 문득 내가 나도 모르게 그런 생활에 찌들어버린 것은 아닌가 하는 생각이 들 때가 있어요. 내가 의심스러워지는 순간이지요."

이러한 각성은 문학에 대한 자성으로 이어진다. 문학에 대한 진지함을 빌미로 형식, 그 무거움을 내가 이 세상을 살아가는 데 이용하는 것이 아닐까? 하는 생각에 시달리다 쉰이라는 나이가 되니, 이젠 그 형식과 무거움에서 자유스러워지자 라는 결론에 이른 것이다.

"이제 거기에서 놓여나고 싶어요. 그리고《나가사키 파파》를 썼지요."

거기에서 벗어나고 싶어 쓴 소설이어서일까? 나는《나가사키 파파》라는 제목의 장편소설을 맨발로 풀밭 위를 산책하듯 가볍게 읽었다. 스물한 살의 여주인공이 일본에 살고 있다는 친부親父를 찾아가는 이야기, 일본을 배경으로 일본인들의 등장으로 '왜색'이 짙은 소설이라는 풍문을 들었지만, 읽고 나니, 왜색이든 미색이든 거기에는 색이 없었다. 단지 인간의 결이 아슬아슬하게 새겨져 있을 따름이었다. 이 소설을 읽고 나서 왜색 운운할 사람이 얼마나 될까? 공간, 시간, 인간이 자연스럽게 일본에서 만나고 헤어질 뿐이다.

나가사키 파파

구효서는 물었다. 왜색이 나쁜가? 빨갱이는 나쁜가? 그냥 나쁘다고만 하지 말고, 사회적인 반성이 이루어졌으면 좋겠다. 그는 왜색을 이야기하는 것이 아니라, 우리들의 '편견'을 이야기하는 것이다.

나쁜 걸 나쁘다고 하는데 뭐가 어려운가? 하지만 왜 나쁜가는 알아내기는 어렵다. 그는 왜색을 빌미로 반성을 요구하고 있다. 이 반성은 남북 이데올로기와도 연결된다. 일본인을 '쪽바리'라고 부르는 선입견을 변함없이 가지고 있는 사람들, 하지만 일본 물건은 애용하는 사람들. 그런 가면을 쓰고 살아온 사람들이다. 일본과 반공이데올로기를 비롯한 모든 가면은 본질적으로 같은 얼굴을 가지고 있다.

"시비 좀 걸어줬으면 좋겠어요. 이 소설을 읽고 왜색이 짙다는 둥, 왜 그런 시비 있잖아요. 일본에 대한 묘한 저항감이 있는 우리 정서에 일본을 배경으로 일본 사람들이 많이 나오는 일본 소설 같은 《나가사키 파파》에 대해서 시비를 걸어오기를 기다리고 있는데, 아직까지 아무도 그런 사람이 없네요. 그냥 소설로 읽는 건가 싶기도 하고."

하지만 누군가 만약 시비를 건다면?

"거기에 대해서는 만반의 준비를 하고 있지요. 하하."

이 소설은 대한민국 국적의 스물한 살 '한유나'의 이야기다. 그리고 한유나가 취직한 나가사키 음식점 '넥스트 도어'에서 일하는 히데오, 오오카, 쓰쓰이, 기구치가 등장한다. 이러한 인물들 사이에서 한유나는 일본에 있는 친아버지를 찾는다. 20년 넘게 자신을 길러준 아버지를 버리고 낳아준 아버지를 찾는 젊은 여자. 구효서는 물었다.

"이게 도대체 뭐죠? 낳아준 아버지를 찾는다는 게 무슨 의미가 있나요. 웃기지 않나요?"

소설은 끝까지 두 아버지의 이야기가 아슬아슬하게 이어지는데, 중반을 넘어가면서부터는 결국 구효서의 속내가 보이기 시작한다. 이 소설은 인종차별주의에 대한 반성이라고나 할까? 여성과 남성,

아버지와 어머니, 일반인과 장애인, 메이저와 마이너에 대한 경계 허물기라고나 할까? 결국 아버지를 찾는 한 처녀의 정체성을 통해서 잠시 나도 나를 찾아가는 느낌이 들었다. 아버지라… 나는 이 말만 들으면 아득하고 눈물이 난다.

소멸과 화해

이성복 선생의 시 구절이었던가? '너는 내가 떨어뜨린 나뭇잎'이라는 아버지의 말. 이성복 선생은 그 시에서 아버지를 어떻게 그렸던가, 자식이 애비를 향해 욕설을 했던 것 같은데. 이성복 선생의 시에 빠져 있던 시절에 친구들끼리 '넌 내가 떨어뜨린 나뭇잎이야' 라면서 놀았던 기억이 난다. 아마도 한유나와 같은 스무 살 무렵이었을 것이다. 하여간 아버지는 요즘 나에게 책으로 자주 찾아온다. 아버지에 대한 소설가는 단연 아사다 지로다. 공교롭게도 《나가사키 파파》와 아사다 지로의 소설 《슈산 보이》가 비슷한 시기에 출판되어 나는 이 두 권의 책을 같이 읽은 호사를 누렸다.

지로를 먼저 읽었고, 구효서를 나중에 읽었다. 마치 바다와 산을 동시에 다녀온 느낌이다. 너무나 다르지만, 같은 아버지를 다루고 있다. 《슈산 보이》에도 아버지는 없고, 《나가사키 파파》에도 아버지는 없다. 두 소설의 장소는 둘 다 일본이다. 하나는 한국작가가 쓰고, 하나는 일본작가가 썼다. 어떤 연관성이 있을까? 구효서를 읽고 나선 밝고 가벼운 마음이 들었고, 지로를 읽고 나선 무섭고 슬펐다.

이쯤에서 《나가사키 파파》의 속내를 들여다보자.

주인공은 20년간 키워준 양아버지를 버리고 (비록 바람이 나서 집을 나가긴 했지만) 자신을 낳아주었다는 아버지를 찾아 일본으로 간다.

"성이나, 이름이 뭔가 하는 거지요. 이름을 짓는 순간 차별하는 마음 서로 무시하는 마음이 생깁니다. 과거 일본에서도 마찬가지 현상이 있었지요. 관동 대지진 때 한국인을 무차별 학살한 사건 말입니다. 이게 다 이름, 국적, 혈통이라는 유령 때문입니다."

그래서일까 이 소설의 말미에는 이런 단락이 나온다. 이것을 이러한 인종주의의 소멸과 인간들의 화해로 보아도 될까?

열 살 때부터 죽어라 음식만 만들어왔으면서도 지겨운지 모르는 소심한 대꼬챙이 쓰쓰이, 쓰쓰이처럼 얻어맞고 왕따당했으면서도 필사적으로 웃다가 웃음이 굳어버린 어린 히데오. 사랑이 뭐라고 삼십 년 넘는 세월을 오로지 한 여성 곁에만 있어온 헐헐헐헐 오오카, 여리디여려 꺾일 것만 같은 숙주나물 사토, 엄마가 보고 싶어 눈물짓지만 죽어도 '그곳'으로는 돌아가고 싶지 않다는 아이코, 생기는 것 하나 없이 작은 스쿠터에 물감을 싣고 세상의 온 벽을 찾아 그리고 칠하기만 하는 떠돌이 기구치, 뒤늦게 아버지의 절망에 사로잡혀 사무치는 저 못 말리는 미루 언니…. 그들을 나는 식구라고 말한 걸까. 서로를 조금도 구속하지 않는 그들을, 무슨 유대감으로 식구라 할까

- 소설 《나가사키 파파》 중에서

이 독백은 이 소설의 큰 마침표이다. 자신을 낳아준 아버지 역시 낳아준 아버지가 아니었다는 사실. 그때 한유나는 비로소 '아버지'라고 그 사람을 부르고 한 인간을 받아들인다. 아무런 관계도 없는 사람을 아버지로 받아들이는 한유나를 통해 구효서는 무얼 말하고 싶은 것일까?

낡고 거친 감정

이 소설은 일본인들을 중심으로 씌었지만, 결국 한국인들의 이야기다. 작가가 한국인이어서 그런 것이다. 등장인물들이 일본인투성이지만, 결국 그들은 한 한국 여자가 자신의 아버지를 찾아가는 길목일 뿐이다. 그 길목을 나오면 한국도 일본도 아닌 구효서라는 작가의 세계가 있다. 그 무정부에서 나는 편안하고 즐거웠다.

하지만 이런 혐의점도 들었다. 우리 작가들이 조금 더 아주 조금 더 인간에 대해 쓰면 어떠했을까? 문학에 대한 논쟁은 부질없다. 읽고 나서 감동을 받았느냐. 세상이 좀 새롭게 보이느냐. 인간에 대한 측은지심이 생기느냐 이것이 중요하다.

요즘 일본소설이 많이 출판되고 잘 팔린다. 그러니 독자나 작가들이 일본소설을 좋아하는데 좋아하면서도 괜히 겉으로는 비판하는 것은 아닌지 의심스럽다. 일본과 북한과 같은 나라에 대해 지금도 어떤 이들은 지극히 유아적으로 '나쁘다'고 말하고 있는 이유가 뭘까?

"그 대상이 정말 나빠서라기보다는, 우리 공동체의 질서 유지를 위해서 반공이데올로기나, 왜색 증오가 필요한 것은 아닐까 라는 생각을 하기도 하지요. 위로는 북한이고, 아래로는 일본인데, 그걸 나쁘다고 하면 어떻게 하자는 말인가? 이러한 비뚤어진 감정들을 우리 후세들에게는 물려줄 필요가 없다는 거지요."

그리고 문학이나 문화는 정부가 이끌어가는 정책과는 다른 것이다. 우리의 문화가 빈약해지지 않기 위해서는 이러한 낡고 거친 감정부터 없애야 한다고 했다. 그런데 이러한 생각 역시 낡은 것은 아닌지 모르겠다.

한국전쟁을 임진왜란이 일어난 시대에 난 전쟁으로 아는 아이들도 있고, 대학에 경찰이 들어가 진압하는 일이 정말이었냐고 물어보는 대학생 아이들도 있다. 이제는 많이 변화했다. 일본에 대해서도 마찬가지가 아닐까? 쉰이 넘은 구효서의 기우가 아닌가 싶기도 하다.

일본 작가들 만만치 않다. 아니 솔직하게 말해 우리나라 작가보다 더 크고 넓은 층위를 형성하고 있다는 생각도 든다. 이러한 나의 생각이 자연스럽게 한 개인의 생각으로 받아들여질까? 라는 의구심은 가지지 않는다. 이미 우리나라의 많은 여성들이 '배용준'보다는 오다기리 조를 더 좋아한다. 오다기리 조의 사진을 책상에 붙여 놓은 한 여성에게 그 이유를 물어 본 적이 있다. 그 여성은 이런 말을 했다.

"더 잘생겼고, 연기도 더 잘해요."

대답이 아주 쿨하다. 일본인이 아니라, 오다기리 조가 더 멋지다는 생각은 멋진 것이다. 하긴 내가 봐도 그렇다. 마음속에선 조선인으로서 살짝 질투가 나긴 했지만, 언젠가 구효서 소설이 아사다 지로

나 하루키보다 더 잘생겼다고 일본인들이 말할 수 있을 것이다. 다 그런 거다. 중요한 건, 역시 작품이다. 번잡스러운 생각을 할 시간에 쓰고 또 쓰고 참회하고 반성할 일이다.

구효서는 순혈주의에 대한 혐의도 두고 있었다. 5천 년 단일민족의 자부심에 대한 혐의점 역시 마찬가지이다. 이러한 시각으로는 현재의 우리 사회를 바로 볼 수가 없다. 외국인 근로자의 아이들은 어쩔 것인가. 지금 농촌에 내려가면 혼혈 아이들이 순혈 아이들보다 더 많다고도 한다. 프랑스의 빈민폭동은 먼 나라의 일이 아니다. 교육자이자 시인인 도종환 선생도 이 문제에 대해 심각한 이야기를 한다.

자연에서 다 배우다

구효서는 자신을 촌놈이라고 소개했다. 아직도 촌이 좋다는 이야기다. 강화도 하접면 창후리가 구효서의 고향이다. 창후리는 강화도에 놀러 갔다가 한번쯤은 지나친 지명이다. 지금은 옛 모습을 잃었지만, 구효서가 어린 시절인, 40년 전쯤에는 조선 시대 농사짓던 방식 그대로 살던 곳이었다고 한다.

"박완서 선생의 작품 중에서 《그 많던 싱아는 누가 다 먹었을까》라는 책이 있지요. 정말 그 많던 싱아는 누가 다 먹었을까 싶어요."

구효서의 내면 깊숙이에는 이 시골 정서가 있다. 시골에서 14년 정도를 살았는데, 그때의 추억만으로도 1백40년은 쓸 수 있을 것 같다고 했다. 고향에 대한 생각을 하면 한도 끝도 없이 이야기가 나온다. 몸과 마음에 깊숙이 배어 있는 정서의 외피에는 역시 유신 독재 시대의 구호들이 벽보처럼 붙어 있었다.

"큰 건물에는 항상 방공 방첩의 구호가 붙어 있었지요."

그 반공의 산과 들에 아침에 일어나면 하얗게 눈이라도 내린 것처럼, 북에서 대남 선전용으로 살포한 종이 쪽지인 '삐라'가 가마니째 널려 있었다. 산과 들에 하얗게 내린 삐라를 거두어 나무토막처럼 아궁이에 태워 사용할 정도였다.

이 삐라가 세상에 대한 촌사람들의 정보였다. 고향에 라디오나 텔레비전은 없었지만, 북에서 보내오는 삐라를 통해서 '정인숙 사건'이나 박정희 대통령 일본군 장교출신이라는 사실을 알게 되었다며 웃었다. 작가로 살건 아니건 간에 정말 중요한 것을 구효서는 시골에서 배웠다. 그 고향을 기억하면서 흐뭇해하는 작가의 맑은 표정이 보기 좋았다.

환한 추억이 얼굴을 밝게 만들었다. 당시 학교에 도서관도 따로 없었다. 복도를 막아 만든 자료실에 동화책이 있었지만, 아이들과 마을 분위기가 책을 읽는 분위기가 아니었다. 구효서는 책 읽는 것을 좋아하는 아이가 아니었다. 그는 놀기 좋아하는 아이였다. 산과 들을 뛰어다니면서 놀고, 놀고 또 놀았다. 그리고 거기에서 많은 것을 보았다. 그의 자전적인 산문집인 《인생은 지나간다》를 읽는다.

나는 책이 많은 내 아이들보다 더 많은 걸 안다. 아이들은 작약과 모란과 양귀비를 구분할 줄 모른다. 그런데 나는 제비꽃 중에도 서울제비꽃과 낚시제비꽃과 콩제비꽃, 아욱제비꽃, 왜주걱제비꽃, 남산제비꽃, 호접제비꽃, 동근잎제비꽃이 있다는 사실을 알고 잘도 구분한다.

"어머니가 나이 마흔에 절 낳았어요. 늦둥이로 자라서 좋은 점은 부모님들이 일을 별로 시키지 않는다는 거지요. 하지만 동네 아이들과 소 먹이고, 꼴 베는 일은 어린아이들에겐 노동이면서 동시에 놀이이지요. 아버지가 아이의 몸에 맞는 작은 지게를 만들어준 적이 있는데, 거기에 볏짚 따위를 지고 어른들을 따라다녔던 기억이 나네요."

말뚝 모내기

모내기철이 되면 어른 아이 할 것 없이 온 동네 사람들이 모조리 동원되었다고 한다. 그는 나에게 '말뚝 모내기'를 아느냐고 물었다. 모내기 자체를 잘 모르는 내가 말뚝 모내기를 알 수가 없다. 말뚝으로 논에 구멍을 내고 모를 내는 방식이란다. 소설가들이 소설 쓰는 일도 이 말뚝 모내기를 닮았다. 어느 누가 보드라운 흙과 찰랑거리는 물이 고여 있는 논에 모를 내듯, 글을 쓸까 싶다. 메마르고 척박한 땅에 말뚝으로 구멍을 내고 모를 내듯이, 한 자 한 자 독자의 마음에 모 심듯, 글을 쓰는 사람들이 바로 소설가이다.

그리고 당시 마을 전봇대에 '건답직파'라는 글귀가 씌어 있다고 했다. 비가 오지 않아 마른 논에 직접 파종을 하라는 뜻으로 비올 때까지 기다리지 말라는 농부들의 치열한 정신이다. 어린 시절에 구효서는 건답직파를 자주 했다고 했다.

노동과 더불어 봄이 와 산에 올라가면 한눈에 먹을 것과 못 먹을 것을 구별할 능력이 있다고 했다. 하긴 제비꽃에 대한 구분을 그 정도로 세세하게 할 정도면 나물과 버섯을 구별하는 능력은 더 할 것이다.

"그걸 구별할 수 있는 능력은 아마도 먹을 것이 없어서인 것 같기도 해요. 요즘 아이들이야 먹을 것이 차고 넘치지만, 그 시절 시골에서는 산과 들에서 군것질과 같은 먹거리는 직접 해결해야 했지요."

산딸기, 싱아, 삐리, 찔레, 칡, 개암을 비롯한 산에 난 것들이 바로 그것이다. 다른 것들이야 그냥 따서 먹으면 되는데 칡은 경우가 달랐다. 거대한 칡을 캐기 위해서는 아이들이 칡뿌리 앞에 모여 간단한 회의를 거쳐야 한다. 어디서부터 어떻게 캐야 칡뿌리를 들어낼 수 있는지 나름 수학적이고, 물리학적인 방법을 연구한다. 그 와중에 의견이 달라 다투기도 한다. 그리고 조율하고 합의한 다음에 칡 캐기 작업에 들어간다.

그 아이들의 주머니에는 작은 칼이 있었다고 했다. 시장에서 산 것이 아니라, 낫의 끄트머리 쇳조각을 나무에 대고 헝겊으로 동여맨 간이 주머니칼은 아이들에게는 필수품이었다. 그것으로 나물도 캐고 칡도 캔다. 지금 아이들은 연필이나 사과도 칼로 깎을 수 없을 것이다. 하지만 그때 아이들은 이러한 식물 이외에도 뱀과 개구리의 껍질까지 그 칼로 벗겨냈다. 식물에서 얻을 수 없는 동물성 단백질은 주로 뱀과 개구리를 통해 얻었다.

"그때 아이들의 손은 무척 여물었어요. 새총이나 돛단배와 같은 장난감도 직접 만들어서 놀았으니까요. 그 아이들의 개암같이 단단하고 여문 손길을 나도 가지고 있고, 지금 그 손으로 소설을 쓰고 있네요. 돈과 먹을 게 부족했지만, 그 부족함이 뭔가를 만들게 한 것 같기도 하고."

그리고 미꾸라지를 잡을 때에 논 근처에 있는 웅덩이를 찾았다. 그 웅덩이의 진흙을 퍼내고 숨어 있는 미꾸라지를 잡아 국을 끓여 먹었다. 미꾸라지를 통째로 삶아내는 추어탕을 먹었으니 한참 자라는 아이들의 기운이 펄펄 살았다. 그리고 경칩 이전의 개구리를 '입이 덜 떨어진 개구리'라고 불렀다고 한다. 겨울잠에서 아직 깨어나지 않았기에 경칩 이전의 개구리는 입을 벌리지 않았다. 그래서 먹이도 먹지 않아 온 내장이 깨끗해서 잡히면 그대로 먹었다고 한다.

경칩 이후에 개구리는 파리와 같은 먹이를 먹기에 주로 뒷다리를 먹었다고 한다.

"개구리를 잡아 허리를 밟고 다리 한쪽을 잡고선 천천히 잡아당기면 껍질이 홀라당 벗겨지지요. 새하얀 개구리 다리를 불에 구우면 개구리 다리에 경련이 일어납니다. 아주 미세한 근육의 움직임이 느껴지지요. 생명감인데, 그 장면이 잔인하게 느껴지기도 합니다. 하지만 그 잔인성은 한 동물과 한 동물의 잔인성입니다. 아이라는 동물과 개구리라는 동물 사이에 벌어지는 잔인성이지요. 거기에 인격을 부여할 필요는 없지요. 우리는 먹어야 했으니까."

입이 덜 떨어진 개구리

그것뿐만이 아니다. 시쳇말로 '초딩'들이 닭서리를 해서 닭 목을 따서 구워 먹었으니, 이건 정말 보통 간이 큰 게 아니다 싶었다. 나의 어린 시절을 생각하니 구효서 선배에 비한다면 아무것도 없다. 기껏해야 장미 정원이나, 예쁜 옆집 여자 아이, 피아노, 아이스크림, 그리고 한없이 펼쳐진 바다 정도이다. 이건 구효서에 비한다면 추상적이고 간지러운 추억이다.

그래서 그는 어린 시절에 책을 읽거나 공부를 하지 않았다고 자신 있게 말한다. 하지만 이야기를 천천히 듣고, 탁자에 떨어지는 햇살을 보니 그런 공부가 또 어디 있나 싶다. 그때 마음과 몸에 새겨진 결이 바로 오늘 내 앞에 앉아 있는 좋은 사람 구효서를 만들었다. 그의 말대로 구효서는 어린 시절의 14년은 앞으로 1백40년의 문학적 자양분이 될 것 같다. 서울 다마내기 출신인 나로서는 부러운 일이다.

"그런 시골이 제가 서울로 올라올 즈음에 급격하게 변하더군요. 새마을 운동 탓도 있고, 지금은 그 모습을 찾기 힘들지요. 아득한 옛일입니다. 하지만 제 마음속에는 무명을 짜는 어머니가 있고, 나무하러 다니던 아이들이 있고, 새벽에 아궁이에 불을 때던 따뜻한 공간이 있지요. 저의 고향은 저의 모성인 셈이지요. 지금 생각하니 그 시절처럼 훌륭하고 완벽한 책이 또 있을까 싶습니다."

이러한 추억은 소설을 쓸 때에 자연스럽게 손끝에서 배어나온다. 식물도감을 찾지 않아도 우리 산하의 꽃들이 저절로 원고지에 피어오른다. 그는 그것을 보고 그대로 쓴다. 그때의 정서가 삶의 실용성으로 이어지는 것이다. 이것은 구효서의 대단한 재산이고 보물이다. 이것이 문학수업이다.

"저와 가족들이 살아왔던 지난했던 시절이지요. 누나들이 많아서 이야기가 많았어요. 그런 기억들이 문득 문득 소설이 되곤 했습니다."

여기까지 이야기를 들으면 그가 언제 소설에 대한 꿈을 꾸기 시작했을까 싶다. 책을 접하지 않고 문학의 길에 들어선 것은 그의 어린 시절이 바로 소설의 텍스트였기 때문이다. 이것은 마치 전쟁체험과도 비슷하다. 젊은이가 베트남 전쟁에 참전했다면 그곳에서 문학 공부를 하지는 않았을 것이다. 다만 사람을 보고, 전쟁을 보았을 것이다.

잘 여문 손

황석영의 《무기의 그늘》이나, 고故 박영한 선생의 《머나먼 쏭바강》 역시 한 사람이 전쟁터에서 살아남아 그 텍스트를 그대로 종이 위에 옮긴 것이다. 하긴 황석영 선생은 총알이 머리 위로 날아다니는 공포감 속에서 이곳에서 나를 살려 준다면 정말 열심히 소설 쓰겠다고 온갖 신에게 맹세를 했다고 한다.

중·고등학교 시절에는 문학에 대해 관심을 조금 가졌다. 하지만 구효서는 그 시절에 문학보다는 미술에 관심이 더 있었다고 했다. 시각이 발달을 해서인지 눈썰미가 있어서 한 번 본 것은 그대로 그려내곤 했다. 그림 그리기를 통해 화가나 만화가가 되고 싶기도 했다고 한다. 지금도 간혹 그런 생각을 한다고 하니. 훗날, 우리는 화가 구효서의 전시회에 초대를 받을 수도 있을 것 같다.

"소설은 늘 불만이지만, 그림은 그렇지 않아요."

그때 나는 아무 말도 하지 않았지만, 그건 어쩌면 프로와 아마추어의 차이가 아닌가 싶다. 프로 작가로서 소설을 대하는 태도와 아마추어로서 그림을 그리는 자세는 다르다.

그의 진지함은 소걸음 같이 뚜벅뚜벅 걸어온 문학에 있다.

"오랫동안 소설을 썼는데, 항상 아쉬워요. 천재가 아니라서 그런 거죠. 천재들은 금방 이루어내는 걸, 저 같은 둔재는 뭐 하나 이루려면 평생 해야 할 거라는 생각이 듭니다. 하지만 그렇게 몰두하고 매진하는 데서 오는 기쁨이 있어요. 지금은 저 자신을 그렇게 위로합니다. 그래서 간혹 이런 생각으로 나를 위안하기도 합니다. 아마 내가 그림을 그렸으면 일찍 성공하고 망했을 것이다. 하하."

그에겐 잘 여문 손이 있다. 어린 시절 칼을 가지고 산과 들을 헤매던 바로 그 손의 힘이 문학의 기운을 받은 것은 고교 2학년부터이다. 이른바 작품으로서의 문학. 그것은 한문선생님이 강의하던 작문시간에 나오기 시작했다. 장작불에 구워지는 개구리 뒷다리의 경련이다.

"선생님이 과제로 원고지 15매 써오라고 하면 150매를 썼고, 시 한 편을 쓰라고 하면 다섯 편을 쓰던 시절이었어요. 작문시간이 저의 독무대였다고 해도 과언이 아니에요. 하지만 그때도 작가가 되어야겠다는 생각은 없었습니다. 그러나 이때부터 학과공부는 소원했고 작문에 몰두하기 시작했어요."

신춘문예 열병

이 습작기에 7백 매짜리 소설도 쓴다. 문예반이나 문학 동아리에 들어가지 않고 혼자서 놀기 좋아했다. 고등학교 시절에는 문예반과 비문예반이 있었다고 한다. 구효서는 비문예반 출신인데 비슷한 성향의 아이들이 7명 모여 시동인지인 『난필지변』을 만들었다.

난필지변, 괴발개발 쓴 글에 대한 변명이라는 뜻인데, 아이들의 생각치고는 괜찮다. 그리고 동인들은 서로 호를 지어 불러주었다고 한다. 고교시절 구효서는 '빙수'라는 호를 얻었다. '조춘빙하수(이른 봄 얼음 밑에 물이 흐르다)'에서 따온 것이다. 빙수 구효서는 이 시절 촌스러운 문학청년들의 통과의례인 식민지 천재 시인 '이상'의 세례를 받게 된다.

"시인 이상은 문학청년들에게 선망의 대상이 되곤 했는데, 저 역시 마찬가지였습니다. 이상의 시, 산문, 전집을 읽으면서 흠뻑 빠졌었는데, 학교 친구의 어머니가 이상의 독자였지요. 얼마나 멋있게 보였는지 몰라요. 사춘기 시절 친구의 어머니를 속으로 사모하기도 했습니다."

그리고 1978년에 군대에 갔다. 병영시인 시절이다. 중대원들에게 구식 인쇄기계인 가리방으로 긁어 만든 시집을 만들어줄 정도였다. 이제는 문학이라는 늪에 빠져든 것이다.

"군대에서 초병으로 근무하면서 쓴 시들이 있었어요. 총 한 자루 들고 멍하니 하늘을 바라보면서 쓴 시들이지요. 제대를 할 때 그 시집 한 권만 들고 나왔습니다."

대학에서 구효서는 '임자'를 만나게 된다. 시인 김요섭 선생의 수업시간에 '얼굴'에 대한 글을 과제로 내주었는데, 구효서는 원고지에 얼굴이라는 글자만을 반복해서 15매를 채워서 제출했다고 한다. 건방지고 어이없는 행동이다. 그런데도 선생님은 별 반응이 없었다. 그러다가 짧은 수필을 한 편 제출했는데, 어느 날 선생이 구효서에게 조용히 말했다.

"이거 소설로 다시 써보아라."

작가가 되려는 생각은 아직까지 여물지 않았던 시절이었다. 그런데 선생의 권유로 쓴 단편소설이 교지에 실리는 '사건'이 발생하고, 그때부터 선생이 쓰라면 쓰는 착한 학생이 되었다. 그간 쓴 소설들은 신문에 연재가 되기도 했다. 신문에 연재한 소설의 제목은 '어떤 인연'이었다.

되돌아보면 그런 시절이 있었나 싶은 때가 있다. 구효서는 이 시절부터 자신의 소설이 활자화되면서부터 슬슬 작가로서의 꿈을 꾸게 되었고, 신춘문예에 응모하고, 떨어지는 일을 반복했다. 해마다 겨울철이 되면 신춘문예에 병을 앓았고, 당선이 안 될 거라고 마음을 다스렸지만, 혹시나 하는 마음에 우편물이나 전화를 기다리는 시절이었다.

이런 시절들이 있었나 싶다. 막상 등단을 한다고 해도, 사법고시나 행정고시와는 다른 게 문학고시이다. 문단의 등단은 어린아이를 거친 벌판에 풀어 놓는 것이다. 여러 번 낙선하는 추운 겨울을 보내고, 소설가 조정래 선생이 운영하던 『한국문학』지에 취직을 해, 근무하면서 이름만 알고 있던 작가들을 많이 만났고, 그해 겨울 신춘문예에 당선되었다. 최종심에 오른 두 편 중에 떨어진 작품이 바로 이순원의 작품이다. 이들은 이러한 악연으로 만나 지금까지 둘도 없는 친구로 지낸다.

절망은 사람을 단련시킨다.

"이상한 일이지요. 등단을 하고 나니까 두려움이 몰려오면서, 그동안 내가 소설공부를 안 한 것 같다는 성찰을 하게 되었어요. 그래서 뒤늦게 교보문고에 가서 소설작법이라는 책도 사서 볼 정도였지요. 그러니까 진짜 작가공부는 등단을 하고 나서 한 것 같기도 합니다."

구효서는 1987년 『중앙일보』 신춘문예에 단편소설 〈마디〉로 문단에 이름을 걸었다. 그리고 2008년 20년의 세월을 넘게 걸어왔다. 그동안 창작집 《노을은 다시 뜨는가》《시계가 걸려 있던 자리》 등과 장편소설 《라디오 라디오》 외 다수의 소설을 착하고 성실하게 써내어, 고정 독자를 확보한 전업작가로 살고 있다.

1994년 《깡통따개가 없는 마을》로 한국일보문학상을 수상하고 10년 동안 잠잠하다가, 2005년에는 이효석문학상, 2006년에는 황순원문학상, 2007년에는 한무숙문학상과 허균문학상을 수상했다. 문단이나 독자에게 이름을 널리 알린 것이다. 이 정도 경력이면 어깨와 목에 힘이 들어갈 만하다. 그래서 그는 인터뷰를 할 때, 먼저 헛폼 잡는 짓을 경계하는 말로 시작했다. 경직되는 것은 죽는다는 것이다.

그래서인지 그는 다른 작가에 비해 조용하고 덜 유명한 것 같기도 하다. 아무리 문단이라지만 그런대로 가십거리가 있다. 구효서는 그런 자리에서 조용히 빗겨나 있다. 그렇다고 요란한 베스트셀러도 없다. 이혼도 하지 않았다.

나는 이런 작가가 좋다. 이런 작가는 인간에 대한 생각이 깊다. 그는 외로움을 견딜 줄 아는 사람이기 때문이다. 나 역시 1988년에 등단을 했으니 이제 20년의 세월을 문단의 변두리에서 살아왔다. 그런데 점점 그 변두리마저도 이제는 떠나고 싶다는 생각이 든다.

조용하고 점잖은 동네인데도 그렇다. 인간에 대해선 전혀 생각하지 않고, 명분이나 이름만 가지고 나름대로 잔대가리 굴리는 인간들도 꼴보기 싫고, 작품이 무슨 펀드 투자나 되는 것처럼 수상경력이나 판매부수로 폼 잡고 건방지게 구는 인간들도 신물 난다. 문학 하는 인간들이 정치인처럼 보일 때 나는 그만 절망한다. 하지만 그 절망은 사람을 단련시킨다. 절망의 자리가 웅덩이처럼 깊어지면 거기엔 구효서가 어린 시절에 잡아먹었다는 미꾸라지라도 살 것이다.

뿌리와 같은 존재

구효서는 요즘 자택과 가까운 곳에 있는 남양주 작업실에서 일한다. 혼자 있는 것을 좋아하기에 특별한 행사가 아니면 나타나지 않는다. 하지만 이러한 그는 방송 매체에 자주 등장한다. 어찌 보면 불합리하다. 혼자 숨어 있기를 좋아하는 사람이 방송을 한다는 것이 어울리지 않기도 하다. 하지만 그것을 일로 본다면 문제는 다르다. 방송이나 강의를 일로 한다. 일은 신성하다.

구효서는 말솜씨가 좋다. 그는 문화, 책 관련 방송을 진행한 방송인이기도 하다. 전문가들이 득실거리는 방송가에서 진행자로 살아남는다는 것은 쉬운 일이 아니다. 방송 쪽에서 보기에 구효서는 진행솜씨도 좋고, 얼굴도 되고, 문인으로서의 명성이 있으니 필요한 인물이기도 할 것이다. 요즘엔 어떤 방송을 하나 싶어서 물어보았더니 방송을 아예 접었다고 한다. 이제는 방송을 하지 않을 것이라고 말하기도 했다. 상황에 따라 달라질 수도 있겠지만 당분간은 방송을 하지 않을 것 같다.

"길들여진다고나 할까. 방송을 하면 일정한 수입이 생기는데 말이죠. 어느 순간부터 그것을 기다리게 돼요. 월급처럼 들어오는 돈이 있으니 아무래도 긴장감이 떨어지고, 그걸 기다리게 돼요. 그러다 보면 작품을 대하는 태도도 게을러져요. 그리고 방송을 하다보니까 묘하게 엮이는 게 있어요. 그쪽 사람들 눈치를 보게 되기도 하지요. 그래서 내린 결론이 '난 방송 체질이 아니다'였지요."

소설가 조경란 역시 비슷한 이야기를 했었다. 그녀도 작품을 쓰기 위해서 방송 출연을 거절했다고 했다. 작가는 뿌리와 같은 존재이기에 활짝 핀 꽃과 같이 화려한 방송과는 잘 어울리지 않을 것 같기도 하다.

이런저런 이야기를 나누다 보니, 점심시간이 훌쩍 지나가 버렸다. 다음 약속이 있다면서 일어나는 구효서. 작업실에서 한번 나올 때 이런 저런 약속을 잡아둔 모양이다. 충분히 이해가 된다. 밖으로 나돌면 한 줄 한 줄 문장은 줄어든다. 설령 한 자도 쓰지 못하는 한이 있더라도 책상에 붙어 있어야 하는 게, 작가의 운명이라면 운명이다. 자리에서 일어나기 전에 구효서는 다음 작품에 대한 이야기를 살짝 해주었다.

다음 작품은 음악에 대한 소설이 나올 것 같다. 시공간이 넓고 긴 소설이다. 바로크 시대에서부터 지금까지 이어지는 서사구조를 꾸미고 있었다. 전문자료도 많이 찾아 읽어야 된다는 말을 던지는 모습이 두꺼운 소설을 쓸 것 같다.

그날 저녁에 나는 언덕길에 부러진 채 떨어져 있었던 목련나무 가지를 차에 실었다. 이제 막 꽃망울이 돋아나는 모습을 보니 땅에 심든, 화분에 담든 해야 되겠다. 저렇게 찬란한 생명이 쓰레기처럼 길거리에 뒹굴게 둘 수는 없는 일이다. 그 목련나무의 가지를 들고 집으로 돌아오는 길에 어둠을 배경으로 환하게 피어있는 밤 목련을 보았다. 별도 없는 밤하늘이 찬란하다.

WRITER'S FRAGRANCE
POEM·NOVEL

'별 헤는 문학선비' 이순원

이순원의 작품세계는 스펙트럼이 넓다. 〈19세〉와 〈은비령〉 〈마흔에게 바친다〉 〈압구정동에는 비상구가 없다〉가 한 작가에게서 나왔다는 게 믿어지지 않을 정도로 상상력이 탁월하다. 무엇보다 그는 야멸차고, 동정 없고, 까칠한 세상에서 따뜻한 인간의 마음을 간직하며 살아간다. 그래서 나는 그를 좋아하고 따른다.

소설은
글로 짓는 집…
같은 집 또 지을 수야 없죠
:

이순원(李舜源 · 53) 형 집에서 따뜻한 저녁 식사를 하기로 약속을 했다. 오랜만에 듣는 목소리여서 반가운 마음에 덜컥 집으로 찾아가겠다고 했다. 언젠가부터 느끼기 시작한 건데, 그동안 내가 바쁘게 살아서인지 주위를 잘 돌아보지 못했다. 주위를 돌아볼 여유도 마음도 없었다. 그저 하루하루 내 앞에 떨어지는 '급한 일'들을 처리하기에 바빴다.

나는 꺼져가는 모닥불의 불씨처럼 겨우 눈을 뜨고 찬바람을 맞고 있었다. 그런데 묘한 것이 그런 나에게, 벌거벗은 마음에 세상은 차가운 바람과 눈보라를 몰고 왔다. 정호승 시인의 '인생은 나에게 술 한잔 사주지 않았다' 라는 시 구절이 떠올랐다. 이런 날에는 마음이 넉넉한 사람이 그리운 법이다. 내가 그리하지 못했으나, 위로를 받고 싶은 마음은 인지상정일 것이다.

이순원과 통화를 하고 나자 가물거리면서 남아 있던 나의 마음에 불씨가 타오른다. 그 불쏘시개가 바로 저녁식사 약속이다.

아주 오랜만에 통화를 했는데, 어젯밤에 늦도록 술을 마시고 아침에 안부인사하는 것 같다. 그렇게 이순원은 항상 편안하고 다정했다. 야멸차고, 동정 없고, 까칠한 인간 세상에 그는 따뜻한 인간의 마음을 유지하고 보수하면서 살아가고 있다. 그래서인지 나는 그를 좋아하고 따른다.

요사이 아는 사람에게 뒤통수를 얻어맞는 세파에 시달리다 보니 따뜻한 사람이 그립다. 그래서 이순원을 만나러 갔다.

아늑한 환상

초인종을 누르고 집 안에 들어가니, 몇 년 전에 보았던 집 안의 풍경과 하나 다를 것이 없다. 반갑게 맞아주는 이순원 역시 내 눈에는 별로 변한 게 없었다.

부인에게 인사하고 서재에 마주 앉아 노트를 펼치니 금세 부인이 따뜻한 차를 내온다. 향기로운 국산 차이다. 오래된 나무 책상에 역시 구형 노트북이 올라가 있고, 책장에 빈틈없이 책들이 일어나 있고, 누워 있다. 빡빡한 공간이지만, 나무 우거진 깊은 숲 속에 들어온 느낌이다. 어디선가 다람쥐가 도토리를 물고 뽀르르 달려갈 것 같다. 그런 아늑한 환상을 보면서 차를 마시면서 현실로 돌아오자 문득 이순원의 나이가 궁금했다.

이순원은 자신은 57년생 닭띠라고 했다. 그리고 자신의 나이 이야기로부터 이야기를 시작했다.

"벌써 쉰을 넘겼어요. 새해 들어 지나온 날들을 뒤돌아보니 그동안 내가 참 특별한 대접을 받았구나 하는 생각도 들더군요. 고마운 일이지요. 저 잘나서 그런 줄 알았는데, 그게 아니에요."

그의 책상 위에 올라 앉은 책들 중엔 최근에 나온 소설이 많았는데 대부분 언론 리뷰가 거의 없었고, 서점 판매 역시 부진해 내가 몰랐던 책들, 의외로 그냥 나왔다가 지나쳐가는 작품이 많았다. 그 책들을 뒤적이면서 한 말이다.

이순원은 이 분들의 소설들도 좋은데 의외로 평가를 잘 받지 못하는 것 같다는 이야기를 했다. 요즘에 언론이나 문단의 평가는 한 군데 쏠려 있는 느낌도 들었다. 그에 비해 자신은 과분한 평가를 받았다는 '겸손'한 이야기다. 그래, 맞다, 바로 그는 '謙'자를 가슴에 품고 사는 사람이다.

주역의 64괘 중에서 가장 좋은 괘가 바로 '겸'괘라고 미술 평론가 손철주 형이 가르쳐주었다. 새해에는 이 글자를 마음에 품고 살라는 덕담이었다. 나는 이순원을 생래적으로 겸손을 타고난 사람으로 보고 있다. 그건 꾸민다고 되는 일이 아니다. 겸손으로 마음을 꾸민다면 위선적이라는 평가를 받기 쉽다. 하지만 이순원은 안과 겉이 항상 연결되어 있는 뫼비우스의 띠처럼 속을 알 것 같기도 모를 것 같기도 하다. 그래서 겸손하게 보인 건가 싶다.

"이제는 죽어도 호상인 나이잖아요. 물론 옛 시절 이야기이긴 하지만."

    옛 시절이긴 하지만 쉰을 넘기고 죽으면 잘 살아온 거다. 그리고 나라를 다스리는 임금들도 선위禪位를 준비하는 나이다. 어떤 어른이 말하기를 나이를 먹으니 판단력이 흐려지고 기억력이 떨어져 젊은 사람들이 정치와 같은 중요한 판단이 필요한 일을 해야 한다고 했다. 그런데 요즘 세파는 잘 먹고 잘 살아서인지 이러한 말의 설득력이 떨어진다.

    필자 역시 쉰이 멀지 않았다. 그래, 이미 젊어 요절한 몇몇 친구들에 비한다면 얼마나 고마운 일인가 싶다가도 뭐 하나 제대로 해놓은 게 없어 심한 자괴감이 드는 그런 나이다. 하지만 나는 아직 철이 덜 들었다고 판단한다. 몸도 마음도 난 아직 사춘기다.

    그래서 나도 쉰부터는 뭘 좀 하고 싶은 마음에 준비만 하고 있는 내 모양이 한심하긴 하지만, 그는 이미 작품이나 인간이나 한 고비를 넘긴 중견작가다. 그는 쉰이라는 나이가 자신에게 자연스럽게 찾아와준 게 고맙다고 했다.

할아버지 나무

특별히 이름을 더럽히지 않고 여기까지 온 세월에 대한 고마움, 마흔의 나이에 쓴 소설인 《은비령》을 넘어온 심경일까? 그는 쉰이 되던 해에 장편소설 《나무》를 썼다. 그로부터 이미 몇 년 전부터 들은 이야기를 소설로 만나니 반가웠다.

이 소설에서 그는 나무의 시선으로 세상을 바라보았다. 자신의 목소리를 싹 빼버린 소설이라는 이야기를 했지만, 나는 그 말을 '나무의 결에 자신의 목소리를 감추었다'고 번역한다. 이 소설은 '실화를 바탕으로 한' 소설이다. 바로 자신의 할아버지 이야기를 쓴 것이다.

"어려웠던 시절, 할아버지는 밤 다섯 말을 마을 산에 심었어요. 식구들 누구도 그 밤을 먹을 수 없었지요. 그 해는 이웃나라에 나를 빼앗기던 해였지요. 온 나라가 슬픔에 잠겨 있을 때 강원도 강릉의 한 촌락에서 할아버지는 묵묵히 밤나무를 심은 겁니다. 어린 우리들은 그 나무를 할아버지 나무라고 불렀어요."

지금으로부터 1백 년 전의 이야기다. 10년이면 강산이 변하고, 1백 년이면 나무가 변한다. 할아버지는 밤나무 외에도 평생 많은 나무를 심었다. 그 나무에는 가을마다 수백 접의 감이 열렸고, 집에 심은 자두나무와 앵두나무 석류나무가 울타리를 대신했다. 뽕나무가 밭둑마다 늘어섰고, 닥나무를 심어 종이를 구했다고 한다.

그의 할아버지가 경술국치에 나무를 심는 심경을 나약한 글쟁이가 어찌 짐작할 수 있을까? 장 지오노의 《나무를 심는 사람》이 소설이라면, 할아버지의 나무 심은 이야기는 진짜 이야기다. 이순원의 할아버지가 나무를 심어 세상의 슬픔을 내면으로부터 다스렸다면, 이순원은 세상에 소설을 심었다. 그는 할아버지 나무를 오랜 기간 가슴에 심어 두었다. 그리고 그 나무에 열매가 맺히듯, 사람들이 쉽게 읽을 수 있는 동화스타일로 이야기를 꾸몄다.

할아버지 나무들은 1백 년이 흐르는 동안 어떤 밤나무들은 세상을 떠나, 그 자리를 다른 나무에게 내어주었다. 이젠 할아버지 나무는 하나만 남았다. 밑둥이 썩고 줄기에 구멍이 났다. 그리고 가지는 내리는 눈의 무게를 감당하지 못해 휘어지고 부러졌다.

"이러한 것들이 모두 할아버지의 오랜 세월이지요. 그 시간을 견딘 보상으로 지금도 가을철이면 할아버지는 우리들에게 밤을 던져 주십니다."

전통 유교마을 출신

이순원을 알기 위해서는 강원도를 알아야 한다. 할아버지 나무가 있는 그의 고향은 강원도 강릉 위촌리이다. 행정지명인 위촌리 대신에 사람들은 '우추리'로 부른다고 한다. 우추리는 강원도 산골 촌마을의 상징이기도 하다. 인터넷으로 '우추리 이장님의 연설'을 검색하면 독특한 강원도 사투리로 마을 주민들에게 연설하는 기가 막힌 이야기를 들을 수 있다. 이순원은 한번 들어보라면서 인터넷으로 우촌리 이장의 연설을 들려주었다.

내용을 들어보니 동네 도사견이 헐거운 목줄을 풀고 동네를 돌아다니면서 이빨을 드러내고 혀를 내밀며 침을 질질 흘리면서 위해를 가하고 있으니 할아버지 할머니는 숨고, 혹시 변소에 숨었으면 냄새가 나더라도 동네 장정들이 이 도사견을 잡을 때까지 숨어 있고, 방송을 듣는 장정들은 어서 마을회관으로 나오라는 내용이었다. 작은 마을을 돌아다니는 도사견은 위협적인 존재이지만, 이장님의 연설을

듣는 동안 터져 나오는 웃음 때문에 배꼽이 빠져 방 안을 여기저기 돌아다녔다.

그 '우추리'는 지금도 촌장이 있는 마을이다. 전통 유교마을에서 나고 자란 이순원은 지금도 고향에 내려가면 부모님보다 먼저 집 안에 모셔져 있는 사당인 '사우'에 절을 하고 마을 '영당'에 절을 한 다음에 부모님께 인사를 한다. 전형적인 유교 집안에서 자라고, 지금도 그 관습을 지켜나가고 있는 그이다. 유교의 오랜 전통이었던 호주제가 올해부터 폐지되었다. 그래서 전통 유교 마을 출신인 선비 이순원은 어떤 생각을 할까 싶었다.

"하하, 저는 호주제 폐지를 찬성한 사람이에요. 저는 유교 원리주의자가 아닙니다. 남녀의 권리는 사실 조선 전기, 중기까지 평등하게 이어졌어요. 조선 중기를 넘어서면서 심사임당의 아들인 이율곡과 같은 엄정한 성리학자들이 나오면서 여성들의 위치가 집안으로 들어가게 됩니다. 저는 남녀가 유별하긴 하지만 우위가 정해진 건 아니라고 생각해요. 여성으로서 남성으로의 몫이 있는 거지요. 유교 역시 마찬가지에요. 중요한 건 인간에 대한 예의입니다."

그렇다. 때가 되면 갓 쓰고 도포 입고 마을 촌장에게 인사를 드리는 이순원이 일산 집안에서는 형수를 대신해서 설거지를 한다. 아내에 대한 아니 인간에 대한 예의이고 겸손한 행동이다.

이순원의 부인은 아마도 이 시대의 마지막 조선 여인이 아닐까 싶다. 이순원은 어린 시절에 이미 정씨 포은가의 형수와 정혼을 한 사이이다. 집안 어른끼리 이미 어린 시절에 맺어준 정혼녀와 결혼을 한다는 이야기를 들으면 마치 시간을 저만치 거슬러 올라가는 느낌이 든다.

그 형수가 차려주는 저녁식사를 기대하면서 오랜만에 작가의 작업실에 마주 앉아 이런저런 이야기를 나누니 저절로 몸과 마음이 살살 녹아 내렸다. 어느 순간부터 나는 노트를 덮었다. 그냥 그의 말을 듣기만 했다.

많은 작가들이 이러저러한 이유로 집 밖에 집필실을 두고 있는 것과는 달리 이순원은 집 안에 집필실이 있다. 그는 집 안에 있는 게 어울리는 사람이다. 집에서 아내를 도와 설거지도 하고 아침에 일찍 일어나 아이들과 아내도 깨운다. 형수가 저녁 준비를 하는지 맛있는 냄새가 서재로 솔솔 풍겨온다. 정신이 흐릿해지면서 배가 고팠다.

물레와 솟대

이순원의 방에는 항상 그 자리에 있는 물건이 있다. 하나는 물레이고 하나는 솟대이다. 물레는 이순원 형의 할아버지가 만들어 할머니와 어머니가 쓰던 물건이라고 했다. 그 물레가 집필실에 들어서면 제일 먼저 눈에 띈다. 여인들의 물건인 물레를 선비의 방으로 들여온 연유는 무엇일까?

"이 물레는 내가 열 살 때 돌아가신 할머니가 베를 짜고, 물레를 돌렸던 물건이라고 어머니가 알려주었지요. 비록 할머니가 물레를 돌리는 모습을 보지는 못했지만, 어머니가 물레를 돌리는 모습은 중학교 때까지 보았습니다. 할아버지가 할머니에게 만들어준 물레를 어머니가 물려받았고, 순서대로라면 아내가 물려받아야 되겠지만, 이제 더 이상 여인들이 물레를 돌리지는 않아, 제가 어머니에게 물려받은 겁니다."

이순원의 모친은 아들의 글이 물레를 돌리듯, 술술 풀려나오기를 바라는 마음으로 전해준 것이다. 이제는 멈추어버린 물레질, 하지만 이순원은 가끔 글이 막힐 때면 막막하게 그 물레를 돌리곤 했다. 그것은 작가의 말대로 어머니의 무언의 격려이고 응원일 것이다.

그렇게 20년을 곁에 두고 있었으니 물레는 이순원의 모든 글을 다 지켜본 어머니의 영혼일 수도 있을 것이다. 나는 이 물레를 선비가 혼자 있을 때 몸가짐을 바르게 한다는 '신독身讀'의 의미로 받아들였다. 어머니가 옆에서 지켜보고 있는데, 감히 몸가짐을 함부로 할 아들은 흔치 않다.

그리고 물레 뒤로 모형으로 만든 작은 솟대가 보인다. 이것 역시 20년 지기이다. 이것을 자신의 고향에서는 '진또배기'라고 불렀다고 한다. 친구가 고향을 떠나 살더라도, 고향을 잊지 말라는 말과 함께 준 선물이었다.

그리고 서재의 책장 아랫줄에 나란히 놓여 있는 '한국문학전집'이 보인다. 필자는 그간 잦은 이사를 하느라 이 책을 다 잃어버리고 한 권만 전리품처럼 남겨 놓고 있다. 한국문학의 층위가 그리 두껍지 않았던 시절, 이 책 한 질이면 한국문학을 다 읽을 수 있었다. 이 전집은 아버지에게 받았다고 한다. 그는 어린 시절에 책읽기를 좋아했다. 문학을 향한 열정이라기보다는, 전기가 들어오지 않는 시골에서 딱히 읽을 것이 없었기 때문이다.

"전기가 들어오지 않아, 문지방에 남포를 올려놓고 한쪽에서는 어머니가 바느질을 하고 한쪽에서는 아이들이 공부를 하던 시절이었습니다. 가물거리는 남포불 밑에서 개미 같은 글씨를 읽었던 기억이 나는군요. 읽고 이해했다기보다는 보고 느꼈던 시절이었을 겁니다."

대관령 배추농사

이순원은 초등학교 시절부터 한국문학, 그러니까 시와 소설을 비롯해서 차범석의 〈산불〉 같은 희곡을 읽었다고 한다. 그리고 중학교에 가서는 문학평론가 차범석의 《한국문학의 이해》를 보았다. 그리고 대학에 진학한다. 고등학교에서 대학교로 넘어가는 기간에 학교를 벗어난 몇 년의 공백이 있다.

그는 상업고등학교를 다니던 시절 가출을 해서 대관령에 올라가 농사를 지은 적이 있다. 이러한 그의 행보는 갑갑한 시골 마을에서 빨리 벗어나고 싶어했던 사춘기의 방황이었다. 중학교를 다니면서 세상에 대해 조심스럽게 눈을 뜨기 시작하던 시절, 그의 소원은 고향 벗어나기였다. 고향을 벗어나기 위해서는 자신만의 '경제'가 필요했고, 그 돈을 벌기 위해 그는 대관령에서 배추농사를 지은 것이었다.

"그래요. 내가 상업고등학교에 진학한 것도, 상고에 다니면 3학년 때부터 취직을 해서 대처로 나갈 수 있었기 때문입니다. 하지만 비록 실패한 저의 대관령 생활은 나중에 〈19세〉라는 작품으로 결실을 맺을 수 있었습니다. 소설가에게 그냥 지나가 손해본 시간은 없습니다."

그의 말대로 작가가 작품만 쓴다면 삶을 낭비하는 시간은 없다. 예를 들어 고시를 준비하는 사람들의 경우, 5년 만에 합격한 사람과 2년 만에 합격한 사람을 비교하면, 한 사람이 3년의 시간을 낭비한 평가를 받기도 한다. 고시에서는 3년이 늦은 사람은 3년이 아쉽고 출세에도 승진에도 영향이 있을지 모르지만, 작가는 등단 여부와 관계없이 모든 시간이 다 작품에 나타나기만 한다면 그 자리에서 그 공백이 메워지는 것이다.

그는 작가에겐 지난 어떤 시절도 버릴 것이 하나도 없는 소중한 시간들이라고 했다. 심지어 부끄러운 시절의 기억도 그 나름으로 작가의 마음속에 또 하나의 작품으로 나올 수 있기 때문이다. 그래서 어떤 이들은 작가를 잡놈이라고 거칠게 말한다. 그래서 뛰어난 작가들 중에 도둑놈도 있고, 엽색한도, 살인자도 있다. 이때 작가라는 면류관은 가시 면류관이 된다. 자신의 몸에 상처를 내면서 피를 흘리는 고통도 작품이라는 보석이 탄생하기 위한 과정이 된다면 한 몸 바치는 작가들도 있는 것이다.

그래서 작가는 천상으로부터 추방당한 저주받은 존재가 되기도 하지만, 반대의 삶을 살기도 해 천사다 악마다 구분을 할 수 없는 무형의 존재라고 말하고 싶다. 그들의 삶은 자신의 스타일을 만들기 위한 한 과정일 뿐이다. 중요한 것은 작품이다. 작가는 결국 작품으로밖에 말할 수 없다.

별빛과 불빛

그는 작품도 세월의 풍화작용을 겪는다는 비유를 했다.

"고향에 있는 할머니 산소에 화강암 상석도 40년이 지나니까 탈색되고 부서지더군. 단단한 돌들도 1백 년 2백 년이 지나면 부스러집니다. 그러나 작품은 어떻습니까? 심지어 문자가 기록되기 시작한 때 기록된 시가 아직까지 사람들의 가슴에 단단하게 자리 잡고 있습니다. 작품은 당대보다 그 이후에 오래 남기도 하지요. 작가는 그의 이름으로 어떤 작품이 남아있느냐가 중요한 것 같습니다."

김화영 선생이 지인에게 작가의 죽음은 그가 죽은 후 10년 후에 나타난다는 말을 했다. 즉, 작가가 죽은 지 10년 뒤에도 작품이 살아남아 있으면 그는 살아있는 것이고, 그때 작품이 잊힌다면 작가는 그 순간에 죽는다는 것이다.

그리고 작품은 하늘의 별처럼 남는다. 그것을 사람들이 별자리 보듯이 읽어내는 것이다. 《은비령》에는 별 이야기가 온다. 그는 지금도 하늘의 별자리를 보고 성도를 그려낼 수준이 된다. 일부러 배워서가 아니었다. 어린 시절 그가 그토록 벗어나고 싶어했던 고향에서 저절로 배운 것이다.

시골의 여름은 길다. 늦게까지 부모님들이 논밭에서 일을 하고 돌아온다. 낮에는 너무 덥기 때문에 선선한 저녁나절에 일을 마무리 하는 것이다. 그렇게 날이 저물도록 일을 하다가 늦게 집으로 돌아온 어머니가 저녁을 하고, 식구들은 어두운 저녁에 멍석을 마당에 펼쳐놓고 밥을 먹는다. 저녁을 다 먹고 나면 그 멍석에 그대로 누워 하늘을 쳐다본다.

"멍석 위에 누워 별자리도 보고, 땅 위에 그 어떤 물길보다 맑은 하늘의 물길인 은하수를 봅니다. 그때 형제들이 인공위성을 찾아내기도 하고, 별들의 이름을 배우기도 했어요. 그리고 우리들이 지어내는 별자리도 있었지요. 《은비령》 역시 저의 상상력이라기보다는, 어린 시절에 내가 별자리를 보면서 꿈꾸어 왔던 것들이 그렇게 그려진 게 아닌가 하는 생각을 합니다."

그리고 이 마을의 별빛은 중학교 시절에 보았던 강릉 시내의 불빛을 보고 충격을 받는다. 강릉 시내에 있는 중학교를 걸어서 등·하교하던 시절, 강릉의 성남동 번화가에 네온사인이 있다는 이야기를 아이들에게서 들었다.

나중에 생각하니 그건 네온사인이 아니라 그저 번쩍이는 전구들이었다. 전깃불이 뭔지를 모르고 살았던 촌아이였기에 밤이 되도록 기다려 그 불빛을 보았다고 한다. 그때 조미료 '미원' 두 글자가 번쩍거리고 있었다. 그리고 그 글자가 사라지면 미원 냄비와 미원 깡통이 나타나는데, 정말 세상에 뭐 이런 게 다 있나 싶은 심경이었다고 한다.

그 불빛이 미치도록 좋아서 선 자리에서 두어 시간 넋 놓고 바라보다가, 사람들에게 시간을 물으니 밤 10시가 되었고, 밤 10시에 20리를 걸어서 집으로 갔다고 한다. 밤 늦어 캄캄한 시골길을 걸어가면서 이순원은 속으로 다짐했다. 아버지는 나를 촌에서 낳았지만, 나는 촌에서 안 살리라, 절대로 안 살 것이라고 되뇌면서 그 멀고도 험한 밤길을 걸었다고 한다.

그가 부러워했던 전기 시설은 결국 그가 고등학교 3학년이 되던 해 마을로 들어왔다. 영동고속도로가 개통되면서 가까이 있는 우추리가 문명의 혜택을 입은 것이다. 그러나 그 전깃불이 앗아간 풍경도 있으리라. 그는 고향에 들어온 전깃불 아래에서 책을 읽고, 그 다음 해에 대학에 진학한다.

마음의 풍경

이순원은 고교시절 2년을 농사를 지어 다른 친구들이 대학에 들어갔을 때에도 고등학생이었다. 그는 늦게 진학한 대학이어서 전공에 대해 이런저런 생각을 많이 했다고 한다. 그래서 국문과나 문창과를 가고 싶었지만, 전통 유교 집안의 하늘같은 부친의 반대로 결국 경영학과에 입학하게 된다. 그리고 졸업을 하고 나서도 금융계통의 직장에서 일을 했다.

나는 작가란, 특히 이순원은 전기가 들어오지 않는 외딴집인 '독가'에서 글을 쓰는 사람들이라고 믿는다. 환한 네온사인 아래에서도 간혹 작가들은 자신만의 '독가'에 갇혀 짐승처럼 신음한다. 그 과정이 있어야 고마운 나무의 신세를 져 책이 만들어지는 것이다. 그의 작품에 대한 이야기를 나누었다.

그는 자신의 작품을 이렇게 이야기해주었다. 우선 소설 속 인물들은 자신이 알고 있는 사람들이 재창조되어 등장한다고 했다. 이 이야기는 일본 애니메이션의 거장 미야자키 하야오를 떠올리게 했다. 지

저는 소설을 같은 둥지에서 한 어미의 품에서 태어나는 새가 아니라,
글로 짓는 집이라고 생각합니다. 아파트를 짓느냐,
초가집을 짓느냐, 아니면 목조주택을 짓느냐에 따라서 건축 공법이 달라지지요.
나무로 짓는 집과 돌로 짓는 집을 어떻게 같은 색깔로 지을 수 있겠습니까?

브리 프러덕션 소속인 그는 만화 캐릭터를 창조할 때, 반경 5킬로미터 내에서 그 인물들을 다 찾아낸다고 했다. 이것은 거의 원칙에 가까운 일이라고 했다.

가까이 지내는 이들의 하찮은 버릇 하나가 만화 캐릭터에게 생명감을 불어넣어 준다는 것이다. 그만큼 자신 있게 그릴 수 있기 때문이다. 예를 들어 밥 먹을 때, 손가락을 옆으로 들어올리는 친구 부인을 관찰해서 여주인공이 식사를 할 때 그 손버릇을 그리는 식이다. 애니메이션 〈센과 치히로의 행방불명〉의 제작 필름을 보았는데, 용이 입을 벌리는 장면을 그리기 위해 용과 비슷한 개가 입을 벌리는 과정을 섬세하게 촬영하고 그림 그리기에 들어가는 모습을 보았다. 가상의 존재들은 현실의 모양을 닮아 있다. 그건 어쩔 수 없다. 우리가 쓰고 그리는 모든 것들은 항상 우리가 가까이에서 보았던 것들이다. 미녀의 얼굴이나 추녀의 얼굴이나 같은 얼굴이다. 어떻게 그리느냐에 따라서 이야기가 나오고 그림이 된다.

이순원의 소설 《그가 걸음을 멈추었을 때》에 나오는 인물은 당숙 이야기이고, 어머니, 아버지, 할아버지 등 다양한 인물들이 그의 작품 속에서 되살아났다. 작가는 결국 자신이 보고 느낀 것을 쓰는 것이다. 이것에서 벗어나는 사람이 있을까? 회화에서도 마찬가지이다. 어떤 화가의 그림이든 화가는 결국 그 마음의 풍경을 그린다.

글로 짓는 집

두 번째로 작품 세계를 형성하는 다양한 스펙트럼을 이야기할 수 있다. 강원도를 소재로 한 작품이 그의 소설 세계에 큰 줄기를 이루면서 《압구정동엔 비상구가 없다》의 압구정동을 비롯한 연애소설과 사회 풍자소설을 썼다. 그래서 간혹 독자들은 이순원이 쓴 소설을 딴 사람이 쓴 것으로 착각하기도 한다. 여기에 대해 작가는 이렇게 말한다.

"저의 작품세계가 다양한 것은 내가 통과해온 시간들이 물리적으로는 50여 년이지만, 내 의식을 통과해온 시간은 조선 중기의 시간까지를 포함해서 그렇지 않나 싶어요. 내가 젊은 시절에 6·25에 대한 소설을 쓸 수 있었던 것은 두 귀는 전쟁의 포성은 듣지 못했지만, 아직 끝나지 않은 이산의 아픔과 또 아버지가 끌려가고 없는 집들의 아픔을 내 아픔처럼 늘 같은 마을에서 너무나 생생하게 보았기 때문입니다. 그리고 나중에 《압구정동엔 비상구가 없다》 같은 작품과 광주 문제를 다룬 《얼굴》을 쓸 수 있었던 것은 이후의 학습으로서 경영학을 전공하고 뒤늦게 사회과학을 공부한 연유입니다. 그래서 저의 작품 세계가 다른 작가들에 비해 조금 더 다양한 것이 아닌가 싶은 거지요."

이러한 말을 하긴 하지만, 그래도 《19세》와 《은비령》《미혼에게 바친다》《압구정동엔 비상구가 없다》 이 작품들이 한 작가의 둥지에서 나왔다고 하기에는 마치 독수리와 참새, 까마귀와 까치가 같은 알에서 깨어난 것 같은 느낌이 들기도 한다. 얄미운 나의 질문에 이순원은 허허 웃으면서 말했다.

"허허, 저는 소설을 같은 둥지에서 한 어미의 품에서 태어나는 새가 아니라, 글로 짓는 집이라고 생각합니다. 아파트를 짓느냐, 초가집을 짓느냐, 아니면 목조주택을 짓느냐에 따라서 건축 공법이 달라지지요. 나무로 짓는 집과 돌로 짓는 집을 어떻게 같은 색깔로 지을 수 있겠습니까? 그리고 이런 생각도 합니다. 작품마다 이것은 이순원표다 라고 딱딱 나와야 할까요? 이런 집들은 흔히들 이야기하는 집장수들의 비슷비슷한 싸구려 집 아닙니까?"

내가 괜히 가만히 있는 작가를 건드렸다 싶은 생각이 들었다. 그렇다. 이건 누구 거라는 기성품이 주는 인식이 주는 지긋지긋함이 있다. 징그럽고 간혹 때가 묻어 더럽기도 하다. 하지만 사람들은 그런 명성을 따라가는 부나비 같은 속성이 있다. 꼭 정치인을 이야기하는 건 아니다. 정치적인 사람을 이야기하는 것이다. 그리고 내친김에 이순원은 이런 말도 했다.

"말 나온 김에 계속 합시다. 그렇게 비슷한 집을 짓는 소설이라면 굳이 20년 30년 소설을 쓸 필요가 있을까 싶어요. 저는 어렸을 때 가출해서 배추농사도 지어봤지만, 같은 배추를 재배해도 그 품질이 해마다 다릅니다. 만약 제가 작품마다 문체와 분위기가 비슷한 소설을 써 독자가 첫 몇 줄만 봐도 이것이 누구 작품인지 표가 나는 소설을 쓸 바에는 차라리 지금이라도 대관령으로 농사지으러 갈 겁니다."

작가의 이 말을 나는 이렇게 번역해서 듣는다.

'나는 대관령으로 가서 농사를 짓더라도 '대관령'이 아닌 '은비령'을 쓸 것이다.'

항상 다른 세계를 추구하는 그의 정신은 젊고 푸르다.

그리고 현실적으로 그의 작품 세계는 그가 직접 가서 답사를 하고 쓴 소설이 거의 없다고 했다. 은비령 역시 그가 작품을 쓰고 나서야 찾아간 곳이다. 작품을 쓰고 나서야 독자들과 함께 버스 두 대를 빌려서 가봤다고 한다. 《말을 찾아서》의 경우도 그 작품의 무대가 되는 봉평을 나중에 독자들과 함께 가봤고, 《그대, 정동진에 가면》의 정동진 역시 마찬가지이다. 이외에도 여러 편이 있다. 가깝고 마음만 먹으면 1박 2일 코스인 작품의 배경 장소를 그는 왜 가보지 않고 쓴 것인가?

"글쎄요. 작가마다 다를 텐데, 저의 경우에는 막상 그 장소를 가서 보면 내가 본 것에만 사로잡혀 거기에 있는 것 이상의 것을 볼 수가 없더라구요. 그렇게 막상 글을 쓰면 제가 눈으로 봤던 것보다 더 못하게 된다는 거지요. 그러나 그 장소를 찾아가지 않으면 머릿속으로 온갖 상상력들이 동원됩니다."

그에게는 탁월한 상상력이 있다. 그리고 그 이전에 우리나라에 대한 충분한 사전 지식이 있었을 것이다. 이것은 영화와 소설과의 관계와도 연관이 있지 않을까 싶었다. 소설을 원작으로 영화로 만들었을 때, 원작보다 깊이가 덜 한 이유가 영상에서는 눈에 보이는 것만을 그려내야 하기 때문일 것이다. 그래서 보는 이의 상상력이 제한된다. 물론 영상이 훌륭할 경우 상상력이 배가 되는 경우도 있기는 하다. 하지만 그런 걸작은 흔치 않다.

그는 소설의 창작성을 최대한 살려내는 작가임에 분명하다. 하지만 이 반대의 경우로 탁월한 작품을 쓰는 이도 있으니, 이 버릇은 작가의 취향 탓인 것 같다.

조세희는 이순원의 은비령?

이순원은 자신의 자선自選 작품집이라고 할 수 있는 작품집《은비령》에서 자세하고 독특하게 긴 작가연보를 만들어 놓았다. 그 연보의 앞부분을 잠시 살펴본다.

1957년 음력 3월 14일, 국내에서 유일하게 지금까지도 마을 촌장제와 4백 년 된 대동계의 전통을 유지하고 있는 전형적인 유교 가정에서 아버지 이석린과 어머니 김남숙의 4남1녀 중 3남으로 출생했다.

1963년 후일 〈첫사랑〉의 모티브가 되는 송양 초등학교 입학, 1965년 할머니가 돌아가시자, 유가의 전통대로 유월이장의 격식대로 19일장을 치른다. 그리고 앞서 이야기한 이야기들이 정리되어 있다가, 1978년 대학교 2학년 때 당구장에서 읽게 된 조세희의《난장이가 쏘아올린 작은 공》을 읽고 참으로 큰 감동과 영향을 받았다고 기록한다.

그는 조세희 선생, 아니《난장이가 쏘아올린 작은 공》을 만나자 문학에 대한 뜻을 굳힌다.

"조세희 선생의 소설을 보고 나서야 나는 소설이란 이런 것이다라는 생각을 하게 되었습니다."

그는 조세희 선생의 단문의 힘을 느끼고 나서 나중에 이런 글을 쓴다.

그리고 그해 늦은 가을부터 이제까지 읽는 '난장이' 연작을 마치 내 작품인 것처럼 원고지 위에 옮겨 써보는 필사를 시작했다. 처음부터 끝까지 다했다. 그때 내가 옮겨 적은 그의 문장 하나하나가 내겐 너무도 멀리 있으면서도 가까이에 있는 스승이었다. 그해 가을 당구장에서 주운 문예지를 통해 그의 작품을 읽지 않았다면 2학년 내내 나는 열심히 경영학 공부를 했을지도 모른다. 그때 바로 조세희를 만났고, 이제까지 했던 독서를 바탕으로 소설 공부를 시작한 것이다. 내 문학 공부는 그렇게 시작되었다.

그리고 이런 말을 더 해주었다. 조세희 선생을 통해 누구나 빠져들기 쉬운 '수사의 과잉'에 빠져들지 않게 되었다고. 같은 걸 쓰더라도 좀 멋지게 쓰려는 수사의 과잉은 삼류를 구분하는 절대 기준이 될 수도 있다. 수사의 과잉에 빠지면 나중엔 자신이 무슨 말을 하는지 모르고 쓰게 된다. 그리고 간혹 그런 작품을 어려운 작품이라고 꼴값을 떨기도 한다.

그런데 이순원은 조세희 선생을 아직까지 한 번도 뵌 적이 없다고 한다. 조세희 선생은 어쩌면 이순원이 영원히 가지 않을 미지의 세계인지도 모른다. 어떤 장소에 가고 나면 작품을 잘 쓰지 못하는 그의 버릇일 수도 있으리라. 조세희 선생은 어떤 의미에서 이순원의 은비령 같은 곳이리라. 만나지는 못했지만, 언젠가는 만날 것이라는 기대감이 바로 행복이 아니던가?

전업작가의 길

대학 복학 중에 결혼하고, 대학을 졸업하고, 첫 아이 낳고, 어떤 국책 금융기관에 편집, 홍보 전문 직원으로 취직한다. 그런 세월을 보내고 나서야 1988년 필자가 세계의 문학으로 등단할 때, 이순원은 『문학사상』 신인상에 단편 〈낮달〉이 당선되어 문단에 발을 들여 놓았다.

순원이 형과 나는 문단 등단 동기이다.

등단 전까지 10년 가량 신춘문예에 응모해 무수히 낙선을 했다. 하지만 그 덕분에 이미 여행 가방 하나 가득한 작품을 준비한 '준비된 신인'으로서 왕성한 활동을 하게 된다. 등단 이듬해인 1989년부터는 이미 평단과 독자의 주목을 받았던 〈그 여름의 꽃게〉 등의 작품들을 연달아 발표하면서 그해에 바로 첫 창작집 《그 여름의 꽃게》를 세계사에서 내고, 둘째 아들을 낳았다. 그리고 그 다음해에도 전작 장편소설 《우리들의 석기시대》를 고려원에서 낸다. 그리고 구효서, 박상우 등과 더불어 문단에 무섭고도 새로운 세력으로 자리 잡았다.

한때 우리 후배들은 이순원, 구효서, 박상우가 전 세대의 선배 작가들인 최인호, 한수산, 박범신의 계보를 잇는 한덩어리로 인식했다. 그러나 그러한 분류방식은 동식물을 분류할 때나 쓰는 것이다. 지나고 나서 생각하니 그러한 기대감은 선후배들이 작가들에게 거는 기대감으로 생각할 수 있었다. 사람은 누구나 자신만의 이야기를 가지고 있고, 작가는 더 고유의 영역이 있다.

그리고 오랜 직장생활을 정리하고 전업작가의 된 해가 1995년이다. 전업작가는 말처럼 쉬운 길이 아니다. 현실을 살아가는 한 방편으로 가족을 거느린 자가 걸어가기에는 너무나도 위험한 길이기도 하다. 그리고 자칫 잘못하면 정말 누추해진다. 다 생활 때문이고, 돈 때문이다.

그때의 심경을 그는 "이제 다른 사람보다 더 많은 '일'을 해야 한다는 강박관념을 갖게 되었다"는 말로 정리했다. 그래서인지 그 다음해인 1996년에 《수색, 어머니 가슴속으로 흐르는 무늬》로 동인문학상을, 이듬해 현대문학상을 비롯한 문단의 상을 수상했다. 마치 전업작가가 되었으니 더 열심히 하라는 문단의 격려처럼 보였다. 그리고 몇 권의 베스트셀러도 냈다.

이젠 어떤 소설을 쓰고 싶은가 라는 어리석은 말을 꺼내고야 말았다.

"지금 쓰고 있으니 말할 수 있겠군요. 이젠 길에 대해서 생각합니다. 살아가면서 우리들은 많은 길동무와 스승들을 만나지 않습니까? 초등학교 때 글을 가르쳐주신 스승도 계시고요. 저는 지금도 그 은사님들과 연락하면서 지내고 있습니다. 나이가 쉰이 넘으니 그 나이가 가르쳐주는 게 있는 것 같아요. 그리고 자연에 대해서도 깊은 생각을 하는 중입니다. 이 정도만 하지요."

작가에게 미래는 없다. 지금이 바로 미래이고 현재이고, 사후이고 전생이다.

인터넷 문학교실

집 안에서 풍겨오는 음식 냄새 때문에 더 이상은 베고파서 못 참겠다. 어서 밥 먹자고 하니 이순원이 무거운 책을 좀 들어달라고 한다. 쓸데없이 나는 건장하게 보여 선후배들이 무거운 것은 다 내가 들어야 한다는 조약이라도 맺은 모양이다. 아니 집에서 밥 먹는데 웬 책이냐고 하자, 사실은 밖에 식당에 예약을 해놓았다고 한다. 이런.

식당으로 걸어가는 길에 그는 자신이 인터넷으로 운영하고 있는 문학교실의 제자들을 만나러 가는 길이라고 했다. 그렇지 싶었다. 그는 문학 선생으로서도 많은 제자들을 배출했다. 신춘문예를 비롯한 여러 통로를 통하여 작가를 배출했다. 언젠가 그의 문학교실을 살짝 들여다본 적이 있었는데, 대학에서 강의한 경험이 있는 필자가 보기에도 꽤 심도 있고 효과적인 강의 방법이었다. 말로 떠들어대는 것이 아니라, 서로 글로 의견을 주고받는 모습이 진지했고, 나중에 다 갈무리해서 돌려보면서 수업을 진행하는 방식이었다.

우추리 출신의 선비가 인터넷으로 문학 강의를 하고 뛰어난 작가를 배출했다. 세월이 흘렀다. 그래 그는 이제 선생이다.

식당에는 시인 한효정, 소설가 김규나, 서진연, 영화감독 정기훈이 나와 있었다. 옆에는 오랜 지기인 소설가 권태현이 있었다. 참 따뜻하고 정겨운 자리였다. 술을 먹고 싶었다. 이순원은 그 자리에서 한 제자에게 선물을 했다. 하지만 밀린 원고 때문에 한 시간만 앉아 있다 자리에서 일어나 집필실에서 글을 썼다. 그리고 다시 한 시간만에 다시 그 자리로 돌아와 늦게까지 술을 마셨다. 모두 취했고, 행복했다.

따뜻한 저녁식사는 나중에 서로의 가족들과 함께하기로 했다. 그때가 언제일까? 우리는 서로가 너무나 바쁘게 산다. 그게 현실이다. 그리고 그 저녁식사는 나의 꿈이다. 꿈은 이루어진다.∵

촉촉하게 젖은 꽃잎을 닮은
시인 김선우

김선우의 시는 여린 듯 강렬하고 수줍은 듯 관능적이다. 그녀의 시에서 절로 배어나오는 물기는 어둡고 따뜻한 자궁 속에서 출렁거리는 양수에 가깝다. 그녀의 여성성이 발산하는 새로운 빛은 이 양수의 풍요로움에서 비롯된다.

詩心 차올라
온몸 간질거리는 거,
꾹 참는 즐거움을 아세요?

:

시인 김선우(金宣佑·40)를 만날 날짜를 미리 잡아놓고, 중국으로 일주일간 답사여행을 떠났다. 중국 여행을 함께할 일행 둘은 큰 여행가방을 들고 공항에 나타났다. 나는 여행가방은 따로 준비하지 않았고, 평소 메고 다니던 배낭에 옷 한 벌과 수건 한 장, 그리고 김선우 시집 한 권과 노트, 연필을 담았다. 일행 중 하나가 내 가방을 보더니 자기는 잠시 외출을 할 때에도 그것보다는 큰 가방을 든다며 웃었다. 거울에 비친 내 모습은 광화문으로 잠시 외출하는 듯했다.

나는 여행을 좋아하지 않는다. 언젠가부터 그랬다. 어디 가는 게 싫다. 사실은 방에 쇠창살을 박아놓고 스스로를 감금하고 싶은 심정이다. 살기 위해 해야 할 일이 많은데 자꾸만 나가서 놀고 싶어하는 마음 때문이다. 하지만 이번 여행은 안중근 의사의 자취를 찾아가는 답사여행이기에 일에 가깝다. 발등에 불이 떨어진 급한 일들이 밀려 있는데도 용기를 냈다.

마음에 맺힌 시들

어딜 가더라도 짐을 들기 싫어하는 내가 김선우 시집을 넣은 것은 그녀의 시가 좋아졌기 때문이다. 그녀의 시를 읽으면서 시를 섬세하게 읽은 지가 오래됐구나 싶었다. 특히 후배 시인들의 시는 어느 사이엔가 내 관심에서 멀어졌다. 언제부터 그렇게 됐는지 모르겠다. 그런 내 마음에 김선우 시가 몇 편 쏙쏙 들어왔다.

> 토담 아래 비석치기 할라치면
> 악아, 놀던 돌은 제자리에 두거라
> 남새밭 매던 할머니
> 원추리 꽃 노랗게 고왔더랬습니다.
>
> 뜨건 개숫물 함부로 버리면
> 땅속 미물들이 죽는단다
> 뒤안길 돌던 하얀 가르마
> 햇귀 곱게 남실거렸구요.

― 시 〈할머니의 뜰〉 중에서

처음엔 시를 눈으로만 읽다가 어느 순간부터 마음에 맺힌 시들을 조용히 소리 내어 읽었다. 그녀의 시를 소리 내어 읽으면 기분이 좋아져 흥얼거리기도 한다. 나는 답사를 하는 동안에 혹시 지루한 시간이 생긴다면 그녀의 첫 시집을 소리 내어 읽어볼 생각이었다.

하얼빈에 도착해서는 그녀의 시집을 읽지 못했다. 하루 이틀이 바쁘고 고단했다. 하얼빈 일정을 끝내고 다롄으로 가는 밤 열차 안에서야 나는 그녀의 시집을 꺼내들었다. 밤 9시에 기차를 타서 잠이 들었고, 새벽 2시쯤 깨어 열차 침대머리 맡에 있는 작은 등을 밝혔다.

차창으로 보이는 밖은 어두웠다. 차창은 거울이 되어 내 모습을 비춰줬다. 잠시 내 모습을 보았다. 지금 우리는 만주 벌판을 지나고 있다. 내 옆에서 잠자던 일행이 말했다. 만주 벌판, 저기 어디쯤에서 '개장수'들이 말을 타고 달렸을 것이다. 이 기찻길로 안중근 의사가 뤼순으로 압송됐다. 그는 창밖을 조금 보다가 문을 열고 담배를 피우겠다면서 나갔다. 나는 잠시 안중근 의사 생각을 하다가 김선우 시집을 아무 생각 없이 펼쳐들었다.

    옛 애인이 한밤 전화를 걸어왔습니다.
    자위를 해본 적 있느냐
    나는 가끔 한다고 했습니다.
    누구를 생각하며 하느냐
    아무도 생각하지 않는다 그랬습니다.
    벌 나비를 생각해야만 꽃이 봉오리를 열겠니

되물었지만, 그는 이해하지 못했습니다.

얼레지…

— 시 〈얼레지〉 중에서

    내가 좋아하지 않는 시다. 이 시를 읽으면 나는 사라지고 시 속에 나오는 벌 나비라는 남성 혹은 곤충이 되어버리기 때문이다. 하지만 이 시는 내가 좋아하는 시다. 왜냐하면 나의 옛 애인을 생각하게 해주기 때문이다. 자신의 추억과 직접 관련이 있는 시를 읽다가 그 추억이 떠오르면, 그 시는 읽는 이에게 위안이 된다.

    나는 한때 시를 쓰면 성급하게 애인에게 전화를 걸어 읽어주곤 했다. 한밤중이었다. 수화기를 통해 천천히 소리 내어 읽어주면 간혹 그녀는 탄식 어린 한숨을 내뱉곤 했다. 그녀는 아마도 딱히 내 시가 좋아서가 아니라, 사랑하는 연인이 시를 읽어주는 그 목소리가 좋아서였을 것이다. 그 순간 우리 둘 사이에는 작은 우주가 탄생한다. 둥글고 원만하고 적당히 어두운 공간이다. 그 공간에서 소리를 내면 공명이 일어나 멀리 퍼져나간다. 그때 연인의 목소리는 마르크스나 레닌의 문장일지라도 달콤하게 들리게 마련이다. 간혹 그녀의 탄식 소리에 젊은 나는 저절로 발기됐다.

    나는 〈물방울의 기억〉이라는 시를 쓰던 날, 바로 그녀에게 전화를 걸어 읽어준 적이 있다. 그녀가 내 시를 들으면서 짧게 신음소리를 내자 나는 벌 나비처럼 그녀에게 다가가고 싶었다. 그녀의 꽃봉오리는 활짝 열렸을 것이라고 생각했다. 한번은 시를 읽어주다가 방문을 열어놓고 기다리는 그녀의 방으로 달려간 적도 있다. 20년이나 지난 일이다. 아니, 20년이 더 지난 일이다.

만주 벌판을 지나는 중국 열차 침대칸에서 누운 자세로 시집을 들고 낮게 소리 내어 읽었다. 그리고 시집을 덮고 뒤표지를 보았다. '시힘' 동인이자 그녀의 좋은 선배인 나희덕 시인이 뒷말을 썼다. 김선우의 시를 잘 보고 쓴 시인의 직관이 돋보이는 글이다.

촉촉하게 젖은 꽃잎을 연상시키는 김선우의 시는 여린 듯 강렬하고 수줍은 듯 관능적이다. 그녀의 시에서 저절로 배어나오는 물기란, 젊음의 소산이기도 하겠지만 무엇보다도 어둡고 따뜻한 자궁 속에 출렁거리고 있는 양수에 가깝다. 그녀의 여성성이 발산하는 새로운 빛은 이 양수의 풍요로움에서 비롯된다. 그 속에 숨쉬고 있는 너무도 많은 누이와 어머니와 노파들은 각기 태아이면서 동시에 산모이고 산파이기도 하다. 그 둥근 생명들을 산란하기 위해 그녀는 지금 운주雲住에 누워 있다. 곧 물의 살을 찢고 눈부신 가시연꽃이 필 것이다.

운주사 가시연꽃

희귀하게도 식물 중에서 1속1종인 가시연꽃, 크게는 연꽃잎이 2m가 넘기도 한다. 언젠가 전라도 어디에서 가시연꽃을 본 적이 있다. 그 가시연꽃은 부처가 이 세상에 와 잠시 앉았다 간 자리처럼 넓고 컸다. 각성한 부처의 마음자리는 그 크기와 형태를 짐작할 수 없는 것이지만 거대한 가시연꽃잎을 보면, 그 자리에서 피어오른 연꽃을 보면 인간의 각성이란 저런 것이지 싶을 때가 있다. 연꽃잎 중앙으로 피어오른 가시연꽃은 관능적이면서도 초월적이다. 김선우는 저런 시를 쓰는구나 싶다. 나는 아주 잠시 그 연꽃잎에 맺히는 물방울이 됐다가 떨어졌다. 김선우는 스물아홉이라는 나이에 가시연꽃을 찾아 운주로 떠난 모양이다.

가시연꽃을 찾아 단 한 번도 가시연꽃 피운 적 없는 운주사에 가네 참혹한 얼굴로 나를 맞는 불두, 오늘 나는 스물아홉 살.

이십사만칠천여 시간이 나를 통과해갔지만 나의 시간은 늙은 별에 닿지 못하고 내 마음은 무르팍을 향해 종종 사기를 치네 엎어져도 무르팍이 깨지지 않는 무서운 날들이 만가도 없이 흘러가네

운주에 올라, 오를수록 깊어지는 골짝, 꿈꾸는 와불을 보네 오늘 나는 열아홉 살,
잘못 울린 닭 울음에 서둘러 승천해버린, 석공의 정과 망치 티끌로 흩어졌네 거기 일어나 앉지 못하고 와불로 누운 남녀가 있어 출렁, 남도 땅에 동해 봄 바다 물 밀려오네

참 따뜻하구나, 물속에 잠겨 곧 피가 돌겠구나

걷지 못하는 부처님 귀에 대고 속삭였네 달리다쿰, 달리다쿰! 누가 내 귀에 대고 소녀여 일어나라, 일어나라! 하였지만

— 시 〈운주雲住에 눕다〉 중에서

시 몇 편을 읽고 시집을 펴서 얼굴을 가리고 다시 잠을 청했다. 그날 나에게 만주 벌판은 보이지 않았다. 단지 어둠뿐이었다. 그 터널과 같은 어둠 속에서 야간열차는 나를 한없이 먼 곳으로 데리고 가는 공간이었다. 잠결에 덜거덩거리는 기차 바퀴 소리는 '일어나라, 일어나라'라는 환청으로 들리기도 했다. 만주 벌판을 달리는 뚜거덕거리는 말 발자국 소리처럼 들리기도 했다. 그러다가 선잠이 들자 침대가 관처럼 느껴지면서 몸이 무거워졌다. 이대로 어디론가 갔으면 싶었다. 이대로 그냥 어디론가 다시는 돌아오지 못할 그 어디로… 하다가 까마득히 잠이 들었다. 그러나 나는 머물고 싶지 떠나고 싶지 않았다.

꾀꼬리버섯

중국 여행을 마치고 서울에 도착해서 하루 쉬고, 토요일 오전 11시30분에 망원동에 있는 커피하우스 '감'에서 그녀를 만났다. 커피 향이 좋은 집이다. 젊은 주인이 갓 볶아낸 커피는 망원동 지리에 어두워 주차할 공간을 찾아 헤매다 짜증난 기분을 환기시켰다. 그녀는 조금 늦게 나타났다. 약속시간 따위는 아랑곳하지 않고 나는 활짝 웃었다. 이

미 몇 잔의 커피를 마셔 몸에 스며든 카페인 탓인지 기분이 좋았다.

그동안 사람들에게서 그녀 이야기를 많이 들어서인지, 악수를 하는데 전혀 어색하지 않았다. 첫인상이 무척 선하고 눈망울이 크고 맑았다. 우선 지금 어디에 사느냐고 물었다. 그녀는 왠지 한군데 머물러 있지 않을 것 같은 느낌이 든다.

"지금은 용인에 살고 있어요. 아는 선배가 잠시 비운 집에 머물고 있지요. 그 선배가 돌아오면 다시 춘천이나 원주 같은 곳으로 가려고요."

그녀는 작은 도시들을 좋아한다. 짐작한 대로 역시 유목민이었다. 여기저기 옮겨 다니며 사는 게 좋다면서 자기 집을 갖는다는 게 부담스럽다고 했다. 그럼 당연히 짐도 적으리라 짐작해본다. 유목민들이 철마다 거처를 옮기기 위해 집을 만들지 않듯, 스님들이 바랑 하나 메고 운수납자의 길을 떠나듯, 그녀 역시 작은 가방 하나에 자기 짐을 다 꾸릴지도 모를 일이다.

길 위에서 시를 노래하는 시인들이 있다. 세상의 모든 성자는 길 위에서 죽었다. 그들에게 집은 잠시 머물다 가는 방일 뿐이다. 그녀의 첫 번째 방인 유년시절이 궁금했다. 시인이 태어나고 성장한 곳은 강원도 강릉이다. 산과 바다, 달과 물방울이 그곳에 있었다. 그녀의 음성이 물방울처럼 톡톡 터지면서 좁은 커피하우스가 향기로워진다. 그래 그녀의 모습은 새벽이슬에 젖은 꽃잎 같다.

"산과 바다를 맨발로 다니면서 어린 시절을 보냈어요. 아이들과 깨 벗고(옷 벗고) 마구 쏘다녔지요."

태어난 곳은 강릉 외곽에 있는 '당두마을'이다. 엄마가 시집올 때 정말 숟가락, 젓가락밖에 없었던 가난하고 소외된 마을이었다. 하지만 어린 선우에게는 어머니의 자궁처럼 충만한 공간이었다. 당두집 초가지붕이 조금씩 함석집 지붕으로 변해가는 모습을 보면서 그녀는 성장한다.

산에서 놀다가 자전거를 타고 가까운 바다로 나가 놀았다. 아침에 일어나면 날씨를 살피면서 비가 올지 안 올지를 예감했고, 비가 온 다음날에는 산에 올라가 버섯을 따서 먹기도 했다. 꾀꼬리버섯을 따서 먹었다고 하는데 그 버섯이 어떤 버섯인지는 알 수가 없었다. 사전을 찾아보니 미국과 유럽에서 널리 유통되는 유명한 버섯이었다. 그 꾀꼬리버섯을 어린 시절에 칼국수에 넣어 먹었는데 맛있다고 일러줬다.

관능적인 시어

전기도 들어오지 않는 시골에서 유년시절을 보낸 어떤 소설가는 콘크리트 벽에서 온갖 환경 호르몬에 시달리면서 학원으로만 전전하는 요즘 아이들에게 삶의 내성이 생길지 걱정스럽다고 했다. 사람으로 태어나 뼈가 굵어지고 살이 올라오는 그 시기에 흙이나 바다에서 풍겨오는 혹한 냄새를 맡으면서, 산에 올라가 비 온 다음날 고개를 내민 꾀꼬리버섯을 뜯어 칼국수에 넣어 먹으면서, 사람은 이렇게 자라야 되는 거 아닌가. 산과 바다와 달과 물방울 속에서 말이다.

지금 우리들은 닭고기, 쇠고기 통조림처럼 자라고 있다. 하루 종

일 닭장 속에 갇혀서 밤에도 낮인 줄 알고 백열등 아래에서 부지런히 사료만 먹는 식용 닭들. 마당에 돌아다니는 벌레 한번 쪼아보지 못하고 초고속으로 자란 닭들은 다리도 날개도 못 쓰고 바로 고기가 되어버린다. 쇠고기도 마찬가지다. 우리는 그 고기를 먹는다. 병든 쇠고기, 닭고기를 먹고 몸이 병드는 건 둘째 문제인지도 모른다.

더 심각한 문제는 우리의 영혼이 그렇게 사육당하고, 고깃덩어리가 되어버린다는 점이다. 영혼이 병든 고깃덩어리가 되는 세상에서 시인은 백과사전에나 나오는 존재가 되어버린다. 시국이 이래서인지 나는 김선우가 조근조근 이어가는 어린 시절 이야기를 집중해서 들었다. 그곳은 우리가 서둘러 돌아가야 할 곳이다.

"그렇게 어린 시절을 보내고 초등학교 2학년 무렵, 당두집에서 강릉 시내에 조금 더 가까운 곳으로 이사를 갔어요. 이사하던 날, 트럭 하나가 앞장을 서고, 엄마는 함지박을 이고 이불을 지고, 우리 자매들은 집 안의 작은 물건 하나씩 들고 또랑또랑 엄마 뒤를 따랐지요. 이사를 가서 보니 기와집이었어요. 마당에 후박나무와 석류나무가 있었어요. 그저 평범한 작은 기와집이었는데, 엄마는 무척 행복해하셨지요. 하지만 제겐 강릉이라는 도시, 즉 시내와는 가까워졌지만 산에서는 멀어졌다는 박탈감이 생겼어요."

당두마을에서 교동마을로 이사를 가는 풍경이다. 김선우는 이 집을 '교동집'이라고 불렀다. 교동집에서 고등학교를 졸업할 때까지 있었다. 초등학교 시절부터 고등학교 시절까지 지냈으니 교동집은 시인에게는 매우 중요한 공간이다. 김선우 시에 나오는 엄마, 할머니, 여인들은 이 교동집에 있는 후박나무, 석류나무와 같은 존재다.

대담하고 관능적인 시어 때문인지는 몰라도, 나는 그녀가 고교시절부터는 조금 자유분방한 문학소녀가 아니었을까 싶었다. 슬쩍 문학을 일찍 시작했느냐고 물었다. 나와 내 친구들은 고교시절에 조금 조숙하게 놀았으니까. 그리고 그 시절의 문학소녀들도 조금은 그러했으니까. 그러나 그녀는 학교와 집에 선을 그어놓고 그 선을 넘어가지 않는 모범생이었다.

집 근처 남자고등학교 앞 향교에 오래된 은행나무가 있었다. 온통 남학생들의 무거운 시선을 받으면서 그 길을 지나가곤 했는데, 일요일처럼 학생들이 없는 날이면 그 은행나무를 보러갔다. 그리고 역시 자전거를 타고 가서 본 경포 난설헌 생가와 경포 바다 그리고 안목 바다를 이야기했다. "안목 바다는 꼭 한번 가보세요"라고. 안목 바다에 간다면 오랜만에 시를 쓰고 싶은 마음이 들까, 싶었다. 그런 마음이 든다고 시가 나오는 건 아니지만.

그녀는 문득 아버지 이야기를 꺼냈다. 지금은 자신의 열렬한 지지자인 아버지는 그 시절엔 김선우가 문학을 하리라고 생각하지 못했을 것이다.

"모범생으로 지낸 고등학교 시절에 유일한 상처가 있어요. 원하는 학교에 진학하지 못한 거지요. 아빠가 초등학교 교장선생님이셨는데, 우리 일곱 아이를 데리고 힘드셨을 거예요. 지금에야 이해되지만 학비 때문에 국립대 사범대학 아니면 진학불가라는 아빠 말씀에 처음으로 제가 반기를 들었어요."

오줌 멀리 보내기

'여자가 중·고등학교 선생으로 살면 최고의 인생이다'라는 아버지의 생각은 열여덟 살 김선우의 가슴에 큰 상처로 남았다. 그리고 형제가 모두 일곱이라는 말, 딸이 여섯이고 막내가 아들이라는 말, 대학 진학 문제를 포함한 집안의 모든 정성은 막내인 아들에게 쏠린다는 말, 거기엔 사연이 있었다. 큰오빠가 중학교 때 사고사를 당하자 딸만 셋인 어머니는 아들을 낳으려 했다. 그리고 김선우를 낳았다. 태몽과 산모의 걸음걸이 등등 하여간 김선우는 당연히 아들인 줄 알고 태어났다. 자신의 태생 이야기를 그녀는 시로 노래했다.

오빠가 죽지 않았으면 나는 태어나지 않았겠지요? 어린 내가 묻고 늙은 내가 물끄러미 죽은 나를 바라본다 내 몸속의 날갯짓들을 살려내려고 햇살이, 봄 햇살이 자꾸 내 가슴을 간질러 오빠가 죽은 해 아버지가 심었다는 늙은 복숭아나무가 자꾸 진물을 흘린다 봄 뱀이 둥치 아래 허물을 벗어놓고 사라지고 아픈 가지 끝에서 호랑거미가 거미줄을 뽑고 여전히 나는 발과 다리가 시리지만, 햇살 알레르기를 앓는 붉은 반점 몇 낱이 내 가슴에 연꽃을 피웠다 엄마가 다시 태어나려는지 꽃 진 자리가 환장하게 가렵고, 늙은 복숭아나무의 시름, 그 다디단 진물 옆을 벌들이 난다.

— 시 〈다디단 진물〉 중에서

그녀의 이름 역시 선숙이나 선예가 아닌 선우다. 인물 검색을 해보면 남자가 수두룩하다. 김선우는 집안에서 남자로 태어났어야만 했다. 하지만 그녀는 여자로 태어났고, 유목민이 됐고, 시인이 됐다.

지금이야 지나간 옛이야기가 됐지만, 집안에 대를 이어야 할 남자가 꼭 필요하던 시절, 김선우에게는 그것이 상처로 남은 모양이다. 그래서인지 그녀는 남자처럼 자랐다고 했다. 남자아이처럼 옷 입고, 백일 사진, 돌 사진을 찍었다. 남자아이들과 '깨 벗고' 놀았다.

"아주 어릴 적 남자아이들과 노는데, 애들이 서서 오줌 멀리 보내기 놀이를 하더라고요. 저도 따라 하려고 하는데 시켜주질 않아서, 동네 감나무 아래에 가서 오줌 멀리 보내기를 연습한 적도 있어요. 하지만 멀리 나가지는 않고 속옷이 다 젖어서 그걸 숨기곤 했던 기억이 나네요. 속상했어요."

나는 "선우씨, 요즘에는 오줌 방울 튈까봐 변기에 앉아서 소변 보는 남자도 많아요" 하려다 말았다. 그렇다면 이 모범생을 시인으로 만든 사람이 있지 않나 싶었다. 시인은 누가 만들어주는 게 아니긴 하지만, 곁에 있음으로써 문학의 문을 열게 하는 그런 사람들이 있다. 감성적으로 예민한 성장기에 멘토 같은 학교 선배나, 독서광인 언니가 있지 않았을까 싶었다.

둘째언니의 출가

김선우와 이야기를 제일 많이 나눈 사람은 열한 살 차이가 나는 둘째

언니였다. 대학진학 문제로 아버지와 갈등할 때, 둘째언니의 얼굴이 가장 먼저 떠올랐다. 그녀는 김선우가 고등학교 3학년 때 '출가'를 했다. 내가 '시집'을 갔느냐고 물어보니, 눈을 동그랗게 뜨고는 "아니요. 산으로 출가했다고요. 스님이 됐다고요"라고 했다.

그녀는 빙긋 웃으면서 둘째언니 이야기를 계속했다. 어머니는 불자이긴 하지만 자식이 출가하는 걸 만류했다. 하지만 김선우는 어릴 적부터 종교적인 기질이 다분했던 언니의 출가를 자연스럽게 받아들였다고 한다. 학승이 되어 지금도 산속에서 공부하는 언니는 행복하게 살고 있다.

김선우는 결국 아버지 뜻대로 춘천에 있는 국립강원대학교 사범대학에 진학한다.

"그때 산으로 올라간 둘째언니가 있었으면 제게 큰 힘이 됐을 텐데 하는 생각이 들었어요. 언니는 분명히 저를 응원했을 거예요."

둘째언니는 문학도였다. 시와 희곡을 쓰던 문학도. 언니의 책을 통해 책을 읽기 시작했고, 고교시절에 그녀는 독서광이었다. 그때 니코스 카잔차키스를 만났다고 했다. 내 친구들 중에는 고교시절에 읽은 독서량으로 지금을 버티는 친구가 많다.

그녀 역시 그 시절에 책을 엄청 읽은 모양이다. 독서를 통해 만난 수많은 영혼이 자연스럽게 그녀의 앞길을 열었을 것이다. 그녀는 비록 눈치 채지 못했을지라도, 김선우라는 꽃잎을 촉촉하게 적셨을 것이다. 김선우 시집을 읽다 보면 드문드문 나타나는 불교 이야기들은 둘째언니와 무관하지 않을 것이다.

좋은 책, 즉 좋은 영혼을 만나고 나면 가슴이 젖어 저절로 배어나오는 '거시기'가 있다. 그게 시가 되기도 소설이 되기도 한다. 하지만 시인이 될 거라는 구체적인 생각은 하지 못했다. 시는 대학에 들어가서 자연스럽게 만나게 된다.

"왜 시를 썼는지는 잘 기억나지 않지만, 시를 발표한 기억은 나요."

꿈꿀 수 있는 세상

그녀는 대학시절을 '극좌 빨갱이'로 살았다. 동기는 우연히 보게 된 1980년 광주 사진. 사진 한 장이 그녀를 거리로 내몰았다. 어린 시절 당두동, 소녀시절 교동집에서 형성된 자연친화적인 세계관은 극심한 균열을 맞게 된다. 세상은 비가 오고 나면 버섯이 피는 자연스러운 세상이 아니었다. 그곳은 온갖 폭력과 더러운 욕망으로 가득 찬, 부숴버려야 할 대상이었다. 그녀는 생의 벌통을 건드려버린 것이다. 터진 벌통에서 튀어나온 벌떼가 그녀의 여린 피부에 침을 꽂았다. 둘째 언니가 출가를 했듯, 그녀 역시 현실 세계를 구하기 위해 거리에 나가 구호를 외치며 나름의 생을 열심히 산다.

"한 세계가 완전히 박살난 거지요. 내가 알고 싶어하는 세계 이외에 또 다른 세계의 잔혹함을 보고 말았어요."

대학엔 '순수문학' 동아리만 있었다. 그래서 그녀는 문예운동 동아리를 만들어서 가두시를 쓰기 시작했다. 운동권 시인이 된 것이다.

"그 시절 저는 두 개의 시 세계를 가지고 있었어요. 하나는 거리에서 쓴 가두시, 하나는 조용히 내면으로 침잠한 뭐랄까, '일기장 시'라고나 할까요. 저에게 시를 발표하도록 도와준 사람은 아이러니하게도 순수문학 동아리 친구들이었어요. 그들은 저희들의 시를 보고 그게 시냐, 운동가냐, 문학성이라곤 전혀 찾아볼 수 없다. 뭐 이런 논지의 비판을 한 거지요. 그래서 제가 그래, 문학성이라는 게 뭔지 보여주마 라는 생각으로 학내 문학상에 응모했어요. 문학상이니까 문학성이 있는 작품이 뽑힐 거잖아요. 학내 문학상이었지만 도내에 있는 다른 대학에서도 응모할 수 있는 규모의 상이었기에 공정성이 있을 거라고 생각했지요."

시 〈검불을 태우며〉로 당선되고, 그녀의 의도대로 가두시가 아닌 '문학성이 있는 시(?)'를 쓴다는 걸 보여줬다. 지금 되돌아보면 퍽 유머스러운 장면이다. 문학성이란 무엇인가. 집회시, 가두시가 됐건 노동해방시가 됐건, 서정시가 됐건 시는 이러한 잣대로 잴 수 없는 깊이와 높이를 갖고 있다. 하지만 이러한 생각보다 대학생 김선우에게 다가온 것은 그 시를 보고 학생들이 보내 온 팬레터였다. 자신의 시를 읽는 독자가 있다는 사실을 알고 깜짝 놀란다.

"그땐 누가 년 뭐가 되고 싶니, 라고 물어보면 그냥 '좋은 사람'이라고만 했어요. 좀 바보스러웠지요. 구체적인 직업에 대한 생각이 없었지요. 그러다가 도대체 인간이란 어디로 가고 있는가 라는 근본적인 질문을 하게 되었어요. 졸업을 하고 나서도 세상은 그리 좋은 곳이 아니었고, 또다시 아프고, 그래서 사는 게 힘들어서 내가 정말 꿈꿀 수 있는 세상을 만들고 싶다, 그게 없다면 내 생을 견딜 수 없을 것 같다는 생각을 하게 되었지요."

그래서 시인이 되려고 했다.

내 혀가 입속에 갇혀 있길 거부한다면

폭설주의보 내린 정초에

대관령 옛길 오른다

기억의 단층들이 피어올리는

각양각색의 얼음꽃

소나무 가지에서 꽃숭어리 뭉텅 베어

입속에 털어넣는다, 火酒 –

싸아하게 김이 오르고

허파꽈리 익어가는지 숨 멎는다 천천히

뜨거워지는 목구멍 위장 쓸개

십이지장에 고여 있던 눈물이 울컥 올라온다

지독히 뜨거워진다는 건

빙점에 도달하고 있다는 것

붉게 언 산수유 열매 하나

발등에 툭, 떨어진다

때론 환장할 무언가 그리워져

정말 사랑했는지 의심스러워질 적이면

빙하의 대관령 옛길, 아무도

오르려 하지 않는 나의 길을 걷는다

겨울 자작나무 뜨거운 줄기에

맨 처음인 것처럼 가만 입술을 대고

속삭인다. 너도 갈 거니?

- 시 〈대관령 옛길〉 전문

1996년 『창작과 비평』 겨울호에 이 시 이외에 열 편의 시를 같이 발표하고 그녀는 시인이 됐다. 직업이 생긴 것이다. 지독하게 뜨거워져 빙점에 도달한 그녀의 시세계는 이미 그녀의 시를 기다리던 사람이라도 있는 것처럼 좋은 반응을 얻었다. 첫 시집 《내 혀가 입 속에 갇혀 있길 거부한다면》을 출발로 《도화 아래 잠들다》 《내 몸속에 잠든 이 누구신가》 세 권의 시집을 냈고, 2004년 현대문학상을 받았다. 등단한 지 10년이 지나도록 세 권의 시집을 냈으니 작가로서 과작寡作이다. 하지만 이 세 권의 시집은 곁에 두고 있으면 기분이 좋아지는 좋은 시집이다. 시인이 되고 나서 그녀의 인생은 어떤 변화가 있었을까.

"우선은 시가 혼란스럽던 나를 구했다, 라는 생각이 들더군요. 시를 쓰면서 상처를 치유할 수 있었고, 때마침 적절한 시기였어요. 시를 쓰면서 내 몸과 자아가 함께 성숙했다고나 할까요. 그리고 행복했어요. 첫 시집을 내고 나서 좋은 말도 많이 들었고요. 그리고 원고료

있잖아요. 첫 원고료를 받아들고 놀랐어요. 그때부터 소비에 대한 욕망을 줄이면서 조금 적은 돈으로 살려고 해요. 남 하는 거 다 하고 싶은 마음을 버리고 사는 거지요. 그런 헛된 욕망에서만 벗어나도 사는 데 그렇게 많은 돈이 드는 건 아니잖아요."

등단하고 나서부터 그녀는 시인으로 자급자족하면서 살고 있다. 대학을 졸업하고 결혼도 하지 않았으니 자기 먹을 건 자기가 챙겨야 되는데, 아무리 소비를 줄여도 김선우같이 예쁜 여자가 특별한 직업 없이 세 권의 시집으로 10년을 살 수는 없는 일.

"소설 한번 써봐라"

그녀는 신문 연재를 비롯한 산문을 썼다. 《물밑에 달이 열릴 때》《김선우의 사물들》《우리, 사랑할래요?》《내 입에 들어온 설탕 같은 키스들》을 비롯해 제법 많은 산문집을 냈고, 제법 팔았다. 독자는 그녀를 시와 더불어 산문을 잘 쓰는 작가로 인식하고 있다. 그녀의 산문 정신은 시인의 여가가 아니다. 그녀의 산문은 시와 또 다른 매력이 뚝뚝 떨어진다. 호흡이 깊고 정갈하면서 할 말 다하는 능청스러움도 있고, 관능적이면서 때론 너무나 여리고 섬세한 감각이 읽는 이를 놀라게 한다.

어느 날, 소설가 조세희 선생이 신문에 실린 그녀의 짧은 글을 보고 전화를 했다.

"이 글을 쓴 시인이 누군지 궁금해. 만나서 한번 이야기하고 싶네."

문단 대선배이자, 《난장이가 쏘아올린 작은 공》의 작가 조세희의 전화를 받고 가슴 설레지 않을 후배가 어디 있을까. 그녀 역시 너무나 기쁜 일이었지만 숫기도 없어, 전화 받고 달랑 달려갈 배포가 없었다. 어찌어찌 하다가 전화를 받은 지 3년 만에 조세희 선생을 뵙게 됐다.

그 자리에서 조세희 선생은 김선우 시인에게 '소설을 한번 써보라'고 했다. 그녀는 깜짝 놀라서 "시인에게 소설이라니… 제 시집이 별로였나요?"라고 걱정스럽게 물었다. 그러자 조세희 선생은 그런 의미가 아니라, 김 시인이 소설을 쓰면 뭔가가 나올 것 같아서 그런다고 했단다. 그리고 좋은 시인이면서 좋은 소설가가 되는 일도 가능하다는 덕담도 던졌다. 필자가 듣기에 예지력이 빛나는 말씀이다. 필자도 비슷한 생각을 하고 있다.

그녀는 세 번째 시집을 내고 나서는 바깥에 시 발표하는 일을 자제하고 있다.

"시집을 내고 나서 인도에 세 번째 여행을 마치고 돌아왔는데, 시인으로서 한 고비를 넘었다는 생각이 들면서 앞날이 갑자기 막막해지더군요. 세 번째 시집은 시인으로 등단한 지 10년이 되던 해에 출판했는데, 이제는 내게 여유가 필요하다는 자성을 한 거지요. 그동안 시 청탁이 오면 시를 쓰고, 발표하고, 발표한 시를 모아서 시집을 내고 하는 일들이 형식의 틀에 갇혀 있어 답답했거든요. 그래서 당분간은 가능하면 시 쓰는 시간을 줄이고 있어요. 그런데도 시를 쓰고 싶은 마음이 차올라 온몸이 간질간질할 때가 있는데 꾹 참아요. 그 참는 시간도 행복하고요."

이야기를 나누는 동안 느낀 것인데, 그녀 주위에는 묘한 긴장이 흐르고 있었다. 그 긴장감이 주위의 공기를 신선하게 만들고 있었다. 그 긴장감을 터뜨리면서 그녀는 말했다. 시를 쓰고 싶은 마음과 참고 있는 마음이 서로 잡아당기고 있는 팽팽한 고무줄 같다. 그 시간 위를 그녀는 조심스럽게 걸어가고 있다. 마음속에 시상이 떠올라도 그 마음을 꾹 누르고 있으니 오히려 점점 더 시를 쓰고 싶은 마음이 간절하다. 보고 싶은 사람 못 보게 하면 환장하는 거와 같은 이치다. 그녀는 요즘 이런 느낌을 즐기고 있다. 하지만 뭔가 개운치 않다. 김선우가 단지 그러한 느낌만을 즐길 것 같지는 않다. 뭔가 다른 일을 하고 있었던 건 아닐까. 시를 쓰지 않은 시간에 뭘 한 것일까. 그녀가 말했다.

"장편소설 원고를 실천문학사에 넘기고 지금 제목을 정하는 중이에요."

그럼 그렇지, 그녀는 그간 장편소설을 썼다. 그리고 그 원고를 지금 우리가 이야기를 나누는 건물 위층에 있는 실천문학사에 넘겼다. '아하, 그렇구나 장편소설을 썼구나.' 뭔가 답답하던 가슴이 툭 터졌다. 어떤 동기가 있었을까. 그녀는 담담하게 말해줬다.

현대무용가 최승희

그녀가 쓴 어른들을 위한 동화인 〈바리공주〉를 읽고 한 영화사에서 현대 무용가 최승희에 대한 시나리오 작업을 부탁했다. 평소 최승희에 관심이 있었던 그녀는 시나리오 작업을 했다. 평양까지 가서 최승희에 대한 취재를 해 시나리오를 써서 넘겼다. 그런데 막상 시나리오를 쓰고 나니, 이 물건을 소설로 만들고 싶다는 생각이 들었다. 시나리오는 문학적인 상상력이 제한될 수밖에 없기에 마음이 답답했다. 그 마음을 소설로 풀어낸 것이다. 시나리오 작업을 통해 이미 소설을 쓰기 위한 모든 준비는 끝난 상태. 그녀는 침착하게 한 권의 장편소설을 썼고, '시힘' 동인이자 실천문학사 편집장인 손택수 시인과의 인연으로 소설을 실천문학사에 넘기게 된 것이다.

나는 그녀의 〈바리공주〉를 읽고 나서 그녀가 소설을 쓸 것이라는 생각을 했다. 오히려 내가 기대했던 것보다 좀 늦게 작품이 나온 셈이다. 그녀와 소설 제목에 대한 이야기를 신나게 나눴다. 그녀에게는 첫 장편이니 한편으로는 긴장될 법하다. 그런 마음 때문인지 그녀는 문득, 아주 중요한 이야기를 했다.

"그런데 이 장편소설을 쓰는 동안, 앞으로 쓰고 싶은 장편소설이 세 권 정도 제 몸으로 들어왔어요."

이런, 그렇다면 이 장편소설은 이제 그녀 소설의 시발점인 셈이다. 이야기를 하다 궁금한 마음에 소설의 첫 문장이 뭐냐고 물었다. 그녀는 웃으면서 고개를 가로저었다. 하긴 조금 있으면 책으로 읽을 수 있는데 뭘 그리 서두르나 싶었다.

2011년은 무용가 최승희의 탄생 100주년이 되는 해다. 일제 강점기에 태어나 6·25전쟁, 월북, 북한 무용예술가, 그리고 숙청. 이미 일제 강점기에 세계적인 무용가로 이름을 남긴 최승희는 우리 예술가 중에서 독보적인 위치에 있다. 그녀에 대한 다양한 책이 이미 출간되었고 앞으로도 출판될 것이다. 그중에서 김선우의 소설이 우뚝하기를 바라는 마음이다. 그녀는 담담하게 말했다.

"최승희는 어떤 의미에서든 그냥 사라질 수 없는 인물이에요."

몸속에 잠든 소설

며칠 후 소설 제목이 '나는 춤이다'로 정해졌다는 연락이 왔다. 6월 하순경에는 그녀의 소설책도 세상을 향해 던져질 것이다(《나는 춤이다》는 2008년 7월에 출간되었다). 김선우는 자신의 몸속에 잠든 소설을 깨워 세상으로 내보냈다. 김선우에게 시란 무엇인가, 소설이란 무엇인가라고 묻지 않는다. 대신 이 시를 인용한다.

> 그대가 밀어 올린 꽃줄기 끝에서
> 그대가 피는 것인데
> 왜 내가 이다지도 떨리는지
>
> 그대가 피어 그대 몸속으로
> 꽃벌 한 마리 날아든 것인데
> 왜 내가 이다지도 아득한지
> 왜 내 몸이 이리도 뜨거운지
> 그대가 꽃 피는 것이

처음부터 내 일이었다는 듯이

- 시 〈내 몸속에 잠든 이 누구신가〉 전문

그녀의 문학은 꽃 피우는 일이다. 처음부터 그녀 일이었다는 듯, 뜨겁고 아득하다. 김선우와 장시간 이야기를 하면서 술을 마시듯, 커피를 마셨다. 몸이 나른하고 정말 낮술에 취한 것 같다. 중간에 돼지고기를 조금 먹기는 했지만 배는 부르지 않았다. 이제 시간이 되어 그녀는 실천문학사로 올라가야 하고, 나는 지하주차장으로 내려가야 한다. 내가 커피에 취한 것 같아서인지 그녀는 나를 배웅해주었다.

앞장서서 걸어가는 여자의 등을 보고 그녀의 이름을 부르고 싶을 때가 있다. 이야기를 마치고 헤어지는 길에 잠시 그녀가 내 앞에서 걸어간다. 문득 "김선우!"라고 부르고 싶은 생각이 들었다. 하지만 부르지 않았다. 그녀는 잘 가라고 인사를 한 뒤, 엘리베이터를 타고 실천문학사로 올라갔다.

우물처럼 동그란 눈동자

그녀와 이야기를 나눈 커피 집으로 다시 간다. 뭔가 떨어뜨린 거 같아서다. 내가 뭘 떨어뜨렸는지는 잘 모르겠다. 주위를 두리번거린다. 아무것도 없다. 나는 조금 전까지 이곳에서 그녀와 이야기를 나눴다.

커피를 열 잔 정도는 마셨나 보다. 케냐, 더치, 만델링, 여러 종류의 커피를 다양하게 마셨다.

한참 커피에 빠져 있을 때, 내가 로스팅한 커피를 시음하느라 낮술에 취하듯, 커피에 취해 초저녁에 뻗어버린 적이 있다. 문득 그 시절이 떠올랐다. 그 시절에 나는 커피에 관한 소설을 쓰고 있었다.

의자에 다시 앉아 김선우가 앉았던 자리를 본다. 김선우의 동그란 눈동자는 우물 같았다. 사람을 마주 본다는 거, 특히 눈동자를 바로 보고 이야기한다는 거, 참 오랜만이다. 난 이야기를 나눌 때, 보통 그 사람의 눈동자 조금 아래를 보고 이야기한다. 그게 편하다. 그런데 처음 만난 김선우와는 똑바로 쳐다보고 이야기했다. 눈동자, 커피, 산, 바다, 고갯길, 그리고 김선우, 시, 커피, 향기로운 토요일 오후였다. 일어나 걸어가는데 '내 다리뼈로 퉁소를 만들어줘'라는 김선우의 시 구절이 떠오른다. 어디선가 나지막이 슬픈 피리소리가 들리는 것 같다.

멀리 나는 새처럼 자유로운 소설가 김인숙

김인숙 소설은 1980년대와 90년대를 각각의 시대성 속에서 살아낸 많지 않은 경우에 속한다. 두 시대성 사이의 단절과 흐름, 이접이 그의 소설언어에 안팎으로 새겨져 있다. 그 연결고리는 '상실감의 내면화'다. 김인숙은 상실감 혹은 상처의 근원을 자기 속에서 대상화하는 과정을 통해 '미적 거리'를 확보한다.

통속성과 진정성의 줄타기 끝에 '제국의 뒷길'에서 마주친 문학

인왕산을 내려오는 길에 기러기를 만났다. 노부부가 사는 숲 속 오두막에 물을 얻어먹으려고 들렀다가 우연히 본 기러기였다. 오리도 아니고 기러기가 왜 민가에서 오리처럼 살고 있나 싶었다. 그곳에서 태어나고 자란 기러기였다. 기러기에게는 기구한 운명인데, 그 기러기는 날개가 있는 데로 날지 않았다.

멀리 날아가는 새의 대명사가 기러기다. 더구나 기러기는 가을에 오고 봄에 날아가는 철새다. 자기 영역을 죽을 때까지 지키는 텃새보다는 철새가 '멀리 날아간다'는 날개 본연의 임무에 충실하다. 하지만 숲 속 오두막 노부부의 보살핌을 받고 있는 기러기는 '멀리 날아가기'를 잃어버렸다. 한번 용기를 내서 날아보라고, 기러기에게 말했다. 그 녀석은 쓸데없는 소리 말라는 표정으로 멀뚱하니 마당의 모이를 쪼며 왔다갔다 한다.

"그래도 여기에서 저기까지는 후두둑 날아가."

할머니는 좁은 마당을 겨우 오리처럼 날아가는 기러기를 보면서 말했다.

그 좁은 마당을 나오지 못한다면 녀석은 영원히 그렇게 살다가 갈 것이다. 저 기러기를 기러기라고 부르는 일이 과연 옳을까. 짧은 순간 마른 목을 적시면서 여러 가지 생각에 시달렸다. 내가 혹시 저 기러기와 같지 않을까. 아니 우리 모두가 저런 지경은 아닐까 하는 생각을 하면서 산길을 내려왔다.

생이 내게 준 휴가

작가 김인숙(金仁淑·47)이 어느 날 문득 중국으로 건너가 3년을 넘게 살다가 쓴 책인 《제국의 뒷길을 걷다》는 청나라 마지막 황제 푸이의 얘기다. 다 읽고 나니 책을 읽기 전 이 책이 김인숙의 베이징 여행기라는 선입관을 잊게 했다. 그리고 인왕산에서 본 기러기가 생각났다.

인민해방군 손에 이끌려 사상개조를 받은 늙은 푸이가 중국의 새로운 진시황인 마오쩌둥의 사진을 우두커니 쳐다보는 사진이 뇌리에 남아 있었다. 날지 못하는 기러기가 하늘을 보는 심경이다. 그 순간 그는 어떤 생각을 했을까. 그는 제국의 뒷길을 걸어온 사람이다. 이 책은 마지막 황제 푸이의 절망과 그를 둘러싼 사람들의 더 깊은 절망이 조화롭게 슬픈 소설이다.

그 슬픔은 이미 지나간 한 인물, 중국의 황제라는 거대한 거인의 슬픔이 아니었다. 그가 그 거대한 동상에서 내려와 사람들의 손에 이끌려 시정바닥을 끌려다니는 슬픔이다. 시정바닥을 이리저리 끌려다니는 나 혹은 인간들의 슬픔이기에 책의 문장들은 읽히면서 드문드문 마음에 스며들었다.

그는 이 책에서 말했다.

모든 역사는 인간의 이야기다. 전혀 다른 세상, 전혀 다른 시대에 살았던 인간들이 완전히 다르게 구성해내는 이야기가 뜻밖에 오늘을 살아가는 우리의 이야기와 다를 바가 없다는 걸 깨닫는 것은 그리 드문 일이 아니다. 역사를 읽는 즐거움과 슬픔이 여기에 있다.

그의 따뜻한 책에 밑줄을 긋고 어떤 부분에서는 한숨을 지으면서 입추와 말복의 무더위를 잠시 잊었다. 이 책의 어떤 매력이 나를 끌어당겼을까, 하는 궁금증을 품고 김인숙을 만났다. 그가 중국에 간 이유는 '그냥'이었다. 2002년에 가서 2년을 있었고, 돌아와 1년 반을 한국에서 머물다가 다시 중국으로 가서 1년 3개월 정도 있었다. 철새 기러기를 닮았다. 때가 되면 어디론가 날아가고 싶은가 보다.

"다른 이유는 전혀 없고요. 내가 가고 싶어서 간 거죠. 그때 여러 가지로 어려워서 순전히 나를 위해 그냥 잠시 다녀오면 좋겠다 싶은 거지요. 난 행복했는데, 주위에 있던 사람들은 좀 힘들었지요."

여러 가지로 어려울 때, 사람마다 취하는 포즈가 다르다. 난 힘들면 아무 데도 못 간다. 힘들 때 어딜 가면 더 힘들다. 그냥 그 자리에 머물러 있는 게 상책이다. 그 힘든 생각이 너무 무거워 내려놓을 수가 없기 때문이다. 내려놓으려 해도 힘이 필요한데 겨우 버티는 수준이다. 더 두려운 건 내려놓으면 죽을 것 같기 때문이다.

그런데 그는 기러기처럼 훨훨 떠났다.

"중국 다롄大連에 가서 지낸 최초의 1년은 내 생에 제일 행복한 시기 중 한 시절입니다. 생이 저에게 준 휴가 같았어요. 난생처음인 곳에 가서 새로운 것도 보고 신기한 경험도 하면 얼마나 좋은지 몰라요. 하지만 1년을 넘기고 2년이 되어가면 그 신선함이 진부함으로 바뀌고, 결국 같은 일상이 되지요. 그럼 다시 돌아오고 싶은 생각이 들어요. 저는 새로 도착한 곳에서 2년을 못 넘겨요. 더 이상 새로운 것이 없어 지루해져버리기 때문이지요. 언젠가 황석영 선생과 그런 이야기를 나누었는데 선생님도 그런 말씀을 하시더군요."

혹시 습관적으로 외국에 나가는 건 아닐까.

"아니에요. 그렇게 자주 나가진 않아요. 1993년에 호주로 가서 1년 반 정도 있었어요. 그땐 가족문제 때문에 아주 힘겨웠던 시절이었지요."

남편과 헤어질 무렵이다. 그는 이혼이라는 고통의 과정을 거쳤다. 그 이유는 묻지 않았다. 대신 그의 어린 시절에 대한 이야기를 나눴다.

그는 내가 보기에 전형적인 서울 사람이다. 그간 작가들로부터 시골 고향에 대한 이야기로 재미를 본 나는 툭, 하니 걸렸다. 시골이 고향인 사람들이 추억이 많은 것은 고향이 서울이 아니기 때문이다. 서울에는 추억이 없다. 추억이 있던 자리는 모두 고층건물이 올라갔다. 그 자리에는 풀 한 포기 자라지 않는다.

아버지의 부재

추억이란 흙이 있는 자리에 자라는 풀이거나 꽃이다. 그는 서울에서 태어났으니 흙에 대해서 유년시절에 대해서는 별로 쓸 게 없겠네, 싶은 마음이었다. 과연 그럴까. 그는 활짝 웃었다.

"유년시절 사진을 보면, 모르는 얼굴들과 찍은 사진들이 있어요. 어머니가 하숙집을 했는데, 그때 하숙을 하던 대학생 언니 오빠들이지요."

하숙집은 아버지의 갑작스러운 죽음으로 3남2녀의 가장이 돼버린 어머니가 생활의 방편으로 선택한 일이다. 그가 다섯 살 때 아버지가 돌아가셨고, 다섯 살 이전의 기억이 그에게는 없다. 그래서 그에게는 아버지가 없다. 아버지에 대한 흙과 그 흙에서 피어난 추억이 없다.

"35세가 넘어서야 돌아가신 아버지의 사인이 의료사고인 걸 알았어요. 주사를 잘못 맞아 돌아가셨는데, 그때 아버지의 비명소리가 매우 강렬했어요. 어머니는 아버지에 대한 이야기를 다정하게 하지는 않았어요. 아버지가 멋쟁이여서 어머니 속이 상하셨겠지요. 하지만 큰오빠는 아버지를 아주 멋있는 분으로 추억하고 있었어요. 한 사람에 대해서도 이렇게 서로의 입장에 따라서 달리 각인되어 있지요. 하지만 저는 아버지에 대한 기억이 없기 때문에 상처도 없어요. 저에게 아버진 처음부터 없었던 거죠."

혹시 내가 아버지를 어린 시절에 잃었다는 말을 듣고 눈빛이 흔들렸을까, 그는 아버지에 대한 이야기를 이렇게만 말했다. 그가 기억을 하든 안 하든, 상처가 있든 없든, 아버지의 부재는 그녀에게 문학을 할 자리를 내면에 만들어주었는지도 모른다. 그 빈 공간은 어린 그의 무의식에 자리 잡았고, 그것은 글쓰기로 이어진다.

그는 고교 3학년 시절 만해백일장에 나가 시 부문에서 장원을 했다. 학생시절, 문학보다는 공부에 몰두했을 것이다. 그 보상으로 자신이 원하는 대학에 입학할 수 있었다. 그의 표현대로 깡마른 여자아이, 화장을 짙게 하고 짧은 치마를 즐겨 입는 발랄한 연세대 신문방송학과 대학생이 되었다.

작가 김인숙의 등단 과정은 어린 푸이가 울면서 황제가 되기 위해 궁으로 끌려가는 모습과 닮았다. 그에 대한 이야기를 하기 전에 거쳐야 하는 관문이 그의 등단 모습이다. 당시 대학 1학년, 그것도 방송국 피디를 꿈꾸는 소녀가 자신이 원하는 학교의 신문방송학과를 다니던 중에 덜컥 일어난 일이다.

신춘문예 당선 통지가 오던 날, 그는 친구 문제로 머리가 지끈거려 길거리를 쏘다니다가 집에 들어왔다. 그때 그의 모친께서 불안한 표정으로 "너 뭐 잘못한 거 있느냐?"라고 물었다. 문단이나 문학에 대해서는 문외한인 어머니는 신문사에서 자신의 딸을 찾으니 마치 안기부에서 학생운동 하는 아이를 찾는 것처럼 들린 탓일까. 그는 그렇게 당선되었다.

가난하고 거친 동네

1984년에 『조선일보』 신춘문예로 등단했으니 이제 문단 나이 25년이 된 중견작가다. 그녀는 자신의 등단 작품을 어떻게 보고 있을까.

"제가 요즘 심사위원을 하곤 해요. 만약에 말이지요. 제가 그때 심사했다면 그 작품은 처음 서너 장 읽어보고 바로 옆으로 제쳐놓았을 겁니다. 지금 보면 문장을 비롯해 여러 가지로 모자라는 작품이에요. 그런 물건을 가능성만 보고 뽑아준 선생님들께 감사하지요. 심사를 해봐서 아는데 신인의 작품을 오로지 가능성만 보고 뽑는다는 거 무척 어려운 일이에요."

그녀는 등단을 하고 나서 무척 힘들었다고 한다. 그 이유는 선명하다. 문학보다는 문학 외적인 데 대한 사람들의 호기심이 대단했다. 지금 와서 천천히 읽어보니 그녀의 등단작인 〈상실의 시대〉는 '여성지용'이었다. 여성지용이라는 말은 통속적이라는 말이다.

여성지는 통속성을 가장 잘 대변하는 잡지다. 그들에게 일류대 신방과 예쁜 여대생이 젊은이들의 성과 사랑을 감정이 넘치다 못해 흘러내리는 문장으로 쓴 작품은 좋은 기삿거리가 된다. 그런데 여성지 기자들이 앞 다퉈 그에게 왔다가 인터뷰를 하고 나면 모두 재미없어 했다. 뭔가 짜릿한 것이 있나 싶어 왔다가 확인해보니 그냥 심심한 한 여대생이 있었다.

등단을 하고 나서도 마찬가지다. 문단은 가난하고 거친 동네다. 아름다운 낙원이 아니다. 새 작가가 나오면 호랑이가 비탈에 새끼를 굴리듯, 독수리가 절벽에서 새끼를 던져버리듯, 그냥 문학이라는 황무지 들판에 풀어놓는다. 살 놈만 알아서 사는 것이다. 어린 여대생이 그런 분위기 속에서 견디고 글을 쓰면서 살아내야 하는 고독을 짐작하기는 어렵지 않다. 그때 생각을 하면서 그는 이런 말을 했다.

"그때 누군가 길을 잘 잡아주었으면 그 어려움을 조금은 수월하게 견디고 빠져나올 수 있지 않았을까 하는 생각도 들어요."

너무 어린 나이에 등단했기에 질투 아닌 질투도 받았다. 그렇게 당황하고 있는데 당시 신춘문예 심사위원인 고故 정광용 선생은 이런 말을 전화로 남겼다.

"통속작가가 될 소지가 큰데, 그런 우려를 무릅쓰고 뽑아줬소. 경계하시오."

지금 막 등단한 작가에게 선배 작가의 이러한 조언은 차라리 따뜻한 것이었다.

"작품을 뽑아주어서 고맙다는 인사를 하다가 들은 말이지요. 그래요, 선생님들의 안목이 옳았어요. 과연 저는 통속소설을 그 다음에 썼고, 꽤 팔았어요."

통속소설이란 문학적인 성취가 떨어지는 작품이라고 해두자. 이 말은 위험한 말이다. 소설은 원래 통속적이야 한다. 통속이란 무엇인가? 속세와 통한다는 이야기가 아닌가? 사전적 의미로는 '일반 세상에 널리 통하는 풍속, 전문적이 아니고 일반으로 알기 쉬운 일'이다. 예술은 근본적으로 통속이다. 소설처럼 속세와 통해야 하는 문학 장르는 흔치 않다. 소설은 대중을 상대로 한 통속의 전형이다.

그가 말한 통속소설은 '핏줄'을 말한다. 내가 듣기에 그는 통속의 기준을 자신의 진정성에 두고 있다. 자신이 바라볼 때 진정성이 떨어지는 작품을 통속적이라고 이야기한다. 그가 대학 시절을 보낸 시대의 진정성은 학생운동이었다. 그는 통속소설의 악령에서 벗어난 소설을 발표한다.

내게 그의 이름을 각인시킨 것은 장편소설 〈79-80 겨울에서 봄 사이〉다. 내가 대학 졸업 무렵에 그는 대학 1학년으로 신춘문예 당선을 했고, 그의 사진이 실린 신문을 보면서 '이것 봐라 문단에 물건 하나 나왔네' 하는 기분이 들었다. 약간의 질투를 느꼈지만 곧 잊어버렸다. 그리고 김인숙이라는 이름은 내 마음에 학생운동 소설을 쓰는 작가로 남았다.

통속소설과 진정성

그는 자신을 담금질하는 시기를 보내야만 했다. 작품 발표를 하고, 토론을 하고, 같이 놀고 어울리는 친구가 그에게는 적다. 등단 작품에 대한 공포감이 있다는 말을 들었을 때, 나는 아차 싶었다. 그것은 그에게 일종의 상처였다. 등단 작품은 그에게 여러 가지로 압력을 넣었다. '넌 앞으로 이런 작품 쓰지 마라' '너의 작품은 대학 문화를 왜곡한 일이야' 라는 환청도 그에게 들린다. 때가 1980년대였다.

대학 졸업 무렵에야 같은 학교를 다니던 작가 심산을 통해 문학하는 친구들을 만나게 된다. 그리고 자유실천문인협회를 알게 되고, 김정환 김남일 같은 좋은 오라버니도 만난다.

"〈79-80 겨울에서 봄 사이〉는 저에게는 전환기적인 작품이죠. 학생운동 쪽으로 시선을 돌리고 나서 그동안 나라는 작가에 대한 전면적인 반성을 하게 되었고, 그 소설을 쓴 거죠. 그러한 관문을 거치고 나서 등단한 지 10년이 지나서야 저는 등단작인 〈상실의 시대〉를 저의 작품집에 실었어요. 그 작품집의 '작가의 말'을 보면 그때 저의 심경이 잘 보여요."

그의 두 번째 창작집 《칼날과 사랑》은 창작과비평사에서 나왔다. 등단작을 10년이 지나서야 작품집에 수록하는 심경을 밝힌 작가 후기를 조금 읽어보자.

> 이제 와서는, 10년 전의 나와 지금의 내가 서로 화해를 할 필요가 있다는 생각을 한다. 화해라는 말이 좀 어색하긴 하지만… 난 늘 그랬던 것 같다. 5년 전에는 10년 전의 나를 이해하지 못하고 또 1년 전에는 5년 전의 나를 이해하지 못하면서, 그래서 늘 어딘가 모르게 내 인생 전부가 삐걱거리는 듯한 느낌이 드는, 사실은 그래서 1년 뒤의 내가 또 자신이 없어지는 기분도 있다.
>
> 어쨌든 지금은, 내가 가졌던 내 인생의 한 부분도 놓치지 말고 끌어 안아야겠다는 생각을 하는데 그것이 이후 내 작품에서 어떤 식으로 드러날지는, 나부터가 관심사이다. 어쨌든, 정말 어쨌든, 좋은 글을 쓰고 싶다.

1993년에 낸 두 번째 창작집을 보면 그녀는 이미 소설집으로 《함께 걷는 길》, 장편으로 《핏줄》《불꽃》《79-80 겨울에서 봄 사이》《긴 밤, 짧게 다가오는 아침》 등이 있다. 10년 사이 네 편의 장편을 쓰고 한 권의 창작집을 가지고 있다. 그런데 그녀는 '좋은 글'을 쓰고 싶다고 했다. 그녀에게 좋은 글이란 무엇일까?

나는 '당신은 왜 글을 쓰냐'고 '좋은 대학 신방과에 다녔으면, 방송국에서 피디를 하면서 살지 왜 글을 썼느냐'고 물었다.

"그래요. 글 쓰는 게 너무나 싫었어요. 당시 나는 학생운동에 경도되어 있었지만, 솔직히 공장에 들어가서 행동하진 못했어요. 저의 캐릭터상 그 시대에 대한 보상심리랄까 뭐 그런 마음으로 내가 잘할 수 있을 것 같은 좋은 소설을 쓰는 것이 저의 진정성이었지요."

작가는 늘 현재를 쓰는 존재

"혹시 제가 글 쓰는 게 싫다는 이유로 글을 쓰지 않고 방송국의 피디가 되었다면 아마도 회사를 그만두거나 휴직을 하고 절 같은 데 가서 글 쓴다고 했을 거예요. 그리고 그 작품을 응모하고 당선 소식을 기다리는 그런 생활을 했을 겁니다."

당연한 말이지만, 작가 김인숙은 글 쓰는 걸 좋아하는 여자다. 서울여자 특유의 깍쟁이 기질은 글 쓰는 데 도움이 될 수도 있다. 혼자 있는 거 좋아하고, 혼자 몰두하는 일에 천재적인 역량을 발휘한다. 다만 연애는 혼자 할 수 없기에 외롭고 힘겹지만, 그것 역시 잘 견디는 눈치다. 이런 말도 했다.

"전업작가로 살아가기 때문에 글 쓰는 행위는 저의 생존방식입니다. 안 쓰면 굶는 거죠. 그래서 항상 치열할 수밖에 없어요. 내게 '글

을 쓴다'는 건 먹고사는 문제이니까요. 그것처럼 절박한 일이 없지요. 그리고 등단하고 20년이 지나고 나서부터는 난 늘 늙은 작가예요. 작가로서 25년을 살았으니 그런 거죠. 한순간이라도 방심하면 노인이 되어버릴 것 같아요. 그래서 항상 긴장하고 노력하지 않으면 안 되는 거지요. 때때로 이런 생각을 하기도 해요. 그동안 잘 써왔고, 여기까지 잘 왔다. 지난 25년간 잘해왔다. 문학적으로도 변방에서 헤맨 적이 없으니 선생님이 염려한 통속에도 빠지지 않았다. 그래서 작품집이 많이 나가지 않아도 견뎌요. 그런 느낌이 드는 것이 고맙기도 해요."

그는 문학 하는 사람으로서 어떤 작품을 좋아하느냐는 물음에 금방 대답하지 않았다. 단 젊은 작가들이 좋은 소설을 발표하면 '자극'을 받는다고 했다. 자신은 특별히 작품을 찾아 읽는 스타일은 아니라고 했다. 그게 김인숙이었다. 그는 기억을 잘 하지 못했다. 천부적인 망각기질을 타고난 행복한 여인이었다.

"저는 제 책의 줄거리, 제목도 잊어버려요. 그렇게 살아요. 잘 잊어버리는데, 그래서 살아가는 거지요. 안 잊으면 살 수 없을 거예요."

이 대답에 개인적인 상처에 대한 어떤 함의가 있다. 하지만 짐작하지 말자. 그녀는 바로 이어 또박또박 말했다.

"작가는 늘 현재를 쓰는 존재입니다."

그는 말을 많이 하는 편이 아니다. 그런데 내가 이런저런 말을 자꾸 시키니까 대답하느라고 힘든 모습을 보였다. 잠시 나는 시선을 창밖으로 돌렸다. 일산의 익숙한 풍경들, 거리를 지나다니는 사람들의 모습이 보였다. 익숙한데 낯설었다. 그 낯설음이 나를 견디게 할지도 모른다. 항상 익숙하다면 재미없고, 재미없다면 금세 늙어버릴 것이다.

다시 《제국의 뒷길을 걷다》를 떠올리면서 푸이의 일생을 다룬 할리우드 영화 〈마지막 황제〉를 보았느냐고 물었다.

"《제국의 뒷길을 걷다》를 쓰고 나서 다시 봤는데, 좋은 영화는 아니더군요. 푸이에 대한 이해가 부족한 졸작이라는 생각이 들어요."

나는 그가 그 영화의 한 장면을 이야기해주기를 은근히 바랐다. 나에게 각인된 몇 장면이 있는데 그가 그런 생각의 꼬리를 싹둑 잘라버렸다. 예를 들어 보좌 뒤에 숨겨놓은 귀뚜라미 같은 것이다. 황제 시절 귀뚜라미를 보좌 뒤에 숨겨놓았다가 중화인민공화국의 인민이 되어 그 자리를 관광객처럼 찾아 보좌 뒤를 살펴보니 그 시절 귀뚜라미가 그대로 살아 있다. 영화적인 상상력이 환하게 빛나는 장면이었다. 하지만 그는 그런 이야기를 하지 않았다.

몰두형 인간

그가 푸이 이야기를 책으로 쓰게 된 동기를 이야기해주었다.

"처음에 베이징인들의 모임 블로그에 베이징 이야기를 몇 편 올린 것이 계기가 되었어요. 매체에서 연재를 하자고 했지만, 연재를 하게 되면 이런저런 스트레스에 시달리기 때문에 거절하고 전작으로 슬슬 썼어요."

그 넓고 깊은 시간의 강이 흐르는 베이징에서 중국의 비극적인 황제 푸이에 대한 관심은 어디에서 연유하는 것인가. 그는 중국에서 방송된 드라마를 이야기했다. 〈마지막 황제〉 시리즈다. 거기서 가슴이 무너지는 한 장면을 보게 된다.

"정말 예쁜 여자였던 푸이의 부인 완룽, 황후인 그녀가 바람이 나서 임신했다는 사실이 알려지는 장면이었지요. 푸이가 비틀거리면서 자신의 집무실에 들어가 옆에 있는 환관에게 이렇게 물어봅니다. '내가 아직도 황제냐?' 그 대사를 듣는 순간, 뭐랄까 인간의 비애가 확연하게 눈에 들어오고 심장이 박동치더군요. 충격적이었어요."

언젠가 저 사람 푸이를 한번 찾아봐야겠다는 생각을 했다. 그리고 그는 푸이의 자서전인 《내 인생의 전반부》를 다운받아서(상당한 분량의 책이라고 한다) 중국어로 읽었다.

그는 집중력이 대단한 사람이다. 한번 빠지면 몰두하는 인간형이다. 중국에서 중국어를 배울 때, 시도 때도 없이 중국어 공부만 했다. 그때 몰두해 공부한 실력으로 중국어 책은 사전 없이 자유롭게 읽는다. 그의 책에 인용된 〈내 인생의 전반부〉는 직접 번역한 것이다.

"세상의 모든 것이 속속들이 변했지만 그는 변하지 않았을 겁니다. 그는 자금성에서 쫓겨나서도 평생을 황제로 살았을 겁니다."

황제의 그늘

푸이를 통해 김인숙은 황제와 인간을 동시에 보았다. 자신의 자리가 없어 평생을 서성거려야 했던 인간, 아니 황제도 고독했지만 그의 곁에 있었던 시종의 삶은 더욱 더 한탄을 자아낸다. 푸이의 시중을 들었던 시종은 중국군에 의해 사상개조를 받으면서 한평생을 보낸다. 그렇게 세월을 허송하고 감옥에서 나와 보니 팔순의 나이가 되었다. 그 시종이 구술을 해서 쓴 책 역시 어떤 소설보다도 지독했다. 황제 곁에 있었다는 이유로 평생을 감금당한 그의 인생은 도대체 무엇인가.

나중에 푸이가 그를 만나러 갔지만, 그는 문을 열지 않았다고 한다. 태양과도 같았던 황제의 그늘에서 그는 무엇을 보았을까. 무엇을 보았기에 자신의 하늘이었던 황제를 보지 않은 것일까. 한 인간에 대한 마음을 알 길은 전혀 없다. 그저 슬플 뿐이다.

제국의 뒷길을 걸으면서 그는 북경성, 자금성, 황성과 같은 궁전과 황제가 태어난 곳 스차하이, 서태후의 이화원과 명십삼릉, 청황릉까지 천천히 걷는다. 그곳이 중국의 유명 관광지이거나 혹은 뒷골목일지라도 거기에는 김인숙에게만 보이는 이야기가 숨어 있었다.

황제는 큰 그늘을 많이 남겼는데, 그중에서도 가장 참혹한 사람은 황후 완롱이다. 그의 최후는 참혹했다. 그의 인생 후반부에 대한 김인숙의 글을 천천히 읽는다.

완롱은 이미 절망적인 상태의 아편 중독자였다. 그녀는 혼자서는 일어서지도 못했고, 씻지도 않았고, 아무 데나 똥오줌을 묻히는 상태였다. 대부분의 시간 정신이 혼미하여 사람을 잘 알아보지도 못했는데, 헛소리처럼 중얼거리는 말은 그의 아비에 대한 저주에 가까운 욕설뿐이었다. 어째서 하필이면 아비였을까. 그것은 아마도 자신의 운명에 대한, 모든 것이 뒤틀리기 시작한 최초의 단추였다고 여겨지는, 바로 그 순간에 대한 노여움과 분노였을 것이다. 자신을 황후로 만든 아버지… 그것은 왜 나를 낳으셨어요. 라고 묻는 것만큼이나 가혹한, 그리고 견딜 수 없는, 자기 존재의 부정이었다.

- 소설 《제국의 뒷길을 걷다》 중에서

그의 아버지의 부재는 완롱의 아버지에 대한 이야기로 겹쳐진다. 그는 아버지를 모르기에 완롱과 같은 여자의 마음을 투명하게 볼 수 있었다. 그리고 중국의 근대화는 우리나라의 역사와도 연결되어 있다. 고종은 비록 마지막 왕은 아닐지라도 우리에게는 마지막 왕으로 보인다. 그 뒤의 왕은 만주국의 푸이나 다름없다. 일본과 중국의 그림자가 조선의 작은 궁궐에도 드리워진다.

김인숙 소설은 80년대와 90년대(이러한 도식적 나눔이 허용된다면)를 각각의 시대성 속에서 살아낸 많지 않은 경우에 속한다. 단순히 소설적 연대기의 문제가 아니라, 두 시대성 사이의 단절과 흐름, 이접離接이 김인숙의 소설 언어에 안팎으로 새겨져 있다는 의미에서 그러하다. 여기서 안팎의 새겨짐, 혹은 이접의 연결고리로 우리가 확인할 수 있는 것이 '먼길(1995)'을 경계로 김인숙 소설에서 두드러지게 주제화되는 '상실감의 내면화' 양상이다.

(중략)

작가에게 상실감 혹은 상처의 근원을 자기 속에서 대상화하는 과정은 '온몸'의 지속적 투기를 통해 미적 거리를 조금씩 얻어내는 일이기 때문이다. '미적 거리'란, 결국은 자신의 이야기에 귀착되면서도, 상상력에 의한 서사의 변주를 가능케 하며, 타자와의 열림을 소설 속에 들이는 기본적 규율이다.

- 정홍수 〈소설의 고독〉 중에서

문학동네에서 나온 그의 창작집 《브라스 밴드를 기다리며》에 대한 평론인데, 그의 처음과 지금을 잘 말해주고 있다.

25년간 소설을 쓰면서 그는 〈하나 되는 날〉로 1987년 전태일문학상 특별상을, 〈먼 길〉로 1995년 『한국일보』 문학상을, 〈개교기념일〉로 2000년 현대문학상을, 〈바다와 나비〉로 2003년 이상문학상을, 〈감옥의 뜰〉로 2005년 이수문학상을 받았다. 문단의 이러한 상찬은 그동안 외롭고 어두운 긴 터널을 지나온 그에게 빛이 떨어진 자리다. 그 빛나는 자리에서 그는 머물지 않았다. 뒤로하고 또 길을 떠난다.

단절과 흐름, 이접

그의 곁에는 그를 아끼고 사랑하는 사람들, 그의 재능과 인간에 대한 매력을 느끼는 사람들이 있다. 어떤 사람에게는 전화를 걸어 밥을 사주고 싶은 동생이기도 하고, 또 어떤 사람에게는 연애하고픈 대상이기도 하다. 그는 언젠가 평론가 김화영 선생에게서 들은 말을 전해주었다.

"내가 어제 음악회에 다녀왔는데 너무 좋은 공연이었다. 그때 생각한 건데, 사람에게 엑스터시를 주는 건 문학과 음악이다. 책을 천천히 읽다가 좋은 문장을 만나면 엑스터시가 있다. 마치 아름다운 음률이 순간적으로 황홀하게 하듯 말이다."

그렇다. 나는 그를 만나고 작업실로 돌아와 그의 책을 다시 펼쳤다.

이건 위험해, 이걸로 문신을 했다간, 자넨 평생 바다 위에 있어야 할 거야. 자네 같은 사람이 이걸로 문신을 했었지. 얼마 후에 바다에 나가 봤더니 어떤 사람의 팔과 다리가 완전히 소금에 절여져서 바다에 떠 있더군. 몸통이 없는데도, 팔과 다리는 계속 날갯짓을 해대고 있었어. 내가 새겨준 문신도 사라져버렸더군. 그냥 자리만 푹 파여 있는데, 날개가 찢어진 자리가 선명해. 너무 오래 난 거지. 나비한테 바다는 너무 넓단 말이야.

- 소설 〈바다와 나비〉 중에서

나의 생은 아직도 그 아침의 등굣길 같다. 닿아야 하나, 닿을 생각이 없는, 그러나 등을 돌릴 수도 없는…문은 의도적으로, 아직도 너무 멀다.

- 소설 〈봉지〉의 작가의 말 중에서

내 서재에 있는 그의 책만도 열 권이 넘는다. 다 쌓아놓고 물끄러미 바라본다. 오래된 책들도 있고, 방금 나온 책도 있다. 그 책들이 마치 그가 걸어온 '좁은 길'처럼 보였다.
　그에게 문학은 푸이의 '자금성'이 아니라 베이징의 뒷길이었다. 그렇게 길을 걷다가 만나는 사람들, 다롄에 있을 때에도 좋았던 이유가 1시간 반 정도 자유롭고 즐겁게 걸을 수 있는 길이 있었기 때문이다. 다롄은 지금도 개발 중이어서, 부자들의 호화 빌라촌과 지독하게 가난한 사람들의 판잣집이 공존하는 곳이다. 그리고 바다까지 이어진다. 이 길을 걸으면서 그는 진정 행복했다.

　중국에서 생활한 덕에 중국 사람들과 친하게 지내는 법도 배웠다
　"중국 사람들은 자신들의 왕조 이야기를 하면 좋아해요. 5천 년 역사니까 정말 징글징글하게 긴 역사가 있는 나라이지요. 그래서 낯선 사람을 만나면 왕조 이야기를 하는 게 친해지는 방법이 되기도 해요. 중국의 역사가 너무 길어서 이번 책에서는 명나라와 중국 마지막 왕조인 청나라로 시대를 딱 끊어서 썼어요. 그 위로 올라가면 너무 멀고 커요."

베이징의 뒷길

이제 시간이 지나면 이 중국의 이야기도 점점 옅어질 것이다. 그와 이야기를 나누다가 문득, 그가 최근에야 보게 된 세계의 명작 《모래

의 여자》 이야기를 했다. 책꽂이에 꽂혀 있는 《모래의 여자》를 다시 꺼내 슥 넘겨보았다.

소설의 본문에 들어가기 전에 '벌이 없으면, 도망치는 재미도 없다'라는 단 한 줄의 문장이 한 페이지에 적혀 있다. 단 한 줄의 문장과 여백, 마음이 고요해진다. 이 책을 읽었을 때의 느낌이 고스란히 이 한 문장에 들어 있었다. 이 한 줄은 시다. 이 책을 읽었을 때 놀랐던 기억이 새삼스럽다. 그 역시 아주 강렬하게 읽었다고 했다.

김인숙은 이 작품을 나이 들어 읽어 다행이라는 말을 했다. 그 말은 그가 이제 작품을 쓰는 일도 나이가 들어 더 잘할 수 있다는 이야기로 들렸다. 너무 어린 나이에 등단했다는 짐은 이제 완전히 껍질이 되어버렸다. 가을날, 나비가 날아오른 자리에 있는 고치와 같은 짐들을 하나둘, 오래 전에 이미 벗어버렸다.

김인숙에게는 여가 시간을 보내는 잡기가 없다. 선후배들과 어울리는 술자리 정도다. 하지만 그는 퍼즐놀이 같은 집중력을 요하는 놀이를 잘한다. 그가 그런 놀이를 즐겨 했던 이유를 이렇게 말한다.

"집중하려면 정신이 텅 비어야 해요. 고민이고 뭐고 없는 거지요. 몸으로 움직이는 육체적인 활동은 좋아하지 않지만 뭘 하고 싶을 때는 제일 먼저 어딘가로 떠나지요. 저는 뭐 하나 하기 시작하면 죽어라고 그것만 하는 성격이에요. 그런데요. 뭘 해도 첫 단계랄까 한 시기랄까 좌우간 거기까지만 해요. 수영을 해도 처음엔 제가 제일 잘해요. 중국어 공부도 그렇고."

그래서 원고 마감이 있거나, 소설을 쓰기 시작하면 새로운 일은 시작하지 않는다. 그에게 가장 중요하고 즐거운 놀이는 소설이기 때문이다.

좋은 연애를 꿈꾸다

종교가 있나 싶었다. 그는 심리적 가톨릭 신자라고 했다. 신자로서 생활은 하지 않는다. 하지만 독실한 가톨릭 신자인 언니가 자신을 위해 기도를 많이 해준다고 했다. 거기서 위안을 얻는 모습이었다. 신앙은, 종교는 좋은 거라고 생각한다며 자신도 힘겨울 때 성당을 찾곤 한다고 했다. 조금 이기적인 모습이 아니냐는 질문에 그는 환하게 웃었다.

"그래요. 맞아요. 왜 서울사람이다 할 때 연상되는 그런 이기적인 모습이 있잖아요. 빚지는 거 싫어하고 빚을 내지도 않아요. 이렇게 적당한 거리에 앉아 이야기할 때의 저의 모습과 깊이 좋아하는 사람과 같이 있을 때는 많이 달라요. 저는 누군가를 좋아하면 그 사람에게 많은 걸 바라는 여자죠. 아주 이기적인 사람이 되는 거예요."

누군가를 좋아하면 이기적이 되는 건, 사랑의 속성이 아닐까. 나 역시 심한 편인데, 그게 질투가 되기도 하고 사랑의 에너지가 되기도 한다. 그의 이기적인 성향을 잘 알지 못하는 나로서는 그가 천생 작가, 혼자 있기 좋아하는 작가 라는 생각에 쉼표를 찍었다.

우리나라의 지리산을 좋아한다 했다. 그 산은 산책하기 좋고, 산소리, 물소리, 고즈넉한 절이 있는, 넉넉한 품이 있기 때문이다. 그는 어릴 땐 바다를 좋아했는데, 살수록 산이 좋아진다고 했다. 심심한 걸 잘 견디기 때문이다. 심심한 걸 잘 견딘다면 사는 데 크게 문제가 없다. 단 풍경이 좋아야 한다. 풍경만 좋다면 심심한 건 아무것도 아니다. 우리나라의 지리산은 누가 뭐래도 풍경이 좋은 곳이다.

자신은 심심한 걸 잘 견딘다고 말하지만, 그는 좋은 연애를 꿈꾸고 있다. 결혼에 대한 생각보다는 좋은 사람이 가까이 살았으면 하는 생각이다. 참 좋은 생각이다 싶었다. 좋은 사람이 가까이 살면서 각자의 일을 열심히 하다가 서로 보고 싶을 때 보는 거다.

밥 먹고 싶을 때 밥 먹고, 영화 보고 싶을 때 같이 보고, 같이 자고 싶을 때 자고……. 그런 멋진 생각을 하고 있는 그에게 그와 비슷한 생각을 하다 결혼을 해서 아주 잘 먹고 행복하게 살다간 프랑스의 지성 앙드레 고르의 책 《D에게 보내는 편지》를 권해주었다. 그는 알았다면서 고개를 끄덕인다.

그의 깃털

집으로 돌아가는 길에 그는 오늘 너무 많은 말을 했다면서 힘들어했다. 저녁을 같이하고 싶었지만, 그날따라 점심, 저녁 약속이 정해져 있었다. 좀 아쉬웠다.

그를 만난 지 며칠이 지나 난 또 인왕산을 올랐다. 다시 인왕산 정상에서 산바람을 맞으니 시원했다. 이 맛에 산에 오른다 싶었다. 잠깐이지만, 그건 깨우침이었고, 열반이었고, 부활이었다.

그날은 내려오는 길에 오리 같은 기러기가 있는 집에 가지 않았다. 숲 속에 지붕만 보이는 그 집을 지나치면서 나는 보았다. 기러기 한 마리가 땡볕에서 날아오른 모습을. 날아가면서 기러기는 나를 내려다보았다. 눈이 부셔 저것이 무엇인가 싶었다. 그때 하늘로 날아오른 기러기가 내 머리 위를 지나치면서 깃털 하나를 떨궜다. 새털구름처럼 기러기는 날았다. 아니 새털구름이 기러기처럼 날았다.

지금 내 책상 위에는 그 기러기 깃털로 만든 펜이 하나 있다. 이 깃털 펜을 잡으면 하늘이 보인다. 새가 날던 그 하늘이 손으로 전해진다. 하늘을 만진다는 건 깃털을 만지는 것이다. 김인숙은 멀리 날아가는 새와 같은 작가다. 그를 가둘 수 있는 건 세상에 없다. 그의 깃털인 책을 다시 펼쳤다. 일요일 오후, 나는 지치고 힘들다. 그의 책을 펼쳐서 얼굴을 덮고 낮잠을 청했다. 기러기 날개를 달고 북극으로 가고 싶다. 세월아 어서 겨울로 가렴.

국립중앙도서관 출판시도서목록(CIP)

```
나는 오직 글쓰고 책읽는 동안만 행복했다 / 원재훈 지음. — 서울 :
위즈덤하우스, 2009
  p. ; cm
표제관련정보: 원재훈 시인이 만난 우리시대 작가 21인의 행복론
ISBN 978-89-5913-374-1 03810 : ₩15000
한국 문학[韓國文學]
818-KDC4
895.785-DDC21                    CIP2009000942
```

나는 오직
글 쓰고 책 읽는 동안만
행복했다

초판 1쇄 발행 2009년 4월 10일   초판 3쇄 발행 2012년 1월 25일

지은이 원재훈 **펴낸이** 연준혁

출판 7분사
책임편집 박경아 디자인 고은이
마케팅 권대관 이희태 임태순 정주열 제작 이재승 송현주

펴낸곳 (주)위즈덤하우스 **출판등록** 2000년 5월 23일 제13-1071호
주소 서울시 마포구 도화동 22번지 창강빌딩 15층 **전화** 704-3861 **팩스** 704-3891
전자우편 wisdom7@wisdomhouse.co.kr **홈페이지** www.wisdomhouse.co.kr
출력 (주)플러스안 **종이** 화인페이퍼 **인쇄·제본** 현문인쇄

ⓒ원재훈, 2009

값 15,000원 ISBN 978-89-5913-374-1 03810

*잘못된 책은 바꿔드립니다
*이 책의 전부 또는 일부 내용을 재사용하려면 사전에 저작권자와 (주)위즈덤하우스의 동의를 받아야 합니다